신문·방송의 언어와 표현론

신문·방송의
언어와 표현론

박갑수

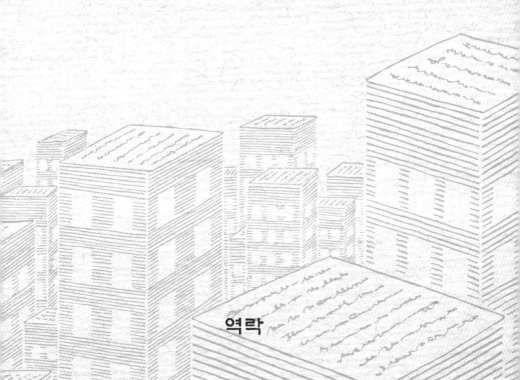

역락

머리말

사람이 사람다운 특징의 하나는 사람은 말, 언어를 가졌다는 것이다. 그런가 하면 인간생활의 원칙은 협동에 있고, 이는 언어에 의해 이루어진다. 따라서 인간은 이 언어에 대해 많은 관심을 가져야 할 뿐 아니라, 이를 효과적으로 운용하여야 한다.

종래의 우리 전통사회에서는 신언(愼言)을 미덕으로 여겼다. 그러나 이런 신언 사회에서도 신언서판(身言書判)이라고, 언어를 중시해 이로써 사람을 평가하는 덕목(德目)으로 삼았다. 오늘의 우리 사회는 자기의 의사를 자유롭게 발표해야 하는 민주사회다. 따라서 언어의 운용은 중차대한 의미를 지닌다. 이는 개인적 의사소통(personal communication)뿐만이 아니라, 집단 의사소통(mass communication)에 이르기까지 원만히 수행해야 할 것을 요구한다. 우리는 이런 시대적인 요구를 잘 의식하고 이에 대처해 나가지 않으면 안 된다.

저자는 일찍이 매스컴과 가까이 하며 1970, 80, 90년대에는 매스컴 언어에 대해 많은 관심을 가졌다. 그리하여 신문·방송·광고 등 매스컴의 언어 운용에 관해 많은 글을 발표하는 한편 매스컴 종사자들을 위한 연수를 위해 여기 저기 뛰었다. 그래서 좀 과장하여 말하면 발표한 글을 제대로 챙기고 기억하지 못할 정도이다. 이때의 글을 묶은 것이 "방송언어론(문화방송, 1987)", "한국방송언어론(집문당, 1996)", "신문광고의 문체와 표현(집문당, 1998)"과 같은 책이다. 그러나 이러한 관심도 조류(潮流)가 있는지, 그 뒤에는 외국어로서의 한국어교육, 한국어의 세계화에 심취해 이에 대한 연구와 논설 쓰기만을 부지런히 하였다. "한국어교육학총서(2012~2019)" 5권을 비롯하여 여러 권의 한국어교육 관계 저술을 한 것은 이때의 낙수(落穗)들이 묶인 것이다.

새삼 수구초심(首丘初心)처럼 다시 매스컴 언어로 돌아왔다. 지난날의 글도 좀 정리하고, 새로운 글도 써 매스컴 언어를 다시 좀 돌아보고자 해서다. 그래서 기획한 것이 본서 "신문·방송의 언어와 표현론"이다.

본서는 4부 16장으로 되어 있다. 1·2부 8개의 장은 신문의 언어와 표현에 관해 논의를 한 것이고, 3·4부 8개의 장은 방송의 언어와 표현에 관해 논의를 한 것이다.

제1부 "신문 문장의 특성과 표현론"은 바람직한 신문 기사의 문체와 표현을 위해 논의한 것이다. 여기에서는 최근의 신문 기사의 표현 양상을 제시해 역사적 변화와 함께 신문 기사의 현주소를 밝혔다. 제1장 "한국인의 언어 의식과 언어 사용"은 프롤로그로서, 개별적 커뮤니케이션과 함께 매스 커뮤니케이션에 대한 한국인의 언어 의식을 밝혀 언어 사용에 대한 반성과 함께 매스컴에 대한 대처 방향을 제시하고자 한 것이다.

제2부 "신문 문장의 언어와 표현 양상"에서는 신문 기사의 구조 및 표현과 함께, 독자를 유인하는 표제(head line)의 센슈얼리즘(sensualism), 곧 "감동성"을 다루어 그 표현 특성을 밝혔다. 그리고 여기에서는 교육적으로 문제가 되는 언어의 표현 문제도 심도 있게 논의하였다.

제3부 "방송언어의 특성과 역사적 변천"에서는 방송언어의 특질과 표

현 특성을 제시하는 한편, 규범, 또는 본보기가 되어야 할 방송언어, 내지 방송 어휘를 제시하였다. 그리고 역사적으로 방송언어가 어떻게 변화해 왔는가를 밝혔다. 이는 특히 1977년 녹음된 귀한 자료 "실록 방송 50년"을 입수하였기 때문에 얻어진 귀한 수확이다.

제4부 "방송의 화법과 방송언어론"에서는 화법 일반과 방송 화법의 특성을 다루었으며, 명예훼손 등 소송에 휘말릴 방송에서의 금기어를 다루어 보다 바람직한 방송이 될 수 있게 하였다. 방송 기자 내지 방송 작가들을 위해 "방송 문장 교육"의 문제도 심도 있게 다루었다. 그리고 인기 드라마였던 방송극 "대장금"을 자료로 하여 "대장금"의 표현과 어휘상의 특성을 구체적으로 논의함으로 방송언어의 효과적 구사를 할 수 있도록 하였다. 이는 "대장금"이 인기 드라마였던만치 관심의 대상이 되기도 하고, 그만큼 교육적 효과도 클 것으로 기대된다.

민주사회의 시민은 언어를 원만하게, 그리고 효율적으로 사용하여야 한다. 사회는 언어를 규제하고, 언어는 또 시회를 규제한다. 언어를 잘 구사함으로써 우리 사회를 바람직한 사회가 되도록 하여야 하겠다. 꼭 그렇게 되길 바란다.

2020년 2월 10일
瑞草書室에서 南川 씀

차례

제1부 신문 문장의 특성과 표현론

제2부 신문 문장의 언어와 표현 양상

제3부 방송언어의 특성과 역사적 변천

제4부 방송의 화법과 방송언어론

제1부
신문 문장의
특성과 표현력

제1장 한국인의 언어 의식과 언어 사용
― 국립국어원의 '언어의식 조사'를 중심으로

1. 서언

인간의 특징의 하나는 말을 하는 것이라 한다. 사람은 홀로 살 수 있는 동물이 아니다. 그리하여 언어를 사용하며 협동을 한다. 협동(協同)은 인간 생활의 대원칙이라 본다.

인간 생활의 대원칙인 협동을 하기 위해서는 효과적인 언어 운용을 하여야 한다. 그리하여 근대 국가들은 언어에 대해 개방정책 아닌, 폐쇄정책을 쓰게 되었다. 언어를 통일하고, 표준어 정책을 펴는 것이 그것이다. 그리고 효과적 언어생활을 위한 교육을 한다.

언어를 통일하고, 표준어 정책을 펴기 위해서는 언어 현실을 조사하고, 언중의 의식(意識)을 조사하여야 한다. 국립국어원에서는 2005년 "2005 국민의 언어 의식 조사"(담당 연구원, 양명희)를 수행하였고, 이를 "국립국어원 2005-1-9"라는 보고서로 간행하였다. 이는 국민의 국어사용 실태를 파악하고, 나아가 이의 개선을 꾀하며, 국어교육(國語敎育)과 언어 정책(政策)을 수립하는 데 기여할 것으로 기대된다. 실제로 이 보고서는 "조사 목적"을 다음과 같이 제시하고 있다.

본 조사는 올해 제정된 국어기본법(2005. 1. 27. 법률 제 7368호) 제9조(실태 조사 등)에 의거하여 국어 정책의 수립에 필요한 국민의 언어 의식과 언어 사용 실태를 조사하기 위하여 실시되었다. 이 자료는 향후 국어 정책 입안 및 언어 연구 활성화를 위한 기초 자료로 활용될 것이며, 국어 발전과 국어 경쟁력 강화에 기여하고자 하는 각종 연구에 도움이 될 것이다. 국립국어원은 앞으로도 주기적으로 국민의 언어 의식을 조사하여 언어 의식의 변화를 관찰·추적할 것이다.

이는 그 조사 내용을 "언어행동과 언어 사용", 및 "언어 교육과 언어 정책"의 두 분야로 하고 있다.

저자는 본 연구 보고서 가운데 전반부에 해당한 "언어행동과 언어 사용" 부분의 통계자료를 바탕으로 한국인의 언어 사용 의식과 현상을 분석해 보기로 하였다. 국민의 언어 의식을 조사한다는 것은 방대한 작업일뿐 아니라, 조사 분석한 자료 또한 방대하다. 그리고 이는 비교적 통계적 분석에 초점이 놓이고 해석이 빠져 있다. 이에 저자는 교육적 차원에서 한국인의 언어 사용 실태와 의식을 분석함으로 우리 국민으로 하여금 보다 잘 언어 현실을 파악하고, 개인이나 국가적으로 바람직한 교육의 방향을 정하고, 교육을 수행하는 데 이바지할 수 있게 하기로 하였다.

국립국어원의 "2005 국민의 언어 의식 조사"를 수행한 학예 연구관 양명희 씨의 노고에 위로의 말을 전하고, 이러한 연구자료를 연구자들로 하여금 활용 연구할 수 있게 지원하여 준 국어원에 감사한다.

2. 한국인의 언어 의식

2.1. 주위 사람들의 언어행동에 대한 인식

언어행동에 대한 인식은 조사 자료에서 "주위 사람들의 언어행동에 대한 인식"과 "자신의 평소 언어행동에 대한 인식"의 두 가지를 살피고 있다. 여기서는 전자(前者)의 의식 조사 결과를 알기 쉽게 도표로 제시하고 이에 대한 논평을 가하기로 한다.

가. 말하는 속도가 빨라졌다.   그렇지 않다 7.8%   보통이다 25.9%   그렇다 66.3%
전혀 0.5   별로 7.3   대체로 54.8   매우 11.5

나. 사람들 앞에서 말을 잘하는 사람이 많아졌다.   그렇지 않다 5.5%   보통이다 20.6%   그렇다 73.8%
전혀 0.5   별로 5.1   대체로 59.4   매우 14.4

다. 외국어를 구사할 수 있는 사람이 많아졌다.   그렇지 않다 10.4%   보통이다 25.2%   그렇다 64.4%
전혀 0.9   별로 9.6   대체로 53.7   매우 10.7

라. 경어를 잘 사용하지 않는 경향이 있다.   그렇지 않다 10.0%   보통이다 27.6%   그렇다 62.3%
전혀 0.9   별로 9.1   대체로 51.2   매우 11.2

마. 잘 모르는 유행어가 많아졌다.   그렇지 않다 5.4%   보통이다 16.3%   그렇다 78.2%
전혀 0.3   별로 5.1   대체로 53.0   매우 25.2

바. 비속어를 사용하는 사람이 많아졌다.   그렇지 않다 5.2%   보통이다 19.4%   그렇다 75.4%
전혀 0.3   별로 4.9   대체로 55.0   매우 20.4

사. 여성의 말투가 거칠어졌다.   그렇지 않다 8.7%   보통이다 24.8%   그렇다 66.5%
전혀 0.3   별로 8.4   대체로 50.9   매우 15.6

아. 한자를 잘 사용하지 않는 경향이 있다.   그렇지 않다 7.5%   보통이다 25.0%   그렇다 67.5%
전혀 0.9   별로 6.6   대체로 52.2   매우 15.2

자. 외래어나 외국어를 섞어 쓰는 사람이 많아졌다.   그렇지 않다 5.8%   보통이다 21.0%   그렇다 73.2%
전혀 0.5   별로 5.3   대체로 58.5   매우 14.7

차. 표준어를 사용하는 사람이 많아졌다.   그렇지 않다 27.2%   보통이다 34.7%   그렇다 38.1%
전혀 3.2   별로 24.0   대체로 33.4   매우 4.7

인생 생활의 대원칙은 협동(cooperation)에 있고, 이는 주로 언어에 의해 이루어진다(Hayakawa, 1964). 따라서 언어행동은 그 목적이 의사소통에 있고, 이는 원활하고, 효과적으로 이루어져야 한다. 그렇다면 우리 국민, 환언하면 우리 언중들은 이 언어행동에 대해 어떻게 생각하고 있는가? 통계 자료는 이러한 근본적인 문제는 다루고 있지 않다. 다만 주변과 자신의 평소 언어행동에 대한 인식을 구체적 통계 자료로 제시하고 있다.

통계 자료에 의하면 주위의 언어행동에 대한 인식은 조사 항목에 대해 대체로 압도적인 비율로 긍정적 반응을 보이고 있다. 우선 "나. 사람들 앞에서 말을 잘 하는 사람이 많아졌다", "다. 외국어를 구사할 수 있는 사람이 많아졌다", "차. 표준어를 사용하는 사람이 많아졌다"는 인식은 긍정적 언어행동에 대한 반응이라 하겠다. 다만 "차. 표준어를 사용하는 사람이 많아졌다"는 긍정적 인식이 38.1%이어 고빈도가 되지 못한다. 이에 대해 "라, 마, 바, 사, 자"의 "경어를 잘 사용하지 않는 것, 유행어 · 비속어 · 외래어 외국어 혼용을 많이 하는 것, 여성의 말투가 거칠어진 것"은 바람직하지 않은 언어행동에 대한 인식의 정도가 높음을 보여 주는 것이다. 이는 우리 언중이 언어 사용에 주의하여야 할 사실이라 하겠다. 이밖에 "가. 말하는 속도가 빨라졌다, 아. 한자를 잘 사용하지 않는 경향이 있다"는 언어행동에 대한 객관적 인식이라 하겠다. 말이 빨라지는 것은 오늘날의 추세다. 한자 사용의 문제는 언어정책에 의해 추장(推獎)하느냐, 제한하느냐가 결정되어야 할 문제다. 다만 여기서 단언할 수 있는 것은 지금까지 한자 교육을 제대로 하지 않았기에 사용하지 않는 경향이 나타나게 되었다고 할 수 있다는 것이다.

2.2. 자신의 평소 언어행동에 대한 인식

자신의 언어행동에 대한 인식을 도표화하여 제시하면 다음과 같다.

가. 처음 대면하는 사람과 부담 없이 이야기를 한다.	그렇지 않다 25.8% 전혀 1.8 별로 24.0	보통이다 29.7%	그렇다 44.4% 대체로 37.1 매우 7.3
나. 여러 사람 앞에서 당황하지 않고 말을 한다.	그렇지 않다 22.3% 전혀 1.3 별로 21.0	보통이다 36.5%	그렇다 41.2% 대체로 34.9 매우 6.3
다. 타인과 토론하는 것을 좋아 한다.	그렇지 않다 30.7% 전혀 3.0 별로 27.7	보통이다 33.6%	그렇다 35.7% 대체로 29.1 매우 6.6
라. 타인에게 우스갯소리나 농담을 즐겨 한다.	그렇지 않다 26.3% 전혀 2.9 별로 23.4	보통이다 32.4%	그렇다 41.3% 대체로 34.1 매우 7.3
마. 자신에 대해서는 겸손하게 이야기한다.	그렇지 않다 9.0% 전혀 0.4 별로 8.6	보통이다 41.3%	그렇다 49.7% 대체로 44.4 매우 5.3
바. 상대방의 말이 틀렸을 경우 지적해 준다.	그렇지 않다 40.7% 전혀 4.4 별로 36.4	보통이다 30.5%	그렇다 28.8% 대체로 25.1 매우 3.6
사. 자신이 잘못했다고 생각지 않아도 일단 사과한다.	그렇지 않다 40.9% 전혀 6.3 별로 34.6	보통이다 33.2%	그렇다 25.9% 대체로 23.0 매우 2.9
아. 회의나 모임 등에서 발언을 많이 한다.	그렇지 않다 33.6% 전혀 3.3 별로 30.3	보통이다 38.9%	그렇다 27.5% 대체로 23.0 매우 4.2
자. 상대편의 말을 끝까지 다 듣고 말한다.	그렇지 않다 10.0% 전혀 1.0 별로 9.1	보통이다 29.2%	그렇다 60.7% 대체로 52.0 매우 8.7
차. 글쓰기에 자신이 있다.	그렇지 않다 49.5% 전혀 14.0 별로 35.5	보통이다 31.5%	그렇다 18.7% 대체로 15.9 매우 2.8
카. 일주일에 한번 이상 일기를 쓴다.	그렇지 않다 83.3% 전혀 57.4 별로 25.9	보통이다 7.3%	그렇다 9.4% 대체로 6.9 매우 2.5

"자신의 언어행동"에 대한 인식은 2.1.의 "주위의 언어행동"에 관한 인식과는 달리 긍정적 인식과 부정적 인식이 같은 분포를 보여 준다. 긍정적 인식은 "가. 처음 대면자와 부담없이 이야기 함, 나. 여러 사람 앞에서

당황하지 않고 말함, 다. 타인과의 토론을 좋아함, 라. 타인과 우스개·농담을 즐김, 마. 자신에 대해 겸손하게 이야기함, 자. 상대편의 말을 끝까지 듣고 말함" 등인데 이는 바람직한 언어행동이다. 이는 그간 신언(愼言)을 미덕으로 알던 우리가 적극적인 말하기로 언어행동이 바뀌고 있음을 보여 주는 것이라 하겠다. 이렇게 완곡한 표현을 하는 것은 아직 이런 인식이 대부분 50% 미만에 그치고 있다는 데 근거한다. "자. 상대편의 말을 끝까지 듣고 말함"은 언어 현실로 볼 때 이에 대한 인식의 수치(60.7%)를 다소 의심하게 한다. 그런 고빈도는 보일 것 같지 않다. 부정적 인식이 높은 빈도를 보여 주는 것은 "바. 상대방의 말이 틀렸을 경우 지적해 줌, 사. 자신이 잘못했다고 생각지 않아도 일단 사과함, 아. 회의나 모임 등에서 발언을 많이 함, 차. 글쓰기에 자신이 있음, 카. 일주일에 한번 이상 일기를 씀" 등이다. 이들은 아직 적극적 화행(話行)을 하지 않는다는 것, 글쓰기를 잘하지 않고 자신이 없다고 인식하고 있음을 나타내는 것이다. 앞으로 좀 더 적극적 화법을 수행하고, 글을 쓰는 언어행동을 강화해야 함을 의미한다 할 것이다. 이는 이들에 대한 인식의 정도가 50%대 이하인가 하면, 일기 쓰기는 83%가 쓰지 않는다고 인식하고 있다는 것이 이를 단적으로 말해 준다.

3. 언어 사용과 이에 대한 인식

언어사용에 대한 인식 조사는 경어 사용, 욕설·비속어 사용, 표준어와 방언의 사용, 외래어·외국어의 사용과 국어순화, 대중매체의 언어 사용, 외국문자의 사용 등에 대한 항목을 제시하고 있다. 다음에 이들의 통계 자료를 도표화하고, 이에 대한 논평을 가하기로 한다.

3.1. 경어 사용에 대한 인식

경어 사용에 대한 인식은 다섯 가지가 제시되고 있다. 그것은 1) 우리 사회의 경어 사용에 대한 일반 인식, 2) 가정에서의 경어 사용에 대한 인식, 3) 직장에서의 경어 사용에 대한 인식, 4) 학교에서의 경어 사용에 대한 인식, 5) 기타 직업별 상황에서의 경어 사용에 대한 인식 등이다. 이들에 대해 각각 도표를 제시하고 논평을 가하기로 한다.

3.1.1. 우리 사회의 경어 사용에 대한 일반 인식

가. 한국은 동방예의지국이어 그렇지 않다 2.4%   보통이다 10.0%   그렇다 87.5%
   앞으로도 경어는 반드시   전혀 0.4   별로 2.0   대체로 49.1   매우 38.4
   유지, 존속돼야 한다

나. 경어는 상하관계를 강요하 그렇지 않다 73.3%   보통이다 15.3%   그렇다 11.4%
   는 불평등 요소가 많으므   전혀 27.0   별로 46.3   대체로 8.6   매우 2.8
   로 점차 없어져야 한다.

다. 경어는 너무 복잡하기 때   그렇지 않다 43.9%   보통이다 29.2%   그렇다 26.9%
   문에 간소화할 필요가 있   전혀 11.0   별로 32.9   대체로 23.7   매우 3.2
   다.

라. 인간은 모두 평등하므로   그렇지 않다 24.3%   보통이다 34.3%   그렇다 41.4%
   손윗사람도 손아랫사람에   전혀 4.2   별로 20.1   대체로 34.2   매우 7.2
   게 경어를 사용해야 한다.

마. 남녀평등의 시대이나, 여   그렇지 않다 21.1%   보통이다 30.5%   그렇다 48.4%
   성의 말은 남성의 말보다   전혀 4.0   별로 17.1   대체로 39.6   매우 8.8
   예의바른 것이 좋다.

바. 경어는 사람과 사람의 관   그렇지 않다 7.5%   보통이다 23.3%   그렇다 69.2%
   계를 부드럽게 해 준다.   전혀 0.7   별로 6.8   대체로 53.8   매우 15.4

사. 경어는 상대방을 존경하는 그렇지 않다 2.8%   보통이다 13.3%   그렇다 83.9%
   느낌을 나타낼 수 있다.   전혀 0.5   별로 2.3   대체로 58.3   매우 25.6

아. 경어는 서먹서먹한 느낌이 그렇지 않다 74.9%   보통이다 17.9%   그렇다 7.2%
   들기 때문에 필요 없다.   전혀 22.3   별로 52.7   대체로 6.0   매우 1.2

자. 경어는 현대사회의 감각에	그렇지 않다 84.1%	보통이다 10.7%	그렇다 5.1%	
맞지 않아 필요 없다.	전혀 33.0 별로 51.1		대체로 4.3	매우 0.8
차. 경어는 국제화시대에 맞지	그렇지 않다 84.5%	보통이다 10.8%	그렇다 4.7%	
않기 때문에 필요 없다.	전혀 38.5 별로 46.0		대체로 4.1	매우 0.6

"우리 사회의 경어 사용에 대한 일반 인식"은 "그렇다"와 "그렇지 않다"의 높은 빈도가 반반으로 나타난다. "그렇다"는 긍정적 인식을 보여 주는 것은 "가. 동방예의지국이어 유지되어야, 라. 인간은 평등하므로 손아랫사람에게도 경어를 사용해야, 마. 여성의 말은 남성 말보다 예의 발라야, 바. 사람과 사람 사이를 부드럽게 함, 사. 상대방을 존경하는 느낌을 나타낼 수 있음" 등으로 경어의 기능에 대한 긍정적 인식이 주를 이룬다. 그러나 "라. 인간은 평등하므로 손아랫사람에게도 경어를 사용해야"는 근대의 평등사상에 의한 인식의 변화를 보여 주는 것이다.

"그렇지 않다"는 인식은 "나. 불평등 요소가 많으므로 점차 없어져야, 다. 너무 복잡하므로 간소화가 필요함, 아. 서먹서먹한 느낌을 주므로 필요 없음, 자. 현대사회의 감각에 맞지 않아 필요 없음, 차. 국제화 사회에 맞지 않아 필요 없음" 등이 그것이다. 이들 인식은 시대와 사회의 변화로 경어가 필요 없다는 인식을 나타내는 것이다. 이들 인식은 전통예절을 앞세운 "가", 경의를 앞세운 "라", 남녀 차별을 전제로 한 "마"의 인식과 정면으로 배치되는 것이다. 이들은 가치관의 변화 내지 갈등을 보여 주는 인식들이다. 전반적으로 이들 인식은 시대적인 변화로 전통사상이 희석되고, 평등사상과 화합을 지향하는 방향으로 나아가 경어 사용의 의식이 약화되고, 실제로 경어 사용이 감소하는 경향을 보이게 될 것으로 추단된다. 언어 현실도 경어의 사용 빈도가 오늘날 많이 감소되었음을 보여준다. 이는 장기적으로 볼 때 정책적으로 검토하여야 할 사실이라 하겠다.

3.1.2. 가정에서의 경어 사용에 대한 인식

	그렇지 않다	그렇다	경우에 따라 다르다
가. 자녀가 아버지에게 말할 때	그렇지 않다 4.6% 전혀 0.5 별로 4.2	그렇다 94.6% 대체로 32.3 매우 62.3	경우에 따라 다르다 0.8%
나. 자녀가 어머니에게 말할 때	그렇지 않다 7.8% 전혀 0.5 별로 7.3	그렇다 91.0% 대체로 35.9 매우 55.1	경우에 따라 다르다 1.2%
다. 부모가 자녀에게 말할 때	그렇지 않다 76.9% 전혀 21.6 별로 55.2	그렇다 22.1% 대체로 18.0 매우 4.1	경우에 따라 다르다 1.0%
라. 남동생이 형에게 말할 때	그렇지 않다 52.0% 전혀 6.5 별로 45.5	그렇다 45.2% 대체로 36.6 매우 8.6	경우에 따라 다르다 2.8%
마. 남동생이 누나에게 말할 때	그렇지 않다 53.3% 전혀 7.0 별로 46.4	그렇다 44.0% 대체로 35.8 매우 8.2	경우에 따라 다르다 2.7%
바. 여동생이 언니에게 말할 때	그렇지 않다 60.0% 전혀 7.6 별로 52.4	그렇다 37.7% 대체로 30.5 매우 7.2	경우에 따라 다르다 2.3%
사. 여동생이 오빠에게 말할 때	그렇지 않다 52.9% 전혀 6.8 별로 46.3	그렇다 44.2% 대체로 35.9 매우 8.2	경우에 따라 다르다 2.9%
아. 남편이 아내에게 말할 때	그렇지 않다 34.2% 전혀 3.9 별로 30.2	그렇다 63.2% 대체로 48.3 매우 14.9	경우에 따라 다르다 2.7%
자. 아내가 남편에게 말할 때	그렇지 않다 25.0% 전혀 2.3 별로 22.7	그렇다 72.8% 대체로 53.0 매우 19.8	경우에 따라 다르다 2.1%

가정에서의 경어 인식은 전통적 용법을 비교적 잘 인정하고 있다고 하겠다. 그것은 "가, 나"의 자녀가 아버지와 어머니에게 압도적 빈도로 경어를 많이 쓰고, "다. 부모가 자녀에게 말할 때" 경어를 쓰지 않는 것이 그것이다. 남편과 아내 사이에는 "아, 자"의 경우와 같이 상호간에 경어를 사용한다. 다만 남편이 아내에게 경어를 사용하는 빈도가 상대적으로 높지 않다는 것이 다른 점이다. 이는 전통적인 남존여비(男尊女卑) 사상이 반영된 것이라 하겠다. 다만 형제자매 및 오누이 사이의 손윗사람에 대한 경어 사용은 "그렇다"보다 "그렇지 않다"의 인식이 높아, 경어를 잘 사용

하지 않는다는 인식이 좀 더 강하다. 이는 형제자매 및 남매 사이는 손위와 손아래의 관계, 곧 Power(나이·직위)보다 유대(solidarity)가 좀 더 크게 작용한 때문이라 하겠다. 이러한 관계는 자매 사이에서 차이가 좀 더 드러나는 데서 분명히 나타난다.

3.1.3. 직장에서의 경어 사용에 대한 인식

가. 근무 중 상사에게   그렇지 않다 1.4%   그렇다 98.5%   경우에 따라 다르다 0.1%
　　말할 때　　　　　　전혀 0.7　별로 0.7　　대체로 34.8 매우 63.7

나. 회식 자리에서 자신   그렇지 않다 23.6%   그렇다 75.2%   경우에 따라 다르다 1.2%
　　의 친구이자 상사인   전혀 2.7　별로 20.9　대체로 49.8 매우 25.4
　　사람과 말할 때

다. 쇼핑하다가 자신의   그렇지 않다 47.1%   그렇다 51.2%   경우에 따라 다르다 1.8%
　　친구이자 상사인 사   전혀 8.9　별로 38.2　대체로 37.1 매우 14.0
　　람을 만났을 때

라. 사석에서 친한 직장   그렇지 않다 28.7%   그렇다 70.3%   경우에 따라 다르다 1.0%
　　선배에게 말할 때   전혀 2.9　별로 25.8　대체로 52.5 매우 17.8

마. 자기보다 직위가 낮   그렇지 않다 7.4%   그렇다 92.3%   경우에 따라 다르다 0.3%
　　고 나이가 많은 사   전혀 0.7　별로 6.7　　대체로 54.9 매우 37.4
　　람에게 말할 때

바. 자기보다 직위가 높   그렇지 않다 11.0%   그렇다 87.3%   경우에 따라 다르다 1.7%
　　고 나이가 적은 사   전혀 0.8　별로 10.2　대체로 60.0 매우 27.3
　　람에게 말할 때

직장에서의 경어 사용에 대한 인식은 "힘·권위"를 의미하는 Power라 할 "지위"가 크게 작용하는 것으로 나타난다. 그것은 "가. 근무 중 상사에게 말할 때, 나. 회식 자리에서 친구이자 상사인 사람에게 말할 때, 바. 지위가 높고 나이가 적은 사람에게 말할 때" "그렇다"는, 경어를 사용한다는 인식이 높은 빈도를 보이는 것이 그것이다. 특히 "바"와 같이 나이가

적으면서 상사인 경우 경어를 쓰는 것으로 인식하는 것이 그러하다. "다. 쇼핑하다 친구이자 상사인 사람을 만났을 때" "그렇다 51%, 그렇지 않다 47.1%"는 유대(solidarity)가 크게 작용한 때문이라 하겠다. "라. 사석에서 친한 직장 선배에게 말할 때"는 "그렇다"가 높은 빈도를 보이는 것은 유대(solidarity)보다 "선배"라는 연령(Age)이 작용하고 있는 것이라 하겠다.

3.1.4. 학교에서의 경어 사용에 대한 인식

가. 선생님이 학생에 　그렇지 않다 69.9%　　그렇다 29.6%　　경우에 따라 다르다 0.6%
게 개인적적으로　전혀 19.2　별로 50.6　　대체로 21.4 매우 8.2
이야기할 때

나. 선생님이 학생들 　그렇지 않다 21.9%　　그렇다 77.0%　　경우에 따라 다르다 1.1%
에게 수업할 때　　전혀 3.4　별로 18.5　　대체로 50.3 매우 26.8

다. 학급 행사로 회장 　그렇지 않다 15.6%　　그렇다 83.7%　　경우에 따라 다르다 0.6%
이 반 학생들에게　전혀 1.7　별로 13.9　　대체로 56.7 매우 27.1
의견을 물을 때

라. 친한 학교 선배와 　그렇지 않다 34.1%　　그렇다 65.2%　　경우에 따라 다르다 0.7%
이야기할 때　　전혀 2.6　별로 31.4　　대체로 50.4 매우 14.8

마. 낯선 후배와 이야 　그렇지 않다 31.0%　　그렇다 67.3%　　경우에 따라 다르다 1.6%
기할 때　　전혀 3.5　별로 27.6　　대체로 53.2 매우 14.2

　　학교에서의 경어 사용에 대한 인식은 사적(私的) 대화냐, 공적(公的) 대화냐가 크게 경어 사용 여부를 갈라 놓은 것이라 하겠다. "가, 나, 다"가 이러한 경우로, "가"는 개인적 대화이기 때문에 경어를 안 쓴 것이고 (solidarity), "나, 다"는 공적 대화이기 때문에 경어를 써야 하는 것으로 인식한 것이다. "라. 친한 학교 선배와 이야기할 때"는 친분과 나이(선배)의 비중이 문제가 되어 "그렇다"와 "그렇지 않다"의 빈도에 차이가 크게 나지 않은 것이라 하겠다. "마. 낯선 후배와 이야기할 때"가 "그렇다"와 "그렇지 않다"의 큰 차이를 보이지 않는 것도 "친분"과 "나이(후배)"에 대한 배려 결과라 하겠다.

3.1.5. 기타 직업별 상황에서의 경어 사용에 대한 인식

가. 장교가 사병에게	그렇지 않다 47.2% 전혀 15.4　별로 31.8	그렇다 52.3% 대체로 32.1 매우 20.2	경우에 따라 다르다 0.5%
나. 운전기사가 교통경 찰에게	그렇지 않다 5.8% 전혀 0.4　별로 5.4	그렇다 93.9% 대체로 59.3 매우 34.6	경우에 따라 다르다 0.2%
다. 손님이 점원에게	그렇지 않다 4.7% 전혀 0.4　별로 4.3	그렇다 94.9% 대체로 55.5 매우 39.5	경우에 따라 다르다 0.3%
라. 의사가 간호사에게	그렇지 않다 7.2% 전혀 0.5　별로 6.7	그렇다 92.5% 대체로 57.5 매우 35.0	경우에 따라 다르다 0.3%
마. 민원인이 구청이나 동사무소 직원에게	그렇지 않다 3.6% 전혀 0.3　별로 3.3	그렇다 96.2% 대체로 54.2 매우 42.0	경우에 따라 다르다 0.1%

기타 직업별 상황에서의 경어 사용에 대한 인식은 "Power(나이·지위)", 요사이의 유행어 소위 "갑(甲)"에 대해 경어를 사용해야 하다는 의식이 반영된 것이다. "가. 장교가 사병에게"는 다소 의외의 인식이다. 이는 공적이냐 사적이냐에 따라 인식을 달리할 것으로 보인다.

3.2. 욕설·비속어 사용

가. 욕설 비속어의 사 용 정도	사용 50.5% 자주 5.5　가끔 45.1	사용하지 않음 49.2% 거의 않음 35.5　전혀 않음 13.0
나. 욕설이나 비속어를 사용하는 이유	기분 나쁠 때 이를 표현하기 위해 56%, 친근감을 주기 위해 27.3%, 재미있어서 8.6%, 주변에서 많이 사용하여 7.0%, 습관적으 로 1.2%, 기타 0.3%, 모름·무응답 0.2%	

다. 욕설이나 비속어를 사용하지 않는 이유	자신을 낮추는 행동이어 48.1%, 상대방의 인격을 모독하는 것 같아 22.0%, 언어 폭력이라 생각하여 14.3%, 사용하면 안 되는 것으로 교육 받아 10.4%, 주변에 사용하는 사람이 없어 4.2%, 기타 1.0%, 모름·무응답 0.1%
라. 텔레비전 오락프로 출연자들의 비속어 사용에 대한 인상	청소년들에 나쁜 영향을 줄까 걱정됨 36.3%, 품위가 없어 보임 29.1%, 상황 장면을 생생하고 재미있게 표현해 줌 0.2%, 인격을 모독하는 것 같아 기분이 나쁨 9.1%, 별 느낌이 없음 8.7%, 진솔한 표현이 친근감을 줌 6.2%, 기타 0.2%, 모름·무응답 0.1%

욕설·비속어의 사용은 언어행동에 대한 인식이라기보다 피험자(被驗者)에 대한 사용 정도와 사용 여부에 대한 이유를 조사한 것이다. 사용 정도는 사용과 비사용이 반반이며, 사용 이유로는 "기분 나쁠 때 이를 표현하기 위해 56%, 친근감을 주기 위해 27.3%"가 쓰여 80% 이상을 차지한다. 전자가 자기 감정의 직설적 표현이라면, 후자는 상대방에 대한 배려를 하고 있는 것이다. 상반되는 반응이다. 사용하지 않는 이유로는 "자신을 낮추는 행동이어 48.1%, 상대방의 인격을 모독하는 것 같아 22.0%, 언어 폭력이라 생각하여 14.3%"가 쓰여 80% 이상을 차지한다. 이것도 전자가 자기 감정의 표현이라면, 후자는 상대방에 대한 배려다. 이렇게 욕설은 자기 감정의 표현과 상대방에 대한 배려라는 양면성이 작용해 그 사용 여부가 결정된다. 언어행동에 대한 인식이라 할 것으로는 "다. TV 오락 프로 출연자의 비속어에 대한 인상"을 묻고 있는 것이 있다. 주된 인상은 "청소년들에게 나쁜 영향을 줄까 걱정됨 36.3%, 품위가 없어 보임 29.1%, 상황 장면을 생생하고 재미있게 표현해 줌 10.2%, 인격을 모독하는 것 같아 기분이 나쁨 9.1%" 등이다. 이들 비속어의 사용에 대한 인상은 대부분 부정적인 것(74.5%)이고, "상황 장면을 생생하고 재미있게 표현해 줌 10.2%"가 긍정적인 것일 뿐이다.

3.3. 표준어와 방언의 사용

가. 표준어 및 방언 사용 실태	표준어 47.6%, 경상방언 27.9%, 전라방언 13.5%, 충청방언 7.4%, 강원방언 2.8%, 제주방언 0.8%, 북한방언 0.1%
나. 방언 사용자들의 방언 사용에 대한 견해	자랑스럽게 생각 26.3%(매우 5.3, 대체로 21.0), 자랑스럽게 생각 않음 25.2%(별로 22.4, 전혀 2.9), 별 생각 없음 48.3%, 모름·무응답 0.1%
다. 표준어와 방언의 바람직한 사용 방안	때와 장소에 따라 구분 사용 47.8%, 기본적으로 표준어 사용 24.2%, 어느 것을 사용해도 무방 20.8%, 별 생각 없음 7.1%, 모름·무응답 0.1%
라. 방언의 존속 또는 폐지에 대한 의견	유지·존속 되어야 57.1%, 국어사의 단서 유지되어야 29.7%, 통일의 장애 점차 없애야 7.1%, 지역감정을 유발하므로 점차 없애야 5.6%, 기타 0.6%
마. 장래 자녀의 표준어 사용 희망 정도	바란다 64.7%(매우 40.6, 대체로 44.1), 보통이다 13.5%, 바라지 않는다 1.8%(별로 1.7, 전혀 0.1)
바. 텔레비전 대담 토론 프로 토론자들의 방언 사용에 대한 인상	지역 반영 보기 좋지 않음 24.4%, 토론 출자의 표준어 사용 능력 의심 31.4%, 방언 사용이 솔직해 보임 18.3%, 알아들을 수 없어 답답 4.7%, 별 느낌이 없음 20.6%, 기타 0.7%

"가. 표준어 및 방언 사용 실태"는 언어행동에 대한 인식이라기보다 피험자의 언어 사용 실태를 조사한 것이다. 약 과반수가 표준어 구사자(驅使者)이고, 나머지가 지역방언의 화자다. 이들 화자들의 언어 인식은 "마. 자녀의 표준어 사용, 바. 토론자의 방언" 사용에서 표준어 사용을 바람직한 것으로 보고 있으나, 대체로 방언의 특성을 고려해 이의 사용, 존속을 바라고 있다. "라. 방언의 존속 또는 폐지에 대한 의견"에 유지·존속되어야 한다는 의견이 86.8%에 달하고, 점차 폐지되어야 한다는 의견이 12.7%에 그치는 것이 그 단적인 증거다. 이는 "다. 표준어와 방언에 대한 바람직한 방안"에서 "때와 장소에 따라 구분 사용 47.8%, 기본적으로 표준어 사용 24.2%"로 나타나 바람직하나, "어느 것을 사용해도 무방(20.8%)"이

상당한 빈도를 보여 표준어 사용에 대해 관심이 많지 않음을 느끼게 한다. 근대의 표준어 제정, 내지 언어의 통일정책이 국민 통합을 위해 이루어진 것임을 생각할 때 표준어 사용에 대한 인식이 강화되어야 한다고 하겠다.

3.4. 외래어·외국어 사용과 국어순화에 대한 인식

3.4.1. 외래어·외국어 사용 실태에 대한 인식

가. 외래어·외국어에 대한 실태에 대한 인식	많이 사용 60.2%　　보통 22.3%　　사용되지 않음 17.4% 매우 11.6　대체로 48.6　　　　　　별로 14.8　거의 2.7
나. 외래어·외국어의 사용 증가에 대한 인식	증가해도 상관 없음 11.0%, 어느 정도 증가는 어쩔 수 없음 58.1%, 지금보다 더 증가는 바람직하지 않음 21.8%, 지금보다 조금씩 줄여 나가야 8.2%, 대폭 줄여 나가야 0.5%, 모름·무응답 0.3%
다. 외래어·외국어를 많이 사용하는 사람에 대한 인상	학식이 높아 보임 8.7%, 세련된 느낌이 듦 9.5%, 알아듣기 어려워 좋지 않음 27.2%, 역겨운 느낌이 듦 13.8%, 별 느낌이 없음 39.9%, 기타 0.9%
라. 외래어·외국어를 사용하는 이유	능력이 있어 보이므로 8.7%, 의미를 보다 정확히 전달할 수 있어 28.9%, 세련된 느낌이 들어 4.6%, 주변에서 많이 쓰므로 15.5%, 적당한 우리말이 떠오르지 않아 39.9%, 기타 0.9%, 거의 외국어 사용 않음 0.6%, 모름·무응답 1.0%
마. 일상에서 자주 쓰이는 일본식 말에 대한 조치 방안	일본식 말의 흡수 사용 권장했으면 5.4%, 자제 순화어를 사용했으면 49.4%, 순화작업을 적극적으로 실천했으면 38.1%, 별 생각 없음 7.0%, 기타 0.1%

외래어와 외국어의 사용은 대체로 많이 사용하고 있는 것으로 보고 있다(60.2%). 이러한 실태에 대해 "나. 외래어·외국어 증가에 대한 인식"에서는 "어느 정도의 증가"는 어쩔 수 없는 것으로 보고 있으나, 대체로 바람직하지 않은 것으로 본다. "다. 외래어·외국어를 많이 사용하는 사람"

에 대한 인상은 긍정적 느낌(18.2%)보다 부정적 인상이 강하고(41%), 특히 "마. 일본식 말"에 대해서는 적극적 순화와 순화어를 사용해야 한다는 인식이 지배적이다. "라. 외래어·외국어의 사용 이유"에 대해서는 의미 전달이 제대로 되지 않고, 적당한 우리말이 떠오르지 않아 사용한다는 의견이 지배적이다(68.8%).

3.4.2. 국어순화에 대한 인식

가. 모든 외래어·외국어는 우리말로 순화하여 사용해야	그렇지 않다 26.5% 전혀 2.5　별로 24.0	보통 28.1%	그렇다 45.4% 대체로 36.3　매우 9.0
나. 익숙해진 외래어·외국어는 굳이 고칠 필요가 없다.	그렇지 않다 25.8% 전혀 4.0　별로 21.7	보통 30.8%	그렇다 43.5% 대체로 37.5　매우 5.9
다. 이해하기 어려운 외래어나 외국어만 순화하여 사용해야 한다.	그렇지 않다 8.9% 전혀 1.3　별로 7.6	보통 24.4%	그렇다 66.7% 대체로 51.7　매우 15.0
라. 흘러가는 대로 놔 두어 언중에게 사용을 맡겨야 함.	그렇지 않다 45.6% 전혀 11.7　별로 33.9	보통 34.6%	그렇다 19.7% 대체로 17.5　매우 2.2
마. 외래어·외국어를 더 많이 받아들여 사용함이 좋음.	그렇지 않다 69.6% 전혀 28.0　별로 41.6	보통 20.9%,	그렇다 9.5% 대체로 8.1　매우 1.4
바. 순화어 사용에 대한 찬반 의견	찬성한다 90.1%	반대한다 9.9%	모름·무응답 0.1%
사. 순화어 사용에 반대하는 이유	순화어가 익숙지 않아 27.9%, 의미 전달이 정확하지 않아 31.8%, 세련돼 보이지 않아 2.9%, 신어이어 알아듣지 못할까봐 19.6%, 낯설고 음절이 길어 불편해서 16.5%, 기타 0.7%, 모름·무응답 0.6%		

외래어와 외국어에 대해서는 순화해야 한다는 인식이 강하다. 그것은 "나. 익숙해진 외래어와 외국어의 순화", "다. 이해하기 어려운 외래어와 외국어의 순화"에 대한 인식이 각 43.5%, 66.7%란 높은 빈도를 보인다.

이런 의미에서 "마. 외래어·외국어를 더 많이 수용 사용함이 좋음"에 "그렇지 않다"가 69.6%란 고빈도의 인식을 보여 줌은 당연한 현상이라 하겠고, "가. 모든 외래어·외국어는 순화하여 사용해야" 한다는 것은 같은 맥락의 반응이라 하겠다(그렇다 45.4%, 그렇지 않다 26.5%). 이런 의미에서 "라. 흘러가는 대로 언중에 맡겨야" 한다는 항목에 "그렇지 않다 45.6%", "바. 순화어 사용에 대한 찬반에 대한 의견"에 "찬성한다"에 90.1%의 압도적 지지를 보여 줌은 순화정책의 수립과 방향에 대한 긍정적 면을 보여 주는 것이라 하겠다. "사. 순화어 사용에 반대하는 이유" 가운데 "순화어가 익숙지 않아 27.9%, 의미 전달이 정확하지 않아 31.8%, 낯설고 음절이 길어 불편해서 16.5%"가 높은 빈도를 보임은 순화의 방향을 일깨워 주는 것이라 하겠다.

3.5. 대중매체의 언어 사용

3.5.1. 방송언어에 대한 인식

	그렇지 않다	보통	그렇다
가. 방송언어는 일상적인 언어생활에 많은 영향을 끼치고 있다.	그렇지 않다 1.3% 전혀 0.2 별로 1.2	보통 7.7%	그렇다 90.9% 대체로 50.6 매우 40.3
나. 방송언어는 바람직한 언어생활의 지침이 되고 있다.	그렇지 않다 12.1% 전혀 1.6 별로 10.5	보통 20.1%	그렇다 67.8% 대체로 41.4 매우 26.4
다. 방송 출연자들의 잘못된 언어사용에 대한 대책 마련이 시급하다.	그렇지 않다 4.8% 전혀 0.2 별로 4.6	보통 24.8%	그렇다 70.3% 대체로 46.3 매우 24.1
라. 방송에서는 외국어 사용을 자제하고, 우리말을 사용하는 것이 좋다.	그렇지 않다 3.6% 전혀 0.1 별로 3.5	보통 16.6%	그렇다 79.7% 대체로 50.8 매우 29.0
마. 선정적이고 폭력적인 언어 사용은 제한해야 한다.	그렇지 않다 2.2% 전혀 0.4 별로 1.8	보통 6.5%	그렇다 91.2% 대체로 41.6 매우 49.6

바. 오락 프로에서는 비속어를 사용해도 된다.	그렇지 않다 71.6% 전혀 28.2 별로 43.4	보통 19.2%	그렇다 9.2% 대체로 7.0 매우 2.2	
사. 대담 토론자들은 표준어를 사용하는 것이 좋다.	그렇지 않다 3.6% 전혀 0.7 별로 2.9	보통 11.8%	그렇다 84.6% 대체로 47.0 매우 37.6	
아. 뉴스 진행자(앵커)는 표준 어를 사용해야 한다.	그렇지 않다 1.2% 전혀 0.4 별로 0.7	보통 5.3%	그렇다 93.5% 대체로 36.1 매우 57.3	

방송언어의 중요한 구실은 국민들이 잘 알고 있다. 그래서 관심이 많다. 우선 방송언어는 일상생활에 많은 영향을 끼치는 것으로 안다. 국민의 언어의식 조사에서도 90.9%가 언어생활에 영향을 미친다고 보고 있다. 그러나 언어현실은 이러한 방송언어가 현실적으로 바람직한 지침이 되고 있다고 보는 사람이 67.8%에 그친다. 90.9%의 기대치에는 미치지 못하고 있다. 따라서 "다. 방송 출연자들의 언어 사용에 대한 대책"이 필요하다고 보는 빈도가 79.7%에 이른다. 이에 각종 프로의 언어 사용에 바람(要求)이 제기된다. "라. 외국어 사용을 자제하고 우리말 사용"을 79.7%가 바라고 있고, "마. 선정적이고 폭력적인 언어 사용의 자제"를 91.2%란 높은 빈도로 바라고 있다. "바. 오락 프로의 비속어" 사용도 용납되지 않는 것으로 보는 인식이 71.6%나 된다. 대담 프로의 "사. 표준어 사용"은 84.6%, "아. 뉴스 진행자(앵커)"의 "표준어 사용"은 93.5%란 높은 빈도로 바라고 있다. 토론자나 뉴스 진행자의 높은 표준어 사용도(使用度)를 요구하고 있다. 이는 뉴스, 아닌 진행자들의 광의의 비표준어 사용이 문제가 되고 있는 현실과 아울러 방송언어에 대한 경고를 하고 있는 것이라 볼 수 있다.

3.5.2. 통신언어 사용과 이에 대한 인식

	그렇지 않다		그렇다	
가. 통신언어 인지도 및 사용 정도	잘 알고 있으며 자주 사용하고 있다 36%, 잘 아나 사용하지 않는다 32.0%, 몰라서 사용하지 않는다 44.9%, 사용하고 싶지만 잘 모른다 8.2%, 기타 1.0%, 모름·무응답 0.3%			
나. 참신하고 기발한 신조어들의 생성으로 어휘가 풍부해지고 있다.	그렇지 않다 55.7% 전혀 12.3 별로 43.4		그렇다 44.3% 대체로 30.6 매우 13.7	
다. 구어적 표현들이 많아 친근감을 더해 준다.	그렇지 않다 59.8% 전혀 13.2 별로 46.6		그렇다 40.2% 대체로 30.5 매우 9.7	
라. 그림말(이모티콘)의 사용으로 자신의 생각이나 느낌을 재미있게 표현할 수 있다.	그렇지 않다 39.2% 전혀 9.1 별로 30.1		그렇다 60.8% 대체로 44.6 매우 16.2	
마. 어법이나 맞춤법을 무시한 비표준어들이 많기 때문에 사용을 제한해야 한다.	그렇지 않다 22.4% 전혀 1.9 별로 20.5		그렇다 77.5% 대체로 43.6 매우 34.0	
바. 의미를 알 수 없는 외계어로 인해 우리말이 파괴되고 있다.	그렇지 않다 13.9% 전혀 1.6 별로 12.3		그렇다 86.0% 대체로 42.7 매우 43.3	
사. 심한 욕설이나 저속한 말들이 많아 거부감을 느낀다.	그렇지 않다 17.3% 전혀 1.4 별로 15.9		그렇다 82.7% 대체로 37.9 매우 44.8	
아. 청소년을 비롯한 젊은 층들이 주로 사용하는 말로 계층간의 세대 차이를 느끼게 한다.	그렇지 않다 9.7% 전혀 1.3 별로 8.4		그렇다 90.2% 대체로 40.4 매우 49.8	

광의의 매스컴 언어의 하나로 갑자기 부상한 것이 통신언어이다. 이는 주로 청소년층에서 사용하는 특정 언어 형태라 하겠다. 통신언어는 2005년도에는 "잘 알고 있으며 자주 사용하고 있다"가 36%, "잘 아나 사용하지 않는다"가 32.0%, "몰라서 사용하지 않는다"가 44.9%, "사용하고 싶지만 잘 모른다"가 8.2%로 나타나고 있다. 그러나 오늘날은 이런 정도가 아니라, 어느 정도의 통신언어는 인지도가 높아져 많은 언중이 사용하고 있

다 하겠다.

통신언어에 대한 인식은 대체로 부정적이다. "나. 어휘의 풍부화", "다. 구어적 표현의 친근감"에 대해 "그렇지 않다"는 높은 부정적 인식이 많다. "마. 비표준어들이 많이 쓰임", "바. 외계어 사용으로 우리말 파괴", "사. 심한 욕설이나 저속한 말이 많음", "아. 계층간의 세대 차이를 느끼게 함"에 대해 "그렇다"는 인식이 높은 빈도를 보여 주는 것이 이러한 것이다. 다만 "다. 그림말 사용으로 재미있는 표현"에 대해서는 "그렇다"가 60.8%라는 높은 빈도를 보여 유일하게 긍정적 인식을 보여 준다.

3.6. 외국 문자의 사용

음성언어 아닌, 문자언어 사용에 대한 인식을 조사한 것이다. 이는 간판에 대한 인상과 선호도 및 분야별 명칭의 표기 방법에 대한 인식을 알아 본 것이다.

(1) 외국어 간판에 대한 인상

가. 로마자 간판	우리 정서에 맞지 않다 23.9%, 별 생각이 없다 23.2%, 읽기 어렵다 18.2%, 눈에 잘 띈다 18.1%, 세련되어 보인다 16.2%, 기타 0.3%
나. 한자 간판	읽기 어렵다 41.0%, 우리 정서에 맞지 않다 23.1%, 별 생각이 없다 17.3%, 눈에 잘 띈다 12.7%, 세련되어 보인다 5.4%, 기타 0.5%
다. 일본어 간판	우리 정서에 맞지 않다 48.0%, 읽기 어렵다 28.3%, 별 생각이 없다 14.4%, 눈에 잘 띈다 5.3%, 세련되어 보인다 3.3%, 기타 0.7%, 모름·무응답 0.1%

(2) 외국어 간판 사용에 대한 선호도

가. 로마자 간판보다 한글 간판 　그렇지 않다 9.0%　　보통 18.0%　　　　　　그렇다 73.0%
　을 쓰는 것이 더 좋다. 　　　전혀 1.0　별로 8.0　　　　　　　　　　　대체로 44.0　매우 28.9

나. 한자 간판보다 한글 간판을 　그렇지 않다 5.1%　　보통 13.7%　　　　　　그렇다 81.2%
　쓰는 것이 좋다. 　　　　　　전혀 0.4　별로 4.7　　　　　　　　　　　대체로 48.3　매우 32.9

다. 일본어 간판보다 한글 간판 　그렇지 않다 5.1%　　보통 10.5%　　　　　　그렇다 84.3%
　을 쓰는 것이 좋다. 　　　　　전혀 0.5,　별로 4.6　　　　　　　　　　대체로 42.4　매우 41.9

(3) 분야별 적절한 표기 방법

가. 기관 이름 표기　　　　　KBS, MBC 48.5%, 한국방송, 문화방송 31.5%,
　　　　　　　　　　　　　　어느 것이든 상관없다 20.0%

나. 신문 지면의 분야 표기　　Culture, Opinion Sports 6.6%, 문화, 의견, 스포츠 52.8%,
　　　　　　　　　　　　　　어느 것이든 상관없다 15.2%, 모름·무응답 0.1%

다. 상표 이름 표기　　　　　Maxim, Vally, Polo 24.5%, 맥심, 발리, 폴로 52.8%,
　　　　　　　　　　　　　　어느 것이든 상관없다 22.6, 모름·무응답 0.1%

라. 물건을 지칭할 때　　　　TV, PC 40.1%, 티브이, 피시 2.4%, 텔레비전, (개인용) 컴
　　　　　　　　　　　　　　퓨터 40.2%, 어느 것이든 상관없다 17.2%

　간판에 대한 인상은 로마자나, 한자, 가나(假名)의 표기에 대해 부정적인 경향을 보인다. "정서에 맞지 않는다"거나, "읽기 어렵다"는 것이 주된 이유다. 특히 "일본어 간판"은 "우리 정서에 맞지 않는다"는 것이 48.0%라는 높은 빈도를 보인다. "2. 외국어 간판 사용에 대한 선호도"는 자연히 "한글 간판을 쓰는 것"을 선호하는 빈도가 높다. 로마자, 한자, 가나에 대해 한글 표기가 바람직한 것으로 보는 비율이 각각 73.0%, 81.2%, 84.3%로 나타난다. 로마자, 한자, 가나의 순으로 더 부정적이다.

　"(3) 분야별 적절한 표기 방법"은 영역에 따라 약간의 차이를 보이나, 큰 흐름은 로마자 표기보다 우리말 표기(표현)를 선호한다는 것이다. "나.

신문의 표제"를 "Culture, Opinion, Sports"로 하는 것보다 "문화, 의견, 스포츠"로 하는 것을 선호(52.8%)한다든가, "다 상표 이름 표기"를 "Maxim, Vally, Polo"로 하는 것보다 "맥심, 발리, 폴로"라 표기하는 것을 선호(52.8%)한다는 것이 그것이다. "가. 기관 이름 표기"는 "KBS, MBC 48.5%, 한국방송, 문화방송 31.5%"로 나타나나, 이는 "KBS, MBC"가 한국인에게 친숙한 것이어 그런 것으로, 그렇지 않은 경우는 로마자 약어 아닌, 우리 말의 본디 이름을 선호할 것이라 보인다. "라. 물건을 지칭할 때"의 "TV, PC 40.1%"와 "텔레비전, (개인용) 컴퓨터 40.2%"가 비슷한 선호도를 보이나, 이것도 물건의 로마자 표기가 친숙한 것과 그렇지 않은 것을 동일시하여 일반화할 수 없다고 본다.

4. 결어 - 언어의식과 언어행동 전략의 방향

교육을 하자면 교육과정이 있어야 한다. 가장 바람직한 교육과정은 기성의 어떤 교육과정이 아니라, 학습자의 욕구(needs)에 따르는 것이라 한다. 그러나 여기에는 조건이 하나 있다. 그것은 학습자의 욕구를 그대로 수용만 하는 것이 아니라, 여기에 지도교사의 의견이 추가되어야 한다는 것이다.

국립국어원의 "2005 국민의 언어 의식 조사"를 바탕으로 한국인의 언어 의식(인식)을 살펴보았다. 이는 국민의 언어 사용 실태와 언어에 대한 인식을 반영한 것이다. 따라서 우리는 이를 바탕으로 언어 교육의 실제를 구상하고, 개선의 틀을 마련하며, 나아가 정책을 수립할 수 있다. 그러나 이는 교육에서의 "학습자의 욕구"처럼 이것만을 액면 그대로 수용해서는 안 된다. 여기에는 언어학자, 언어교육학자, 정책 연구가 등의 평가와 의견이 가미되어야 한다. 그래야 바람직한 교육이나 정책이 된다.

앞에서 우리는 "2005 국민의 언어 의식 조사"의 통계자료를 바탕으로 국민의 "의식", 혹은 "인식"을 살펴보았다. 그리고 여기에 해석을 가하고 논평을 가하였다. 이는 주로 언어학적 측면에서 저자의 의견을 가한 것이다. 따라서 이는 미흡하나 학습자의 "욕구"에 교사가 전문가로서 자기의 의견을 더한 것과 마찬가지라 하겠다. 그러나 이러한 해석이나, 논평은 해당 사례(해당 인식)에 그때 그때 적용한 것에 불과하다. 이에 결론을 내리는 장에서는 언어 인식을 바탕으로 우리가 추구해야 할 언어의 개선, 교육, 내지 정책의 방향을 종합적으로 검토할 필요가 있다. 그러기 위해서는 앞에서 살펴본 국민의 주요 언어 인식을 종합적으로 검토하는 것이 바람직하겠다. 이에 세부 사항은 본론으로 미루고, 여기서는 주요 항목 전반에 대한 인식을 바탕으로 언어 개선, 교육, 정책의 문제를 언어행동 전략의 방향이란 이름으로 뭉뚱그려 논의함으로 결론을 삼기로 한다.

첫째, 한국인의 언어 의식은 아직 표준어 사용자가 많지 않고, 신언(愼言)의 미덕에서 벗어나 적극적 화행(話行)을 제대로 수행하지 못하고 있다. 언어행동이란 인생의 대원칙인 협동의 수단이므로 원만한 인생을 영위할 수 있도록 적극적 언어행동을 수행하는 방향으로 언어의식 내지 구체적 언어행동이 개선되고, 실천되도록 하여야 한다.

둘째, 경어 사용에 대한 인식은 전통적 사상에 따라 이를 사용해야 한다는 의식과, 평등사상에 배치됨으로 필요 없다는 의식이 반반으로 갈리고 있다. 언어현실을 보면 불평등 사회를 지양하고, 민주화를 추구하며 경어의 사용은 서서히 쇠퇴하는 경향을 보이고 있다. 그뿐 아니라, 유대(solidarity)를 드러내기 위해 반말을 많이 사용하고 있는데, 이도 경어를 쇠멸하게 하는 요인이 된다. 경어는 이렇게 장기적으로 볼 때 소멸의 길을 걸을 것으로 보인다. 따라서 경어에 대한 의식 내지 사용을 적극적으로 강화하는 조치를 취할 필요는 없을 것이라 보는 것이 옳을 것이다.

셋째, 욕설·비속어에 대한 인식은 대체로 부정적이다. 이는 자기 감정의 직설적 표현이거나, 상대방에 대한 배려에 의해 쓰이는 것으로 본다. 욕설은 파괴에 대한 안전판 구실도 한다. 따라서 이는 꼭 필요한 경우 사용할 수도 있다. 그러나 이의 부정적 인식으로 볼 때 가급적 사용을 자제하는 방향으로 나가야 할 것이다.

넷째, 표준어 사용이 바람직하나, 방언도 그 특성상 버릴 수만은 없는 것이라 본다. 그런데 언어현실을 보면 아직 표준어가 만족스럽게 보급되었다고 할 수 없는 상태다. 국민 통합을 위해 폐쇄적 정책을 펴 표준어가 완전히 정착되도록 하여야 한다. 특히 공적인 자리에서는 공용어를 사용할 것이고, 사적인 자리에서 필요한 경우에만 방언을 쓴다는 태도가 바람직할 것이다.

다섯째, 어느 정도의 외래어의 수용은 불가피하다. 우리 국민은 외래어 내지 외국어를 순화해야 한다는 의식이 매우 강하다. 이는 일본 사람이 외래어를 수용해 국적 불명의 언어가 돼도 좋다고 인식하는 것과 대조적이다. 그러면서도 한국인은 현실적으로 많은 외래어를 사용하여 이중의 의식 구조를 가지고 있다. 필요적 동기에 의한 외래어, 그것도 우리말에 없는 것은 사용할 것이나, 권위적 동기에 의한 외래어 사용은 배제하도록 하여야 한다.

여섯째, 대중매체의 언어는 국민의 언어생활에 어마어마한 영향을 미치는 것으로 인식한다. 그것은 사실이다. 그리고 이의 부정적 영향에 대해 대책을 강구해야 한다는 인식 또한 강하다. 그럼에도 방송언어는 엉망이다. 방송언어가 언어생활의 지침이 된다는 인식이 사실이 되도록 강력한 순화 조치를 강구해야 한다.

대중매체의 하나인 통신언어는 한마디로 부정적인 인식 일색이라고 해도 과언이 아니다. 그러나 이는 버릴 수 없는 대중매체의 하나다. 이런 의미에서 통신언어야 말로 특단의 순화 조치를 강구해서, 앞으로 통신언어가 구박받고 천대받는 언어가 되지 않도록 해야 한다.

일곱째, 외국 문자의 사용은 부정적으로 인식되고 있다. 부정적 인상은 로마자, 한자, 일본 가나의 순으로 강하다. 이에 대해 한글 표기를 해야 한다는 인식이 높다. 따라서 가능한 한 외국문자를 사용하지 말고 한글 표기를 하도록 할 일이다. "KBS, MBC, TV, PC"라는 기관명과, 물건의 지칭으로 로마자가 높은 빈도로 선호되고 있으나, 이는 친숙한 특정 기관과 물건 이름으로 일반화 할 수 있는 것이 못 된다. 불가피한 경우가 아닌 한 한글 표기를 하는 쪽으로 전략을 수립할 일이다.

참고문헌

박갑수(1996), 방송언어론, 집문당
박갑수(1998), 신문 광고의 문체와 표현, 집문당
박갑수(2005), 한국어교육과 언어문화의 교육, 역락
양명희(2005), 2005 국민의 언어의식 조사, 국립국어원
Hayakawa, S.I(1964), Language in Thanght and Action, Second Edition, Harconrt, Brace & World, Inc.

○ 이 글은 본서의 프롤로그로 사용하기 위해 2019년 6월 12일 탈고한 것이다. 미발표 논문임.

제2장 **신문 기사의 바람직한 문체와 표현**

1. 서론

웨인 라이트(Wain Wright, 1971:1)는 신문을 다음과 같이 정의하고 있다.

> 신문이란 항상 새로운 것을 알기 원하고 있는 세상 사람들의 호기심을 만족시켜 주기 위하여 그 날의 사건들을 언어나 그림으로 증류하는 커뮤니케이션의 과정이다.

신문을 영어로는 다 아는 바와 같이 Newspaper라 한다. 그러기에 초기의 신문은 이를 직역하여 '신문지'라 하였다. 이토록 신문이란 새로운 소식을 종이에 문자로 기록한 것을 말한다. 따라서 신문은 우선 전달되는 내용이 있어야 하고, 그것을 표현하는 형식인 글이 있어야 한다.

이 세계는 지구촌이 되고, 일일생활권이 되다시피 되어 도처에 기사의 내용이 널려 있다. 따라서 한정된 지면에는 이를 선택하여 효과적으로 전달하지 않으면 안 된다. 그러기 위해서는 그 표현 형식에 주의를 기울이어야 한다.

그런데 놀랍게도 신문학(新聞學) 분야를 보면 신문의 내용과 제작 기술의 연구에 중점이 놓인 때문인지, 형식면인 언어에 대한 연구는 그리 많이 되어 있는 것 같지 않다. 훌륭한 문학작품은 그 주제나 내용에 못지 않게 훌륭한 구성과 표현이 되어야 한다. 신문 기사의 경우도 마찬가지다. 더구나 신문은 문학작품과 달리 시의성(時宜性)을 지니는 것으로 제한된 시간 안에 불특정다수의 독자로 하여금 읽게 하여야 하기 때문이다.

이런 의미에서 여기서는 한국 신문 기사의 문체와 표현에 대해 살펴보기로 한다. 이는 우리 신문 기사의 현실에 대한 반성을 꾀하는 것이며, 나아가 보다 나은 표현을 유도하기 위한 작은 초석이 될 것이다.

2. 한국 신문 문체의 변화

한국 신문의 역사는 약 120년이 된다. 최초의 신문은 1883년 통리아문(統理衙門) 박문국(博文局)에서 발행한 '한성순보(漢城旬報)'이다. 그 뒤 1886년 '한성주보(漢城週報)'가 발행되었고, 1996년 서재필(徐載弼)과 개화파가 합작하여 '독닙신문'을 창간함으로 일간지의 시대를 맞게 하였다. 그 뒤 많은 신문이 명멸하였다. 오늘날의 '朝鮮日報'와 '東亞日報'는 1920년에 창간되었다. '京鄕新聞'은 1946년에, '한국일보'는 1954년에, '中央日報'는 1965년에, '한겨레'와 '國民日報'는 1988년에, '世界日報'는 1989년에, '문화일보'는 1991년에 각각 창간되었다. '대한매일'은 1999년, '서울신문'을 개제한 것이다. 이밖에 경제신문 등 전문지가 많이 발행되고 있고, 또 각 지방에서는 지역 신문이 발행되고 있다.

한국의 신문은 끊임없이 신문 언어와 문체의 순화를 모색하고 있다. 그것은 독자들을 위해 언어 표현 및 표기를 쉽게 하고자 하는 것이었다. 이러한 언어의 순화는 국민의 언어생활에 적지 않은 영향을 미쳤다. 신문 기사의 이러한 역사적 변화의 예를 몇 가지 들어 보면 다음과 같다.

첫째, 표기가 국한문체(國漢文體)에서 국문체(國文體)로 바뀌었다.

최초의 신문인 '한성순보'는 순한문으로 되어 있었다. 이러한 한문체가 '한성주보'에 와서는 국한혼용체와 국문체로 바뀌었다.

集錄

地理初步第七章

地球 各處에 반다시 寒熱에 차이가 잇는고로 地學하는者 分爲五帶하니 日 熱帶요, 日 北溫帶요, 日 南溫帶요, 日 北寒帶요, 日 南寒帶 是也라 (1886. 9. 13. 제28호)

이러한 국한문체는 1894년 11월에 반포한 "공문은 국문을 본으로" 한다는 칙령 제1호 '공문식제(公文式制)'보다 8년 앞선 것이다. 그 뒤 '독닙신문'에서는 한글을 전용함으로 신문 표기에 신기원을 이룩하였다.

논셜

우리가 독닙신문을 오늘 처음으로 출판하는디 조선 속에 잇는 늬외국 인민의게 우리 쥬의를 미리 말숨하여 아시게 하노라 (1989. 4. 7. 제1권 제1호)

이후에 발간되는 신문은 대체로 국한문체가 주류를 이루었다. 여기에는 많은 한자가 노출되었다. 이러한 경향은 1960년대까지 계속된다. 한자의 노출이 감소된 것은 1970년대에 와서다. 근자의 신문은 표제와 고유명사에만 약간의 한자가 노출될 뿐 거의 한글을 전용하는 쪽으로 바뀌었다. 이러한 추이의 예를 보면 다음과 같다.

正副統領候補續續登錄

五月十五日 實施되는 第三代大統領 및 第四代 副統領 選擧를 앞두고 四日 民主
黨에서 同黨 正副統領公薦候補者인 申翼熙氏와 張勉氏가, 五日에는 自由黨公薦者
인 李承晩博士와 李起鵬氏 그리고 國會議員 尹致暎氏等이 中央選擧委員會에 登錄
함으로써 本格的인 選擧戰에 突入하게 되었다, (C일보, 1951. 4. 6)

國語醇化分野別로 試案 만들도록

專門家로 審議機構를 구성/ 大衆媒體통해서 서서히 普及

朴正熙대통령은 3일 하오 '國語醇化運動은 문교부가 주관이 되어 各界로 하여
금 그 분야에서 쓰이고 있는 外國語를 우리말로 다듬는 試案을 만들도록 하고
전문가들로 구성되는 審議機構를 통해 이를 충분히 검토한 후 좋은 방안이 마
련되면 이를 신문·방송 大衆媒體에서 서서히 보급해 나가도록 하라'고 내각에
지시했다. (J일보, 1976. 6. 4)

주식등 유가증권 양도차익

2002년부터 과세 추진

소득분배 개선... 복지정책 조정회의 운영

이르면 2002년부터 주식을 비롯한 유가증권 양도차익에 대해 세금을 물리는
방안이 추진된다. 또 근로자의 재산형성을 돕기 위한 스톡옵션형 우리사주제도
가 도입될 것으로 보인다. 정부가 결식아동이나, 노숙자, 장기 실직자 등에게 하
루 끼니를 해결해 주는 긴급식품권제도도 선보일 예정이다. (K신문, 2000. 2. 2)

둘째, 문어체(文語體)에서 구어체(口語體)로 바뀌었다.

1920년 4월 1일자 동아일보 창간사와 1951년 4월 6일자 동아일보 및
2000년 2월 15일자 동아일보 제1면의 머릿기사를 비교해 보면 저간의 사
정을 쉽게 알 수 있다.

主旨를 宣明하노라

蒼天에 太陽이 빛나고 大地에 淸風이 불도다. 山靜水流하며 草木昌茂하며 百花

爛發하며 鳶飛魚躍하니 萬物 사이의 生命과 光榮이 充滿하도다. (D일보, 1920. 4. 1)

本格的 選擧期에 突入
正副統領立候補登錄을 畢한 自由 民主兩黨은 五月十五日에 實施되는 選擧戰을 本格的으로 諸各己 進陟시키고 있다. (D일보, 1951. 4. 6)

노사 '정치참여' 본격대립
재계 '의정평가위' 구성...노총 낙선운동에 대응
노동계 '금권정치 의도... 오늘 낙천 인사 발표'
재계가 14일 정치활동 돌입을 공식 선언하고 노동계가 이에 강력히 반발하면서 정치활동을 둘러싼 노사대립이 수면 위로 떠올랐다. (D일보, 2000. 2. 15)

셋째, 어려운 한자어가 순화되었다.

대중매체의 특성의 하나는 이해하기 쉽고, 분명해야 한다는 것이다. 그리하여 신문과 방송에서는 말다듬기를 하여 어려운 한자어를 순화하였다. 이러한 순화작업의 결과 한자어 투성이던 신문 언어가 쉽고 부드러운 고유어로 많이 바뀌었다. 바뀌어 쓰이는 낱말의 예를 몇 개 들어보면 다음과 같다.

걸림돌(障碍), 고개들어(擡頭), 꾀해(劃策), 꿰뚫어(看破), 날뛰어(跳梁), 날카롭게(銳意), 더듬어(摸索), 도려내(剔抉), 되풀이(再版), 드러내(露呈), 마지막(掉尾), 무뎌져(鈍化), 속셈(腹案), 쐐기(制動), 쓴잔(苦杯), 알려(示達), 알짜(眞髓), 앞질러(制先), 엇갈려(相衝), 지켜봐(注視), 케케묵은(陳腐), 털어놔(披瀝), 판쳐(橫行), 헛수고(無爲)

넷째, 짧고 간결한 문장으로 바뀌었다.

종래의 문장은 길고 복잡한 문장으로 되어 있었다. 그러던 것이 점점 문장의 길이가 짧아지고, 문장 구조 또한 단순하게 변화하였다. 일례로 동아일보 창간호의 '變하야 가는 學生 氣風'은 네 문장으로 되어 있는데(66 자, 80자, 356자, 122자), 평균 길이가 156자나 된다. 이는 1990년도의 신문 문장의 길이 70자(박갑수, 1990)인데, 이의 배가 넘는 것이다. 긴 문장은 난 해성을 지닌다.

3. 신문 문장의 구조와 표현

신문 기사 특히 뉴스는 세 번 말한다고 한다. 이는 기사가 표제 (headline), 전문(lead), 본문(body)의 세 부분으로 이루어져 있음을 의미한다. 따라서 다음에 신문 기사의 세 구성 요소를 중심으로 하여 한국 신문 문 장의 언어와 표현을 살펴보기로 한다.

3.1. 표제의 언어와 표현

표제(表題)는 신문 기사의 머리에 놓이는 것으로, 이어지는 기사의 주요 한 정보를 독자에게 제공하려고 요약하여 표현한 것이다. 이는 기사 속의 핵이 되는 것을 짧은 글로 간추려 제시한 것이다.

이러한 표제에 대한 생각은 나라와 시대에 따라 차이가 있다. Hyde, G. M.(1941:195)은 다음과 같이 풀이하고 있다.

표제(headline) 연구의 일반적인 바탕으로 현대 미국의 표제와 전년의, 그리 고 다른 나라의 제목(title headline)과의 두드러진 차이점은 주로 문법적 구조 가 다르다는 것이다. 다른 나라의 신문 제목은 명사나 수식어로 이루어진, 단순한 제목(title)이거나, 명칭(lable)이다. 현대 미국 신문의 표제는 그것이, 진술되거나 암시되거나 간에, 항상 동사를 포함하거나, 주어 또는 서술어 혹은 양자를 포함하고 있는 완전한 진술이다. 이는 떤 부분이 억제될지라도 문법적 문장이다. 요컨대 이것은 뉴스의 간결한 제시물(a brief bulletin)이다.

이러한 표제는 '표시성, 압축성, 감동성, 품위, 심미성'과 같은 기능을 지닌다(波多野完治, 1966:226-231). 표제는 관점에 따라, 그리고 육하원칙(六何原則)에 따라 그 종류가 구별된다. 관점에 따라서는 객관적 표제와 주관적 표제로 나뉜다. 객관적 표제는 다시 내용을 요약하는 요약적(要約的) 표제와 예를 한두 개 뽑아 제시하는 인용적(引用的) 표제의 둘로 나뉜다. 주관적 표제는 편집자의 주관적 판단을 가미하여 지향적, 교육적, 계몽적 구실을 하게 하는 것이다. 이러한 것으로는 기본형 표제, 호소형 표제, 관용어형 표제 등이 있다.

표제 작성을 위해서는 여러 가지로 유의할 사항이 있다. 한국편집기자회는 표제 작성의 대표적인 기술적 문제로 다음과 같은 것을 들고 있다(한국편집기자회, 1978:196-197). 여기에서는 '표제'와 '제목'이 본고의 명칭과 바뀌어 쓰이고 있다.

① 제목은 초행에서 전체 기사 내용을 정확하게 표현해야 하며, 그렇지 못할 때에는 가장 대표적인 특징을 말하고 있어야 한다.(초행완전)
② 각행의 자수는 엄격하게 정해진 규칙에 따라야 하며, 너무 많거나 적으면 안 된다.
③ 한 제목이 다행(多行)으로 이루어졌을 때 각행은 각기 독특한 내용을 담아야 하며, 형태상으로도 완전히 독립된 전문(電文) 형식의 문장이어야 한다.(각행독립)

④ 하나의 사실이 결코 반복 표현되어서는 안 되며, 각 행은 타 행이 품지 않은 새로운 정보를 말하든지, 아니면 진전된 상황을 담고 있어야 한다.

⑤ 편파적이거나 혼란을 일으킬 염려가 있거나, 애매한 표현의 제목은 피해야 한다.

⑥ 기획물엔 기획물 제목을 붙여서 스트레이트 기사 제목으로 구분한다.

⑦ 제목은 새로운 것과 움직임을 함축하고 있어야 하므로 동사를 중추로 하는 술어를 반드시 갖추어야 한다. 그렇지 않으면 제목이 아닌 표제가 된다.

⑧ 동사는 피동형보다 능동형이 더 적격이다.

⑨ 동사의 시제는 현재와 미래뿐이다.

⑩ 제목의 낱말은 생생하고 신선한 것이어야 하며, 둔탁하거나 진부한 낱말은 피해야 한다.

⑪ 같은 낱말이 한 제목에 되풀이되지 않게 해야 한다.

⑫ 전달할 사상을 담기 위한 적확한 낱말을 골라야 한다.

⑬ 제목의 낱말은 방언을 피해야 한다.

⑭ 신조어는 엄격히 삼가야 한다.

⑮ 제목의 문장의 끝에 종지부는 필요 없다.

⑯ 약어의 사용은 널리 알려져서 이해가 빠른 것 이외에는 가급적 피하는 것이 좋다.

⑰ 꺾기나 도행(渡行) 문제에 있어서 각 행은 각기 완전한 낱말을 갖추도록 해야 하며, 한 낱말이 양행에 걸쳐서 찢기지 않도록 해야 한다.

⑱ 편성 기자의 주관은 되도록 배제해야 한다.

⑲ 고유명사(책명이나 연극·영화·연설명)를 제외하고, 장황한 수식어는 피

하는 것이 좋다.

⑳ 반진실은 피해야 한다.

그러면 한국 신문의 표제는 어떤 특성을 지니는가? 다음에 표제의 특성을 몇 가지 살펴보기로 한다.

첫째, 초행완전(初行完全), 각행독립(各行獨立)의 원칙에 벗어나는 것이 많다.

표제는 초행으로 완전하고, 내용이나 형식면에서 독립성을 지니게 하는 것을 원칙으로 한다. 그런데 우리 신문의 표제는 대체로 내용면에서는 어느 정도 이것이 지켜지고 있으나, 형식면에서는 그렇지 못한 것이 많다. 이는 문장 형식이 연결어미로 종결되거나, 생략형 또는 체언으로 종결되기 때문이다.

- 한번 더 걸러 '깨끗한 맛' 뽐내 (J일보)
- 삼성생명 상장 증시 '촉각' (H일보)
- "혼란 없는 民主化 바람직" (D일보)
- '내 자리 괜찮나' 공천 걱정 (C일보)

둘째, 명사적 진술 구문이 많다.

미국의 신문 표제는 소설의 제목과는 달리 문절(文節)을 이루어 진술하는 것을 원칙으로 한다. 따라서 주술어를 갖추게 된다. 이는 동사를 주축으로 하는 술어를 갖추어야 함을 의미한다. 그것도 능동의 동사를 말이다. 그런데 한국의 신문의 표제에는 술어를 갖춘 것이 드물다. 이는 미국이 아닌, 다른 나라의 title이나 label의 성격을 지닌 표제의 성격이 강하다고 하겠다.

- 북아이랜드 자치권 박탈 위기 (J일보)
- 정민철 최연소 '100승 고지' (H일보)
- '의료정보 제공에 仁術접목 보람' (K신문)

그러나 이때 문말(文末)에 동작명사, 상태명사라 할 것이 쓰여 이들이 의미상 서술어 구실을 하고 있는 것도 상당히 많다.

- 호화주택 과세강화 추진 (K신문)
- 실세들 내몫 챙기기'물갈이' 무산 (D일보)
- 민간기업의 '물淨化기술' 세계 최고 (C일보)

셋째, 연결형 어미의 종결 표제가 많다.

연결형 어미, 특히 '-아/-어'형 어미로 문장을 종결짓는 표제가 많다. 이 '-아/-어' 종결형은 동사의 경우 명령형이거나, 응대하는 때 외에는 쓰이지 않는다. 그럼에도 신문 표제에서는 이것이 종결어미로 일반화하고 있다. 또한 지면 관계로 조용언, 또는 제2의 본용언을 생략한 연결형 어미와, 주문(主文)이 생략된 것으로 보아야 할 종속문의 연결형 어미도 보인다. 종결형인 경우는 종결어미를, 그렇지 않은 경우에는 필요한 성분을 보충하여 적격의 문장이 되게 하여야 한다.(예문에서 괄호 안은 저자가 보충한 것임.)

- "대피요, 대피..." 장대비속 목쉬어(목쉬었다) (C일보)
- 不良전화기... 피해 잇달아 (발생한다) (H일보)
- 이혼율도 日·佛 앞질러 (사회문제가 되고 있다) (K신문)
- '척박한 땅' 일본서 온라인쇼핑 꽃피워(꽃피웠다) (J일보)

넷째, 부사 및 어근 종결의 표제가 많다.

부사 종결 형태는 표제를 간결하게 하기 위하여 서술어를 생략한 것이다.

- 小白山 철쭉제 활짝 (S신문)
- 金利 정책 오락가락 (K일보)
- "아하 엘리뇨가 그런 뜻이구나" 환경 사랑 절로 (D일보)

이에 대해 의존적 어근(語根)은 자립형태가 아니므로 독립적으로 쓰일 수 있는 것이 아니다. 그런데 신문 표제에는 이러한 의존적 어근 종결의 표제가 많이 쓰인다. 이들 어근은 부사와 혼동되어 교육적으로도 바람직하지 않은 것으로, 개선되어야 할 대표적인 비문법적 사례다. 이러한 어근에 의한 종결 표제는 고유어에 의한 것 외에 한자어에 의한 것도 많이 있다.

- 스포츠스타들 副業수입 '짭짤' (C일보)
- 車밀수 丹東시장 처벌 '시끌' (H일보)
- '해킹 비상' 인터넷쇼핑몰 조마조마 (D일보)

- 일부선 아직도 '눈치개혁' 급급 (J일보)
- 영입대상 싸고 '색깔是非' 분분 (K신문)
- 배우자 잃은 老人 새짝 찾기 대범 (J일보)

다섯째, 비유적 표제가 많다.

비유는 명확성과 구체성을 증진하기 위한 수사법이다. 표제에는 이러한 명확성과 구체성을 더하고, 독자의 관심을 끌기 위해 비유적 표현이 많이 쓰인다.

- 한소 밀월시대 임박 (H신문)
- LG, 태평양 넘어 6연승 (C일보)
- 學士장교 "立稻先賣" (J일보)
- 日製오락기 密輸 된서리 (H일보)

여섯째, 주관적, 감화적 표현의 표제가 많다.

독자에게 '감동'을 주기 위해 주관적 표현을 하고, 감화적 표현을 한다. 그런데 한국 신문의 표제에는 이것이 기사문에 걸맞지 않게 많이 쓰이고 있다.

- 三星야구 6이닝 연속아치... OB초토화 (S일보)
- 세계는 벌써 월드컵 "광란" (T신문)
- 工事중단 裏面도로 "난장판" (J일보)
- 유원지 '가라오케춤판' 극성 (C일보)

일곱째, 군사 용어가 표제에 많이 쓰인다.

사회생활은 전쟁이 아니다. 그럼에도 정치 경제 사회 스포츠 면의 표제에는 두루 군사 용어가 많이 쓰이고 있다. 이 가운데 특히 많이 쓰이는 곳이 스포츠 면이다(박갑수, 1994).

- 여야사령탑의 국감전략 (D일보)
- 이웃담쌓는 주택가 駐車전쟁 (K일보)
- 양 신세대 '거포'... 타격-출루-장타석권 (C일보)
- 현대, 무적 LG격침 (C일보)

여덟째, 난해하거나 모호한 표제가 많다.

신문의 표제는 정확하고 명료해야 함에도 불구하고, 난해하거나 모호한 표제가 많다. 난해한 표제는 한자어나 외래어를 쓴 것이고, 모호한 표제는 성분이나 조사 등을 생략한 것이다. 적절하지 않은 비유는 난해하거나, 모호할 수 있다.

- 統合 구도 黨內 반발로 "修整長考" (C일보)
- 한자리數 물가(억제를) 꼭 달성 (C일보)
- 매혈자(의/가) 피 더 뽑아/ 3억6천만원 가로채 (H신문)
- 쓰레기 점보데이 운영 (C일보)

아홉째, 상투적 표현의 표제가 많다.

표제에는 새롭고 독창적인 표현도 쓰이나, 반복되는 현상에 대해 상투적인 표현을 많이 쓰고 있다. 이러한 상투적 표현은 독자의 관심을 끌지 못한다. 그러나 이독성(易讀性)은 지닌다 하겠다. 이러한 상투적 표현의 대표적인 것은 "1승을 올리다, 골을 터뜨리다, 뜬다, 발목잡다, 기지개, 대박, 대어, 도우미, 물갈이, 봇물, 촉각"과 같은 것이다.

- 장외주가 기지개 (J일보)
- 호남 물갈이 제대로 다시 (K신문)
- 월가에 '블랙파워' 뜬다 (C일보)
- 대우채 환매자금 흐름에 촉각 (J일보)

3.2. 전문(前文)의 언어와 표현

전문은 보도 기사의 표준형이라 하는 역피라밋형(型)(inverted pyramid form)과 변형 역피라밋형(型)인 혼합형(blen form)에 쓰인다. 이러한 전문은 그 내용과 형식에 따라 여러 가지로 구분된다. 그 가운데 하나로, 최진우

(1980:101-109)는 여덟 가지를 들고 있는데, 그것은 ① 본문요약 전문, ② 결과제시 전문, ③ 서설(序說) 전문, ④ 구체사항 인용 전문, ⑤ 산문체적(散文體的) 전문, ⑥ 배경설명 전문, ⑦ 주의전술(主意前述) 전문, ⑧ 여론환기 전문과 같은 것이다. 이와는 달리 육하원칙(六何原則)에 따라 전문을 구분할 수도 있다.

전문은 물론 기사의 내용에 어울리게 써야 한다. 그러나 다음과 같은 전문 작성의 기본 요소는 지켜져야 한다.

① 효과적인 전문은 간결하고, 기사의 본질적 사실과 기사를 통일하는 주제에 대해 간결하고 날카로운 진술을 한다.
② 전문은 기사의 주제와 내용을 강조하는 하나의 중심 개념에 한정해야 한다.

이는 기사의 가장 강력한 요소(strongest element)를 밝히고, 일문일개념(one-idea-to-a-sentence)의 기사를 쓰라고 강조한 것이다. 이렇게 하지 않을 때 이해하기 곤란하며, 독자는 이 기사에서 눈을 돌리게 된다. 그리하여 Judith Burken은 가장 중요한 사실을 간결하게 언급하고, 독자로 하여금 끝까지 읽게 하는 것이 전문의 목적이라 한다. 그리고 몇 개의 좋은 전문의 특색으로, 명료(clarity), 간결(conciseness), 인간적 관심(human interest)을 들었다. 이러한 좋은 전문의 조건에 대해서는 Howard Heyn이 9가지를 들고 있는 것도 볼 수 있다. '보고적(informative), 간결(brief), 명료(clear), 예리(acurative), 단순(simple), 직접적(direct), 능동적(active), 객관적(objective), 다채(colorful)'가 그것이다(William Metz, 1979:35).

Neal, R. M.(1956:82-84)은 이와 달리 전문에서 피해야 할 '아홉 가지 함정(nine pitfalls)'을 들고 있는데, 이들도 전문을 작성할 때 참고하여야 할 사항이다.

① 과중한 전문을 피하라.
② 복잡하고 두서없는 문장을 피하라.
③ 중요하지 않은 설명적 말, 특히 시간을 나타내는 단어로 시작되는 문장을 제외하라.
④ 일반성(generality)으로 시작하지 말라.
⑤ 비유적 서두를 피하라.
⑥ 과대 선전으로 시작하지 말라.
⑦ 주부(主部)의 독립적인 동사를 남용하지 말라.
⑧ 문장 서두를 바꾸어라.
⑨ 서두르거나, 간접적이고, 졸린 표현은 피하라.

그러면 한국 신문의 전문의 특성은 어떠한가? 다음에는 이의 특성을 몇 가지 살펴보기로 한다.

첫째, 간결하고 예리하게 진술되지 않은 것이 많다.

Burken이나 Heyn이 지적한 것처럼 전문은 간결하고 예리하여야 한다. 이것은 가장 강력한 기사의 요소를 간결하게 제시하는 것을 의미한다. 그런데 한국 신문의 전문은 이와는 달리 '충성스러운 여섯 명의 시종(kipling's faithful six serving man)'에 대해 모두 언급하려 하고 있다. 따라서 간결하고, 날카로운 맛이 적다.

치안본부는 31일 일본 종교인 천리교의 성지순례단으로 위장, 비자를 받아 청년 13명을 일본 호스트바에 소개시키는 등 남녀 73명을 불법으로 일본 유흥

가에 취업시키고 1억여원의 소개비를 챙긴 팬코리아여행사 중부지사장 崔月男씨(45)와 브로커 金相鎰씨(31) 등 3명을 직업안정법 위반 등의 혐의로 구속하고 달아난 安모씨(33)를 수배했다. (C일보)

이는 사건 처리 기사로, 사건 발생과 처리를 한 문장 속에 담아, 5W1H를 드러내고자 하여 복잡한 전문이 된 것이다.

둘째, 한 문장 속에 몇 개의 개념을 담은 길고 복잡한 구조의 전문이 많다.

한국 신문 기사의 전문은 일문일개념(一文一槪念)이 아닌, 일문수개념(一文數槪念)으로 되어 있다. 따라서 그 문장은 길고 복잡하다. 이렇게 되면 그 문장은 이해하기가 어렵고, 독자의 흥미를 감소시키게 된다. 5W1H 등에 얽매이지 말고, 기사 가운데 중요한 것 한두 개에 초점을 맞추어 전문을 작성하도록 해야 한다.

셋째, 하나의 문장으로 된 전문이 많다.

전문은 하나의 문장으로 이루어져야만 하는 것은 아니다. 그런데 우리 신문의 전문은 대부분 하나의 문장으로 되어 있다. 이 경우 육하원칙 가운데 어느 하나에 초점을 맞춘 경우는 문제가 아니다. 그런데 우리의 경우는 그렇지 않은 것이 대부분이다. 이러한 전문은 몇 개의 문장으로 나누어 나타내도록 하여야 한다.

넷째, 전문의 길이는 평균 65.9자로 나타난다.

Hohenberg, J.(1962:85)는 근자의 리드는 20어나 25어를 넘는 일이 드물며, 때로는 그보다 적다고 하고 있다. 이러한 견해는 Metz, W.(1979:36)에서도 피력된 바 있다. 이는 우리의 경우 하나의 단어를 3자(3음절)로 환산할 때 60자 내지 75자가 됨을 의미한다. 따라서 한국 신문의 전문의 길이가 평균 65.9자로 나타나는 것은 서양의 이론에 부합되는 것이라 하겠다.

다만 서양과 다른 점은 한국의 전문은 그것이 몇 개의 문장으로 나뉘어 기술되는 것이 아니라, 주로 하나의 문장으로 기술된다는 것이 다른 점이다.

3.3. 본문(本文)의 언어와 표현

본문은 전문에 이어 중요한 보통 사실과 흥미 있는 사실의 세부적인 내용으로 이루어진다. 이는 좁은 의미의 본문과 부가적인 설명으로 이루어진다. 물론 이와는 달리 협의의 본문만 있고, 부가적 설명이 없는 단형의 기사도 있다.

본문은 전문의 취지를 고증하는 것으로 이는 비교적 짧고 간단한 문장과 단락으로 이루어진다. 낱말은 잘 알려진 것을 정확하게 사용하여야 하며, 연관된 사실은 잘 묶어야 하고, 단락간의 이행은 매끄러워야 한다. 세부 사실은 본문에 과도하게 담지 말고, 주 기사를 보조하거나 확대하는 제2의 기사가 되도록 하여야 한다. 출처를 밝혀 기자의 견해가 아니라는 것을 밝히며, 명예훼손 등의 소송에 휘말리는 일이 없도록 하여야 한다. 그러나 많은 경우 누가 말했느냐보다 무엇을 말했느냐가 더 중요하다. 따라서 말한 내용보다 출처가 두드러지게 하여서는 안 된다. 표현은 진부한 문구를 쓰지 말고 독창적으로 써야 한다. 그러나 진부한 표현이 어울린다고 생각될 때에는 예외이다.

신문의 표현은 상식적 표현을 하는 것이 좋은 뉴스 감각이다(Burken, 1976:59-64) 이러한 기사 작성법에 대해서 MacDougall, C. D.(1966:57-61)는 다음과 같은 사실을 언급하고 있다. ① 나선형화(spiraling), ② 통일성(unity), ③ 블록단락(blocking paragraphing), ④ 주제(themes), ⑤ 연대기적(chronological)으로 작성하라는 것이다.

신문 가사는 그 내용에 따라 여러 가지로 나눌 수 있다. 그 가운데 하나로, Charnley(1966:235-301)의 분류를 볼 수 있다. 이는 다음과 같다.

① 뉴스 보도 기사(news stories)
② 인간적 흥미 기사(human interest stories)
③ 탐사 보도 기사(investigative reporting stories)
④ 해설 기사(interpretive reporting stories)

그러면 뉴스는 어떻게 결정되는가? 그 기준은 무엇인가? 흔히 그 내용에 따라 시의성, 근접성, 저명성, 중요성, 흥미성과 같은 다섯 가지가 들린다.

시의성(timeliness)이란 뉴스가 그 사건과 시간적으로 근접되어 있을 때 가치를 지닌다는 말이다. '어제 신문만큼 죽은 것이 없다'는 격언처럼 이미 지나간 것은 가치가 없다. 시의성이란 최근성을 의미한다.

근접성(proximity)이란 사건이 발생한 장소가 가까운 곳일 때 뉴스의 가치를 지닌다는 말이다. 사건의 발생 장소가 수용자에게 가까우면 가까울수록 그 뉴스의 가치가 크다. 곧 뉴스 가치는 거리에 반비례한다. 독자는 무엇보다 자기가 속해 있는 공동사회에서 행해지고 있는 일들을 알고 싶어 한다. 뉴스란 이렇게 자기관여감(self-involvement)을 주는 것일수록 중요하게 느낀다.

저명성(prominence)이란 '이름이 뉴스를 만든다'는 말과 같이 유명도가 가치를 결정한다. 사람들은 무명의 인사보다 저명한 인사와 직업인에 관심을 갖는다. 이러한 저명성은 사람만이 아니라, 장소 및 사물에도 적용된다.

중요성(consequence)이란 영향이 크고 의의가 큰 것이 뉴스 가치를 가진다는 말이다. 중요성을 형성하는 요인으로는 '① 근접성, ② 사건의 영향의 반경, ③ 주의를 끌고 반응을 일으키는 사건의 힘, ④ 사건과 사회의 규모와 구성과의 관계'를 들 수 있다(Charnley, 1966:34).

흥미성(human interest)이란 두 가지 의미를 지닌다. 그것은 '사람들에게 흥미가 있는 뉴스'와 '인간 생활을 다루고 있기 때문에 흥미가 있는 뉴스'라는 것이 그것이다. 인간적 흥미를 불러일으키는 요소로는 '① 인간적 호소(personal appeal), ② 동정(sympathy), ③ 비상성(unusualness), ④ 진보성(progress), ⑤ 전쟁(combat), ⑥ 의혹성(suspense), ⑦ 성(sex), ⑧ 연령(age), ⑨ 동물(animal)'을 들 수 있다(MacDougal, 1941).

그러나 이와는 달리 Mott는 뉴스 감각이 필수적인 것이며, 뉴스 가치에 대한 지식이 기자를 도우며, 독자의 관심이 뉴스의 가치를 판단하는 시금석이 된다고 하였다. 그리고 독자의 관심을 결정하는 요소로 다음과 같은 것을 들고 있다(Mott, 1962: 58-64).

① 뉴스는 반드시 시의성이 있어야 한다.
　　가. 시의성, 신선성에 대한 프리미엄
　　나. 시의성과 의혹의 지속
② 근원지와 간행지가 독자의 관심을 결정한다.
　　가. 지방 뉴스
　　나. 멀리 떨어진 뉴스원의 뉴스
　　다. 뉴스 항목의 근원지
　　라. 경제·문화적 관심
③ 기사의 내용은 독자의 사고와 정서를 자극한다.
　　가. 자기와 관련된 정보
　　나. 비상성(非常性)
　　다. 잘 알려진 이름
　　라. 전쟁, 절대적인 힘과의 투쟁 기사

마. 친숙한 주제
바. 행사의 규모와 의미
사. 인간적 관심사
아. 동물 기사

한국 신문의 본문은 뉴스 가치와 독자의 관심 요소라는 관점에서 볼 때 큰 문제가 없는 것 같다. 다만 보도문의 기본 원칙인 정확성, 객관성, 공정성 또는 균형성 및 명료성에는 다소 문제가 있는 것으로 보인다.

첫째, 정확성(accuracy)은 뉴스 작성자가 지켜야 할 첫 계명이다. 사실을 파악한 뒤에는 그것이 틀림없는 사실이란 것을 점검해야 한다. 뉴스는 사실을 어림짐작으로 써서는 안 된다. 예를 들어 집회에 참석한 청중의 숫자가 신문에 따라 다른 것은 정확성이 결여된 것이라 하겠다.

둘째, 객관성(objectivity)은 또 다른 보도의 계명이다. 기자는 편견을 가져서는 안 된다. 뉴스 메이커의 직접 인용이거나, 성명(聲明)을 발표한 사람의 말이 아닌, 기자의 의견은 용납되지 않는다. 기자의 의견은 절대 뉴스 기사에 들어가서는 안 된다. 기자는 뉴스의 전령이지, 뉴스 메이커는 아니다. 기자는 기사를 일방적으로 추구하고 문자화하여서는 아니 된다. 그럼에도 우리 기사에는 객관성을 결한, 주관적인 표현의 기사가 심심치 않게 보인다.

셋째, 공정성(fairness), 또 균형성(balance)이란 기사가 편향되지 아니하고, 형평성을 지녀야 함을 의미한다. 곧 공평해야 한다는 말이다. 매스컴의 경영진은 편견을 가질 수 있으나, 기자는 그렇게 해서는 안 된다. 일반적 뉴스 매체는 대중에게 균형성 있는 견해를 제시할 의무가 있다. 그래야 그 매체가 신뢰를 받게 된다. 다음과 같은, 신문에 따라 다른 집회 기사는 이러한 균형성을 생각하기에 충분하다.

예상과 달리 청중이 적게 참석한데다 전체적으로 산만한 분위기 속에 열기도 높지 않아 '실패작'이란 衆評 (C일보, 90. 10. 14)

이날 대회는 15만명이 넘는 청중이 참석한 가운데 열려 별다른 충돌없이 2시간 반만에 끝났다. (D일보, 90. 10. 14)

이날 대회는 4만여평의 운동장을 대부분 메우고, 녹지와 주변 공터도 듬성듬성 인파가 들어서는 등 수많은 인파가 몰렸고... (H신문, 90. 10. 14)

넷째, 명료성(clearness)이란 문장 작성의 기본 원리의 하나로, 그 의미가 분명하게 드러나야 함을 의미한다. 기사문은 보고의 언어로 이는 실증(實證) 가능한 것이어야 한다. 그런데 의미가 분명하지 아니하고, 모호하거나 난해한 것일 때 이는 보고의 언어라 할 수 없다. 이러한 기사는 비유나 상징적 표현을 하였거나, 어법이나 조리에 맞지 않게 표현한 것이다. 이런 문장은 독자의 관심을 끌 수 없다. 신문 기사의 경우는 표제가 독자의 눈을 끌어야 하고, 이것이 전문으로, 그리고 본문으로 유도되어야 한다. 그러기 위해서는 글이 명료해야 한다. 그런데 우리의 신문 기사는 표제에서부터 명료성을 결한, 모호하거나 난해한 본문이 꽤 눈에 띈다.

기사는 단락(paragraph)이 나뉘어야 한다. 일문일단락(一文一段落)이 되어서는 곤란하다. 문장으로 볼 때 한 단락은 3개의 문장 이내로 하는 것이 바람직하다. 단락의 성립 조건으로는 다음과 같은 것을 들 수 있다(오소백, 172:64).

① 하나 이상의 센텐스로 이루어져야 한다(연속성).
② 하나의 정리된 부분으로서 마무리되어야 한다(통일성).
③ 소주제가 없으면 안 된다(강조성).

④ 문장 전체 또는 딴 단락과 상호 규정의 관계에 있을 필요가 있다.

한국의 경우 신문 기사에 단락의 개념이 도입된 것은 1960년대 초로 알려진다. 그러나 1단락이 1.16문으로 되어 있어(박갑수, 1990:86) 단락의 개념이 아직 확립되지 못한 것으로 보인다.

육하원칙의 5W1H는 그 중요도에 따라 기사의 개념 규정을 달리하게 마련이다. 'When 중시 기사', 'Where 중시 기사'와 같이 구별하는 것이 그것이다. 그러나 이들 요소의 순서는 '언제-어디서-누가-무엇을-어떻게-왜-하였다'로 보는 것이 통례다. 한국 신문의 배열 순서는 이와 차이를 보인다. 우선순위가 '누가'가 1순위이고, '언제'가 2순위로 나타난다. 이러한 순위는 방송의 '누가-언제-무엇을-어디서-왜-어떻게-하였다'라 하는 것과 근사하다.

4. 신문 문장의 문체

4.1. 기사문의 문장

문장 표현은 평이, 정확, 간결을 목표로 한다. 그리고 뉴스 문장은 정확(correct), 명료(clair), 간결(concise)의 3C를 원칙으로 한다. 그렇다면 신문의 독자층을 어떻게 보고 기사를 쓰는 것일까? 뉴스 스타일은 일반적으로 독자의 능력에 따라 결정되는 것으로 본다. 따라서 독자층은 중요한 의미를 지닌다.

일본에서는 1933년에 일간신문의 독자층을 다음과 같이 선정했던 것으로 보고 있다.

每日新聞: 소학교 5년 수업 플러스 인생경험 10년의 소유자
讀賣新聞: 소학교 4년 플러스 인생경험 10년
朝日新聞: 중학교 1년 중퇴 플러스 인생경험 10년

그러나 오늘날 일반 신문이나 잡지의 편집자는 대체로 의무교육을 마치고 인생 경험 10년쯤 한 사람을 평균 독자로 보고 기사나 평론을 쓰고 있는 것으로 보고 있다(金久保通雄, 1979:13). 그렇다면 우리 신문계는 어떠한가? 어떤 계층을 평균 독자로 보고 거기에 상응한 기사를 쓰고 있는 것일까? 혹시는 독자층도 선정되어 있지 않고, 상응한 기사를 쓰려는 자세도 갖추고 있지 않은 것은 아닌지? 반성해 보아야 할 것 같다.

그러면 다음에 구체적으로 한국 신문 기사의 본문에 대해 살펴보기로 한다.

첫째, 문장의 길이는 70.49자로 나타난다.

한국 신문 문장의 평균 길이는 70.49자로 나타난다(박갑수, 1990:91). 이는 R. Flesh의 가설 등에 미루어 볼 때 난해한 것에 속한다. Flesh는 문장의 길이에 따른 가독성을 다음과 같이 도시하고 있다.

단어	이해도
8(및 그 이하)	매우 쉬움(very easy)
11	쉬움(easy)
14	꽤 쉬움(fairy easy)
17	보통(standard)
21	꽤 어려움(fairy difficult)
25	어려움(difficult)
29(및 그 이상)	매우 어려움(very difficult)

이에 비추어 볼 때 문장의 길이는 50자 내외가 적당하다. 이는 우리의

문장 일반의 통계를 내어 보아도 확인된다(박갑수, 1985). 일본의 경우도 37-50자를 보통 문장의 길이로 보고 있다(芳賀·安本, 1968:140). 그리고 51자 이상은 부응하는 학력이 대학생 정도에 이르는 어려운 문장으로 본다.

그렇다면 한국의 신문 기사는 왜 장문으로 난해성을 지니는 것인가? 장문성(長文性)이 빚어지는 이유는 무엇인가? 그것은 1문1단락, 복잡한 복합문, 장문의 접속, 장문의 수식성, 장문의 복문, 대등절의 반복, 장문의 인용 등에 원인이 있다고 할 수 있다. 이러한 장문을 짓지 않는 요령으로 는 다음과 같은 것을 들 수 있다(박갑수, 1985).

① 문장의 길이를 50자 이내로 쓴다.
② 1문1개념, 또는 1문1사실의 진술을 원칙으로 한다.
③ 문장의 구조를 단순화한다.
　가. 단문을 즐겨 쓴다.
　나. 대등절의 반복을 피한다.
　다. 수식절화를 피한다.
　라. 보문절화를 피한다.
　마. 문장의 접속화를 피한다.
　바. 문장 삽입을 피한다.
　사. 직접 인용을 길게 하지 않는다.

기사의 내용면에서 보면 한국의 신문 기사는 '사회-정치-경제-문화-체육'면의 순서로 문장이 짧아진다.

그런데 여기 주의할 것은 문장의 길이가 긴 것만이 문제가 되는 것은 아니라는 것이다. 장단문의 분포(分布)도 문제가 된다. 비록 짧은 문장이라도 편향되어서는 안 된다. 장단문을 적절히 배합·혼용할 때 비로소 문장은 생기와 리듬이 생겨나기 때문이다(Blankenship, 1968:95).

둘째, 문장의 구조는 단문과 복문이 비슷한 비율을 보인다.

신문 기사의 문장 구조는 길이와 함께 중요한 관심의 대상이 된다. 신문 문장은 간결하고 단순해야 한다. Mott(1962:52)가 뉴스 제작자가 관심을 가져야 할 원리로, 정확성, 단순성, 간결성, 객관성 및 흥미성을 들고 있는 것도 이와 무관하지 않다. 한국 신문 기사의 문장 분포는 단문 45.2%, 복문 45.0%, 중문 2.9%, 혼문 6.9%의 분포를 보인다. 따라서 대부분이 단문과 복문으로, 이들이 거의 반반씩을 차지한다. 이는 기사문의 구조면에서 볼 때 조화를 보이는 것이라 하겠다. 그리고 단문이 거의 반에 육박한다는 것은 간결하고 단순한 문장을 지향하고 있는 것이라 할 수 있다. 그러나 앞에서 본 바와 같이 길고 복잡한 복문은 순화의 대상이 된다.

셋째, 문법에 맞지 않는 표현이 많이 쓰인다.

신문 기사에는 의외로 비문법적인 문장이 많다. 이러한 것의 대표적인 것으로는 문장 성분의 호응, 능피동, 사동 등이 제대로 쓰이지 않는 것을 들 수 있다. 이러한 비문법적인 예를 몇 개 보면 다음과 같다.

- 교수 부인-아들 숨진채(숨져 있는 것을) 발견 (D일보)
- "날좀 보소(보오)"/ 공천후보/PR전쟁 (C일보)
- "전설이여 영원하라(영원하기를 빈다)" 추모 (K신문)
- 왜 집에 박혀 있냐고요(있느냐고요)/ 안방극장 푸짐한 상차림 (C일보)
- 기아 강동희 있음에(있으매) 29일 펄펄... (M일보)
- 하늘이 얼마나 푸르른가를(푸른가를) (K신문)
- 장난감으로 애들 교육 시키세요(교육 하세요) (C일보)
- 이는 검찰로서 뼈 아픈 부분이고 그에 대한 책임론도 뒤따를 전망이다(뒤따를 것으로 전망된다). (J일보)
- 그런데 알려진 여성이라는 이유로 스캔들의 주인공 취급을 당하는 이유는 한 가지로 모아진다(귀결된다). 바로 한국 사회에서 여성으로 태어났다는, 억울하고 부당한 성차별적인 (성차별이) 이유이다(그 이유이다). (M일보)

- 이에 대해 김 전장관은 "검찰총장에게는 여러 다양한 첩보망이 있다"면서 공적인 정보팀이 아닌 '개인적'인 정보망을 통해 사직동팀의 협조가 전혀 없이 내사상황을 자세히 담은 문건을 단독으로 작성했다고 보기는 힘들다는(힘들다고 하는) 분석이 지배적이다(지배적이라고 말하였다). (M일보)

4.2. 기사문의 어휘

낱말은 사실에 부합하는 적절한 말을 골라 써야 한다. 일물일어설(一物一語說)은 기사문에도 그대로 적용되어야 할 이론이다.

신문 용어에 대한 기준으로 Hyde는 다음과 같은 것을 제시하고 있다.

① 일반 독자에게 친숙하지 않은 단어는 신문에서 설명되지 않는 한 쓸모없다.
② 독창적일 것. 잡지나 신문 기사체의 진부한, 차용된 구를 피하라.
③ 최상급이 정당화될 때 쓰인다면 그것은 의미를 지닐 것이다. 그러나 그것들이 정당화되는 일은 거의 없다.
④ 약어는 그의 개념을 표현하는 데 가장 좋은 방법일 때에만 사용하라.
⑤ "개념을 표현하기 위하여 하나의 명사를, 개념을 한정하기 위하여 형용사를, 그리고 개념에 생명을 주기 위하여 동사를 찾아라."

Hyde는 이밖에 '보다 나은 신문 영어(Better Newspaper English)'라는 장에서 낱말에 관한 것으로, '구상명사, 생생한 동작 동사, 능동 동사, 진부한 낱말, 속어'에 대해 언급하고 있다(Hyde, 54-57). 여기서 그가 말하려는 것은 첫째 시각화를 위해 구상명사를 쓰라는 것이고, 둘째 동사는 동의어 가운데 보다 나은 내면을 제시할 특정 동사를 사용하라는 것이다. 이러한 구체적인 예로 Metz(1979:80-82)는 'said'에 대치할 말이 350개 있다며, 그 중 대표적인 것으로 다음과 같은 33개를 제시하고 있다. 이렇게 되면 한국의 대통령의 기사처럼 '지시'만 하지는 않을 것이다.

acknowledged, admitted, affirmed, alledged, announced, answered, asked, asserted, boasted, complained, conceded, comncurred, confessed, declared, denied, elaborated, exclaimed, implied, inquired, insisted, joked, maintained, objected, observed, promised, protested, recounted, remarked, replied, retorted, revealed, stated, went on

그리고 셋째는 피동사를 써서 활기를 죽이지 말고, 능동사를 쓰라는 것이다. 넷째는 진부한 낱말과 낡은 표현은 신문 기사 쓰기에 가장 저주 받은 것이라는 것이다. 이들은 신문 문체의 신선함과 상쾌함을 파괴하며, 젊은 기자의 독창성의 발전을 위협한다고 본다. 다섯째, 속어는 좋은 영어 단어나 표현을 대신하므로 쓰는 이의 문학적 재능을 해친다고 본다.

이상 기사문의 바람직하지 않은 어휘에 대해 살펴보았다. 기사문의 용어는 결국 난해어, 외래어, 비표준어 등이 문제가 된다고 할 수 있다. 다음에 이들에 대해 간단히 살펴보기로 한다.

① 난해어의 사용

난해어로는 어려운 한자어, 동음어 및 약어·약칭 따위를 들 수 있다.

- 결국 '宥和카드' 내밀 듯 (S신문)
- 국회 이틀째 跛行 (C일보)
- '玉碎 승부' (H일보)
- 롱숏 무위 (J일보)
- 인터넷 관련기업간에 합종연횡이 성행하는 이유는... (C일보)

이들은 난해한 한자어를 사용한 것이다. 이러한 한자어는 많이 순화되고 있다.

다음 예들은 약어, 약칭을 사용해 이해를 어렵게 하고 있다. 약어, 약칭
은 단체나 기관, 사항명에 많이 나타난다.

- 證安기금 8백선 지킨다 (J일보)
- 熱延분야 '포철아성'에 도전(熱間壓延) (J일보)
- 계급투쟁도 革勞盟 (K일보)
- '증시 生保社 심봤다' (D일보)
- 노래하는 고기떼의 퍼덕이는 감동/ 크로스오버그룹 노고떼 (K신문)

이와는 달리 낱말을 생략, 절단(切斷)해 이해를 어렵게 하는 경우도 있
다. 생략·절단은 복합어를 줄인 것, 파생어의 접사를 줄인 것 따위가 있
다. 어두음만 따서 쓰는 약어는 아는 사람만이 알 난해한 말이다. 최근에
는 이러한 약어가 많이 쓰인다.

- 춘천 후속타 불발로 무릎(-꿇다) (D일보)
- 공산권 언어전공 '불타'(-같다/-나다) (J일보)
- 아세안에 덜미(-잡혔다) (J일보)
- 퇴근길 몸살(-난다/-앓는다) (J일보)
- 빗속 관광객 1천여명 북적(-거린다/-댄다) (H신문)
- 대표팀 저조엔 떨떠름(-해 한다) (S일보)
- 유해색소·대장균 득실(-거린다) (H일보)

- '아나바다' 서초벼룩시장/ 전문상인들이 파고든다 (J일보)
- 긴장 조선 뒤/ NLL 無力化 노려 (J일보)
- 시민단체 명칭 NGO냐 CSO냐 (D일보)

② 외래어 내지 외국어의 사용

외래어 내지 외국어는 스포츠 기사에 많이 쓰이는가 하면, 정치 경제

기사에도 많이 쓰이고 있다. 근자에는 기획물의 표제로도 이 외래어 내지 외국어가 많이 쓰이고 있다. 표기도 아예 로마자로 한 것까지 심심치 않게 보인다.

- 스톡옵션 비과세한도 축소 (D일보)
- 中企홍보 아웃소싱 바람 (K신문)
- 야쿠자 대거입국 초비상 (K신문)
- 권력의 아노미현상 (D일보)
- 새봄 나들이 '패밀리룩' 유행 (M일보)
- 아예 아이를 갖지 않는 맞벌이 부부인 '딩크스'에 이어 '딕스'가 소비의 주도층으로 주목받는 것은 이 때문이다 (J일보)
- 高PER株가 인기... 투자 척도 바뀐다 (D일보)
- Money & Money (K신문)
- 新世代 New Generation (C일보)
- 목요경제 Thursday Buisiness (H일보)

③ 비표준어의 사용

신문에는 공용어가 쓰여야 한다. 그런데 "나라(飛), 내음, 서슴치, 안절부절, 영글다, 자문받아, 풍요로운" 등과 같이 비표준어가 많이 쓰인다. 그리고 표기가 잘못된 것도 꽤 나타난다.

○ **형태상의 오용**
- 오늘 엄청 춥다 (K신문)
- '남대문 드림'이 영근다 (J일보)
- 외국인 노동자 '목메인 성탄' (J일보)
- '자본주의의 꽃' CF로 승부한다 (C일보)
- '私信내용 복구 안 됐다' 수사팀 안절부절 (M일보)
- '낙동강서 뜬눈으로 지샌 밤 못잊어' (J일보)

• 여성용 악세사리 매출 年2-3조원! (K일보)

○ **의미상의 오용**

• 지적도의 틀린 땅 내년에 모두 정리 (J일보)
• '20년생 도라지 인삼 버금가요' (J일보)
• "惡과의 타협 없다"한보 眞劍수사 (M일보)
• 장쩌민, 佛영부인과 즉흥 왈츠 (J일보)
• 활자 전문가 10여명 자문받아 완성 (C일보)

○ **표기상의 오용**

• 북쪽엔 '햇볕' 쬐주고 (K신문)
• 가끔 우스개소리로 전해지는 이야기들 (C일보)
• 제가 할께요 (C일보)
• 작은 무대 큰 설레임 (H일보)
• 엄마 屍身곁 열흘... 세 살바기 딸 중태 (M일보)

4.3. 기사문의 표현

표현의 면에서 고찰될 것은 쉽게 말해 'Style book', 또는 'Style sheet'에 수록된 사실들이 제대로 지켜지고 있느냐 하는 것이다. 이러한 'Style sheet'에는 대개 다음과 같은 것이 수록되어 있다.

① 대문자와 규칙
② 형용법(figure) 사용의 규칙
③ 특수한 구두점의 규칙
④ 사람의 타이틀에 대한 규칙
⑤ 생략의 규칙
⑥ 주소의 형식

⑦ 개정된 철자법
⑧ 인용부호의 규칙

표현의 문제에는 물론 이것만이 있는 것은 아니다. 이밖에 틀리기 쉬운 표현, 효과적인 표현법 등이 추가될 수 있다. 예를 들어 Hyde가 '영어 문체의 질'을 높이기 위해 추구해야 할 것으로 제시한 다음과 같은 것도 이러한 것이다.

① 문법적으로 잘못된 것이 눈에 띄게 많은가? 예를 들어라.
② 좋지 못한 표현법(diction)이 자주 나타나는가? 예를 들어라.
③ 대부분의 글의 명료성이 보장되는가?
④ 지방 뉴스의 제작은 간결하게 되었는가, 아니면 장황하게 되었는가?
⑤ 문장은 현저하게 너무 길거나, 짧지 않은가?
⑥ 문장과 단락에는 강조사항이 있는가?
⑦ 명사는 구체적이고 독창적인가?
⑧ 많은 피동사가 쓰이지 않았는가?
⑨ 글이 많은 진부한 말이나 상투어 및 이러한 유의 것들로 되어 있지 않은가?
⑩ 속어는 너무 많지 않은가, 아니면 부족하지 않은가?
⑪ 독자의 수준 이상의 단어가 많지 않은가?
⑫ 문장은 묵직한가, 아니면 가벼운 터치를 하고 있는가?
⑬ 문제에 싫증나는 동일성이 있는가, 아니면 어느 정도 독창성이 있는가?

여기서는 이러한 것들 가운데 대표적인 것 몇 가지만을 살펴보기로 한다.

첫째, 생략 표현의 문체가 쓰인다.
생략체의 문체는 간결한 표현을 위하여 종결사를 생략하는 것이다. 이는 낙수성(落穗性), 가십성 기사에 즐겨 쓰인다. 이러한 문체는 간결한 맛은 있으나, 아무래도 안정감의 면에서 부족하다. 다음과 같은 기사가 이러한 것이다.

- '로빈손 크루소' 休日 아시나요
- 종합광고회사인 오리콤이 2월부터 한 달에 한번, 수요일 하루를 쉬는 '로빈손 크루소 데이'를 실시중.
- '로빈슨 크루소 데이'는 공휴일이나 토요일을 격주로 쉬는 것과는 별도의 '평일 휴무제'로 광고업계의 인력난 와중에 나온 것이어서 주목.
- 오리콤측은 '로빈슨 크루소가 무인도에 표류해 일상을 탈출한 것처럼 한 달에 한번쯤은 업무에서 완전히 벗어나 평소 해 보고 싶었던 일을 해 봄으로써 세상과 사물을 다른 시각에서 바라볼 수 있는 계기가 되기를 바란다'고 도입 취지를 설명.
- 직원들 반응도 가지가지. "아침 출근 때문에 꿈도 못 꾸었던 조조영화를 보겠다"는 의견이 가장 많았지만 "기차 여행을 떠나겠다", "오랫동안 못 봤던 친구를 만나거나 소설책을 읽겠다"는 직원도 있으며, "아내도 직장을 다니는데 갑자기 뭘 할지 고민이다"는 의견도 있다고. (C일보, 2000. 2. 18)

둘째, 비유, 인용법 등의 수사법이 많이 쓰인다.

수사법은 다양하게 구사되고 있다. 그러나 이 가운데 비유법과 인용법이 가장 많이 쓰이는 것으로 보인다. 표제에는 동음어를 활용한 어희(語戲)라 할 펀(pun)이나, 패러노메이지아(paronomasia)도 많이 쓰이는 것을 볼 수 있다.

- 부실경영진 은닉재산 추적/ '大馬不死' 잘못된 관행철퇴 (M일보)
- 법원·검찰 잇단 '솜방망이' (K신문)
- 설비투자 증가 "빛좋은 개살구" (K일보)
- "누이 좋고 매부 좋은" 차별의 상술 (J일보)

- 미아리 텍사스 "나 지금 떨고 있니" (D일보)
- 향기 나는 건강신사복, '눈에 띄네' (K신문)

셋째, 바람직하지 않은 표현도 많이 보인다.

바르지 않다기보다 바람직하지 않은 표현도 많다. 이러한 것에는 문맥 상 혼란이 빚어져 의미 전달에 문제가 있는 것, 어사(語辭)의 생략에 의한 바람직하지 않은 표현, 번역체의 문장, 동의 반복 표현, 근거가 불분명한 위장된 객관의 표현 등이 있다. 이들 표현은 기자가 주의를 게을리 하여 실수를 하고 있는 것이라 할 수 있다.

- 올 서울·수도권 (아파트) 당첨 '한결 쉬워진다' (D일보)
- 국민의 절대다수가 정권을 신뢰하지 않는데도 '그것쯤이야'의(그것쯤이야 라고 생각하는) 태도만큼 착각과 오만은 없다. (C일보)
- 지난달 중순 출간되자마자 여론의 주목을 끌기 시작한 이 책은 '성 상품화' 냐, '표현의 자유'냐를 놓고 논란을 빚은 가운데 검찰의 내사, 간행물 윤리 위원회의 제재 등이 (꾀해져) 일반인들 사이에 더 큰 궁금증을 일으키고 있 다. (J일보)
- 별칭도 많아 靑奴, 竹妃, 竹奴 등이 있다. (죽부인이라고) 擬人化한 것까지는 좋았는데(좋았으나)껴안고 뒹그는 모습이 大人이라는 이름에는 좀 어울리 지 않았다고(않는다고) 생각된(생각되었던) 모양이다. (D일보)

넷째, 관용적 표현이 많이 쓰인다.

문자 그대로 관용어가 많이 쓰이는가 하면, 매스컴에서 즐겨 사용하는 독자적 관용적 표현이 많이 쓰인다. 경우에 따라서 이들은 상투적 표현이 되어 독자를 식상하게 한다. 이러한 것에는 "입을 모으다, 의견을 같이 하 다, 인식을 같이 하다, 관심을 모으다"와 같은 말이 있다. 이밖에 "부심(하 다), 빠져나가다, 진통, 물갈이, 물 건너가다"와 스포츠 기사 가운데 "안타를 터뜨리다, 1승식 올리다, 격돌, 파란" 같은 말도 관용적 표현으로 많이 쓰이는 것이다.

- 마무리해야 한다는 데 인식을 같이 했다. (M일보)
- 김씨의 재기 여부에 관심이 모아지고 있다. (K신문)
- 인사청문회 물건너가 (C일보)
- 고객감동 대박잔치 '새천년의 꿈을 팔았다' (K신문)
- 낡은 物流에 발목잡혔다 (J일보)

다섯째, 번역문투라 할 표현이 많이 쓰인다.

세계화가 되며 외국어의 영향을 받아 우리말이 번역문과 같은 어색한 표현이 많아졌다. 이러한 표현으로는 피동 구문, 가능표현 구문, 직접인용 구문, 객술구조의 구문 등이 많아진 것이 두드러진 현상이다. 이로 말미암아 '되어지다'란 이중피동의 표현이 많이 쓰이는가 하면, '-라고, -라는' 이라는 바람직하지 않은 인용격 조사가 많이 쓰인다.

- 그것은 또하나의 권위주의에 다름아니다 (C일보)
- 국민회의 새 간판인 새천년 민주당 대표를 맡아 줄 것을 제의했다 (J일보)
- 파행적 군질서가 발생하는 것이 될 것이다 (D일보)

여섯째, 동의 반복 표현을 많이 쓰고 있다.

국어에 대한 지식이 부족하거나, 아니면 주의를 기울이지 않고 습관적으로 씀으로 말미암아 동의 반복의 표현이 많이 쓰이고 있다. "잔존해 있는, 결실을 맺은, 이질감을 느낀다, 접수받다, 피해를 당하다, 남은 여생, 아직 미정"과 같은 것이 그 대표적인 것이다. 이들 표현은 바람직한 것이 못 된다.

일곱째, 근거가 불분명한 표현도 많다.

가사문은 출처를 밝혀야 한다. 그래서 "지적됐다, 밝혀졌다, 알려졌다" 등으로 표현되는 문장이 많이 쓰인다. 그런데 이때 행동의 주체가 분명치 않은 경우가 많다. '이같이, 이 같은, 이러한' 및 '이에 대한'으로 지시되는 내용에 대한 언급이 없는 것이다. 이들은 기자의 추단일 경우가 많다. 그리하여 이러한 표현은 '위장된 객관'이라 한다. 이는 책임 소재를 남에게 돌리는 것이라 할 수 있다.

- 이런 점에서 볼 때 한국팀이 이번 대회에서 연패한 것은 상대팀에 따라 이뤄져야 할 교체선수의 선정과 기용 등 용병술을 적절히 구사하지 못한 데에도 원인이 있는 것으로 지적되고 있다. (H신문)
- 18일 한나라당 공천에서 탈락한 김윤환(金潤煥) 고문은 탈당하고 무소속 또는 새로운 정당으로 구미에서 출마할 것으로 알려졌다. (C일보)
- 여권은 한나라당 정형근(鄭亨根) 의원이 폭로한 현정권의 '언론개혁 보고서'를 작성한 사람과 이를 정 의원에게 전달해 준 사람이 누군지에 대한 전모를 파악한 것으로 26일 밤 늦게 알려졌다. (C일보)

참고문헌

박갑수(1984), 국어의 표현과 순화론, 지학사
박갑수(1994), 올바른 언어생활, 한샘출판사
박갑수(1996), 한국방송언어론, 잡문당
박갑수(1996), 신문광고의 문체와 표현, 집문당
박갑수 외(1990), 신문가사의 문체, 한국언론연구원
최진우(1980), 한국 신문 편집제작론, 대광문화사
한국편집기자협회(1978), 이론과 실제를 겸한 신문 편집, 집문당
金久保通雄(1979), マスコミ文章讀本, 現代ジャーナリズム出版會
波多野完治(1966), 現代文章心理學, 大日本圖書
Blankenship, J.(1968), A Sense of style, Diekenson Pub. Co.

Burken, Judith, L.(1976), Introduction to Reporting, W. C. Brown Company Publishers

Chanley, Mitchell V.(1996), Reporting, Holt Rinehart and Winston

Hyde, Grant Miller(1941), Newspaper Handbook, Appleton-Century Co.

Macdougall, Curtis D.(1941), Newsroom Ploblems and Policies, Dover Publications Inc.

Macdougall, Curtis D.(1966), Interpretative Reporting, The Macmillan Company

Metz, William(1979), News Writing: From Lead to "30", Prentice Hall Inc.

Mott, George Fox(1962), New Survey of Journalism, Barnes & Noble, Inc.

Neal, R. M.(1956), News Gathering and News Writing, Prentice-Hall, Inc.

O 이 글은 발표 연도와 게재지가 분명치 않다. 글의 내용이 '내외경제신문'의 연수 자료로 활용된 것으로 보아 2000년대 초반에 작성된 것으로 보인다. 원제는 '신문 기사의 문체와 표현'으로 되어 있으나, 저자의 동제의 대형 논문이 따로 있어(박갑수 외, 신문 기사의 문체, 한국언론연구원, 1990) 혼란을 피하기 위해 본서에서는 개제하였다.

1. 서언

　본래 '신문(新聞)'이란 새로운 소식, 곧 뉴스란 의미의 말이었다. 오늘날 우리가 흔히 '신문'이라 하는 '뉴스페이퍼(newspaper)'는 '新聞紙'라 하였다.

　'신문'이란 이렇게 새로운 소식이요, 새로운 소식을 전하는 매체를 말한다. 그리고 이는 소위 '신문 기사(記事)'로 이루어진다.

　저자는 일찍이 1970년대에 신문 기사의 문장에 대한 글을 쓴 적이 있고, 1990년대에 신문 기사, 방송 문장에 대한 많은 글을 발표한 바 있다. 그 뒤 한동안 관심의 방향이 달라져 이 방면의 글을 쓰지 못하였다. 그간의 주요 논문은 물론 책으로 묶여 간행된 바도 있다. 그 대표적인 것이 '한국방송언어론, 집문당, 1996'과 '신문·광고의 문체와 표현, 집문당, 1998' 등이다.

　그런데 그간 세계는 국제화하고, 사회는 많은 변동을 거쳐 오늘에 이르고 있다. 따라서 매스컴의 세계는 눈부시게 발전하고 변모하였다. 이에 신문 기사도 많은 변화를 보이게 되었다. 최근의 신문 기사는 전과는 표현 양상을 상당히 달리하고 있다. 따라서 최근의 신문 기사는 어떻게 작성되고 있는지 그 현주소를 살펴볼 필요가 있다.

이 글은 이러한 필요성에 의해 최근의 신문을 자료로 하여 쓴 글이다. 따라서 본론에서는 지난날의 기사와 비교하며, 최근의 신문 기사의 특성을 살펴보게 될 것이다. 신문 자료는 대표적인 신문, 소위 조(朝)·중(中)·동(東)과 함께 경향신문과 한겨레신문의 5종의 신문을 대상으로 하기로 한다.

2. 신문 기사의 표현 양상

2.1. 표제(headline)의 표현 양상

신문은 세 개의 구성 요소로 이루어진다. 소위 표제(表題), 전문(前文), 본문(本文)이 그것이다. 따라서 이 글에서는 기사의 이들 구성 요소를 중심으로 논의를 전개하기로 한다.

우리는 신문의 헤드라인(headline)을 표제(表題), 또는 표제(標題)라 한다. 이들은 그 의미가 다른 것으로 본다. 표제(表題)는 신문 기사의 머리 부분에 놓이는 것으로, 해당 기사의 주요 정보를 제공하기 위해 요약하여 제시하는 것이다. 이에 대해 표제(標題)는 제목(題目)과 같은 것으로, 해설하고 기술한 것에 명칭을 부여하는 것이다. 신문의 표제(表題)는 추상적이고 상징적인 '제목'과는 달리 구체적인 것이다. 이는 기사 속의 핵을 짧은 글로 간추려 표현한 것이다(박갑수, 1998). 그래서 표제(表題)는 흔히 말하는 제목(題目)과는 구별되는 것으로 본다.

제목(title)이란 전에 미국 이외의 신문에서 즐겨 쓰이던 말이고, 표제

(headline)란 미국에서 즐겨 쓰이는 말이다. Hyde(1941)는 표제의 특성과 요건으로 다음과 같은 여덟 가지를 들고 있다.

① 표제는 뉴스의 게시물이다. 이는 그것이 놓인 기사의 주요 내용을 하나의 문장이거나, 문장의 연속에 의해 진술한다.
② 표제는 뉴스의 광고이다. 이는 뉴스를 드러내 보이고, 기사에 주의를 돌리게 한다.
③ 표제는 요약이다. 이는 일련의 개략적 진술로, 기사의 본질적 내용을 표현한다.
④ 표제는 첫 진술에서 기사의 뉴스 특성을 제시한다. 그리하여 이는 기사의 뉴스 가치를 강조한다.
⑤ 표현되었거나 함축된 동사는 각기 다른 진술을 이루며, 표제의 각 부제(subdeck)에 놓이게 된다.
⑥ 한정된 표현을 하는 정확하고 구체적인 단어를 가능한 한 사용한다. 일반성이 없는 것은 허용하지 않는다. 표제는 뉴스의 일반적인 부류가 아닌, 그것이 이끄는 특별한 기사에 적용되어야 한다.
⑦ 표제는 이해하기 쉬워야 한다. 결코 모호하거나 괴롭히는 것이어서는 안 된다. 이는 호기심을 불러일으키기 위한 것이 아니고, 명백하고 지성적인 진술에 의해 관심을 불러일으키기 위해 고안된 것이다. 만약 그것이 계산하여 합계를 내거나, 두 번 읽어야 하는 것이라면 그것은 서툰 것이다.
⑧ 표제는 자체로서 완전해야 한다. 이때 표제가 만들어 내는 진술은 더 설명할 필요 없이 분명해야 한다. 기사에 포함된 정보는 표제 진술에 대해 설명하는 것이 아니고, 추가하는 것이다.

이렇게 볼 때 표제(表題)는 기사의 요약으로 정확하고 구체적인 단어를 사용하여 이해하기 쉽게 쓴 완전한 진술 문장이라 할 수 있다. 이러한 표제는 주관적 표제, 객관적 표제 및 육하원칙(六何原則)에 따른 표제 등 그 종류가 다양하다.

그렇다면 한국 신문의 표제의 특성은 어떠한가? 저자는 일찍이 한국 신문의 표제를 고찰하고, 그 특성으로 다음과 같은 열네 가지를 제시한 바 있다(박갑수, 1990).

① 초행완전, 각행독립의 원칙에 벗어나는 것이 많다.
② 명사적 진술 구문이 많다.
③ 연결어미 '-아/-어'에 의한 종결 표제가 많다.
④ 명사적 표현에 조사가 대부분 생략되었다.
⑤ 어근(語根) 종결형의 표제가 많다.
⑥ 부사에 의한 종결 표제가 많다.
⑦ 난해하거나 모호한 표제가 많다.
⑧ 과거형의 표제가 많다.
⑨ 방언 및 어법과 맞춤법에 벗어난 오용의 표제가 보인다.
⑩ 외래어가 쓰인 표제가 많다.
⑪ 지나친 주관 및 감화적 표현의 표제가 많다.
⑫ 군사 용어가 쓰인 표제가 많다.
⑬ 비유적 표현의 표제가 많다.
⑭ 관용적(상투적) 표현의 표제가 많다.

이상은 바람직한 표제 작성의 요건과 관련지어 한국 신문의 표제의 특성을 제시한 것이다. 이는 그 뒤 "신문 기사의 문체와 표현"(본서에 수록)에서 아홉 가지로 정리하여 제시한 바 있다.

그렇다면 최근의 한국 신문 기사의 표제(表題) 양상은 어떠한가? 1990년 대의 표제와 비교할 때 그 같고 다름은 어떠한가? 이는 세 가지 경향을 보인다. 그것은 첫째 같은 특성을 보이는 것과, 둘째 그 특성이 감소되는 것과, 셋째 새로운 특성을 나타내는 것이 있다는 것이다.

첫째 경향은 ①②④, 곧 초행완전, 각행독립의 원칙 위배, 명사적 진술 구문이 많고, 명사적 표현에 조사가 대부분 생략된다는 것이다. 둘째 경향은 ③⑤⑩~⑭, 곧 연결어미 '-아/-어'의 종결 표제, 어근(語根) 종결 표제, 외래어가 쓰인 표제, 주관적 표제, 군사 용어 및 비유적 표현의 표제, 관용적(상투적) 표현의 표제가 이러한 경향을 보이나, 그 빈도가 많이 감소되었다는 것이다. 셋째 경향은 "장문의 표제, 생략부에 의한 접속 표제, 인용적 표제" 등이 최근의 표제에 새롭게 나타난다는 것이다. 다음에는 이러한 최근의 표제 특성 가운데, 주로 새로 드러나는 표현을 중심으로 그 특성을 살펴보기로 한다.

첫째, 장문(長文)의 표제가 많다.

신문 기사는 편집 체재가 달라지며 장문의 표제가 많아졌다. 왕년에는 종조(縱組)로 조판하고, 몇 단(段) 기사 운운하였다. 그런데 지금은 횡조(橫組)를 하고, 그것도 기사를 가로로 지면을 확장해 나간다. 그러면서 가로로 전면에 걸치는 표제를 많이 달게 되었다. 지면의 분할은 신문에 따라 차이가 있다. 朝鮮日報는 가로로 육분(六分)을 원칙으로 하고, 5분을 곁들이며, 東亞日報와 중앙일보는 오분(五分)을 원칙으로 하고 4분을 곁들이며, 한겨레신문은 오분(五分)을 원칙으로 하고 있다. 이에 대해 경향신문은 7분(七分)을 원칙으로 하고, 5~6분 기사를 곁들이고 있다. 장문의 가로 표제가 많아진 것은 최근에 변화된 두드러진 지면 구성에 연유하는 것으로 보인다. 이러한 장문의 표제 가운데, 일면 좌우 전폭(全幅)에 걸친 표제(이하 '전폭 표제'라 칭함.)의 경향을 2019년 7월 29~30일자 신문을 자료로 하여 보면 다음과 같이 나타난다.

전폭 표제의 비율

	총면수	광고면수	기사면수	전면표제	%	전체%
조선일보(29일)	36	13	23	7	30.4	26.6
(30일)	36	14	22	5	22.7	
중앙일보(29일)	32	10	22	23	95.6	111.3
(30일)	32	10	22	26	118.1	
동아일보(29일)	32	11	21	9	42.9	46.3
(30일)	28	8	20	10	50.0	
경향신문(29일)	28	5	23	10	43.5	40.4
(30일)	28	4	24	9	37.5	
한겨레신문(29일)	28	3	25	7	68.0	59.1
(30일)	28	4	24	12	50.0	

위의 도표에 보이는 바와 같이 많은 경우 면(面)마다 가로다지 전폭의 표제가 보인다. 이의 출현 빈도는 조선 < 경향 < 동아 < 한겨레 < 중앙일보의 순으로 빈도가 높아진다. 이들 표제를 구체적으로 신문별로 두 건씩 보면 다음과 같다(괄호 안의 숫자는 날짜와 면수임).

- 日보복 와중에 트럼프까지...한국 개도국서 빠지면 농업 직격탄 (조, 29:3)
- 산업부 규제 넘자 복지부 규제, 한발짝도 못 나가는 '바이오 사업' (조, 30:3)
- 광주 클럽 춤 허용된 지 3년, 안전점검 한 번도 안 받았다 (중, 29:2)
- 인삼의 고장 금산에서 3조6000억 광산 개발 갈등 (중, 30:26)
- 트럼프, 中압박 위해 WTO 흔들기... 한국, 농산물 시장 불똥 우려 (동, 29:4)
- 하늘에서 내려온 태극기... 눈물 터진 고진영 (동, 30:20)
- 독도 영유권 얽힌 '러 영공침범'... 정부 "ARF서 거론 않겠다" (경, 29:3)
- "5G시대, 협업만이 살길"... 통신3사, 글로벌 ICT와 손잡는다 (경, 30:18)
- 춤추는 불법, 눈감은 안전관리...'감성주점' 비극 불렀다 (한, 29:10)
- '45분 이상 출전' 명시... '호날두 노쇼' 소송전 번진다 (한, 29:2)

이들 전폭 표제 외에도 장문 표제가 많다. 장문 표제는 중간에 줄임표

(省略符)를 사용하고 있다는 것이 커다란 특징이다. 이에 대해서는 다음 항에서 논의할 것이다.

둘째, 생략부에 의해 이어지는 표제가 많다.

앞에서 본 바와 같이 가로로 한 면 전체에 걸친 장문의 표제(이하 '전면 표제'라 약칭한다)는 대부분이 줄임표를 사용하고 있다. 전면 표제(全面表題)가 아니더라도 장문의 많은 표제가 줄임표를 사용하여 전후 문장을 이어주고 있다. 이는 신문표제의 특성 가운데 하나인 '초행완전(初行完全)'이란 종전의 계율과는 다른 것이다. 그리고 표제는 일문일개념(一文一槪念)이 바람직한데 그것과도 배치된다.

줄임표는 한글맞춤법의 부록 '문장부호'에서 "(1) 할 말을 줄여야 할 때 쓴다, (2) 말이 없음을 나타낼 때에 쓴다"고 풀이하고 있다. 그런데 신문에서 구체적으로 사용하고 있는 줄임표는 이러한 원칙과는 거리가 있다. 신문의 표제에서 사용하고 있는 줄임표는 대체로 실사(實辭)를 줄이기보다는 어미나, 조사를 생략한 것이고, 전후 독립이거나, 독립된 문장을 공연히 줄임표를 써 분리해 놓기 위해 쓰인 것으로 나타난다. 이들 예를 보면 다음과 같다(괄호 안은 저자가 줄임말을 추가한 것이다.).

① 실사를 줄인 경우
• 장마 가고 바로 폭염... (온다) 오늘 대구 34도 (조, 29:14)
• 스타트업보다 파격 행정...(을 하여) 외국인 창업 6000개 몰렸다 (조, 30:2)
• 북한 목선에 흰수건...(달고 왔다) 귀순 묻자 "일없습니다" (중, 29:1)
• 호날두 결장 후폭풍...(일어) / '노쇼 소송'으로 번질 듯 (중, 29:20)
• 하나에 집중해 천천히...(말하고) 해야 할 말만 하라 (동, 30:24)
• 日관방 "한일 연대할 건 연대해야...(한다) 군사정보협정 유지 희망 (동, 30:5)
• 총선용 트집잡고 법사위서 발목...(잡아) 민생법안 '올스톱' (한, 29:3)

• 사유지 불법 매각·미관지구 해제·용적률...(기타 등등) 다 내줬다 (한, 29:8)

② 어미·조사의 생략

• 日관방 "지소미아 지역 안정 기여... (하여) 日韓, 연대해야 할 건 연대해야" (조, 30:5)
• 육아휴직 5명 중 1명은 아빠...(-이다) 작년보다 31% 늘었다. (중, 29:10)
• 2300명 손배訴-사기죄 고발...(고발하여) '호날두 노쇼' 민형사 소송 번진다 (동, 30:10)
• '對北 올인'...(-이) 되레 남북관계 망치는 주범이다 (동, 29:30)
• 툭 던진 대사 한마디... (-에) 여성으로서, 아내로서 무릎 탁! (동, 30:18)
• 녹는 남극에 찬 바닷물 뿌려 빙하 살찌우기...(-로) '열받은 지구' 식힐까 (경, 29:14)
• 춤추는 불법, 눈감은 안전관리...(-가) '감성주점' 비극 불렀다 (한, 29:10)
• "업무와 무관한 죽음"...(으로) 배상 아닌 위로금...(이다) (한, 30:4)

③ 전후(前後) 독립의 표시

• 흰수건 달고 온 北목선... 軍, 귀순 여부 조사 (조, 29:8)
• 文정부 '혁신 성장' 구호만 요란... 정책 성과 없자 투자자들 코스닥 이탈 (조, 30:3)
• 몸으로 맞붙었다...대세배우와 아이돌 액션 격돌 (중, 29:22)
• 중부는 오늘 오전까지 비... 남부는 폭염주의보 (중, 30:18)
• 대한항공 부산~삿포로 운항 중단... 아시아나는 소형기로 변경 (중, 30:8)
• 일본車 수입 3만대... 한국차 日 수출은 32대 (동: 29:4)
• 소송 가는 상산고... 김승환(전북교육감) "교육부에 법적 대응 (동, 30:12)
• 코리안들 '왕좌의 게임'... 고진영 흔들리지 않았다 (경, 30:20)

④ 무의미한 줄임표 사용

• 영하 40도서 토굴 팠던 그 땅에... '同族如天' 첫 추모비 (조, 29:1)
• 조례 만들어 식당서 춤추게 해주더니... 참사로 돌아왔다 (조, 29:12)
• 지금 서울대공원에선... 멸종위기 흰코뿔소 뜨거운 '합방작전' (조, 30:12)

- 수출규제 밀어붙이면서... 스가, 지소미아 연장 의사 (중, 30:8)
- 또 만취운전 뺑소니에... 스무살 꿈이 쓰러졌다 (동, 29:10)
- 정의당 윤소하 '소포 협박범' 잡고보니...진보 대학생단체 간부 (동, 30:10)
- 화이트리스트 제외 앞두고...한·일 외교수장, 첫 만남 이뤄지나 (경, 30:4)
- 노트북에서 모바일까지... 전자 업체들 '겜생겜사' (한, 29:18)

셋째, 인용적 표제가 많다.

표제는 관점에 따라 객관적 표제와 주관적 표제로 나뉘며, 객관적 표제에는 요약적 표제와 인용적 표제가 있다. 그런데 최근의 객관적 표제에는 전에 비해 인용적 표제가 많아졌다. 인용은 남의 말을 인용하는 경우와 사항을 인용하는 경우가 있다. 이들 예를 신문별로 두어 개씩 보면 다음과 같다.

- 민주당 "추경안 처리 가장 시급"/ 2野 "원포인트 안보 국회가 먼저" (조, 29:6)
- '태극기 자결단' 명의로 배달... 보수진영 공격에 활용 (조, 30:12)
- "북한 목선"에 흰 수건... 귀순 묻자 "일없습니다" (중, 29:1)
- 일본 언론 "내달 2일 각의서 한국 화이트국 제외 결정" (중,29:4)
- "北 내부문서 '트럼프놈에 기대 말라' 비난" (동, 29:5)
- "오늘 안보 국회, 내달 1일 추경 처리" (동, 30:1)
- 직장인 10명 중 4명 "성폭력 경험"... 피해자 절반은 이직 (경, 29:8)
- "이란 압박 동참" "선박 보호"/ 커지는 '호르무즈 파병' 논란 (경, 30:1)
- 넉달째 '맹탕 국회'... 정치가 없다 (한, 29:1)
- 산케이 "아베, 징용문제 해결없인 정상회담 안할 것" (한, 30:6)

넷째, 동사적 진술 표제가 많아졌다.

표제는 새로운 것과 움직임을 함축하고 있어야 하므로, 동사를 중추로 하는 서술어를 갖추어야 한다. 그렇지 않으면 그것은 제목이 된다. 이는 Hyde, G. M.(1941:195)에서 "현대 미국 신문의 표제는 그것이 진술되거나, 암시되거나 간에 항상 동사를 포함하거나, 주어 또는 서술어, 혹은 양자를 포함하고 있는 완전한 진술"이어야 한다는 것과 맥을 같이 한다. 그리고 이 동사는 피동형이 아닌 능동형이 적격이다. 그런데 전의 우리 신문은 명사적 진술 표제가 많았고, 다음에 언급하듯 지금도 많다. 그런데 최근의 신문에서는 그 경향을 달리하여 동사적 진술 표제가 많이 쓰이고 있다. 이들 예는 반복적 예시를 피해 새로운 예를 신문별로 두어 개씩 제시히기로 한다.

- 내달초 美중재로 '韓美日 외무회담' 열리나 (조, 29:5)
- 日'화이트스트리트 배제'로 돌아올 수 없는 다리 건너지 말라 (조, 29:35)
- 스타트업보다 파격행정... 외국인 창업 6000개 몰렸다 (조, 30:2)
- 육아휴직 5명중 1명은 아빠... 작년보다 31% 늘었다 (중, 29:10)
- 구세대 지혜와 신세대 잠재력, 만나야 꽃핀다 (중, 29:26)
- 쌀 513%, 마늘360%... 개도국 제외 땐 관세 보호막 깨진다 (중, 30:2)
- 작년에도 붕괴사고 났는데, 안전 점검 한번 안 갔다 (동, 29:1)
- SK그룹 내달부터/ 상무-전무직 없앤다 (동, 29:10)
- 보리스 英 총리 등장, 광대가 왕관 썼네 (동, 29:29)
- 미일 불확실성에... 코스피 2030 무너졌다 (경, 30:18)
- 숯덩이 가슴의 두 아버지가 만났다 (한, 30:1)

다섯째, 명사적 진술 표제가 많다.

이는 미국 신문과 다른 특성으로, 종전의 우리 신문도 보이던 것이다. 이러한 경향이 최근의 신문에도 여전히 많이 나타난다. 이러한 특성은 문미(文尾)에 동작 명사, 상태 명사라 할 것을 사용하여 의미상 서술어 구실을 하게 하기도 한다. 이들 용례를 보면 다음과 같다.

- 통상마저 코너 몰린 한국… 美 WTO 개도국 혜택 중단 압박 (조, 29:1)
- 트럼프, 對北원칙론자 DNI국장 트윗 경질 (조, 30:6)
- 법 개정 미적대는 사이 불법 낙태 계속 (중, 29:12)
- 억류됐던 러시아 선박의 한국인 2명 11일만에 귀환 (중, 29:5)
- 日 주재 총영사, 여직원 성추행 혐의 조사 (동, 29:6)
- 복층클럽 35곳중 25곳, 무허가 증축 (동, 30:1)
- 해외서 가장 많이 팔린 차는 '아반떼' (경, 30:18)
- 여야, 새달 1일 본회의 열고 추경 처리 (한, 30:1)

여섯째, 초행완전, 각행독립의 원칙에 위배되는 표제가 많다.

표제는 초행에서 전체 기사의 내용을 정확하게 표현하는 것을 원칙으로 한다. 표제가 여러 줄(行)로 이루어졌을 때도 각행(各行)은 독립된 내용을 담아 각행독립(各行獨立)의 성격을 지녀야 한다. 종전의 우리 표제는 두 줄로 되어 그것이 연결형 어미에 의해 접속된 것이 많았다. 그런데 횡조를 하며 2행 표제가 줄고, 장문의 표제가 많아지며 초행완전, 각행독립의 표제가 한편으로는 늘고, 한편으로는 연결형 감소로 주는 현상을 보인다.

- 日관방 "지소미아 지역 안정 기여… 日韓, 연대해야 할 건 연대해야" (조, 30:5)
- 청소년·65세 이상 상품 나와/ 선택 약정 할인 받으면 3만원대 (중, 29:14)
- 한국인 선원 2명탄 러어선/ 北억류 11일만에 풀려나 (동, 29:8)
- 현송월 방한 때 '인공기 화형식 집회'/ 조원진 의원, 집시법위반 혐의 재판에 (경, 30:10)
- 일, 중·대만에 불화수소 수출 포괄허가/ "한국 차별…명백한 WTO협정 위반" (한, 30:1)

일곱째, 기타 연결형 어미(-아/-어)의 종결 표제 등의 감소를 보인다.

종전에 많이 쓰이던 '어미(-아/-어)의 종결형', 부사 및 어근 종결형과, 군사적 용어 및 상투적 표현 감소 등 주관적 표제가 많이 감소되었다.

- 미국제재받는 화웨이/ 내달 첫 5G폰 선보여 (조, 29:18)
- 민주당 "추경안 처리 가장 시급"/ 2野 "원포인트 안보 국회가 먼저"(조, 29:6)
- 日보복 와중에 트럼프까지... 한국 개도국서 빠지면 농업 직격탄 (조, 29:3)
- 물새는 항모·뭉개진 잠수함... 대영제국 해군이 어쩌다 이 지경 (조, 29:20)
- 전략자산 배치비용 등 추가된 듯 (중, 30:3)
- 물갈이 향한 이해찬 잰걸음/ 세대교체 혹은 親文공천 (동, 29:30)
- 빅텐트-보수원탁회의... 야권 재편론 꿈틀 (동, 30:8)
- '22세 사이클 영웅' 콜롬비아가 뒤집어졌다 (동, 30:20)
- 경계해야 할 '통일대박론' (경, 30:24)
- "차상위 아닌 가정지원책 막막.../ 위기 넘기면 더 힘든 이 돕고파" (한, 30:14)

2.2. 전문(lead)의 표현 양상

신문 기사의 표제는 독자의 시선을 멈추게 하는 것이다. 이에 대해 전문(前文)은 기사를 끝까지 읽게 독자를 붙잡아 두는 구실을 하는 것이다. 그리하여 Judith Burken은 전문의 목적이 가장 중요한 사실을 간결하게 언급하고 독자로 하여금 끝까지 읽게 하는 것이라고 하였다. 그리고 그 특성으로 명료(clarity), 간결(conciseness), 인간적 관심(human interest)을 들고 있다.

신문 기사는 표제, 전문, 본문으로 구성된다고 하였으나, 모든 기사가 이러한 3단 구성을 하는 것은 아니다. 역피라미드형(inverted pyramid form)

기사와, 피라미드형(pyramid form)과 혼합된 혼합형(blended form) 기사에는 전문이 쓰이나, 피라미드형에는 전문이 쓰이지 않는다. 피라미드형으로는 주로 해설기사, 피처 기사, 의견기사가 쓰인다.

전문은 여러 가지로 나뉜다. 그 가운데 하나로 최진우(1980)는 여덟 가지로 나누고 있는 것을 볼 수 있다. "① 본문요약 전문, ② 결과제시 전문, ③ 서설(序說) 전문, ④ 구체사항 인용 전문, ⑤ 산문체(散文體) 전문, ⑥ 배경설명 전문, ⑦ 주의(主意) 전문, ⑧ 여론환기 전문"이 그것이다. 이 밖에 육하원칙(六何原則)에 따른 전문도 있다.

전문은 앞에서 그 특성을 '명료, 간결, 인간적 관심'이라 하였지만, Haward Hyne은 좋은 전문의 특성으로 "보고적, 간결, 명료, 예리, 단순, 직접적, 능동적, 객관적, 다채적"이란 아홉 가지를 들고 있는 것도 볼 수 있다. 그리고 Neal, R. M.(1956)은 전문에서 피해야 할 '아홉 가지 함정(nine pitfalls)'을 들고 있기도 하다(박갑수, 1998).

이러한 특성을 지닌 전문은 우리 신문에서 어떻게 나타나는가? 박갑수(1998)는 다음과 같은 네 가지를 그 특성으로 제시하고 있는 것을 볼 수 있다.

① 간결하고 예리한 진술을 하지 않은 것이 많다.
② 한 문장 속에 몇 개의 개념을 담은 길고 복잡한 구조의 전문이 많다.
③ 하나의 문장으로 된 전문이 많다.
④ 전문의 길이는 평균 65.9자로 나타난다.

그렇다면 최근의 한국 신문의 전문은 어떻게 작성되고 있는가? 2019년 7월 29일과 30일 양일의 기사를 자료로 하되, 소위 조(朝)·중(中)·동(東)과 경양 및 한겨레신문을 자료로 하여, 적어도 같은 주제의 기사가 3개 이상의 신문에 게재된 것을 자료로 하여 살펴보면 다음과 같은 특성을 지니는 것으로 나타난다.

첫째, 간결하고 예리한 전문이 많아졌다.

Burken이나 Heyn의 지적처럼 전문은 간결하고 예리하여야 한다. 그런데 종래의 한국 신문은 소위 "충성스러운 여섯 명의 시종(kipling's faithful six serving man)", 곧 육하원칙에 충실하느라, 간결하고 예리한 전문 대신 길고 장황한 전문이 많이 쓰였다. 그런데 이러한 전문에 변화가 생겼다. 최근의 전문은 짧고 간결한 전문이 많아졌는가 하면 예리한 전문도 많아졌다. 이러한 것의 예를 한두 개 들어보면 다음과 같다.

- 바야흐로 '고진영시대'다. (동, 30)
- "(호날두 =) 날강두", "대국민사기극" "한국 팬 무시"... (한, 29)
- 정의당 윤소하 의원실에 협박 소포를 보낸 피의자가 29일 아침 경찰에 붙잡혔다. (경, 30)
- 5세대(G) 이동 통신 출범 후 벌어진 이동사간 가입자 유치 경쟁이 후유증을 낳고 있다. (중, 30)
- 이쯤 되면 '샛별'이 아니라, '괴물'이다. 양예빈(15·계룡중) (조, 30)
- 중국 정부가 1997년 홍콩 반환 후 22년만에 홍콩 내정에 관한 기자 회견을 열고 반중 시위대와 미국을 동시 비난했다. 이날 대만 앞바다에서 대규모 군사 훈련도 실시했다. 중국이 공세적 대외 행보를 부쩍 강화하고 있어 주목 받고 있다. (동, 30)

둘째, 전문의 문장 수는 대체로 2개의 문장으로 구성되어 있다.

해설(narrative) 기사는 당연히 전문이 없는 것으로 보아 제외하고, 이야기체(narrative) 기사는 전문에 해당한 것이 보이는 경우 이를 대상에 포함시켜 고찰할 때, 대체로 21종의 기사에, 90건의 전문이 추출된다. 이를 보면 다음과 같다. (괄호 안의 '실제'란 전문의 실제로 판단되는 문장을 말함.)

○ **7월 29일자 기사의 관련 제목과 문장 수**
- WTO 기사: 중 2문, 동 2문, 경 1문, 한 2문
- 광주클럽 사고: 중 4문(해설성), 동 2문(해설성)/ 동 1문(해설성·인용), 경 4문, 한 3문(해설성)
- 北목선 월남: 조 4문, 중 2문, 동 3문/ 동 2문, 한 1문(육하)
- 호날두 기사: 조 5문, 중 2문/ 중 2문, 동 1문, 한 1문
- 광주 세계수영선수권대회: 조 6문(해설성), 중 2문, 동 4문, 경 2문, 한 2문
- 대통령 여름휴가 취소: 조 4문(실제 1문), 중 3문, 동 3문(실제 1문), 경 3문 (실제 2문)
- 여직원 성추행: 조 2문, 동 3문(실제 1문), 경 1문, 한 2문
- 육아 휴직 아빠: 중 4문, 경 2문(해설성), 한 1문

○ **7월 30일자 기사의 관련 제목과 문장 수**
- 오늘 국회 개회: 조 4문(실제 1문), 중 2문, 동 2문/ 동 3문, 경 2문, 한 2문
- 北목선 하루만에 송환: 조 3문, 중 3문, 동 2문, 경 1문, 한 1문,
- 태극기 자결단 명의 소포: 조 3문/ 조 8문(해설성~실제 6문), 중 3문(인용문), 동 1문, 경 1문(육하), 한 1문
- 코스피 2030 붕괴: 조 2문, 동 3문, 경 3문, 한 2문
- 文대통령 제주 다녀와: 조 3문(해설성), 중 3문, 동 1문
- 5G시대 협업만이 살길: 중 1문, 경 2문(해설성), 한 3문
- 북대표 ARF 3자 협의 추진: 동 3문(해설성), 경 1문, 한 2문
- 힘 빠지는 WTO: 동 2문, 경 2문, 한 1문
- 홍콩시위 응징 경고: 조 2문(실제 1문), 동 3문, 경 2문, 한 2문
- 대한항공 삿포로 운항 중단: 조 1문, 중 1문, 동 2문, 경 1문
- 英 가수 앤 마리: 조 3문(인용), 동 2문, 한 2문
- 고진영 시대 열다: 중 4문(해설성), 동 1문, 경 2문(해설성), 한 3문
- 괴물샛별 양예빈: 조 2문, 동 1문, 경 2문

이들 표제에 보이는 전문은 총 194문이다. 기사당 전문의 문장 평균이 2.15로 나타난다. 따라서 하나의 전문은 대체로 2문장으로 이루어진다고 할 수 있다. 이들 기사는 1문장에서 8문장에 걸쳐 쓰이고 있으며, 가장 빈도가 높은 것은 2문으로 34개, 17.5%이며, 그 다음이 1문 21개, 10.8%, 그 다음이 3문으로 19개, 9.8 %로 나타난다. 따라서 1~3문의 전문이 74문으로 38.1%를 차지해 1/3을 훨씬 넘는다.

셋째, 전문의 종류는 본문요약 전문이 많이 쓰이고 있다.

신문의 표제는 제목과 달리 이어지는 기사에 대한 주요한 정보를 제공하기 위해 요약 표현하는 것이다. 전문도 마찬가지다. 다른 게 있다면 표제처럼 드러나지 않고, 본문과 마찬가지 활자로 표제보다 길게 쓰인다는 것이다. 전문은 바쁜 독자를 위해 본문을 읽지 않아도 그 내용을 알 수 있게 요약되어야 한다. 따라서 요약은 전문의 하나의 핵이라고도 할 수 있다. 그래서 한국의 전문은 본문 요약형 전문이 많아 30여 건, 33.3% 이상을 차지한다. 그리고 최근의 신문은 해설성(이야기체) 장문의 기사가 많아지면서 이야기체 전문이라 할 것이 많아졌다. 이야기체 전문도 30여 건으로 나타난다. 따라서 요약형 전문과 이야기체 전문이 66.6% 이상을 차지한다. 이밖의 전문으로는 결과 전문이 10여 건, 11.1% 이상, 인용 전문이 약 10건, 기타로 되어 있다. 이들의 예를 두어 개씩 보면 다음과 같다.

① 요약형 전문의 예
- 50대 일본 주재 한 영사가 부하 여직원을 성추행한 혐의로 경찰조사를 받고 있는 사실이 28일 드러났다 (경, 29)
- 일본의 수출규제 이후 일본 여행객 감소로 타격을 입은 국내 저비용 항공사(LCC)들이 일본 노선 감축에 나선데 이어 대형 항공사인 대한항공도 일본노선 축소에 들어간다. (조, 30)

- 5세대(G) 이동통신 출범 후 벌어진 이통사간 가입자 유치 경쟁이 후유증을 낳고 있다. (중, 30)

② 해설형 전문의 예
- 27일 오후 10시 15분 육군의 해안 레이더에 동해북방한계선(NLL) 이북 5.5km 지점에 정지해 있는 목선이 포착됐다. 목선은 이내 엔진을 가동해 남쪽으로 항해를 시작했다. 육군은 해군과 함께 목선 동향을 밀착 감시하기 시작했다. (동, 29)
- 압박감 속 승부가 계속됐다. 4타차 공동 3위 고진영(24)은 시즌 네 번째 메이저 대회인 에비앙 챔피언십(총상금 410만달러) 최종일 챔피언조에서 가파른 상승세로 선두를 지키던 김효주(24), 그리고 세계랭킹 1위인 1타차 2위 박성현(26)과 샷 대결을 펼쳤다. (한, 30)

③ 결과 전문의 예
- 한국 축구가 세계적인 축구클럽 유벤투스와 크리스티아누나 호날두(34·사진)의 '사기극'에 가까운 만행에 여전히 신음하고 있다. 호날두와 유벤투스의 납득할 수 없는 행보들이 더 드러나면서 팬들의 분노와 불만은 더욱 끓어오르고 있다. (경, 29)
- 정부는 지난 20일 밤 동해북방한계선(NLL)을 넘어온 북한 소형 부업선(副業船·군용과 어업용을 겸하는 배)과 선원 3명을 북측에 돌려보냈다고 29일 밝혔다. 최초 발견으로부터 40여시간만에 송환이 이뤄진 것이다. 해당 선박은 발견 당시 '흰색 천'을 매달고 있어 귀순의사가 있는 게 아니냐는 얘기가 나왔지만 선원들은 이를 부정했다고 군 당국은 밝혔다. (조, 30)
- '육상 천재'로 화제를 모으고 있는 양예빈(15·계룡중·사진)이 여중부 400m기록을 29년만에 바꿨다. (동, 30)

④ 인용 전문의 예
- "윤소하 너는 민주당 2중대 앞잡이로 문재인 좌파독재 특등 홍위병이 되('돼'의 오타) 개XX을 떠는대('데'의 오타) 조심하라. 너는 우리 사정권에 있다. 태극기자결단" (중, 30)

- "오늘 오후 호텔에서 무료공연을 열겠다. 티켓은 필요없다. 모두 환영한다." (조, 30)

넷째, 일문다개념(一文多概念)의 문장이 많이 줄었다.

앞에서 언급한 바와 같이 종전의 전문은 육하원칙(5W1H)에 충실한 나머지 한 문장에 여러 개념이 언급되는 문장이 많았다. 그런데 최근의 기사는 한 문장에 많은 개념을 담는 일문다개념(一文多概念)의 문장이 많이 줄었다. 한 문장에 5W1H 가운데 몇 개만 언급하고, 필요하면 다른 문장에서 나머지 사항을 진술한다. 이렇게 함으로 복잡하고 긴 문장이 많이 줄어들게 되었다.

- 여야가 다음 달 1일 국회 본회의에서 추가 경정 예산안을 처리하고 이달 30일부터 안보 국회를 열기로 29일 합의하였다. 추경안은 미세먼지 대책, 포항 지진피해 지원 등을 위해 4월 25일 국회에 제출된 지 98일만에 국회 통과를 앞두게 됐다. (동, 30)
- 일본의 수출 규제 이후 일본 여행객 감소로 타격을 입은 국내 저비용 항공사(LCC)들이 일본 노선 감축에 나선데 이어 대형 항공사인 대한항공도 일본 노선 축소에 들어간다. (조, 30)
- '빛고을'에서 열린 광주 세계수영선수권대회(12일~28일)가 17일간의 여정을 마쳤다. '평화의 물결 속으로'라는 슬로건 아래 세계 최고의 선수들은 팬들에게 감동과 환희를 선사했다. (한, 29)

다섯째, 두대형(頭大型) 전문이 이야기체 전문에 다소 쓰이고 있다.

전문은 간결하고 예리해야 한다. 그럼에도 특히 해설성 전문에는 어떤 대상을 꾸미는, 저자가 두대형(頭大型)이라 명명한 수식형 전문이 더러 쓰이고 있다. 이러한 두대형의 문장의 경우는 문의(文意)를 파악하기 어렵게 하고, 나아가 문법적으로 바람직하지 않은 비문(非文)을 빚어내기도 한다.

- 한국에 반도체 핵심소재 3개 품목을 수출할 때마다 허가를 받도록 수출규제를 강화한 일본이 정작 생화학무기 국제통제체제에 가입하지 않은 나라들에는 3년에 한번만 허가를 받도록 허용한 것으로 드러났다. 한국보다 전략물자 수출관리가 허술한 나라에까지 내준 포괄허가를 한국에만 내주지 않는 것은 명백한 차별로 세계무역기구(WTO) 협정 위반이라는 지적이 나온다. (경, 30)
- 그간 여야는 추경안 처리를 포함한 국회 정상화문제를 놓고 이견(異見)을 거듭했으나 최근 급속히 악화되는 국내외 안보경제상황이 영향을 미쳤다는 관측이다.(非文) (조, 30)

2.3. 본문(body)의 표현 양상

본문은 전문에 이어지는 것으로, 표제나 전문에서 제대로 진술되지 않은 중요한 보충 사실과 흥미 있는 사실을 세부적으로 기술하는 것이다. 이는 좁은 의미의 본문과 부가적 설명으로 이루어진다.

본문은 전문(前文)의 취지를 고증하는 것으로, 이는 비교적 짧고 간단한 문장과 단락으로 이루어져야 하는 것으로 본다. 신문의 표현은 상식적으로 하는 것이 원칙이다. 단락을 나누되, 단락간의 이행은 매끄럽게 하여야 한다. 기사 작성법은 여러 가지를 들 수 있으나, MacDougall, C. D. (1966:57-61)는 "① 나선형화(spiraling), ② 통일성(unity), ③ 블록단락(blocking, paragraphing), ④ 주제(themes), ⑤ 연대기적(chronological)"이란 다섯 가지를 들고 있다. 그리고 뉴스의 결정은 그 내용에 따라 시의성(timeliness), 근접성(proximity), 저명성(Prominence), 중요성(consequence), 흥미성(human interest)에 따라 결정되는 것으로 본다.

그러면 한국 신문 기사의 본문은 어떻게 작성되고 있는가? 박갑수 (1998)는 종래의 신문 기사의 본문이 보도문의 기본 원칙인 정확성, 객관성, 공정성 혹은 균형성 및 명료성에 비추어 볼 때 다소 문제가 있는 것으로 보았다. 그렇다면 최근의 신문의 특성은 어떠한가? 다음에 이의 특성을 스타일(style), 곧 문체·양식이라는 차원에서 살펴보기로 한다.

첫째, 역삼각형 기사가 줄고, 이야기체(narrative) 기사가 많아졌다.
기사 작법의 대표적인 형식의 하나가 역피라미드 구조로 작성하는 것이다. 이는 1860년대에 미국 언론계에 정착하였고, 한국 언론에서도 기사는 역피라미드 구조로 써야 한다는 통념이 오랫동안 강하게 자리잡았다(이재경 외, 2018). 그래서 신문 기사라면 역피라미드 구조를 떠올릴 정도이다. 이는 중요한 정보를 맨 앞에 제시함으로 시간에 쫓기는 독자에게 유리한가 하면, 편집자에게도 기사가 차고 넘칠 때 꼬리부터 자를 수 있다는 편리함으로 사랑을 받았다. 그러나 이는 핵심 내용이 드러난 이상 독자가 더 이상 기사를 읽고자 하는 호기심을 잃게 하고, 기사의 해석을 언론이 독자에게 강요한다는 비판을 받게 되었다. 그리하여 미국에서 소위 이야기체 기사(narrative copy)가 새로 등장하게 되었다. 이러한 기사 작법은 국내에도 도입되었고, 최근의 기사에는 이 이야기체 기사 작법이 사랑을 받고 있다. 이는 이미 앞에서 한국 신문 기사의 대부분의 리드가 요약체와 해설체(이야기체)로 이루어졌다고 지적한 바와도 관련된 것이다.
이러한 이야기체 구조의 기사가 많아지게 된 것은 역피라미드 구조에 대한 반동이 하나의 이유가 되었다. 그러나 이것만이 전부는 아니다. 그것은 기사가 대형화되고, 사건 사고 기사 외의 피처(feature)가 많아진 것이 또 다른 이유의 하나라 할 수 있다.
그리고 여기 덧붙일 것은, 그러면 역피라미드 구조의 기사는 쇠퇴하는 경향만을 보이는가 하는 것이다. 그렇지 않다. 그것은 온라인 공간에는 수많은 콘텐츠가 올라와 있다. 이로 말미암아 독자들은 관심이 있는 분야에만 눈을 돌리게 된다. 그래서 최근에는 여전히 역피라미드 구조의 기사를 선호한다. 비록 많은 기사가 이야기체 기사로 넘어갔지만, 여전히 역피라미드 구조의 기사도 선호되고 있다. 이러한 경향은 앞으로도 지속될 것으로 보인다.

둘째, 단락 구분이 보편화하였다.

지난날에는 문장과 단락이 제대로 구분이 안 되었다. 한국 신문에서 단락을 따지기 시작한 것은 1960년대였고, 1990년대만 하여도 단락이 제대로 구분이 되지 않았다(박갑수, 1998). 그러나 최근의 신문은 단락이 나뉘지 않은 것은 거의 볼 수 없다. 한 단락은 대체로 2~3개의 문장으로 이루어지고 있다. Hyde, G. M.은 타이프를 칠 때 5~6행 이내, 신문에서 16~12행을 넘어서는 안 된다고 하고 있다. 이는 하나의 단락이 3개 문장 이내로 되어야 바람직하다는 것을 의미한다. 이런 의미에서 최근의 한국 신문의 단락은 대부분 2~3문으로 되어 있어 바람직하다. 그러나 경우에 따라서는 1문, 혹은 9문에 이르는 것도 있다(동, 29:10 광주 클럽 붕괴). 이는 원칙적으로 바람직하지 않다. 그러나 1문1단락으로 되어 있는 것은 반드시 그렇지는 않다. 이는 중요한 내용을 다 담고, 여러 문장으로 쓰이는 번잡함을 피해 간결함을 택한 것일 수도 있기 때문이다. 이러한 경우와 달리 본문에서 과도한 내용을 한 문장에 담고 있거나, 덮어놓고 문장마다 줄을 바꾸어 단락을 이루게 하는 것은 단락에 대한 인식이 제대로 확립되지 못한 것이라 할 수 있다. 단락은 보다 큰 단위로서 하나의 생각을 뭉뚱그린 것이다. 우리 현대소설의 초기 작품도 대부분 이러한 단락 의식이 없어, 문장마다 줄을 바꾸는 1문1단락의 형식을 취한 바 있다.

셋째, 문장의 길이가 짧아졌다.

문장의 길이가 길거나, 복잡하면 이해하기가 쉽지 않다. R. Flesh는 17개 단어로 구성된 문장을 보통(standard)이라 보고, 21개 단어의 문장을 꽤 어려움, 25개 단어의 문장을 어려움, 29개 단어 및 그 이상을 '매우 어려움(very difficult)'이라 보았다(Blankenship, J., 1986:98). 그런데 우리 신문 문장의 경우는 1970년대에 평균이 86.1자로 나타나며(박갑수, 1971), 1990년대에 70.49자로 나타나는 것을 볼 수 있다(박갑수, 1998). 이를 신문별로 보면 다음과 같다.

한겨레신문 77.34자, 동아일보 77.17자, 중앙일보 76.47자,
서울신문   73.89자, 한국일보 72.04자, 조선일보 71.34자

그런데 최근의 신문 문장의 길이는 지난날의 문장(文長)과 비교할 때 놀라울 정도로 짧아진 것으로 나타난다. 소위 조(朝)·중(中)·동(東)과 경향 및 한겨레 등 5종의 신문 기사 21건, 본문(body) 249문을 바탕으로 한 평균이 49.67자로 나타난다. 따라서 이는 앞에서 언급한 1970년대의 문장(文長)에 비하면 36.5자, 1990년대에 비하면 20.8자가 짧아진 것이다. 이독성(易讀性)을 고려해 문장의 길이가 엄청나게 짧아진 것이다. 최근 5종의 신문 문장의 길이를 참고로 제시하면 다음과 같다.

조선일보 47.52자, 중앙일보 49.24자, 동아일보 46.03자,
경향신문 49.29자, 한겨레신문 57.07자

대부분이 40자대 후반으로 큰 차이를 보이지 않는다. 다만 한겨레신문이 57.07자라는 것이 특이하다. 문장이 짧은 것에서 긴 것의 순서로 배열하면 동아일보 < 조선일보 < 중앙일보 < 경향신문 < 한겨레신문의 순서가 된다.

그리고 여기 부기할 것은 문장은 짧은 것만이 좋은 것은 아니라는 것이다. 변화와 다양성을 지녀야 한다. 문장의 길이에는 변화가 있고, 문장

의 구조에는 다양성이 있어야 한다. Blankenship, J.(1968:95)이 "문형의 다양성은 매우 바람직하다. 그것은 생기와 활기를 촉진한다. 한 문형의 반복적 사용은 단조롭게 한다."고 한 말은 기사 작성에도 유의할 말이다.

넷째, 문장의 구조가 많이 단순해졌다.

Mott, G. F.(1962:52)는 "가장 아름다운 글쓰기란 가장 단순하게 쓰는 것"이라 하였다. 이런 의미에서 우리 신문에 단문(單文)의 비율이 45.2%로 나타난다는 것은 바람직하다. 그런데 문제는 이것이 단순한 S-P형이거나, S-O-P형, 또는 S-C-P형이 아니고, 여기에 수식구와 부사절이 많이 붙는다는 것이다. 그래서 말이 단문이지 복잡한 문장구조를 이루고 있는 것이 지난날의 현실이었다. 그런데 최근의 신문 문장은 이러한 광의의 수식구가 많이 줄어 그 구조가 많이 단순화하였다. 이는 무엇보다 앞에서 지적한 문장의 길이가 짧아짐에 따라 빚어진 현상이라 하겠다. 1990년대의 문장의 길이에 비해 20.8자가 짧아졌으니, 말하자면 문장의 주성분을 제외한 많은 수식성분이 생략된 것이라 하겠다. 이로 말미암아 신문 문장은 매우 단순해지고, 간결해지고, 객관성을 띠고, 이해하기 쉬운 문장이 되었다 할 수 있다. 그러나 아직도 주요 개념어에는 많은 수식어가 붙은, 앞에서 언급한, 저자가 두대형(頭大型)이라 명명한 문장 구조의 표현은 어느 정도 여전히 쓰이고 있는 것이 사실이다. 이러한 표현은 독자로 하여금 문의(文意) 파악에 혼란을 빚거나, 어렵게 만들고, 심하면 문장 자체를 비문(非文)으로 만들기까지 한다. 5종의 신문의 예를 보면 다음과 같다. (괄호 안은 저자가 보완한 것임.)

- 합동참모부 관계자는 28일 "어제(27일) 오후 11시 21분쯤 북한 소형 목선이 동해 NLL을 월선함에 따라 우리 함정이 즉각 출동했다"며 "승선 인원은 오늘 오전 2시 17분, 소형 목선은 오전 5시 30분쯤 강원도 양양지역 군

항으로 이송 및 예인했다"고 밝혔다. (조, 29:8)

- 트럼프 대통령은 이날 트위터를 통해 "세계에서 가장 부유한 나라가 특혜를 받기 위해 개도국이라고 자청하면서 WTO가 망가졌다"며 "90일 내로 (개도국으로서 혜택을 받지 못하게 하는 것의) 실질적 진전을 이뤄 내지 못하면 미국은 이들 국가에 대한 개도국 대우를 일방적으로 중단할 것"이라고 말했다. (중, 29:8)
- (한국은) 최대 1조4900억 원까지 지급할 수 있는 쌀 변동직불금과 상대적으로 높은 관세 등 보호조치를 총 가동해 국내 농가의 낮은 경쟁력을 보전하고 외국농산물의 수입을 막을 수 있었다. (동, 29:4)
- 국회파행 장기화와 추경안 처리 자체에 따라 높아질 대로 높아진 비판 여론을 여야가 의식한 결과로 (여야 국회정상화 전격합의가 이루어진 것으로) 풀이된다. (경, 30:5)
- 지난 26일 저녁 6만 5천여명의 관중이 운집한 가운데 서울월드컵경기장에서 K리그 선발팀과 친선경기를 펼친 (경기에 호날두가 출전하지 않아) 이탈리아 명문클럽 유벤투스와 팀 간판스타인 크리스티아누 호날두(34)에 대한 국내 팬들의 분노가 가라앉지 않고 있다. (한, 29:2)

다섯째, 어휘는 한자어가 많이 순화되었으나, 외래어, 약어·약칭 등의 사용이 빈번하다.

신문이란 읽히고 알게 하려는 데 목적이 있다. 이는 지식을 과시하기 위한 것이 아니다. 일본에서는 대체로 중학교를 졸업하고 인생 경험 10년쯤 한 사람을 독자층으로 간주하고 글을 쓴다고 한다(박갑수, 1998). 우리도 이 정도의 독자를 상정하고 쉽고 정확한 글을 써야 한다.

이런 의미에서 난해한 한자어나 외래어 내지 외국어와 약어·약칭의 사용이 문제가 된다. 그런데 그간 우리 신문은 독자층을 배려한 나머지 난해한 한자어는 많이 순화하였다. 이는 1970년대까지의 신문을 보면 쉽게 알 수 있다. 최근의 신문은 지난날의 신문과 비교할 때 난해한 한자어가 거의 쓰이지 않는다고 하여도 좋을 정도이다.

그런데 난해한 한자어와는 달리 외래어 내지 외국어는 여전히 많이 쓰이고 있고, 약어·약칭 또한 많이 쓰고 있어 이것이 문제이다. 외래어 내지 외국어는 사회적으로 국제화하면서 점점 늘어나는가 하면, 외국어의 약어 및 약칭도 증가 추세를 보인다. 약어·약칭은 한정된 지면이라는 제약과 간결한 표현을 위해 필요악(必要惡)이라 할 수도 있겠다. 그러나 이들 외래어나 약어·약칭은 그것이 익숙한 것이라면 몰라도, 그렇지 않은 경우 난해하고 기사 내용을 알 수 없게 만드는 원흉이 되므로, 풀어 쓰거나, 처음 쓸 때 풀이와 함께 사용하도록 해야 한다. 이러한 외래어 내지 외국어 및 약어·약칭의 예는 매거하기 힘들 정도로 많다. 여기서는 2019년 8월 18일 하루의 신문, 그것도 조(朝)·중(中)·동(東)에서 대강 용례를 추출, 제시함으로 참으로 많은 외래어와 약어·약칭이 쓰이고 있다는 느낌만을 갖게 하기로 한다.

○ 조선일보
- 외래어 및 외국어: 아프칸 전쟁, 부메랑, 디폴트(채무불이행), 피이낸셜 타임스, 4C(비판적사고 Critical thinking, 창의력 Creativity, 소통 Communication, 협력 Collaboration), 인플레이션 율, Hegemony(패권), Lighthouse Factory(등대공장·제조업의 미래를 이끌 공장), 노하우, 글로벌 항공업계, 페론주의, 페소화, 포스트 글로벌화, 포퓰리즘, 포토레지스트(감광액), 프랑크푸르트 모터쇼, 플립러닝(거꾸로교실), Shiite crescent(시아파 초승달), 시아편자지대(Shiite horse-shoe area), 탈레반, 유튜브
- 약어·약칭: AR(증강현실), ARETE형 여성(배려하는 지성인, 창조하는 감성인, 융·복합형전문인, 참여하는 사회인, 소통하는 세계인), ATACMS(에이태킴스), AI(인공지능), Brexit(영국의 EU탈퇴), 디지털 기술, CJ(제일제당), COMAC(중국상용비행기 유한책임공사), DLS(Derivative Linked Securities), ELS(Equity Linked Securities), FPI(플루오린폴라이미드),

GCC(Gulf Cooperation Council·걸프협력회의), GDP(국내총생산), IMF(미국통화기금), 지소미아(GSOMIA·한일군사정보협정), GTX(광역급행철도), IATA(국제항공운송협회), IoT시스템, IS(이스람국가), IT(정보기술), K리그, MERVAL(메르발지수), MBN우승, 메타인지, NTCR(투어링 경주용차량), OECD, OLED(유기발광다이오드), PGA신인상, 레드볼, R&D, 사드, 사모펀드, 스마트 제철소, 슬래브(철강반제품), 인력패러다임, 테러리스트, TSS(Traffic Separation Scheme·통항분리대), USTR(미국무역대표부), WEF(세계경제포럼)

- 공시생(공무원시험준비생), 뽀샵, 인강 수강료(인터넷 강의), 친일파 자한당(자유한국당)

○ 중앙일보

- 외래어 및 외국어: 글로벌 기업, 글로벌 부동산, 긱경제, 긱워크(Gig Work·틈새일자리), 긱워커, 도그메이트, 리스트, 바이 코리아, 베이비시터, 베이비시터 플랫폼, 아킬레스건, 인력중개 플랫폼, 펫시터, 펫시터스타트업, 힙 프레이스, 어프리케이션(앱), 전업 시터, 프랫폼 비즈니스, 헬퍼
- 약어·약칭: ABM(탄도탄요격미사일), 알바(Arbeit), 다이어트 앱, DLF(파생결합펀드), DLS(금리연계형 파생결합증권), GATT(관세·무역에 관한 일반협정), GDP, GEM(글로벌기업가 정신연구), 지소미아(GSOMIA·한일군사정보보호협정), ICBM(대륙간탄도미사일), ICJ(국제사법재판소), INF(중거리핵전력), IT(정보기술), MD(미사일방어), NSC(국가안전보장회의), TF, 스마트폰 앱, THAAD(사드·고고도미사일방어체계), WTO, UAE(아랍에미리트), 유튜브, ZG(ZhuGang·駐港)
- 경단녀(경력단절여성), 내로남불, 중대본(중앙대책본부)

○ 동아일보

- 외래어 및 외국어: 엡툰 작가, 앵글, 어시작가, 귀농귀촌 부스, 백스톱(영국령 아이랜드와 아이랜드 간의 통행통관의 자유 보장 안전장치), 불스원, 디스플레이, 이트랜싯(EAT-lancet), 글로벌 경제, EEZ(배타적 경제수역), 글로벌 분업체계, 글로벌 브랜드, 하드 보더(Hard Border), 시설하우스, Kill

Chain(선제타격), 농업마이스터, 모바일앱, 모텔비, 탄소나노 튜브, 노딜 브렉시트, 야당패싱, 플랫폼, 포인트, 브렉시트레드볼, 리스크, 사모펀드(경영참여형), 솔루션, 스마트팜, 스트라이크, 패션 트렌드, 유니콘 기업, 밸류체인(가치사슬), X선 튜브시장, Yellowhammer작전(노랑턱멧새 작전)

- 약어·약칭: AP(애플리케이션프로세서), ARM, ATACMS(에이태킴스·전술단거리탄도미사일), CEPA(포괄적경제동반자협정), CMS(이자율스와프), COFIX(코픽스·자금조달비용지수), CRT(음극선관), CT(컴퓨터단층촬영), DLF(파생결합펀드), DMZ, 5G(5세대), ELS(주가연계증권), ETRI(한국전자통신연구원), EU, FAO(유엔식량농업기구), 5G-AI, 지소미아(한일군사정보보호협정), ICT(정보통신기술), IoT(사물인터넷), IPCC(기후변화에 관한 정부간 협의체), LCD(액정표시장치), LED(발광다이오드), M&A(인수합병), MOU(양해각서), OLED(유기발광다이오드), 나노 미터, OS(모바일운영체제), PE(코링프라이빗에쿼티), PEF(경영참여형사모펀드), P2P 업체, 핀테크 산업, SMA(방위비분담금특별협정), SNS(소셜네트워크서비스), SOC, SoFi(Social Finance), 테크 기업,
- 땜빵, 무신사(무진장 신발사진이 많은 곳)

여섯째, 표기법에 다소간의 문제가 있다.

표기 문자가 우선 1970년대 이후 국한혼용에서 한글전용으로 바뀌었고, 최근에 이르러 고유명사를 중심으로 약간의 한자가 쓰이고 있다. 그리하여 동음어, 내지 의미를 잘 알 수 없는 낯선 어휘들이 한글로만 쓰여 독자의 이해를 어렵게 하는 현상이 벌어지고 있다. 앞에서 논의한 외래어 내지 외국어와 약어·약칭의 경우도 한글로만 쓰여 더구나 의미 파악을 어렵게 한다. 불특정 다수의 독자를 위해서는 물론 한글전용이 바람직하다. 그러나 한글은 표의 문자가 아닌, 표음 문자이기에 의미의 변별성이 부족한 것이 사실이다. 이런 점을 고려할 때에 꼭 필요한 특정 어휘의 경우 한자를 사용하거나(국한혼용, 또는 병기), 아니면 풀어쓰거나, 풀이를 덧

붙이는 배려가 필요하다. 조선일보는 고유명사 외에 특정 어휘에 한자를 써 좀 더 한자가 많이 쓰이고 있다.

또 하나 표기법에 있어 문제가 제기되는 것은 문장부호 사용 문제다. 신문에서는 비교적 문장부호를 사용하지 않는 편이다. 문장부호를 사용하면 쉽게 읽혀질 텐데 이를 사용하지 않아 글뜻을 잘 파악할 수 없게 함으로 독자를 괴롭히는 경우가 종종 있다. 우리 맞춤법에는 분명히 문장부호가 들어 있고, 맞춤법을 지키듯 이는 사용하게 되어 있는 하나의 규범이다. 게다가 이를 사용하면 글 뜻을 보다 잘 파악할 수 있다. 물론 신문은 지면 관계 등 특수한 사정이 있어 다소간에 지키기 어려운 면이 있을 수도 있을 것이다. 그러나 적어도 독자의 편의를 고려하여 꼭 필요한 경우에는 생략할 것이 아니라, 사용하도록 하는 것이 바람직하다. 신문은 누누이 말하지만 뉴스를 읽고 알게 하려는 데 목적이 있다. 기자는 무엇보다 이를 명심하고 기사 작성을 하도록 하여야 한다.

이 밖에 또 하나의 문제로 표기상 오용이 심심치 않게 보인다는 것이다. 방송에서 아나운서가 발음을 잘못한다는 것은 있을 수 없는 일이다. 그와 마찬가지로 기자가 정서법에 어긋난 기사를 쓴다는 것도 있을 수 없다. 그런데 예를 들면 "되어"의 준말은 "돼"가 되어야 하는데 그냥 "되"로 쓰거나 "됬다"와 같은 표기가 자주 목격된다. "뵈어"의 준말 "봬"도 마찬가지다. 이런 오기는 그 신문의 권위를 떨어뜨리게 된다. 끝으로 표기상의 특성을 보이는 예를 몇 개 들기로 한다.

- 기울어진 공매도(空賣渡·公賣渡)도 대기 57조... (중, 8. 3)
- "페미니즘은 남혐(男嫌·남성혐오운동) 아닌 정의구현... 남성도 행복해진다" (중, 8. 20)
- 초대형 컨테이너선 경쟁... 造船 반색, 海運 한숨 (조, 7. 17)

- 印尼장관 "현대차와 자와섬(> 자바섬·Java-) 전기차 공장 설립 논의" (동, 29)
- 14번홀(> 14번홀) '뒤바뀐' 운명 ...고진영, 조연에서 주연으로 (한, 30:24)
- LGU$^+$(> LGU+) "불법 보조금 살포" SKT·KT 방통위에 신고 (경, 30:18)
- 중국 위안화 '포치 전략(破七·달러당 7위안 돌파) 탓(> 탓) 원달러 환율 고공행진 (중, 8. 24)
- 집없어도 차는 산다는 2030 욜로(YOLO·You Only Live Once)족, 이젠 차도 안산다 (중, 7. 11)

3. 결어

세월이 흐르면 모두가 변하게 마련이다. 그래서 10년이면 강산도 변한다고 한다.

시대, 사회, 독자에 따라 기사문도 변한다. 1970년대, 1990년대의 기사문과 최근의 기사문을 비교해 보면 가사문도 많이 변했다는 것을 느끼게 된다. 그저 사람들은 늘 접해 왔기 때문에 그것을 그런 줄도 모르고 그냥 받아들이고 있다.

최근의 신문 기사를 구체적으로 살펴보았다. 신문 문장의 특성에 따라 표제(表題), 전문(前文), 본문(本文)으로 나누어 그 특성을 살펴보았다. 특히 종전의 특성과 비교하여 무엇이 어떻게 변했는가를 중심으로 살펴보았다. 그 특성은 여러 가지로 나타난다. 여기서는 상론을 피하기로 하고, 최근의 표제, 전문, 본문의 특성만을 제시함으로 결론을 삼기로 한다.

○ 표제의 특성

① 장문(長文)의 전폭 표제가 많다.

② 생략부에 의해 이어지는 표제가 많다.

③ 인용성 표제가 많다.

④ 동사적 진술 표제가 많아졌다.

⑤ 명사적 진술 표제가 아직 많다

⑥ 초행완전, 각행독립의 원칙에 위배되는 표제가 아직 많다.

⑦ 가타 연결형 어미(-아/-어)의 종결형 등이 감소를 보인다.

○ 전문의 특성

① 간결하고 예리한 전문이 많아졌다.

② 전문의 문장 수는 대체로 2개의 문장으로 되어 있다.

③ 전문의 종류는 본문요약 전문이 많이 쓰이고 있다.

④ 일문다개념(一文多概念)의 문장이 많이 줄었다.

⑤ 두대형(頭大型) 전문이 이야기체 전문에 다소 쓰이고 있다.

○ 본문의 특성

① 역삼각형 기사가 줄고, 이야기체(narrative) 기사가 많아졌다.

② 단락 구분이 보편화하였다.

③ 문장의 길이가 짧아졌다.(평균 49.67자)

④ 문장 구조는 많이 단순해졌다.

⑤ 어휘는 한자어가 많이 순화되었으나, 외래어, 약어·약칭 등의 사용
이 빈번하다.

⑥ 표기법에 다소간의 문제가 있다.

참고문헌

박갑수 외(1990), 신문기사의 문체, 한국언론연구원
박갑수(1996), 한국방송언어론, 집문당
박갑수(1998), 신문광고의 문체와 표현, 집문당
오소백(1972), 매스컴 문장강화, 삼육출판사
이재경 외(2018), 기사 작성의 기초, 이대 출판문화원
Blankenship, J.(1986), A Sense of Style, Dickinson Publishing Co.
Hyde, Grant Miller(1941), Newspaper Handbook, Appleton-Century Co.
Judith, Burken(1976), An Introduction to Reporting, W. C. Brown Company Publishers
MacDougall, C. D.(1966), Interpretative Reporting, The Macrnillan Company
Metz, William(1979), News Writing : From Lead to "30", Prentice Hall Inc.
Mott, G. F.(1962), News Survey of Journalism, Barns & Noble Inc.
Neal, R. M.(1956), News Gathering and News Writing, Prentice Hall Inc.

О 이 글은 2019년 8월 작성된 원고로, '선청어문' 제47호(서울대학교 사범대학 국어교육과, 근간)에 게재되게 되어 있는 논문이다.

제4장 **최근 신문 기사의 현실과 이상**

1. 서언

신문(新聞)이란 말은 본래 Newspaper라는 말이 아니다. 이는 "뉴스"를 의미하는 말이었다. Newspaper는 오히려 문자 그대로 "신문지"라 하였다. "신문"은 새로운 소식을 알리고 전하는 매체이다.

세상은 끊임없이 변한다. 신문 기사의 형식도 끊임없이 변화해 왔다. 이상을 향해 끊임없는 변화를 추구해 온 것이다. 이는 저자의 "최근 신문 기사의 표현 양상"(2019, 본서 소수)을 보아도 잘 알 수 있다. 현실을 반성하고 이상을 추구해 온 것이다.

이 글에서는 2019년 11월 25일자 소위 조·중·동과, 경향 및 한겨레 신문의 기사를 자료로 하여 한국 신문 기사의 현실과 이상을 살펴보기로 한다. 신문은 세 번 말해진다고 하듯, 표제(表題)와 전문(前文)과 본문(本文)으로 구성된다. 따라서 본고에서는 근자의 신문 기사를 표제와 전문과 본문으로 나누어 이의 현실을 집중적으로 살펴 바람직한 이상과의 관계를 논의하기로 한다. 논의는 신문 기사의 현실에 대한 고찰을 중심으로 하고, 이상과의 관계는 현실과 관련지어 간략하게 언급하게 될 것이다.

신문 기사는 크게 스트레이트 기사와 피처 기사로 나눌 수 있다. 스트레이트(straight) 기사는 논평이나 기자의 의견이 들어가지 않은, 사실 그대로를 보도하는 기사를 말한다. 이에 대해 피처(feature) 기사는 논평이나 기자의 의견이 들어간 기사를 말한다. 피처 기사는 다시 뉴스 피처(news feature)와 비뉴스 피처(non-news feature)로 나뉜다. 뉴스 피처에는 사설·논설·칼럼·인터뷰·시사만평·르포 등이 속한다. 비뉴스 피처에는 시사성이 없는 기사가 속하게 된다. 이 글에서는 객관적 뉴스를 중심으로 한 스트레이트 기사와 비교적 시사성이 두드러진 뉴스 피처를 대상으로 하여 살펴보게 될 것이다. 사설은 제외한다.

그러면 다음에 한국 신문 기사의 현실을 살펴 한국 신문 기사의 현주소를 바로 알고, 이를 바탕으로 보다 바람직한 기사문이 작성되는 내일을 기대하기로 한다.

2. 표제의 현실과 이상

표제(表題)는 데스크에서 다는 것이다. 따라서 뭣한 기사 작법서에는 표제에 대한 논의가 빠져 있는 것을 볼 수 있다. 그러나 이는 분명 신문 기사의 3요소의 하나다.

신문의 표제(headline)는 제목(title)과 구별된다. 미국에서는 표제라는 말을 즐겨 쓰고, 제목은 전에 미국 이외의 신문에서 즐겨 쓰던 말이라 본다. 표제는 신문 기사의 머리 부분에 놓여 독자들에게, 이어지는 기사의 주요 정보를 제공하기 위하여 요약 제시하는 것이다. 이에 대해 제목은 해설하고 기술한 것에 어떤 명칭을 부여하는 것이다. 신문의 표제는 기사 속의 핵을 짧은 글로 간추려 표현한 것인데 대해, 제목은 추상적이고 상징적인 것이다. Hyde, G. M.(1941)은 표제의 두드러진 특성으로 "표제는 항상 그 것이 잔술되거나 암시되거나 간에 동사(動詞)를 포함하거나, 주어 또는 서 술어, 혹은 이 양자를 포함하고 있는 완전한 진술"이라 한다. 그것은 어떤 부분이 억제되는 경우라도 문법적 문장이라 본다. 이 글에서는 표제 (headline)를 제목(title)과 구분되는 것으로 보는 입장을 전제로 표제를 다 루기로 한다.

우선 표제의 양적 결과부터 보기로 한다. 2019년 11월 25일자의 조선, 중앙, 동아, 경향, 한계레 등 5개 신문의 표제는 291개가 추출된다. 이는 적어도 횡조(橫組) 1단 기사를 제외하고, 2단 이상 기사의 모든 표제를 추 출할 때의 양적 결과이다. 이들 표제의 빈도를 신문별로 제시하면 [도표 1]과 같이 나타나는데, 이의 평균은 58.2개로 나타난다. 그리고 각 신문의 전면 광고를 제외한 실제 기사를 다루고 있는 면수는 조선·중앙 21면, 동 아 23면, 경향 26면, 한겨레 24면으로, 기사를 다루고 있는 총면수는 114 면이다. 따라서 기사가 실린 신문의 실 면수당 표제의 평균은 2.53개가 된 다. 이는 곧 한국 신문의 경우, 횡조 2단 이상의 기사가 한 면에 2.5개 쓰 이고 있으며, 그만큼 대형 기사가 많이 쓰이고 있다는 것을 의미한다.

그러면 이러한 표제는 어떤 특성을 지니는가? 먼저 이들의 양적 특성 을 알기 쉽게 도표로 제시하면 다음과 같다.

[도표 1]

	조선일보	중앙일보	동아일보	경향신문	한겨레	계
기사 건수	61	33	61	77	59	291
면당 평균	2.90	1.57	2.65	2.96	2.45	2.53
전폭 표제	6개	17개	15개	8개	13개	59개
용언 표제	19개	16개	22개	23개	24개	104개
인용 표제	19개	10개	23개	22개	17개	91개
생략 부호	22개	12개	27개	19개	15개	95개

기사의 실면수에 따른 표제의 평균은 앞에서 언급한 바와 같이 2.53개로 나타난다. 각 신문의 표제의 빈도는 경향신문이 제일 빈도가 높아 2.96개로 나타나 기사의 건수가 많음을 의미한다. 제일 빈도가 낮은 것은 중앙일보의 1.57개로 나타나 지면당 기사가 하나 반 정도 쓰인 것이 된다. 그만큼 기사가 대형화 했다는 것을 의미한다.

그러면 이제부터 표제의 형식적 특성을 구체적으로 살펴보기로 한다.

첫째, 1행의 장문 표제가 많다.

지난날 종조(縱組)로 조판한 신문은 두 줄로 된 표제가 많았다. 그런데 최근에는 이러한 2행의 표제가 많이 줄었다. 그 대신 1행의 표제가 많아졌다. 표제가 1행으로 되어 있는 것은 291개 표제 중 257개로, 88.31%를 차지한다. 이에 대해 2행의 표제는 33개로, 11.34%에 불과하다. 3행의 표제는 단 1개로 0.03%를 보일 뿐이다. 신문별로 이들의 경향을 보면 다음과 같다.

	조선	%	중앙	%	동아	%	경향	%	한겨레	%	계	%
1행	53개	18.2	32개	10.9	59개	20.2	71개	24.3	42개	14.4	257개	88.3
2행	7개	0.2	1개	0.03	2개	0.06	6개	0.2	17개	0.5	33개	11.3
3행	1개	0.03									1개	0.03
계	61개		33개		61개		77개		59개		291개	

1행의 표제는 경향신문의 빈도가 가장 높아 71개, 24.3%이고, 가장 빈도가 낮은 것은 중앙일보로 32개 10.9%로 나타난다. 2행의 표제는 한겨레가 가장 빈도가 높아 17개, 0.5%의 빈도를 보인다. 이들의 예를 한두 개씩 보이면 다음과 같다.

○ **1행 표제**
- 청(靑) "아베, 양심 갖고 할 말인가? (조, 1)
- 지소미아 살렸지민 "한·미관계 최악" (중, 1)

○ **2행 표제**
- "연평 포격전 두 해병 숭고한 희생" / 서정우 하사·문광욱 일병 추모식 (동, 33)
- 트럼프, 터무니없는 방위비 요구 / 동맹 모욕... 한국에 분노 일으켜 (경, 6)

○ **3행 표제**
- "자, 57억부터 시작합니다" / 10분간 33차례 응찰 전쟁 / 김환기 우주, 132억 낙찰! (조, 2)

둘째, 전폭 표제(全幅表題)가 많다.

최근 표제의 형식상 특성은 전폭 표제가 많다는 것이다.(전에 이를 "전면 표제"라 명명했으나 좌우 전폭에 걸친 표제이니, '전폭 표제'라 개칭한다.) 표제가 길어지면서 지면의 좌우 전폭에 걸친 장문의 표제가 많이 쓰이고 있다. 이는 5개 신문에 59개가 쓰이고 있어 전체 표제의 20.61%로 나타난다. 그리고 신문별 경향은 중앙일보가 가장 많이 쓰고 있어 17개, 5.84%를 보인다. 그 뒤를 잇는 것이 동아, 한겨레로 이들은 각각 10개 이상 쓰이고 있다. 제일 적게 쓰고 있는 것이 조선일보이다. 이는 6개로, 2.06%로 나타난다.

전폭 표제는 장문의 표제라 하였는데 그 길이는 어느 정도인가? 이의 경향을 보면 전체 표제의 자수는 1303자이고, 그 평균은 22.08자로 나타난다. 그리고 각 신문의 경향은 평균 자수가 조선이 26.16, 중앙이 21.23, 동아가 22.4, 경향이 21.87, 한겨레가 22.0 자로 나타난다. 따라서 조선일보의 표제가 가장 길고, 중앙일보가 가장 짧은 것이 된다. 이들의 분포 경향을 보면 13자에서 28자 사이에 널려 있다. 조선일보는 대부분이 25자대 이상이며, 중앙일보는 모두가 24자 이하의 표제로 되어 있다. 긴 표제와 짧은 표제를 몇 개 들어 보면 다음과 같다.

- 2만7000명이 매달 2만원씩 기부… 순교 성지에 "두 개의 탑" 세웠다 (조, 24: 28자)
- "한국당은 영혼없는 '골빈당'… 지지율만 좇으면 금방 살아도 영원히 죽어" (조, 35: 28자)
- 우리도 핵 카드를 검토할 때가 됐다 (중, 30: 14자)
- 모리뉴 시대에도 '스페셜 SON' (동, 28: 13자)

셋째, 용언 표제(用言表題)가 많이 쓰이고 있다.

앞에서 Hyde를 인용하며 표제의 특성은 그것이 항상 "동사를 포함하거나, 주어 또는 서술어, 혹은 이 양자를 포함하고 있는 완전한 진술"이라고 하였다. 이는 예를 들면 "무너지는 '혁신성장의 희망'"이란 표제(조선)는 사실은 "제목"이고, 이것이 표제가 되기 위해서는 "'혁신성장의 희망' 무너지다"가 돼야 함을 의미한다. 따라서 적어도 서술어로 용언(用言)이 쓰인 것을 표제라고 볼 때 조사 자료에는 291개 표제 가운데 104개 표제가 서술어가 쓰인 표제로 나타난다. 따라서 35.73%의 표제가 제목 아닌, 표제를 쓰고 있는 것이 된다. 이는 바람직한 현상이다. 신문별 용언 표제의 개수는 앞에서 도시한 바 있으나, 이의 백분율까지 표시하여 다시 제시하면 다음과 같다.

	조선	중앙	동아	경향	한겨레	계
용언 표제	19개	16개	22개	23개	24개	104개
%	31.1	48.4	36.0	29.8	40.6	35.7

위의 도표에 보이는 바와 같이 중앙일보가 48.4%로 가장 헤드라인에 해당한 표제를 많이 달고 있고, 그 다음이 한겨레로 40.6%로 나타난다. 가장 헤드라인과 거리가 먼 것은 경향신문으로 29.8%로 나타난다.

넷째, 인용 표제(引用表題)가 많다.

표제는 여러 가지 형식의 것이 있다. 그 가운데 하나가 객관적 표제와 주관적 표제이다. 객관적 표제는 다시 요약적 표제와 인용적 표제로 나뉜다. 인용은 말(發言)을 인용하는 것과, 특정 사항을 인용하는 것이 있다. 그런데 최근의 표제에는 이러한 인용을 함으로 객관성을 드러내려는 경향이 강하다. 인용적 표제는 [도표 1]에 제시한 바와 같이 91개가 쓰여 31.27%로 나타난다. 여기서의 인용은 특히 발언만을 그 대상으로 한 것이다. 이것이 보다 의미가 있고, 객관성을 띤다고 보았기 때문이다. 특정 사항을 인용한 표제를 포함시킬 때에는 이보다 훨씬 빈도가 상회할 것임은 물론이다. 따라서 인용 표제의 빈도는 매우 높다 하겠고, 그만큼 객관성을 추구하고 있는 바람직한 현상이라 하겠다. 신문별로 이의 출현 빈도를 보면 다음과 같다.

	조선	중앙	동아	경향	한겨레	계
용언 표제	19개	10개	23개	22개	17개	91개
%	20.8	10.9	25.2	24.1	18.6	31.27%

위의 도표에 보이는 바와 같이 각 신문의 빈도는 동아일보가 가장 빈도가 높고, 그 다음이 경향신문이 된다. 가장 빈도가 낮은 것은 중앙일보이다. 예문은 번거로움을 피해 신문별로 하나씩만 들기로 한다.(괄호 안의 숫자는 면수임)

- "건보, 국민연금처럼 기금화해서 국회 통제 받게 해야" (조, 10)
- 중국 "올 겨울 베이징 미세먼지 정보 한국에 제공" (중, 14)
- 아사히 "日도 이성 찾고 수출규제 철회를" (동, 4)
- 민주·바른미래 "시뮬레이션 가결"... 한국당 "끝까지 저지" (경, 6)
- "유상철 감독 쾌유를" 팬들 기립박수.. 유 "포기 않겠다" (한, 24)

다섯째, 줄임표가 많이 쓰이고 있다.

문장부호 "줄임표"는 말을 줄이거나, 침묵을 나타낼 때 사용하는 기호
이다. 그런데 신문의 "줄임표"는 말을 줄일 때도 사용하나, 오히려 이것과
는 다른 용도로 많이 쓰인다. [도표 1]에 보이듯 95개의 줄임표가 쓰이고
있는데, 생략을 나타내는 것은 39개 표제뿐이고. 나머지 56개 표제가 다
른 용도로 사용된 것이다. 이를 구체적으로 보면 "필요없이 사용"한 "불
요(不要)"가 20개이고, 줄임표 전후가 독립된 것임을 나타내는 "각자 독립
(各者獨立)"의 의미로 쓰인 표제가 39개이다. 신문별로 사용 경향을 보면 다
음과 같다.

	조선	중앙	동아	경향	한겨레	계	%
줄 임 표	22개	12개	27개	19개	15개	95개	50.0
용도 불요	5	5	4	4	2	20	10.5
독립	7	4	12	8	5	36	18.9
생략	10	3	11	7	8	39	20.5

위의 도표에 보이는 바와 같이 줄임표는 동아, 조선이 많이 쓰고 있으
며, 용도로 볼 때에는 한겨레만이 줄임표 본래의 용도에 따라 사용한 것
이 다른 용도에 의한 것보다 많다. 나머지 네 신문은 줄임표 본래의 용도
보다 다른 용도로 쓰인 것의 빈도가 높다. 용도에 따른 분류에 대해 약간
의 보충 설명을 하면 "불요"의 경우는 줄임표가 없어도 충분한데 줄임표

를 쓴 것이고, "독립"이라 한 것은 줄임표 전후가 분리된, 다른 개념임을 나타낸다. 이는 달리 말하면 표제는 종래에 "각자 독립", "초행완전"이란 모토가 있었는데, 줄임표가 전후 사실을 분리하는 구실을 한다. 말을 바꾸면 줄임표가 "쉼표"에 의한 나열의 구실을 하고 있다. 따라서 "생략" 이외의 용도로 사용하는 29.4%의 줄임표는 바람직한 것이 아니라 할 수 있다. "생략"의 용도로 쓰이는 "줄임표"는 또한 실사(實辭)라기보다는 대부분 어미나 조사를 생략한 것으로 나타난다. 용도에 따른 용례를 두어 개씩만 보면 다음과 같다. 괄호 안은 저자가 추보한 것이다.

○ **불요**
- 고령화에 文케어 겹쳐… 60년 지킨 건보료율 8% 상한선 깨질판 (조, 10)
- 설리 뭇까지 살겠다더니… 구하라 숨진채 발견 (중, 16)
- "책꽂이 높이도 낮아지고… 도서관이 집보다 더 재미있어요" (동, 25)

○ **독립**
- 민주·바른미래 "시뮬레이션 가결"… 한국당 "끝까지 저지" (경, 6)
- 능욕 댓글에 집 주변 인증샷… 피해여성 '공포의 나날' (한, 5)
- '환관 설치고 불교 믿네?'… 15세기 조선선비 눈에 비친 中 (조, 33)

○ **생략**
- "중국말 배울 기회" "집값 떨어진다"…(-고 하며) 두쪽 난 서울 남부3구 (중, 2)
- "'수달의 도시' 대구…(-를) 글로벌 물산업 중심도시로 만들겠다" (동, 16)
- 혼자 먹어도 제대로… (먹어야) '프리미엄 혼밥'이 뜬다 (경, 21)

3. 전문(前文)의 현실과 이상

전문(lead)이란 표제에 이어 기사의 머리에 놓이는 것으로, 기사의 핵심, 초점, 주제 등을 담은 문장을 말한다. 이는 흔히 기사의 내용을 요약 제시한다. 따라서 바쁜 독자는 전문만 읽고 본문을 읽지 않을 수도 있다. 전문은 또한 독자의 관심과 호감을 사도록 작성된다. 독자로 하여금 기사를 끝까지 읽게 붙잡아 두는 구실을 해야 하기 때문이다.

전문은 모든 기사에 쓰이는 것이 아니다. 역피리미드형(inverted pyramid form) 기사와 혼합형(blended form) 기사에만 쓰인다. 피라미드형(pyramid form) 기사에는 원칙적으로 쓰이지 않는다. 해설기사, 의견기사(칼럼) 등 소위 피처 기사는 흔히 피라미드형으로 쓰인다. 이들은 해설적 표현을 하거나, 서술적(narrative) 혹은 이야기체의 표현을 한다.

조사 자료인 5개 신문에서 1, 5, 10, 15, 20, 25, 30면에서 리드가 있는 기사를 보면 31건의 기사가 추출된다. 2단 이상의 기사 60건 중 51.66%로 반에 해당되는 분포다. 이는 그만큼 역피리미드형(inverted pyramid form) 기사가 아직도 많이 쓰이고 있다는 의미이기도 하다. 구체적으로 리드가 어떻게 쓰이고 있는가, 그 양적 결과를 도시하면 다음과 같다.

	조선일보	중앙일보	동아일보	경향신문	한겨레	계
기사건수	6	3	10	7	5	31
문장수	15	5	16	15	11	62
총자수	929	314	1032	699	580	3554
평균 자수	61.93	62.8	64.5	46.6	52.72	57.32

문장의 총수는 62개로, 기사당 평균은 2문으로 나타난다. 이는 박갑수 (2019)에서 전문 당 문장 평균이 2.15로 나타난다고 하고 있는 것과 거의

같다. 신문에 따른 기사당 전문의 문장 분포는 다음과 같다.

	1문	2문	3문	4문	계
조선일보	1	1	4		6
중앙일보	2		1		3
동아일보	4	6			10
경향신문	1	4	2		7
한 겨 레	2	1	1	1	5
계	10	12	8	1	31

전문의 주조(主潮)를 이루는 문장의 수는 1, 2, 3문이며, 이 가운데 2문이 제일 많이 쓰이고 있다. 그 다음이 1문, 혹은 3문이다. 신문별 분포는 조선일보가 3문, 동아일보와 경향신문이 2문을 즐겨 쓰는 것으로 나타난다. 전문은 1문보다는 2문으로 구성함이 바람직하다. 1문으로 쓰게 되면 대체로 장문의 전문이 되기 때문이다. 전문에 1, 2, 3문을 쓰고 있는 용례를 각각 하나씩 제시하면 다음과 같다. 용례는 비교적 간략한 것을 들기로 한다.

○ **1문의 예**

• 유재수 전 부산시 경제 부시장(55 사진)이 비위 의혹에도 사실상 영전하는 과정에 여당 요청이 있었다는 금융위원회 고위 관계자의 진술이 나왔다 (경, 10)

○ **2문의 예**

• 집을 한 채만 갖고 있어도 종합부동산세를 내야하는 공시가격 9억원 초과 서울 아파트가 비(非)강남권에서 1년만에 2배로 늘었다. 강남3구(강남 서초 송파구)의 '종부세 아파트' 증가율(40.9%)을 크게 웃돈다. (동, 1)

○ **3문의 예**

• 역대 최대 규모인 내년도 예산안(513w5000억원)이 수천억원 정도만 삭감

된 상태에서 밀실인 예산안조정 소(小)위에서 결정되게 됐다. 본지가 24일 국회예결위 예산안등조정소위원회(예산소위) 회의록을 분석한 결과, 예산 소위는 지난 11일부터 22일까지 예산안에 대한 감액(減額) 심사를 진행했지만 총 4280억원을 삭감하는 데 그쳤다. 이는 정부가 제출한 예산안 원안 규모의 0.08%에 불과하다. (조, 1)

전문의 길이는 총자수가 3554자로, 문장 당 평균이 57.32자가 된다. 아직까지 전문(前文)의 길이에 관한 구체적 조사가 이루어지지 않은 것 같다. 따라서 이 양적 결과에 대해 왈가왈부 하기는 마땅치 않다. 다만 지적할 수 있는 것은 종래의 전문은 주로 요약 제시하는 문장이므로 본문보다 길게 쓰였다는 것이다. 특히 5W1H를 한 문장에 담겠다는 요량으로 문장이 길게 쓰였다. 최근의 신문 문장의 길이가 박갑수(2019)에 의하면 49.17자로 나타나고 있는데, 이와 비교해 보면 전문이 8자 정도 길다. 따라서 이는 이해가 되는 수치이다. 다음에 제시되는 바와 같이 본문의 문장 길이는 50.36자로 나타난다. 이에 비하면 7자가 많은 것이 된다.

그러면 이러한 길이가 어떤 의미를 지니는가? 문장의 길이는 난이도(難易度)와 밀접한 관계를 지닌다. Flesh, R.은 그의 "The Art of Plain Talk"에서 다음과 같은 가설을 세우고 있다.

단어(words)	이해도(ease of comprehension)
8(및 그 이하)	매우 쉬움(very easy)
11	쉬움(easy)
14	꽤 쉬움(fairy easy)
17	보통(standard)
21	꽤 어려움(fairy difficult)
25	어려움(difficult)
29(및 그 이상)	매우 어려움(very difficult)

하나의 어휘는 우리말의 경우 3자로 환산할 수 있다. 이렇게 볼 때 전문의 평균 57.32자는 Flesh, R.의 가설에서 "보통"의 단계에 해당된다고할 수 있다. 따라서 적당한 길이라 볼 수 있다.

신문에 따른 전문의 특징은 동아일보가 평균 64.5자로 제일 긴 문장을쓰고 있다. 그러나 조선일보와 중앙일보도 다 같이 60자대를 쓰고 있어큰 차이를 보이는 것은 아니다. 제일 문장을 짧게 쓰고 있는 것은 경향신문이다.

다음에는 문장 길이에 따른 분포를 보기로 한다.

	110	100	90	80	70	60	50	40	30	20	10	계
조선일보	1			1	4	2	2	4		1		15
중앙일보			1		1			3				5
동아일보		1		1	4	5	3	1		1		16
경향신문			1	2	1	1	2	3	2	2	2	16
한 겨 레		1	1		2		1	1	2	2	1	11
계	1	2	3	4	12	8	8	12	4	6	3	63

위의 도표에 보이는 바와 같이 문장의 길이의 분포는 110자대(114자)에서 10자대(14자)에 걸쳐 분포되어 있고, 40자대에서 70자대가 애용되고 있다. 그리고 "어려움(difficult)"의 단계인 25어 이상인 75자 이상의 문장이12개 보이는데, 이는 분절(分節)을 하는 것이 바람직할 것이다. 참고로 극단적 장문과 단문의 예를 각각 두어 개씩 보면 다음과 같다.

○ 장문의 예
• 청와대의 정의용 국가안보실장은 24일 한·일군사정보보호협정(지소미아) 조건부 연장 결정 이후 일본 정부의 태도에 대해 "양국 간 합의 발표를 전후한 일본의 행동에 대해 깊은 유감을 표할 수밖에 없다"면서 "이런 식의 행동이 반복된다면 한·일간의 협상 진전에 큰 어려움이 있게 될 것"이라

고 말했다.(114자) (조, 1)

- 2014년 세월호 참사 당시 구조 실패의 책임을 물어 구조 실무자인 김경일 목포해양경찰청 123정장만 기소한 검찰수사팀이, 실제 해양경찰청(해경) 지휘부 전반에 대한 수사계획을 세우고도 제대로 조사하지 않고, 법적 책임도 묻지 않은 것으로 나타났다.(102자) (한, 10)

O **단문의 예**
- 가수 구하라씨(28)가 숨진채 발견됐다.(14자) (경, 1)
- 경찰은 지인이 발견해 신고했다고 전했다.(17자) (경, 1)
- 국방부가 이 전 법원장을 파면한 지 이틀만이다.(19자) (한, 10)

4. 본문의 현실과 이상

본문(body)은 좁은 의미의 본문과 부가적 설명으로 이루어진다. 여기에는 전문에 이어 중요한 보충 사실과 흥미 있는 사실의 세부적 내용을 담게 된다.

본문은 전문의 취지를 고증하는 것으로 리드에 적시한 사실을 첨가하고, 흥미 있는 사실에 대한 상세한 부연을 한다. 문장과 단락은 비교적 짧고 간단하게 구성한다. 용어는 잘 알려진 것을 정확하게 사용한다. 단락의 연결은 매끄러워야 하며, 논리적으로 접속되게 한다. 줄을 바꿀 때에는 접속어의 사용, 낱말·구절·개념의 반복적 사용, 동의어 및 대명사를 사용한다(박갑수, 1998). 본문을 작성할 때에는 "나선형화(spiraling), 통일성(unity), 블록 단락(block paragraphing), 주제(themes), 연대기적(chronological)"이란 진술의 특성을 살려 쓰도록 해야 한다(MacDougal, 1966).

이러한 특성을 지니는 본문의 현실을 다음에 구체적으로 살펴보기로 한다. 고찰의 자료는 앞에서 살펴본 전문이 들어 있는 기사를 원칙적으로 여기에서도 사용한다. 그리고 여기서는 표현 일반의 문제와 함께 구체적인 기사의 문면(文面)을 제시·고찰하게 된다.

첫째, 기사 당 단락 수는 5개, 각 단락은 50어 정도로 쓰이고 있다.

분석 대상인 31건의 기사에 쓰인 본문의 단락수는 159개로, 기사당 4.96개 단락이 쓰인 것으로 나타난다. 따라서 우리의 신문은 본문을 대략 5개 단락으로 구성하고 있다는 말이 된다. 그러면 이들 각 단락의 길이는 얼마나 되는가? 각 단락의 행수와 사용 어휘 수는 대체로 다음과 같이 나타난다.

단락순	①	②	③	④	⑤	⑥	⑦	⑧	⑨	⑩	계	단락평균	어휘수
조선(행)	42.5	33.5	14	43.5	48.5	29.5					211.5	10.5	63
(단락)	4	3	1	4	5	3					20		
중앙(행)	60	31.5	28.5								120	8.57	51.4
(단락)	6	6	2								14		
동아(행)	44	26.5	16.5	70	36	63.5	16.5	13	20.5	28	334.5	7.43	44.58
(단락)	3	6	2	6	4	9	3	4	4	4	45		
경향(행)	36	20	68	97	84.5	43.5	32				381	7.62	45.72
(단락)	4	4	6	10	14	8	4				50		
한겨(행)	29	23	57.5	31.5	47						188	9.52	57.12
(단락)	4	4	4	4	5						21		
계											1235	8.23	49.38

위의 도표에 보이는 바와 같이 한 단락은 기사문의 줄 수로 계산할 때, 약 8행, 50어 정도로 이루어져 있는 것으로 보게 한다. 이러한 문단을 신문별로 보면 동아가 44.58어으로 제일 잘게 나눈 편이고, 그 뒤를 경향, 중앙이 이으며, 조선이 63어로 가장 크게 단락을 나누는 것으로 나타난다.

이러한 단락의 구분은 이상(理想)과 관련시켜 볼 때 무난한 것으로 보인다. 그것은 Hyde가 신문의 단락은 50~100 단어로 짧아야 한다는 것을 기억하라며, 타이프 원고로 6~7행이 단락의 최고의 길이가 되어야 한다고 주장하는 것을 볼 수 있기 때문이다. 우리의 신문 기사는 이에 부합하는 것으로 보인다. 그것은 영어와 우리말을 직접 비교할 수는 없으나, 위에 제시한 바와 같이 우리 신문 기사의 단락은 평균이 44.58어에서 63어에 걸친 분포를 보여 주기 때문이다.

둘째, 문장의 길이는 50자대이다.

본문의 길이는 원칙적으로 전문(前文)을 고찰한 자료를 대상으로 하되, 각 신문마다 4개 기사를 선택한 20개 기사를 대상으로 조사하기로 하였다. 따라서 중앙일보의 경우는 기사 한 건이 부족해 16면에서 기사 하나를 증보하였다. 기사 선택은 신문 상호간에 내용상 공통되는 기사를 우선적으로 선정하였다. 20개 기사에서는 248개 문장이 추출되었으며, 이들의 전문(全文)을 조사하여 얻어진 양적 결과는 다음과 같다.

	조선	중앙	동아	경향	한겨레	계
총자수	2315	2341	2904	2877	2234	12671
문 수	48	51	52	54	43	248
평 균	48.22	45.90	56.61	53.27	51.95	51.09

조사 자료는 20개 기사, 248개 문장으로, 이의 총자수는 12671자이다. 따라서 문장의 평균치는 51.09자가 된다. 이는 앞에서 언급한 바와 같이 박갑수(2019)의 49.67자와 거의 같은 수치로 1% 남짓한 차이를 보일 뿐이다. 이러한 문장의 길이는 난이도로 볼 때 앞에서 예로 든 J. Blankenship의 가설에 의하면, 17어가 되어 난이도가 "보통(standard)" 단계에 해당한

다. 따라서 한국 신문 문장 길이의 현실은 바람직하다 하겠다. 다만 Richard Keeble(1994)이 주장하는 "KISS and Tell Logically"를 고려할 때나(그의 "KISS"란 용어는 "Keep It Short & Simple"의 어두문자를 종합한 것이다.), 시대적으로 길이가 짧아지는 추세를 감안한다면 좀 더 짧아지는 것을 바람직하다고도 할 수 있을 것이다.

다음에 구체적으로 바람직하다고 볼 수 있는 "보통(standard)"에 해당한 길이의 예문을 몇 개 보기로 한다.

- 협의한 지 이틀도 지나지 않아 한·일간 자존심 싸움이 과열되는 모습이지만 양국 정부가 '대화의 판' 자체를 깨지 않을 전망이다.(50자) (조, 1)
- 집을 한 채만 가지고 있어도 종합부동산세를 내야 하는 공시가격 9억원 초과 서울 아파트가 비(非)강남권에서 1년만에 2배로 늘었다.(50자) (동, 1)
- 서울 강남경찰서는 이날 저녁 6시께 구씨가 자신의 강남구 청담동 집에서 숨진 사실을 확인하고 정확한 사망 경위 등을 수사하고 있다.(52자) (한겨, 10)

그리고 "어려움" 이상의 단계에 해당한 문장의 분포를 보면 아래의 도표에 보이는 바와 같이 38개로 15.32%에 해당한다. 이러한 "어려움" 단계 이상의 문장은 전문(前文)에서도 언급한 바와 같이 분절을 하는 것이 바람직하다.

	조선	중앙	동아	경향	한겨레	계
75자 이상	1		4	5	1	11
80자 이상	5	2	6	2	2	17
90자 이상	1	2	1		1	5
100자 이상		1	2	2		5
계	7	5	13	9	4	38

셋째, 난해한 구조(構造)의 문장도 쓰이고 있다.

조사 자료에는 구조적으로 난해한 문장도 쓰이고 있다. 위의 20개 기사 가운데 "어렵다"고 판단되는 단계의 문장이 도표에 나타나는 바와 같이 38개 문장으로 나타난다. 이 가운데 "어려움"의 단계가 27문, "매우 어려움"의 단계가 11문이다. 이들의 문장 구조는 단문(單文)이 10문, 복합문이 28문이다. 그런데 이 가운데 단문이라 하는 것도 외형상 주술호응이 한번 일어난다는 것뿐, 복잡한 구조의 문장으로 되어 있다. 따라서 형식상 단문이라는 것도 난해한 문장이라 하겠다. 복잡한 단문이라 할 용례를 두어 개 보면 다음과 같다.

- 인도태평양사령부 지역 비용까지 거론한 것은 기존의 주한미군 주둔 비용 외에 한반도 안보와 직결되는 미군 방위활동 비용까지 한국에 부담시킬 비용으로 포함할 수도 있다는 뜻으로 보인다.(77자) (조, 5)
- 주형철 대통령경제보좌관은 20일 브리핑에서 "(이번 행사를 통해) 그간 추진해 온 신남방정책을 중간 점검하고 새로운 사업들을 발굴해 신남방정책의 지속적인 추진기반을 확충해 나갈 것"이라고 밝혔다.(75자) (동, 5)
- 두 나라는 전략물자 수출통제관련 협의를 위해 수차례 일정을 조율했으나 아직까지 7차 협의를 열지 못했다.(78자) (경, 5)

다음에는 매우 어렵다는 단계의 90자대와 100자대의 용례를 참고로 각각 두 문장씩 제시하기로 한다.

- 정의용 청와대 국가안보실장은 이날 한-아세안 특별정상회의 장소인 부산 벡스코에서 기자회견을 열어 지소미아 종료 조건부 중지 발표 뒤 일본 언론에 보도되는 일본 정부 고위 관계자의 발언을 강한 어조로 조목조목 비판했다.(91자) (한겨, 1)
- 24일 오후 부산 에코텔타 스마트시티 착공식 참석으로 부산에서의 3박4일

간 일정을 시작한 문 대통령은 한·아세안 특별정상회의 개막일인 25일 태국, 인도네시아, 필리핀 정상들과 양자 회담을 갖고, CEO 서밋과 문화혁신 포럼에 참석한다.(99자) (중, 10)

- 정의용 청와대 국가안보실장은 24일 한아세안 정상회의 프레스센터가 마련된 벡스코에서 브리핑을 열고 "지소미아 연장, 일본의 대한(對韓) 수출 규제 철회와 관련한 한·일 양국 합의 발표를 전후한 일본측의 몇 가지 행동에 깊은 유감을 표할 수밖에 없다. 앞으로 이런 식의 행동이 반복되면 한·일 간의 협상 진전에 큰 어려움이 있게 될 것"이라고 말했다.(138자) (동, 1)

- 청와대 정의용 국가안보실장은 이날 한·아세안 특별정상회의가 열리는 부산 현지 프레스센터에서 브리핑을 갖고 "한·일 양국 합의 발표를 전후한 일본측 행동에 대해 깊은 유감을 표할 수밖에 없다"며 "앞으로 이런 식의 행동이 반복된다면 협상 진전에 큰 어려움이 있게 될 것"이라고 경고했다.(115자) (경, 1)

넷째, 표현 면에서 다양한 문제성을 드러낸다.

구체적으로 정치면 기사와 연예·오락면의 두 기사를 보기로 한다. 정치면 기사는 "자소미아 연장 기사"이다. 이 기사는 4개의 신문에서 다루고 있다. 따라서 4개 신문의 기사를 바탕으로 표현상의 문제를 하나씩 논의하기로 한다.

① 청와대 정의용 국가안보실장은 24일 한·일 군사정보보호협정(지소미아) 조건부 연장 결정 이후 일본 정부의 태도에 대해 "양국간 합의 발표를 전후한 일본의 행동에 대해 깊은 유감을 표할 수밖에 없다"면서 "이런 식의 행동이 반복된다면 한·일간의 협정 진전에 큰 어려움이 있게 될 것"이라고 말했다. (조, 1)

이 기사는 광의의 수식어절이 내포되어 114자나 되는 긴 문장이 되어 있다. 따라서 이는 매우 어려운 단계에 속하는 문장이다. 이는 적어도 두 문장으로는 나누어야 한다. 이는 "... 수밖에 없다"면서"에서 분절할 수 있다. 곧 "... 없다'고 말하였다."에서 끊고, 이어지는 "이런 식의"를 별개의 문장으로 하는 것이다.

② 정실장은 "어느 한 쪽이 터무니없는 주장을 하며 상대방을 계속 자극할 경우 '내가 어떻게 할지 모른다'는 경고성 발언이라며 (일본에) 'try me'(우리를 시험해 보라)라고 말하고 싶다고 했다. (조, 1)

이 기사는 의미의 면에서 오독(誤讀)의 여지가 있는 문장이다. "어느 한 쪽"은 일본이고, "내가"는 정 실장으로 읽힌다. 그러나 정 실장의 발언은 "Try me"라는 말을 인용하며 객관적 사실의 표현을 한 것이다. 이는 동아일보의 이 장면의 기사를 보면 쉽게 알 수 있다.

장 실장은 "영어로 '트라이 미(Try me)'라는 말이 있다. 어느 한쪽이 터무니 없이 주장을 하면서 상대방을 계속 자극할 경우 '그래? 계속 그렇게 하면 내가 어떤 행동을 취할지 모른다'는 경고성 발언"이라고 했다. (동, 1)

동아일보의 기사도 사실은 오해의 소지를 지닌다. 기사의 맨 앞에 "이는"이란 주어를 앞세워야 오해의 소지를 제거할 수 있다.

③ 다른 청와대 관계자는 막판 협상 과정에서 일본의 태도를 바꾼 것도 '지소미아'를 예정대로 종료하겠다는 우리 정부의 최후 통첩이었다고 강조했다. (한, 1)

이는 비논리적 문장으로 비문(非文)에 속할 문장이다. 이는 후반부 "우리 정부의 최후 통첩이었다고 강조했다."를 적어도 "우리 정부의 최후 통첩 때문이었다고 강조했다"와 같이 그 근거를 분명히 제시해야 한다. 그렇지 않으면 이 문장을 "일본이 태도를 바꾼 것도 '지소미아'를 예정대로 종료하겠다는 것이 우리 정부의 최후 통첩이었기 때문이었다고 강조했다."라고 좀 더 표현을 바꾸는 것이 바람직할 것이다.

④ 청와대 정의용 국가안보실장은 … "앞으로 이런 식의 행동이 반복된다면 협상 진전에 큰 어려움이 있게 될 것"이라고 경고했다. (경, 1)
"(청와대가)… 일본정부 지도자로서 과연 양심을 갖고 한 말인지 되묻고 싶다"고 강한 불쾌감을 드러냈다. (한겨, 1)

스트레이트 기사, 특히 보도 기사는 객관적 표현을 하는 것이 원칙이다. 그러나 근자에는 주관적 표현도 많이 쓰이고 있다. 독자들의 관심과 호감을 사기 위해서다. 위의 기사에도 정 안보실장이 "경고했다"고 주관적 평가를 하고 있는가 하면, 청와대가 "불쾌감을 드러냈다고 하고 있다. 이에 대해 조선일보의 기사는 ①의 예에서 보듯 "… 진전에 큰 어려움이 있게 될 것'이라고 말했다."와 같이 "말했다"고 중립적 표현을 하고 있다.

⑤ 표현 및 어휘상 오용이라 할 것도 보인다. 한 예를 보면 청와대 관계자의 말을 인용한 것으로, 관계자의 말이 원래 그러했었던지는 모르나 (추측컨대 그렇지 않을 것이다), 수용할 수 없는 비문이다. 괄호 안은 저자가 보충, 내지 교정한 것이다.

이에 청와대 관계자는 "정상회담 개최여부는 의제조율 여부에 달려 있을 것이다. 현재로서는 성사될지 (성사된다) 하더라도 어떤 결과가 나올지 신중한 (신중히 검토해 보아야 할) 상황"이라고 했다. (동, 1)

다음에는 예능면 기사로 "K팝 가수 구하라 사망" 기사를 보기로 한다. 이는 중앙, 경향, 한겨레의 세 신문에 기사가 실려 있다. 이들 세 개 기사에 공통으로 나타나는 것은 "숨진 채 발견"이란 어휘 사용과, 내포문이 쓰여 문장을 길고 복잡하게 만들어 난해하게 하고 있는 것이 보인다는 것이다.

① 가수 구하라 자택서 숨진 채 발견 (경, 1), (한, 10)
　설리 뭏까지 살겠다더니... 구하라 숨진 채 발견 (중, 16)

형식명사 "채"는 "-ㄴ 채", 혹은 "-ㄴ 채로"의 형태로 쓰여 "이미 있는 상태 그대로 있다는 뜻을 나타내는 말"이다. 그런데 보도문에 관용어로 쓰이다시피 하는 "숨진 채 발견"은 어떤 상태가 계속되고 있는 상태의 표현이 못 된다. 적어도 "숨겨 있는 채"라거나, "숨진 채 누워 있는 것"이라든가라 해야 "있는 상태 그대로 있다"는 뜻이 된다. "발견"은 제3자의 행동으로 "시신의 상태 그대로 있다"는 의미와는 관련이 없다. 이는 어휘 구사를 잘못하고 있는 것이다. "자신의 집에서 숨이 멎은 채 발견됐다"(중, 16)도 "숨이 멎어 있는 채"라거나, "숨이 멎어 있는 것"이 "발견됐다"고 해야 한다.

② 다음 날(14일) 후쿠오카(福岡)를 시작으로 19일 도쿄(東京)를 끝으로 하는 '하라제프투어 2019~헬로~(HARAZepp Tour~Hello~)' 공연도 성공리에 마쳤다. (중, 16)

이 글에서는 조사가 잘못 쓰였다. 영어 "from ~ to"에 해당한 일본어 "-を 始めに ~ -まで"에 따라 "후쿠오카를 시작으로"라 한 것으로 보인다. 우리말은 이때 "후쿠오카에서 시작하여"라고 조사 "-를"이 아닌, "에서"를

써야 한다. 이것이 우리의 바른 말이다.

    ③ 다만 최씨의 범행이 계획적이라기보다는 우발적이었다는 점과 문제의
동영상이 촬영된 경위, 실제로 이를 유출·제보하지는 않았다는 점 등을 참작
해 성폭력처벌 등에 관한 특례법 위반(카메라 이용) 혐의는 무죄로 판단했다.
(한, 10)

이는 "(재판부는)... 혐의는 무죄로 판단했다"는 주문에 긴 문장이 내포
되어 난해한 문장이 되어 있다. 내포된 문장은 별도의 문장을 만드는 것
이 바람직하다. 따라서 이 문장은 "재판부는 최씨의 범행이 계획적이라기
보다는 우발적이었다고 보았다. 그리고 문제의 동영상이 촬영된 경위, 실
제로 이를 유출·제보하지는 않았다는 점 등을 참작하였다. 그래서 성폭
력처벌 등에 관한 특례법 위반혐의는 무죄로 판단했다."라고 세 문장으로
나누는 것이 바람직하다.

5. 결어

최근 신문 기사의 현실과 이상을 살펴보았다. 다음에 앞에서의 논의를
바탕으로 결론을 내리기로 한다.

첫째, 표제의 현실과 이상
① 실면수에 따른 표제의 면당(面當) 평균이 2.53개다.
한 면에 2개 반의 표제가 쓰이고 있다. 이는 그만큼 기사가 대형화했음
을 의미한다.
② 한 줄(1行)의 장문 표제가 많다.

291개 표제 중 88.31%인 257개 표제가 1행의 장문 표제로 되어 있다.

③ 전폭 표제(全幅表題)가 많다.

좌우 전폭(全幅)에 걸친 표제가 20.61%를 차지한다. 기사가 대형화한 때문이다.

④ 용언(用言) 표제가 많다.

제목이 아닌, 표제다운 표제라 할 용언 표제가 35.73%를 차지한다. 이는 바람직한 것이다.

⑤ 인용 표제(引用表題)가 많다.

객관성을 드러내는 인용 표제가 31.27% 쓰이고 있는데, 이는 바람직한 것이다.

⑥ 줄임표가 많이 쓰인다.

줄임표를 사용한 표제가 50.0%를 차지한다. 줄임표는 본래의 용도와 달리 "불요(不要)", "독립(獨立)"을 나타내기 위해서도 29.4%가 쓰이고 있다. 이는 바람직한 것이 못 된다.

둘째, 전문(前文)의 현실과 이상

① 전문은 과반수, 51.66%의 빈도를 보인다.

이는 역피라미드 기사가 아직도 많이 쓰이고 있음을 의미한다. 스트레이트 기사로서 바람직한 것이다.

② 전문의 문장 수는 평균이 2.15문으로 나타난다.

제일 많이 쓰이는 것은 2문으로, 바람직한 것은 2, 3문이다.

③ 전문의 문장 길이는 57.32자다.

난이도로 볼 때 이는 "보통(standard)"의 단계로 바람직한 길이이다.

④ 문장은 40자대~70자대가 애용된다.

"어려움(difficult)"의 단계인 문장은 분절하는 것이 바람직하다.

셋째, 본문의 현실과 이상

① 적당한 길이로 단락이 구분되고 있다.

기사당 단락의 수는 5개, 단락당 길이는 50어 정도이다.

② 문장의 길이는 51자로 나타난다.

난이도로 볼 때 "보통"의 단계에 속하나, 시대적인 추세로 볼 때 좀 더 짧게 쓰는 것이 바람직한 방향이라 할 것이다.

③ 난해한 구조의 문장도 15.32%나 쓰이고 있다.

난해한 복잡한 구조의 문장은 분절하는 것이 바람직하다.

④ 표현 면에 다양한 문제성이 드러난다.

장문, 의미의 비호응, 비논리, 비문(非文), 문법 및 어휘의 오용 등의 문제가 있으며, 감성적 표현도 하고 있다는 것이 특성으로 나타난다.

각 신문별 특성에 대한 논의는 본론으로 미루고, 여기에서는 언급을 생략하기로 한다.

참고문헌

박갑수 외(1990), 신문기사의 문체, 한국언론연구원
박갑수(1996), 한국방송언어론, 집문당
박갑수(1998), 신문·광고의 문체와 표현, 집문당
박주영 외(2019), 뉴스와 수사학, 커뮤니케이션북스
연국희(2015), 기사 작성 워크북, 룩스문디
오소백(1972), 매스컴 문장강화, 삼육출판사
이재경 외(2018), 기사 작성의 기초, 이대 출판문화원
하준우(2017), 기사쓰기 워크북, 나남
Blankenship, J. (1986), A Sense of Style, Dickinson Publishing Co.
Hyde, Grant Miller(1941), Newspaper Handbook, Appleton-Century Co.
Judith, Burken(1976), An Introduction to Reporting, W. C. Brown Company Publishers
MacDougall, C. D.(1966), Interpretative Reporting, The Macmillan Company

Metz, William(1979), News Writing : From Lead to "30", Prentice Hall Inc.
Mott, G. F.(1962), News Survey of Journalism, Barns& Noble Inc.
Neal, R. M.(1956), News Gathering and News Writing, Prentice Hall Inc.

○ 이 글은 본서에 수록하기 위해 2019년 12월 25일 탈고한 것이다.
미발표 논문임.

제2부
신문 문장의
언어와 표현 양상

제1장 **신문 기사의 문체와 표현**

1. 서론

기사문이란 "사실의 성질, 형상, 효용 등을 보고 들은 그대로 적는 글"이라 사전은 풀이하고 있다. 신문 기사, 방송 기사는 이러한 보도 기사의 대표적인 것이다. 신문과 방송 기사는 보도 기사란 면에서 같은 것이다. 그러나 하나가 문어(文語)요, 다른 하나가 구어(口語)라는 점에서 차이가 있다. 문자언어와 구두언어는 여러 가지 면에서 차이를 보인다(西尾實, 1955).

기사문은 이렇게 다른 성격의 두 가지가 있다. 여기서는 신문 기사를 중심하여 방송 기사에까지 걸쳐 기사문의 문체와 표현에 대해 살펴보기로 한다.

신문 기사문의 문체와 표현에 대해서는 이미 논문을 발표한 바 있다. 그것은 "박갑수 외(1990), 신문 기사의 문체, 한국언론연구원"에 수록된 것으로, 언론연구원의 지원을 받아 연구한 방대한 논문이다. 논문의 제목은 "신문 기사의 문체와 표현"이다. 이 논문은 저자의 "신문·광고의 문체와 표현(집문당, 1998)"에 수록되어 있다. 따라서 기사문에 대한 자세한 내용은 이 글을 통해 살펴볼 수 있을 것이다.

본 논문은 같은 주제의 소논문이라 할 수 있다. 이 글에서는 신문 기사의 구조 및 표현의 구조적인 면에서 기사문을 살펴보기로 한다. 전게 논문은 방대한 논문이기에 읽기에 부담이 될 수도 있다. 이에 기사문에 관심을 갖고 있는 분들을 위해 가볍게 기사문을 개관할 수 있는 글을 쓴 것이 본 논문이다. 관심 있는 분들에게 참고가 되었으면 한다.

2. 기사문의 구조와 문체

신문이나 방송 기사란 보도를 전제로 한 것이다. 이는 정확성(accuracy), 객관성(objectivity), 공정성(fairness) 또는 균형성(balance) 및 명료성(clearness)을 기본원칙으로 한다.

신문 기사, 특히 뉴스는 세 번 말해진다고 한다. 표제·제목(headline), 전문·서두(lead), 본문(body)의 세 부분으로 이루어져 있기 때문이다. 본문에는 부가적인 설명문이 따를 수 있다. 이에 대해 방송 기사는 전문과 본문, 그리고 부가적인 설명문으로 이루어진다. 이는 첫 문장을 잘 못 들었다 하더라도 다음 문장에 의해 보충을 받게 하기 위함에서다.

2.1. 표제(headline)의 문체

표제는 신문 기사의 머리에 놓이는 것으로, 독자에게 기사의 주요한 정보를 제공하려 요약 표현한 것이다. 이는 기사 속의 핵을 짧은 글로 간추려 표현하므로 구체적인 것이 되어야 한다. 그러기에 신문 표제는 다음과 같은 기능을 지니는 것으로 본다(波多野完治, 1966:226-234).

① 표시성
② 압축성
③ 감동성
④ 품위
⑤ 심미성

　이러한 기능을 지니는 표제 작성의 기술적 문제로서는 여러 가지가 들려지나, 가장 필요한 수칙(守則)으로는 초행완전, 각행독립, 시제제시 등 세 가지가 들려진다(한국편집기자협회, 1978:196-197).
　그러면 이러한 특성을 지니는 표제가 한국 신문에는 어떻게 나타나는가?

　첫째, 명사적 진술 구문이 많다.
　신문의 표제는 소설 등의 제목과는 다르다고 본다. 이는 문절을 이루어 진술(predication)하는 것을 중심으로 한다. 따라서 이는 주술어(主述語)를 갖추어야 한다. 이는 동사가 주축이 되는 술어를 갖추어야 함을 의미한다. 그것도 능동의 동사이다. 그럼에도 우리의 표제에는 술어를 갖춘 것이 드물다.

- 戰警 百여명 亂動 (D일보)
- 李종일 J 한국 新 (H일보)
- 배드민턴 中國벽에 무릎 (J일보)
- 韓蘇정상 年內 교환방문 가능성 (S일보)

　이와는 달리 동작명사, 상태명사라 할 것이 대부분 서술어로 쓰이고 있다. 이들은 형식상 명사적 진술 구문이나, 의미상 주술어를 갖춘 것으로 받아들여진다.

- 韓·蘇정상4일 會談 (S일보)
- 盧대통령 訪蘇 (D일보)
- 中國, 무역사무소 開設제의 (C일보)

이러한 명사적 진술은 아무래도 구체성이 부족하다. 의미의 모호성을 피할 수 없다. 더구나 우리말은 도미문(periodic order sentence)으로 명사에 이어질 접사와, 여기에 이어질 용언에 따라 의미가 달라질 수 있기 때문이다. 이에 대해 다음과 같은 동사저 진술 구문은 구체성을 띤다.

- 아황산가스 한해 40만t 내뿜는다 (J일보)
- '괘씸죄'적용 출판탄압 너무 잦다 (J일보)
- 올 物價 12~13% 뛴다 (J일보)

둘째, 연결형 어미의 종결 표제가 많다.

이는 지면 관계로 조용언, 또는 제2의 본용언을 생략한 것이다. 이러한 연결형 어미의 종결도 가능한 한 완전한 문장으로 바꾸는 것이 바람직하다.

- 수출증가 불구 수입 너무 늘어 (H일보)
- 내무반 유리창 버스 등 부숴 (D일보)

그리고 여기 덧붙일 것은 '-ㄹ 듯'의 형태로 종결된 형태가 많다는 것이다. 이는 물론 추측 내지 미래를 나타내는 것이나, '듯하다'의 기본형으로 보는 현행 문법으로 보아서는 용언의 어간이 부사어로 쓰인 이례적인 것이다. 이를 부사 '듯이'의 준말로 볼 수는 없다.

- 生必品 수출·建設진출 활기띨 듯 (S신문)
- 互惠的 결과 낳아 고르비 立場 강화될 듯 (C신문)

셋째, 부사 및 어근 종결의 표제가 많다.

- 법원직원사기 또 '쉬쉬' (H일보)
- 더위먹은 獅子 '비실' (J일보)
- '統獨' 바람에 국가正體性 흔들 (H일보)

넷째, 명사적 표현에 조사가 대부분 생략되었다.

명사에는 조사가 붙어야 의미가 분명한데 조사를 생략함으로 표현이 생경하고, 의미가 모호하고 어렵다는 인상을 준다.

- 戰警 백여명(이) 滿醉 난동 (C일보)
- 미-소 무역·곡물협정(을) 조인 (H일보)
- 世宗大生 4명(에게) 영장 (H일보)

다섯째, 지나친 비유 및 감화적 표현의 표제가 보인다.

독자의 관심을 끌기 위해 비유를 하고 감화적 표현을 한 것이다. 그런데 그 정도가 지나친 것이 많다.

- 삼성 '活火山 타격' (J일보)
- LG, 태평양 넘어 6승 (C일보)

이들은 비유의 예이고, 다음은 감화적 표현의 예이다.

- 경남, 충남깨 파란 (J일보)
- 三星야구 6이닝 연속아치... OB초토화 (S일보)
- 폭등돌변... 31p 치솟아 (H신문)
- 中國육상 급성장에 非常 (J일보)

여섯째, 표제에 군사 용어가 많이 쓰인다.

- "核타선" 檀國, 홈런 5발 쐈다 (S신문)
- 대전, 작년覇者 동대문商 격침 (C일보)
- '왕년의 월드컵스타' 4명 사령탑대결 (D일보)

2.2. 전문(lead)의 문체

전문의 목적은 가장 중요한 기사의 사실을 간결하게 언급하고, 독자로 하여금 끝까지 읽게 하는 것이다. 따라서 전문의 특성으로 명료(clarity), 간결(conciseness), 인간적 관심(human interest)이 들려진다(Judity Burken, 1976). 그리하여 좋은 신문의 특성으로 Howard Heyn은 다음과 같은 9가지를 들고 있다.

보고적(informative), 간결(brief), 명료(clear), 예리(acurative), 단순(simple), 직접적(directive), 능동적(active), 객관적(objective), 다채(colorful)

이밖에 Neal, R. M.은 전문 작성상에 피해야 할 '아홉 가지 함정(nine pitfalls)'를 들고 있는데 이는 전문 작성에 좋은 참고가 된다.

그런데 우리 신문의 전문을 보면 전문 작성의 기본 요소가 제대로 지켜지지 않은 것을 많이 볼 수 있다. 그것은 간결하고 날카로운 진술을 하지 않은 것이 많으며, 일문일개념(一文一槪念)이 아닌, 일문다개념(一文多槪念)의 복잡하고 긴 전문이 많다는 것이다. 하나의 문장으로 된 전문에 5W1H를 전부 밝혀야 하겠다는 생각은 버려야 한다.

한국 신문의 전문의 길이는 평균이 65.93자로 나타난다. 이는 기사문 전체의 평균 70.5자보다 짧은 것이다. 이러한 현상은 전문이 사건 기사에 주로 쓰이며, 또한 전문도 몇 개의 문장으로 나뉘어 있기 때문으로 보인다. 그것은 사회면(社會面) 기사의 첫 문장의 길이가 약 101자로 나타나는가 하면 스포츠, 문화면 기사의 평균이 각각 39.6자 및 51.2자로 나타나는 것으로 보아 증명이 된다. 이와 같이 사회면 기사의 문장이 긴 것은 복잡한 역피라미드형 기사를 쓰기 때문이라 할 것이다. 이는 실례가 구체적으로 증명해 준다.

그러면 전문의 길이는 어느 정도이어야 하는가? Hohenberg, J.는 근자의 리드가 20어나 25어를 넘는 일이 드물며, 때로는 이보다 적다고 한다 (Hohenberg, 1960:85). 이러한 견해는 Metz W.에 의해서도 피력된 바 있다. 우리의 경우 하나의 단어를 3음절(3자)로 환산할 때 60자 내지 75자가 되는데 이는 현재 우리 신문 기사의 평균 길이와 비슷하다. 따라서 변이가 심한 전문의 길이를 생각할 때 적어도 80자대 이상의 문장이 되어서는 곤란하다. 전문이 길어질 때에는 나누어 두어 개 정도의 문장으로 작성할 일이다.

그리고 여기 덧붙일 것은 육하(六何)에 대한 대답 형식이다. 신문 문장은 대체로 ① When ② Where ③ Who ④ What ⑤ Why ⑥ How의 순서이거나, ① When ② Who ③ Where ④ What ⑤ Why ⑥ How의 순이 되는 것으로 본다. 이에 대해 방송 문장에서는 ① Who ② When ③ What ④ Where ⑤ Why ⑥ How의 순으로 구분되는 것으로 본다. 매체의 차이에 유의할 일이다.

2.3. 본문(body)의 문체

본문은 전문에 이어 중요한 보충 사실과 흥미 있는 사실의 세부적인 내용으로 구성된다. 본문은 전문의 취지를 고증하는 것으로, 이는 비교적 짧고 간단한 문장, 짧은 단락(paragraph)으로 이루며, 잘 알려진 말을 정확하게 사용하도록 해야 한다. 기사의 본문은 사건을 잘 관련지어야 하고, 기사에서 기사로 이행할 때에는 접속어를 사용해야 한다. 그리고 부차적인 사건(the sidebar hunt)은 주문(主文)에서 과도하게 언급하려 하지 말고 독립시켜 뒤따르게 해야 한다. 출처(attribution)는 간략히 밝히고, 진부한 문구를 쓰지 말고 독창적으로 표현하도록 해야 한다(Burken, J., 1976:59-64).

특히 본문 작성에서 강조할 것은 신문 기사 작성법에는 역피라미드형만이 있는 것이 아니라는 것이다. White, W.는 그의 '방송 뉴스'에서 5W는 벌써 시대에 뒤떨어진 것이고, 역삼각형의 머리만 무겁게 하는 것이라고 비판하고 있다(Jones, J. P., 1949:86) 더구나 기사는 사실을 사실로서 진술하는 것으로 '설명' 아닌, '서술'(波多野完治, 1966:157)이고 보면 연대기적(chronological) 작성법이 강조되어야 한다.

이제 한국 신문 기사의 본문을 살펴볼 차례다. 그러나 여기서는 자세한 고찰을 미루기로 한다. 본문의 기사는, 곧 문장의 문제로 다음 장에서 구체적으로 논의될 것이기 때문이다. 따라서 여기서는 문장의 조합인 단락(段落)에 대해서만 언급하기로 한다.

단락을 나누면 알기 쉬워지고 오해가 적어지며 전체 문장을 좀 더 바르게 파악할 수 있다. 단락은 일반적으로 설명적인 문장에 많고, 서술적인 문장에 적은 편이다. 그리고 1문1단락이 되면 문장은 어색하고 경련적인 것이 된다. 적어도 몇 개 문장으로 이루어지도록 해야 한다.

우리나라에서 신문 기사의 단락을 제재로 따지기 시작한 것은 1960년대 초기였던 것으로 알려진다. 그러나 아직도 단락 구분은 제대로 되고 있지 않다. 1문1단락의 악문이 오늘도 횡행하고 있다. 우리 신문 기사의 문장과 단락의 관계를 통계를 내어 보면 1.16문이 쓰이는 것으로 나타난다. 따라서 1문1단락의 작성법을 크게 벗어나지 못했다고 할 수 있다. 신문별로 보면 '조선일보'가 문장을 포함한 비율이 가장 높고, '중앙일보'가 가장 낮다. 그리고 영역별로 보면 문화면이 그래도 단락 의식이 있고, 사회면이 가장 부족한 편이다.

3. 기사문 본문의 문체

기사문으로서의 신문 문장과 방송 문장은 앞에서 언급한 바와 같이 구어냐, 문어냐 하는 것이 큰 차이다. 여기서 이들의 차이를 확인해 보면 다음과 같다(西尾實, 1955).

문자언어	구두언어
① 문장이 비교적 길다.	• 문장이 비교적 짧다.
② 문장의 순서가 정상이다.	• 문장의 순서가 정상이 아닌 경우가 많다.
③ 같은 문장이나 말을 몇 번씩 반복하는 일이 많다.	• 같은 문장이나 말을 반복하는 일이 적다.
④ 말을 하다 마는 문장으로 완료하는 일이 적다.	• 말을 하다 마는 문장으로 완료하는 일이 많다
⑤ 동사의 연결형으로 문장을 중지하는 일이 있다.	• 동사의 연결형으로 문장을 중지하는 일이 거의 없다.
⑥ 보충법은 그리 쓰이지 않는다.	• 보충법을 쓰는 일이 많다.
⑦ 수식어가 비교적 많다.	• 수식어가 비교적 적다.
⑧ 문장의 각 성분은 생략되는 일이 비교적 적다.	• 문장의 각 성분의 일부를 생략하는 일이 있다.
⑨ 지시하는 말이 비교적 적다.	• 지시하는 말이 비교적 많다.
⑩ 경어는 비교적 쓰이지 않는다.	• 경어를 비교적 잘 쓴다.
⑪ 종조사(終助詞)를 그리 쓰지 않는다.	• 종조사를 즐겨 쓴다.
⑫ 감탄조사, 감탄사를 그리 쓰지 않는다.	• 감탄조사, 감탄사를 즐겨 쓴다.
⑬ 한어(漢語)가 비교적 많다.	• 한어가 비교적 적다
⑭ 문장어적, 한문장적, 번역적 요소가 많다.	• 문장어적, 한문장적, 번역적 요소가 적다.

이상 14항목을 가지고 보면 방송 가운데도 뉴스 같은 경우에는 구두언

어의 성격보다 오히려 문자언어의 성격과 가까운 것이 상당히 많다. 다음과 같은 항목들은 문자언어에 속하는 것으로 보는 것이 더 어울린다.

① 문장의 순서를 정상으로 한다.
② 말을 하다 마는 문장으로 완료하지 않도록 한다.
③ 문장의 성분을 생략하지 않도록 한다.
④ 종조사를 남용하지 않도록 한다.
⑤ 감탄조사, 감탄사를 남용하지 않도록 한다.

이상에서 살펴본 바와 같이 방송언어는 음성언어를 주체로 하기 때문에 문자언어와 다르나, 뉴스 문장의 경우는 문자언어와 매우 근사해 어미만 바꾸어 써도 좋을 정도이다. 그러면 다음에 이러한 기사문의 문장을 보기로 한다.

3.1. 문장면에서의 고찰

3.1.1. 문장의 길이

보도 문장은 정확(correct), 명료(clair), 간결(concise)의 3C를 요구한다고 한다. 이런 원칙에 따라 매스컴 문장은 간결하게 써야 한다는 것이 철칙으로 되어 있다. 이러한 견해를 한두 개 보면 다음과 같다.

• 언제나 기사의 문절(文節)이나, 문장을 짧게 하도록 연구하지 않으면 안 된다.... 문장의 길이는 평균 20어 정도가 적당하다(John P. Jones, 1940:40)
• 보도기자나 정리기자에게는 간결하고, 알아보기 쉬운 말, 간결한

문장, 짧막한 패러그래프, 힘찬 표현, 그리고 가능하다면 한 가지 아이디어를 하나의 센텐스에 담는 방법을 아는 것이 기본이다(John Hohenberg, 1960:5)

그러면 우리의 신문 문장의 길이는 어떠한가? 기사문장의 평균 길이는 70.49자로 나타난다(박갑수, 1990). 이는 상당히 긴 것이다.

신문 문장의 길이를 일본에서는 45~50자가 적당하다고 보고 있으며, 저자도 우리 문장의 표준 길이를 50자 전후로 잡은 바 있다(박갑수, 1985). 이러한 근거는 통계 자료와 Flesh, R.의 가설에도 부합하기 때문이다. Blankenship은 이해도로 볼 때 17어를 'Standard'로 보고 있다. 이렇게 볼 때 우리 신문 기사 문장의 평균 길이가 70.49자, 곧 약 70자라는 것은 길고 어려운 것이 된다. Flesh의 가설에 대입하면 '꽤 어려움(fairy difficult)'의 단계에 해당하며, 일본의 문장 길이에 대한 척도에 대어 보면 '대학생 정도'의 학력에 부응하는 사람의 글에 해당된다(芳賀純·安本美典, 1968:140).

그러면 구체적으로 한국 신문 문장의 길이의 특성을 살펴보자.

신문별로 보면 '중앙일보'가 74.9자로 가장 장문이고, 둘째가 '서울신문'으로 74.0자, 셋째가 '동아일보'로 72.7자, 넷째가 '한겨레신문'으로 71.9자, 다섯째가 '한국일보'로 67.6자, 제일 단문의 신문이 '조선일보'로 66자로 나타난다.

기사 내용과 관련지어 살펴보면 사회면의 기사가 가장 길어 81.7자이며, 둘째가 정치면으로 80.6자, 셋째가 경제면으로 72자, 넷째가 문화면으로 63.5자, 다섯째가 스포츠면으로 55.9자로 나타난다. 사회면 기사가 가장 긴 것은 소위 육하원칙(六何原則)에 따라 자세한 기사를 쓰려는 데 그 이유가 있는 것으로 보인다.

그리고 문장의 길이에서 논의해야 할 것은 장단문의 길이만이 아니라,

변화도 중요한 의미를 갖는다는 것이다. 글은 문장의 길이에 변화가 있어야 활기를 띠게 된다. 그리고 기사문의 경우는 짧아야 한다. 일본의 경우 신문 기사의 문장의 길이가 86.1자인 데 비해, TV뉴스는 74자로 알려지고 있다. 그러나 일본의 경우 앞에서도 언급한 바와 같이 뉴스 문장은 대체로 45~50자가 적당한 것으로 일러지고 있다. 신문 문장이 반복적으로 볼 수 있는 것인 데 대해 방송 문장은 일과성(一過性)을 지니는 것이고 보면, 방송 문장이 신문 문장에 비해 짧아야 함은 말할 나위 없다.

그런데 우리의 방송 현실을 보면 그렇지 않다. 9월 3일자 '뉴스데스크'의 보도 문장을 보면 문장의 평균 길이가 74.6자로 나타난다. 이는 신문 기사보다 긴 것으로 바람직한 것이 못 된다. 참고로 이 기사를 보면 다음과 같다.

정부는 내일부터 열리는 남북 고위급 회담을 남북한이 서로의 체제를 인정하고 실체로 존중하는 계기로 인식하고 있다고 홍성철 통일원 장관이 밝혔습니다.

홍성철 장관은 오늘 회담을 앞두고 가진 기자간담회의에서 이번 회담을 새로운 차원의 남북관계 출발점으로 서로의 체제를 인정하는 관계설정에 주력하겠다고 말했습니다.

홍성철 장관은 또 정부는 이번 회담에서 이산가족 문제 해결에 최우선의 관심을 두고 있다고 말하고 군축문제와 관련해서는 정치적인 신뢰 구축이 선행되어야 한다는 기존 입장을 강조했습니다.

홍 장관은 이어 노 대통령이 북측대표와 면담하는 자리에서 북한의 김일성 주석에게 친서를 보낼 가능성이 있느냐는 질문에 대해 친서는 상호성이 있어야 한다고 말함으로써 북한측으로부터 특별한 서한 전달이 없는 경우 친서를 보내지 않을 뜻임을 시사했습니다.

한편 남북대화 사무국의 김현길 대변인도 오늘 기자회견을 통해서 이번 회담은 남북한이 상호체제를 인정하는 계기가 돼야 한다고 강조하고 북한측의 입지를 어렵게 만들거나 자극하는 발언은 삼가고 실현 가능한 제의를 북한측에 할 것이라고 말했습니다.

김현길 대변인은 이제 남한과 북한이 공존공생하는 관계라고 지적하면서 북한측에 무력도발과 혁명노선의 포기를 유도함으로써 평화공존의 길을 모색하는 데 중점을 두겠다고 밝혔습니다.

김현길 대변인은 이어 우리측은 북한측과 군비통제문제도 제한없이 협의할 방침이라고 밝히고, 그러나 이러한 군축 논의는 어디까지나 상호 정치 군사적인 신뢰 구축을 바탕으로 이루어져야 한다고 덧붙였습니다.

강영훈 국무총리 등 남북 고위급회담 우리측 대표단 7명은 오늘 오후 6시반부터 약 40분 동안 회담장인 인터콘티넨탈호텔을 직접 둘러보고 회담준비 상황을 점검했습니다.

강 총리 등 일행은 회담장으로 사용될 그랜드 쉐라톤 볼룸을 비롯해 프레스센터와 북측 대표가 머물 숙소와 식당을 일일이 돌아보고 관계자의 노고를 치하하면서 회담이 순조롭게 진행될 수 있도록 만전을 기해 줄 것을 당부했습니다.

강 총리는 또 회담 전망에 대해서 온 겨레가 성원을 보내고 있는 만큼 회담이 잘 될 것이라고 낙관한다고 말했습니다.

연형묵 북한 정무원 총리가 오늘 오전 8시반 서울에서 열리는 제1차 남북고위급 회담에 참석하기 위해서 평양역을 출발했다고 평양방송이 보도했습니다.

평양방송은 연형묵 총리는 고위급 회담에 참가할 대표단과 취재기자와 함께 열차편으로 평양역을 출발했으며 부주석 박성철 등의 전송을 받았다고 덧붙였습니다.

북한측 대표단 일행은 오늘 개성에 도착해서 내일 판문점을 통해 서울로 들어올 예정입니다.

이러한 문장은 길이만이 아니라 다음에 논의할 문장의 구조면에서도 문제가 됨은 말할 것도 없다. 이들은 대부분 복잡한 복합문에 해당한 것이기 때문이다.

3.1.2. 문장의 구조

George Fox Mott는 '가장 아름다운 글쓰기(the finest writing)란 가장 단순하게 쓰는 것(the simplest writing)'이라 하고 있다(Mott, 1962:52). 이는 물론 '꼭 짜이고 길이가 적당한' 문장이 되어야 함을 의미한다.

그러면 우리 신문 문장의 구조는 어떠한가? 6월 1일자 신문에서 349개 문장의 통계를 내어 보면 단문 45.2%, 중문 2.9%, 복문 45.0%, 혼문 6.9%로 나타난다. 이것을 단문과 복합문(중문, 복문, 혼문)으로 나누어 보면 각각 45.2%와 54.8%로 나타난다. 이렇게 볼 때 우리의 신문 기사문은 개방적 구성의 문장인 단문에 비해 긴장감을 불러일으키는 폐쇄적 구성의 문장인 복합문이 좀 더 높은 빈도를 보인다는 것을 알 수 있다. 그러나 여기서 주의할 것은 단문도 그저 단순한 단문이 아닌, 복잡한 단문이 대부분이라는 것이다. 따라서 신문 기사문은 길이만이 아니요, 구조면에서도 개선을 요한다고 할 수 있다. 이는 독자의 수준을 고려할 때 더욱 그러하다.

그러면 이들 문장의 분포는 어떠한가? 단문과 복합문의 비율은 '한겨레신문'이 가장 차이가 심하며, 그 다음이 '동아일보'의 순으로 나타난다. 이에 대해 '한국일보'는 비슷한 비율을 보인다. 단문의 선호도는 '서울', '조선', '한국', '동아', '한겨레'의 순이 된다. 기사 내용과 관련해 보면 사회면에 단문이 가장 많이 쓰이고, 경제면에 복합문이 가장 많이 쓰이는 것을 볼 수 있다. 이러한 현상은 문장의 길이와 구조가 필연적인 관계가 없음을 보여 주는 것이라 하겠다.

그리고 문장의 구조면에서 한 가지 덧붙일 것은 문장의 형식면에서의 역피라미드형 구조이다. 이는 관형어, 부사어 등 수식성분이 많아 문장의 길이를 길게 하고, 문장을 복잡하게 한다는 것이다. 특히 관형절, 부사절과 같은 것이 그러하다. 이러한 꾸밈이 많아 역피라미드 구조를 이루게 하는 구절 등은 주문(主文)에서 독립시켜 새로운 문장을 이루도록 해야 한다. 이는 국어가 도미문(periodic order sentence)이기 때문에 더욱 그러하다.

앞에서 잠시 언급하였듯이 방송 문장은 특히 짧고 단순해야 한다. 방송 문장의 경우 그 구조는 단순한 평서문이 적절하다. 복문은 귀로 들어 이해하기에 부담을 준다. 그러기에 NHK의 종합방송문화연구소에서 낸 '방송용어론'의 '문장 구성에 관한 분야'에는 다음과 같은 것을 들고 있다.

① 긴 센텐스를 피한다.
② 주어와 술어의 대응을 분명히 한다.
③ 긴 수식어를 피한다.
④ 어순에 주의한다.
⑤ 지시어의 사용법에 주의한다.
⑥ '으로, 에, 을, 은'을 생략하지 않는다.
⑦ 연결중지법(連結中止法)을 피한다

이러한 것을 바탕으로 방송 문장의 구조면에서 특별히 주의할 것은 방송에서는 필요 이상 많은 표현을 하지 않음으로써 담담한 문체(spares writing style)가 되도록 해야 한다는 것이다. 이는 역삼각형의 원리에 따라 토픽을 먼저 내걸고 나머지는 뒤에 기술함을 의미한다.

다음엔 장문의 복잡한 문장은 어떻게 해서 이루어지는가? 그 해결책은 무엇인가, 제시해 보기로 한다.

첫째, 그 원인은 1문1단락, 복잡한 복합문, 장문의 접속, 장문의 수식절, 장문의 보문, 대등절의 반복, 장문의 인용 등에서 빚어진다.

둘째, 이러한 문장을 짓지 않기 위해서는 다음과 같은 요령을 익혀 두는 것이 좋다(박갑수, 1985).

① 문장의 길이를 50자 이내로 쓴다.
② 1문1개념, 또는 1문1사실의 진술을 원칙으로 한다.
③ 문장의 구조를 단순화한다.

3.2. 어휘면에서의 고찰

기사문의 용어를 이해하기 위해서는 W. Schramm이 방송의 특성을 살리기 위해 어휘면에서 주의할 사항을 든 것을 바탕으로 NHK가 제시한 것을 보면 다음과 같다. 이에는 어휘 선택을 이해면과 어감면으로 나누어 20개를 제시하고 있는데, 이는 방송언어의 어휘상의 특성이라 할 수 있는 것이다(박갑수, 1987:81-82).

(1) 어휘 선택의 분야(주로 이해의 면에서)
① 어려운 한어(漢語)를 피한다.
② 어려운 말에는 설명을 붙인다.
③ 동음어, 유음어에 주의한다.
④ 말의 변화에는 약간 보수적으로.
⑤ 공통성이 높은 말을 고른다.
⑥ 일상의 용어에서 벗어나는 경우도 있다.
⑦ 약어(略語)는 가능한 한 피한다.
⑧ 문어조(文語調), 한문조, 번역조를 피한다.
⑨ 피동형을 남용하지 않는다.
⑩ 알기 어려운 외래어는 가능한 한 피한다.
⑪ 외래어도 국어의 일부로 생각해 사용한다.
⑫ 외래어, 외국지명·인명의 발음 표기는 가능한 한 통일한다.

(2) 어휘 선택의 분야(주로 어감의 면에서)
① 아름다운 말을 쓴다.

② 바른 말을 쓴다.
③ 말의 동요도 인정한다.
④ 속어적인 뉘앙스를 피한다.
⑤ 강요하기 마뜩지 않은 표현을 피한다.
⑥ 관용(慣用) 표현을 피한다.
⑦ 경어(敬語)에 주의한다.
⑧ 방언은 존중하나, 신중하게 사용한다.

이러한 어휘 선택은 그대로 신문 용어의 선택 기준이라 보아도 크게 벗어나지 않는다. 따라서 신문 기사문을 작성할 때에도 이를 참조할 일이다.

이와는 달리 신문 용어에 대한 기준으로 제시한 G. M. Hyde의 제언을 하나 참고로 제시하면 다음과 같다(Hyde, 1941:123).

a. 보통 독자들에게 친숙하지 않은 단어는 그것들이 기사 속에서 설명되지 않는 한 신문에 쓰지 않는다.
b. 독창적이어야 한다: 진부하며, 저널에서 빌려온 구(句)는 피하라.
c. 최상급은 그것이 근거가 있을 때에 한해 사용하면 의미가 있다. 하지만 좀처럼 보장되지 않는다.
d. 속어는 그것이 개념(idea)을 표현하는 최선의 길일 때에만 사용하라.
e. 개념을 표현하기 위해 하나의 명사, 필요하다면 그것을 제한할 수 있는 형용사, 그리고 그것에 생명을 줄 수 있는 동사를 찾아라.

이상 몇 가지 기사문의 어휘에 대해 살펴보았거니와 기사문의 용어로 문제가 되는 것은 결국 난해어, 외래어, 금기어, 방언 및 오용 등이라 할 수 있다.

3.2.1. 난해어

난해어로는 한자어, 동음어 및 약어, 약칭 따위를 들 수 있다. 신문 기사에 쓰이는 어종(語種)을 보면 전체 어휘의 과반수가 넘는 62.6%가 한자어이고, 23.1%가 고유어이며, 고유어·한자어의 합성어가 9.3%이고, 이밖에 외래어가 6%로 나타난다(박갑수, 1990).

전체 어휘에 대한 분포를 볼 때 정치면에 한자어가 많이 쓰이며, 문화면에 고유어와 외래어가 많이 쓰이는 것을 볼 수 있다. 신문별로는 '한겨레신문'이 고유어 및 한자어를, '중앙일보'가 외래어를 많이 쓰고 있는 것을 볼 수 있다.

동음어는 한자어에서 좀 더 문제가 되며, 신문보다 방송에서 더욱 문제가 된다. 이음동의어로 바꾸거나 풀어서 쓰는 방법을 강구할 일이다.

약어(略語), 약칭(略稱)은 갈수록 많아져 심각한 문제를 안고 있다. 처음에 원어를 쓰고, 그 다음에 약어를 씀으로 이해를 돕도록 해야 한다. 몇 개의 약어의 예를 들어 보면 다음과 같다.

> 럭금/ 증안(證安)기금/ 3通/ 도농(都農)/ G-7/ 판촉/ DMZ/ UFO/ AIDS/ GK/ FX

3.2.2. 외래어

외래어의 사용은 통계상으로는 많이 드러나지 않으나 문제가 심각하다. 이는 국어순화라는 차원에서 문제가 되겠으나, 그보다 이해라는 차원에서 더 문제가 된다. 예를 몇 개 들어보면 다음과 같다.

> 이닝, 데탕트, 페레스트로이카, 멜러물(物), LNG, PC-전화선, 레포츠, 딜레마, 스퍼트, 아치, 타이, 퍼레이드, 풀稼動, 호스트바, 러시, 톱랭킹, 실루엣, 팀웍, 가라오케, 라이벌, 이벤트産業, 인스트럭트

3.2.3. 금기어

금기어는 표현면과 좀 더 직접적인 관계를 갖는 말이다. 서양 매스컴에서는 부도덕한 말과, 개인 및 조직 등에 피해를 입힐 말을 금기로 여긴다. 개인 및 조직 등에 피해를 입힐 말로는 불구자를 멸시하거나 자극하는 말, 지역감정을 자극하거나 계층간의 위화감을 주는 말, 정확하지 못한 말, 품위 없는 말, 공익에서 벗어난 말 따위를 들 수 있다(박갑수, 1987:131-134). 이밖에 비속어 등 심신을 자극하는 말도 피해야 한다.

3.2.4. 방언의 오남용

방언을 삼가고 오용이 없도록 해야 한다. 이는 표준어를 쓰고 표준 발음을 내야 하며, 바른 표기를 해야 함을 의미한다. 그런데 신문이나 방송에서는 이러한 것들의 오용이 많이 드러난다.

- 바람직스럽지(바람직하지) 못한 행동
- 풍요로운(풍요한) 수확기
- 햇빛(햇볕)이 많이 쬐고 양지바른 언덕
- 가을에 나락(벼)을 거두어드리는 농부
- 그런 사실 없다라고(고) 말해
- 지난날을 솔직이(솔직히) 반성하고
- 목메여(목메어) 우는 비오롱 소리

4. 표현면에서의 고찰

기사문에는 기본적으로 지켜야 할 표현 형식이 있다. 주소·성명의 표기, 호칭(title)의 표기, 한자의 표기, 도량형의 표기 같은 것이 그것이다. 그리고 이밖에 표현면에서 틀리기 쉬운 표현, 효과적인 표현 등이 보다 나은 기사문을 위해 추구되어야 한다. '영어 문체의 질'을 높이기 위해 추구되어야 할 것으로 제시된 다음과 같은 것도 이러한 것이다(Kim Chin Hong, 1986).

① 눈에 띄게 문법적으로 잘못된 것이 많은가?
② 좋지 못한 표현(diction)이 자주 보이는가?
③ 대부분의 글이 명백하게 표현되었는가?
④ 지방 뉴스는 간결한가, 혹은 장황한가?
⑤ 문장은 눈에 띄게 너무 길거나 짧지 않은가?
⑥ 문장과 단락에서 적절히 강조가 되었는가?
⑦ 명사는 구체적이고 독창적인가?
⑧ 수동 동사가 너무 많지 않은가?
⑨ 글이 진부한 단어, 상투적 문구 등으로 차 있는가?
⑩ 속어가 너무 많거나, 또는 부족하지 않은가?
⑪ 독자의 머리를 무겁게 하는 많은 단어가 있지 않은가?
⑫ 문장이 줄거리를 이해하기에 너무 복잡하고 어렵지 않은가?
⑬ 글이 무거운 것인가, 가볍게 터치한 것인가?
⑭ 문체에 지나치게 같은 것이 반복되었는가, 아니면 어느 정도 독창적인가?

형식적인 면에서는 별 문제가 없다. 다만 방송과 신문에는 표기상 두어 가지 주의할 다른 점이 있다. 그것은 신문과는 달리 방송에서는 첫째, 숫자와 통계표가 많으면 바람직하지 않다는 것이다. 정확한 수를 요하는 것이 아니면 개괄수를 쓰거나 사사오입한다. 표기를 할 때도 읽기 쉽게 단위수를 나타내 주는 것이 좋다. 둘째, 주소 성명은 연령, 성별 순으로 쓴다. 한 예를 보이면 다음과 같다.

서울 강서경찰서는 오늘 강서구 둔촌동 366번지 파출부 51살 이상숙 여인을 사문서 위조 혐의로 구속했습니다.

이러한 방송 기사문을 신문 기사로 바꿀 경우에는 다음과 같이 된다.

서울 강서경찰서는 오늘 이강숙(51, 파출부, 강서구 둔촌동 366) 여인을 사문서 위조 혐의로 구속했다.

그러면 표현의 문제로 다음에 표기 문자, 생략, 오용, 육하원칙의 표현 등 네 가지 면에 대해 살펴보기로 한다.

4.1. 표기 문자

표기할 때 한글전용을 하느냐, 아니면 국한혼용을 하느냐 하는 것은 신문사(新聞史)의 일관된 문제였다. 그러면 오늘의 현실은 어떠한가? 일간신문 가운데 한글전용을 하고 있는 것은 '한겨레신문' 일종밖에 없지 않은가 한다. 이밖의 것은 모두 국한 혼용을 하고 있다.

그러면 국한혼용을 하고 있는 신문에 있어 한글전용 문장의 비율은 어떠한가? 한글전용 문장의 빈도가 가장 높은 것은 '서울신문'이고, 가장 낮은 것은 '중앙일보'다. 그리고 '동아', '서울', '조선', '중앙' 등의 정치면 기사와, '한국'의 스포츠면 기사가 한글전용 문장의 빈도가 낮다. 이에 대해 '중앙', '한국'의 문화면과 '동아', '서울'의 스포츠면에 한글전용 문장이 많이 쓰이고 있다. 한자 표기의 낱말은 문장당 3어로 나타난다. 이들은 대부분 인명, 지명, 국명 등 고유명사에 쓰인 것이다. 한자 표기는 본문보다 표제에 상대적으로 많이 쓰이는 편이다. 유연성(motivation) 때문에 즐겨 쓰는 것이겠으나, 독자의 수준을 항상 고려하여야 한다.

4.2. 잘못된 표현

앞에서 어휘상의 오용을 살펴본 바 있거니와, 표현상의 오용이라 할 것
도 많다. 잘못된 표현에는 어법상 잘못 쓰인 것과 넓은 의미로 표현이 잘
못된 것의 두 가지가 있다. 어법상 문제가 되는 대표적인 것에는 문장 성
분의 호응 및 사동, 능·피동, 접속, 시제, 성분 생략 등이 있다. 이들의 대
표적인 것을 한두 개씩 보면 다음과 같다.

○ **성분의 호응**
- 대통령의 귀국을 계기로 그 작업은 더욱 가속화될 (것으로) 전망이다(전망
  된다).
- 내무부는... 대검에 백 군수의 뇌물수수 혐의를 수사해 줄 것을 (주도록) 요
  청하였다.

○ **사동**
- 공화당을 제외시키고(제외하고)
- 북한 동조세력을 고양시키고(고양하고)

○ **능·피동**
- 한 미국인은 지난 85년 미국에 입양한(입양된) 양녀 피정숙 양의 가족을
  믿음과 신뢰가 충만된(충만한) 교육분위기 조성...
- 소련 한인 가무단의 서울 공연은 뮤지컬 '음과 양' 등 창작물과 함께 중
  앙아시아 지역의 민속음악과 무용을 선보는(선보이는) 등 다채롭게 진행
  됐다.

○ **접속**
- 이중 35건이 심사돼 33건은 기각됐으며 2명이(2건은) 구제됐다.
- 교수들은 그러나 학생측의 공동대책위원회 결성체에는 응하지 않고(않으
  며) 강의를(강의는) 계속 진행하기로 했다.

○ 시제
- 안전조치를 받고 있지 못하다(받지 못했다).
- 모종의 임무를 띠고 있는 것으로 믿어지고 있다(믿어진다).

○ 성분 생략
- 민정당원 이외에는 (전해진 것이) 없다는 것.
- 탄핵소추의 발의를 (하겠다고) 거듭 천명했다.

표현이 잘못된 것도 여러 가지가 있다. 문맥상 혼란이 빚어져 의미 전달에 문제가 있는 것, 어사가 생략돼 바람직하지 못한 것, 관용적 표현에 문제가 있는 것, 번역문투의 문장, 동의어의 반복 표현, 근거가 불분명한 표현 등이 그 대표적인 것이다. 이러한 예를 한 가지씩 들어 보면 다음과 같다.

- 예상 수용량은 48만 9천t 정도여서 14% 가량이 초과 생산된 셈이나 수요가 증가추세여서 수급애로는 별로 없을 것으로 전망된다.
- 여러 가지 의견이 제시(돼) 결론을 내리지 못한 것으로 알려졌다.
- 전문가들은 입을 모았다(입을 모아 말했다).
- 참다운 민주주의가 뿌리 내려지는(내리는) 계기가 되도록 하여 줄 것을(주리라) 확신한다.
- 회담도 결실 맺자(열매 맺자).
- 특별소비세 인하 보류 등 수입 건전화를 위한 대책 마련이 시급한 것으로 지적되고 있다.

4.3. 5W1H의 순서

5W1H는 그 중요도에 따라 기사에서 그 위치가 바뀌게 마련이다. 그런

데 이들 요소의 순서는 '언제- 어디서- 누가- 무엇을- 어떻게- 왜- 했다'로 보는 것이 통례라 한다(최진우, 1983:62). 이와는 달리 '무엇이(what) 어디서 (where) 언제(when) 누구(who)에 의해서 왜(why) 어떻게(how) 일어났느냐?' 는 식으로 요약하는 것이 통례라 보기도 한다(차배근, 1981:53).

그러면 실제로 우리의 신문 기사는 어떻게 쓰이고 있는가? 가장 먼저 등장하는 것이 무엇인가 살펴보면 '누가(who)'가 제1순위를 차지한다. 이는 우선 주체를 밝히고자 하기 때문이라 하겠다. 이를 다시 신문별로 살펴 보면 '중앙일보'가 'Who'를 선두로 하는 기사가 가장 많고, '한국', '동아', '서울', '조선', '한겨레'의 순으로 적어진다.

5. 결어

신문 기사 문장을 중심으로 기사문의 문체라는 관점에서 기사문 작성의 문제를 살펴보았다. 기사문 작성의 원리는 서구적인 것이 우리에게 소개된 것으로, 한국적 현실에서 바람직한 것이 어떤 것인가는 별로 조사 연구된 바 없다. 따라서 이 글에서는 일반적 원리를 바탕으로 우리 신문 기사문을 논의하였는가 하면, 우리 현실을 객관적으로 고찰, 실상을 제시해 보려 하였다. 앞으로 우리 기사문의 현주소가 확인되고, 좀 더 나은 기사문을 작성할 수 있도록 기사 작법을 연구하여야 하겠다.

참고문헌

박갑수(1977), 문체론의 이론과 실제, 세운문화사
박갑수(1984), 국어의 표현과 순화론, 지학사
박갑수 외(1985), 현대 한국 문장의 실태 분석, 한국정신문화연구원

박갑수(1987), 방송언어론, 문화방송국

박갑수 외(1990), 신문기사의 문체, 한국언론연구원

박갑수(1990), 기사의 문체와 표현, 한국언론연구원

박갑수(1994), 우리말 사랑 이야기, 한샘출판사

박갑수(1994), 올바른 언어생활, 한샘출판사

오소백(1972), 매스컴 문장강화, 삼육출판사

차배근(1981), 커뮤니케이션학개설(하), 세미사

한국편집기자회(1978), 신문편집, 집문당

Kim Chin Hong(1986), Understanding News Reporting (1), Chenjewon Pub. Co.

金久保通雄(1979), マスコミ文章讀本, 現代ジャーナリズム出版會

芳賀純·安本美典(1968), 言語·文章 -效果的 コミュニケーション, 日本圖書

波多野完治(1965), 最近文章心理學, 大日本圖書

波多野完治(1966), 現代文章心理學, 大日本圖書

波多野完治(1967), 文章心理學入門, 新潮社

Blankenship, Jane(1968), A Sense of Style, Dickenson Pub. Co.

Burken, J.(1976), Introluction to Reporting, W. C. Brown Company

Hyde, Grant Miller(1941), Newspaper Handbook, Appleton-Century Co.

Mets, William(1979), News Writing : From Lead to "30", Prentice Hall Inc.

Mott, George Fox(1962) News Survey of Journalism, Barnes & Noble Inc.

Neal, R. M.(1956), News Gathering and News Writing, Prentice Hall Inc.

O 이 글은 박갑수 외 '신문기사의 문체'(한국언론연구원, 1990)에 실린 저자의
방대한 논문 '신문 기사의 문체와 표현'에 이어 발표한
소논문이다. 이는 신문 기사의 구조 및 표현면에서 기사문을
비교적 가볍게 개관할 수 있게 1990년대 후반에 작성된 것이다.

제2장 감동성 표현을 위한 신문 표제의 수사

1. 서언

우리는 새로운 소식을 접하기 위해 신문을 읽거나, 방송을 듣는다. David Wain Wright는 그의 Journalism(1971)에서 "신문이란 항상 새로운 것을 알기를 원하는 세상 사람들의 호기심을 만족시켜 주기 위하여 그 날의 사건을 언어나 그림 등으로 증류한(distilled) 커뮤니케이션의 과정"이라 하고 있다.

신문 기사(記事)는 무엇보다 보도를 전제로 한다. 이는 정확성(correctness), 객관성(objectivity), 공정성(fairness) 또는 균형성(balance) 및 명료성(clearness)을 기본으로 한다. 그리하여 신문 문체(文體)는 정확성, 단순성, 간략성, 객관성, 흥미성을 그 요건으로 한다(G. F. Mott, 1962). 그리고 이는 그 구조상 세 번 말한다고 한다. 표제, 전문, 본문이 그것이다.

표제(Hearline)란 제목이라고도 일러지는 것으로 이는 간판과 같은 것이다. 이는 나라에 따라 그 성격을 달리 한다. Hyde, G. M.(1941)의 다음과 같은 진술이 그것이다.

표제(headline) 연구의 일반적인 바탕으로 현대 미국의 표제와 전년의, 그리고 다른 나라의 제목(title heading)과의 두드러진 차이는 주로 문법적 구조가 다르다는 것이다. 다른 나라의 신문 제목은 명사나, 수식어로 이루어진, 단순히 제목(title)이거나 명칭(label)이다. 현대 미국 신문의 표제는 항상 그것이 진술되거나, 암시되거나 간에 항상 동사를 포함하거나, 주어 또는 서술어, 혹은 양자를 포함하고 있는 완전한 진술이다. 그것은 어떤 부분이 억제될지라도 문법적 문장이다. 요컨대 이것은 뉴스의 간결한 제시물(a brief bulletin)이다.

확실히 우리 표제어는 미국의 그것과는 차이가 난다. 그러나 이는 Hyde도 말하고 있듯 문법적 표현의 차이일 뿐, 그 기능이 다른 것은 아니다. 이의 기능을 波多野完治(1966)는 표시성, 압축성, 감동성, 품위, 심미성의 다섯 가지를 들고 있다. 신문의 표제는 소설의 제목과 같이 상징적이어서는 안 된다. 이는 본문의 서론이 아니라, 그것 자체가 하나의 기사로서, 사건 자체를 압축하여 표현한 것이다. 따라서 신문의 표제는 그것만 읽고 본문(本文)은 읽지 않을 수도 있다. 표시성, 압축성은 이러한 특성을 반영하는 것이다. 앞에서 문체 특성의 하나로 "흥미성"을 들었거니와, 표제의 "감동성"은 센세이셔널리즘(sensationalism), 곧 선정성과도 맞닿아 있다. 신문은 방송과 달리 본인의 의사와 관계 없이 수용되는 것이 아니라, 본인의 뜻에 따라 수용 여부가 결정된다. 그러니 신문 기사는 독자를 유인하는 힘을 지녀야 한다. 이에 신문 기사는 흥미성을 지녀야 하고, 표제는 감동성, 다른 말로 하면 센세이셔널리즘을 지녀야 한다. 그래서 기사를 읽게 해야 한다. 품위는 공기(公器)로서 저속해서는 안 됨을 의미하고, 심미성은 표제를 디자인하여 미화함을 의미한다.

여기서는 이러한 표제(表題)의 기능 가운데, 감동성, 말을 바꾸면 센세이셔널리즘을 드러내기 위해 어떤 기법이 사용되는가, 그 수사적 기법을 살펴보기로 한다. 이는 저자가 말하는 우리의 전통적 수사, "곁말"의 기법

(박갑수, 2015·2018)이다. 곁말이란 한마디로 동음어 내지 비유에 의한 표현 기법이라 할 수 있다. 동음어에 의한 표현 기법은 광고에 많이 쓰인다. 수요자의 마음을 사로잡기 위해서다. 그러나 광고는 여기서 다루지 않는다. 독자로 하여금 그 기사를 읽게 하기 위해 신문의 표제어에 어떤 센세이셔널리즘의 기법을 쓰고 있는지, 그 수사법만을 살펴보게 된다. 기사는 일반 기사와 스포츠 기사로 나누어 보기로 한다. 그것은 스포츠 기사의 표제어에 센세이셔널리즘 기법이 많이 쓰이며, 이는 그 나름의 특성도 지니기 때문이다.

2. 일반 기사문 표제의 수사

기사문의 표제에는 많은 센세이셔널리즘의 표현 기법이 쓰이고 있다. 무엇보다 여기에는 비유법이 많이 쓰인다. 비유는 일반 기사와 스포츠 기사를 구분할 필요 없이, 양 부면에 모두 많이 쓰인다. 여기서는 동음어에 의한 수사, 곧 동음어 활용에 의한 표제부터 보기로 한다. 동음어에 의한 표제는 전음(全音)을 활용한 동음어(同音語)의 곁말과, 부분(部分)만을 활용한 곁말이 있다.

2.1. 동음어를 활용한 표제

2.1.1. 전음 동음어를 활용한 표제

전음 동음어를 활용한 표제는 다음에 보듯 한국 무속의 제의(祭儀) "굿"을 "베리 굿"의 "굿"과 동일시하거나, "雪雪"을 눈 오는 날 "설설" 기는 모양에 걸어 표제를 다는 것이다. "사교육(私教育)"을 "사교육(死教育)"에 걸어 어희(語戱)를 하기도 하고, "전전긍긍(戰戰兢兢)", "심사숙고(深思熟考)"를 "전전 긍긍(電戰兢兢)", "심사숙고(深四熟考)"와 같이 변형하여 독자의 관심을 끌고자 하기도 한다. 여기서는 이러한 수사적 표제어를 추출, 제시하고, 이러한 표제를 붙이게 된 배경을 설명함으로 그 표현 기법을 확인하기로 한다.

- "한국 굿, Very Good!"// 濠 오즈 아시아 페스티벌/ 첫 주빈국으로 한국 선정// 무속극으로 소화한 '햄릿'/ 현지 관객들 "독창적" 환호 (동아, 10. 9. 20)
- 한국영화 '女力'이 없다// 여성 캐릭터, 현실성 없는 무기력한 피해자- 그리움의 대상에 그쳐// (동아, 10. 8. 31)
- 능력있고 강인한 데다 가정적이기까지...// TV 평정한 新 마초들 "女봐라" (동아, 14. 3. 25)
- '女보세요' 이래도 수술하실 건가요?// 화제의 속눈썹 풍부 영양제 '펩티래쉬' 드디어 한국 상륙 (동아, 10. 9. 7)
- 2.6cm 눈의 습격에 '雪雪 긴 서울'// 기상 예보의 2배... 도심마비/ "자가용 두고 대중교통 출근을" (동아, 09. 12. 28)
- 安心 실린 공천 기준/ 안심 못할 기초長들// 새정치연합 자격심사 가동 (동아, 14. 4. 15)
- 193개국 비준 유엔 아동권리협약, 18일 국내서 포럼 개최/ "한국 私教育, 어린이 死教育"// 극심한 경쟁-입시 위주 교육 (동아, 13. 11. 14)
- 남과녀, 서로의 반쪽 아닌 적?/ 이성(理性) 잃은 이성(異姓) 혐오시대 (동아, 15. 9. 9)
- MB- 메르켈 내일 밤 누가 웃을까// 韓풀고 간다// 평창 "이기러 온 것"... 리허설 성공리에 獨하게 민다// 한국 기자들 질문에 "회견 방해" 항의 (동아, 11. 7. 5)
- 苦3/ 하루 5시간 반 자고 11시간 공부 강행군/ 78% "학교서 스트레스" ... 45%만 '행복' (동아, 10. 12. 18)
- 전세금 상승 붐 뒤엔, 은퇴 시작한 베이비붐세대 있다//傳세// 올해 신규

입주 37% 줄어/ 1차 원인은 수급불균형 錢세// 집 가진 베이비붐세대/ "목돈보다 현금"월세 전환 戰세// 전세 줄면서 값도 껑충/ 세입자 "월세 살 수밖에"

- 사교육 시장 넘보는 대기업들 학원 인수 러시/ 11명 300억... '1타강사'(최 고인기강사) 빼오기錢爭 (동아, 10. 10. 23)
- 지리산 마을 "반달곰과 電爭"// 하산대비 마을전체 전기펜스/ 덫 -농약에 죽는 사고도 예방 (동아, 10. 10. 30)
- '電'전긍긍 일본// 무더위 전력난에 오후 1~4시 절전 당부했더니...'忍'화단 결 국민// 참고 따라 4시 이후가 전력 피크 타임으로
- 일할 때는 속전속결/ 인사는 '심四숙고' 복수의 비선 라인 가동/ 절대보안 / 직접 알아보기/ 눈치 보는 사람은 별로 (동아, 08. 7. 28)

이상의 보기들은 낱말의 전체 음(音)이 같은 동음어(同音語)에 의한 표제 들이다. "한국 굿, Very Good!"은 우리의 고유어 "굿"과 영어 good(굿)이 동음어라는 사실에 착안, 곁말에 의한 표제를 단 것이다. 이는 호주의 페 스티벌에 출품된 한국의 무속극으로서의 햄릿이 호평을 받았다는 것을 유머러스하게 표제를 단 것이다. 우리의 "굿"이 서양사람 눈에 "very good"으로 "매우 좋은 굿"으로 인상지어졌음을 나타낸 것이다. "女力"은 한국 영화에서 여성의 캐릭터가 무기력(無氣力)함을 지적한 것이다. 이는 남은 힘을 뜻하는 "여력(餘力)"에 걸어 "여력(女力)"을 풍자한 것이다. 한국 의 여성은 남성을 쥐락펴락하는 할리우드와 달리, 대부분 남성 캐릭터의 보조적 역할을 할 뿐이다. 여배우들이 그들의 파워를 과시하기엔 "여력(餘 力)"이 없음을 동음어 "女力"으로 강조한 것이다. "女봐라"는 "여봐라"의 다른 표현으로, "여자들은 보아라"라고 중의성(重意性)을 드러낸 것이다. 다 음 달 방송 예정인 프로로, KBS '나는 남자다'의 방송이어 "女봐라"라 한 것이다. '女보세요' 표제도 상대방을 부르는 "여보세요"인 동시에 여자들

은 보라는 중의적 표현을 한 표제다. "雪雪"은 2.6cm의 눈에 "설설 기는" 한국적 교통기관의 현실을 고발한 것이다. 동인(動因) 눈을 "설설 기는" 현상에 맞추어 기발한 표현을 한 것이다. "安心 실린 공천 기준"은 안철수의 마음이 실렸다고 해도, '기초단체장 후보자격심사위원회'에서 공천이 될는지 염려된다는 것으로, 여기서의 "安心"도 "안철수의 마음"과 "마음을 놓다"란 의미가 중의성을 드러내게 표현한 것이다.

"사교육(私敎育)"은 동음어 "사교육(死敎育)"을 끌어와 한국의 "私敎育"이 어린이를 잡는 교육을 하고 있음을 고발한 것이다. "이성(理性) 잃은 이성(異姓) 혐오시대"란 표제도 매우 지적인, 위트 있는 표제다. MB-메르켈 관련 표제에서 "韓풀고 간다"와 "獨하게 민다"는 각각 동계 올림픽 유치를 위한 한독 전략을 동음어를 활용하여 그 특성을 나타낸 표제이다. 이들은 각각 한국과 독일을 의미하는 외에 "韓풀고"는 "한(恨) 풀고"로 한국의 희망을, "獨하게"는 독일의 작전이 "독(毒)하게" 적극적임을 나타낸 것이다. "苦3"은 "高3은 苦3"이란 관용적 표현을 표제화한 것이다.

"전세(傳貰)"의 동음어 "傳세·錢세·戰세"는 베이비붐 세대가 수급불균형으로 신규 입주가 줄고, 목돈이 없어 월세로 전환하고, 집값이 뛰어 집을 얻는 것이 전쟁이란 표제다. "錢쟁"은 대기업이 학원에 손을 대 돈의 전쟁(戰爭)이 벌어지고 있다는 말이다. "電쟁"은 반달가슴곰의 피해를 막기 위해 전기 펜스를 쳐 대비해야 한다는 동음어의 곁말이다. 지리산에 방사한 반달가슴곰의 먹잇감이 줄어 곰이 먹이를 찾아 인근 마을을 습격할 위험이 높아졌기 때문이다.

"전전긍긍(戰戰兢兢), 인화단결(人和團結), 심사숙고(深思熟考)"는 사자성어의 말이다. 여기서는 이들 성어 가운데 글자 하나씩을 바꾸어 동음이의의 새로운 말을 만들어 표제화한 것이다. "電전긍긍"과 "忍화단결"은 일본 사람들이 후쿠시마(福島) 원전 사고 이후 전력이 부족해 고생을 하는데, 당국의 절전 당부에 잘 참고 따라 주고 있다는 표제다. "'忍'화단결 국민// 참고 따라 4시 이후가 전력 피크 타임으로"라는 표제는 '1~4시'의 절전을 당부했더니 그 이후가 피크 타임이 되었다는 표제다. 참으로 감동적 처신의 일본인이다. "심四숙고"는 이명박 전 대통령의 인사의 잣대가 "비선 라인 가동/ 절대보안/ 직접 알아보기/ 눈치 보는 사람은 별로"라는 네 가지인데 이 네 가지를 깊이 생각한다는 것이다. 복수의 팀을 가동하여 인사독점을 예방하고, 내용을 흘려 여론 떠보기를 사절하며, 만나보고 전화 걸어 직접 평가하고, '중립'을 지키는 사람을 크게 신뢰 하지 않는다고 한다.

이밖에 전음 동음어를 활용한 표제에는 다음과 같은 것도 보인다.

- 億 소리 나는 연구비// 교수 1인당 최대3억 이상 집행 (동아, 11. 4. 12)
- 男들이 모르는 237가지 女性 이야기/ 신디메스틴 지음 (동아, 17. 9. 11)
- 窮與之策... 보수 15%가 문안 승패 가른다 (조선, 17. 4. 7)
- 용상 233.5kg... 金태현 "신(新)" 들렸다 (중앙, 94. 9. 22)
- 老? NO!... '국선도 청춘'/ 명사 총집합 강남도장 (동아, 95. 1. 1)

"억"소리는 감탄사 "억!"과 거금 "억(億)"의 중의성을 노린 표제이고, "男들이 모르는"은 "타인(他人)"이 모른다는 의미와 "남자"가 모른다는 중의성을 나타내고자 한 표제다. "窮與之策" 표제는 궁여지책(窮餘之策)이란 사자성어를 활용한 표제로 여당이 궁해서 내어 놓은 정책이란 말이다. "新들렸다"는 표제는 "신이 나서" 신기록을 세웠다는 의미까지 드러내고 있다. "노? NO!" 표제는 국선도에서는 늙는 것을 거부한다는 것을 "老? NO!" 동음어에 의해 나타낸 표제다.

2.1.2. 부분 동음어에 의한 표제

(1) 어두음을 활용한 표제

어두음(語頭音)을 활용한 곁말의 표제도 많이 쓰이고 있다.

- 날선 국회… 날샌 국회… 날림 국회// 계류법안 6320건중 34건 통과… 처리율 05% 그쳐 (동아, 13. 12. 11)
- '학교앞 車정비공장' 아우디 놓고 아우성// 내곡동 보금자리주택內 입주 논란 (동아, 13. 12. 27)
- 정조준 VS 정공법 '鄭면 충돌' (동아, 11. 1. 10)
- 유병언 유별난 음식 관심 (동아, 14. 6. 27)
- 소도 알아듣게 소통… 썰렁 유머 기꺼이 (중앙, 95. 11. 11)
- 오발탄에 떠는 민주당/ 오현섭 전 여수시장 '억대 공천헌금 상납' 리스트 떠돌아 (동아, 10. 9. 6)
- 서비스 요금 급등 > 임금 인상 … '苦물가 악순환'에 빠져드나 (동아, 11. 4. 5)

"날선 국회…, 날샌 국회…, 날림 국회"는 "날선·날샌·날림"과 같이 어두음 "날"를 앞세운 수사 기법을 쓰고 있는 표제다. 이들은 '민생'을 내걸고 문을 연 정기국회가 100일 간의 회기를 마치고 얻은 소득이 "대선개입 의혹 충돌, 민생외면 정쟁 허송, 150초마다 법안 통과"라는 "날선, 날샌, 날림" 국회란 소득밖에 얻은 것이 없다는 것을 풍자한 것이다. "아우디~아우성"은 "아우"라는 어두음을 활용한 곁말이다. 이는 보금자리주택 입주 예정지에 아우디 정비공장이 들어선다고 하여 입주 예정자들이 분통을 터뜨리고 아우성을 치게 된 사건이다. 이를 "아우디~아우성"의 어두음을 활용하여 표제화한 것이다. "정조준 VS 정공법 '鄭면 충돌'"은 "정~정~鄭"의 어두음을 활용했을 뿐 아니라, "正面衝突"을 "鄭면충돌"의 동음이의어를 사용하여 정동기 감사원장을 클로즈업 시켰다. 이는 정동기 감사원장 내정자의 적격 여부를 둘러싸고 이명박 정부 집권 4년차에 여야의 기싸움을 이렇게 나타낸 것이다. "유병언 유별난 음식 관심"은 성씨의 "유"를 "有別"의 "유"에 대응시켜 표현 효과를 거두려 한 표제다. "소도 알아듣게 소통..."의 표제는 박근혜 전 대통령이 기자회견에서 소통을 외면하였다고 꼬집은 표제다. "나라면 이렇게"라는 기사에서, "소통"을 강조해 대담 내용을 어두음을 활용, 썰렁한 유머의 표제를 단 것이다. 마지막의 "오발탄"은 여수시장 오현섭으로 말미암아 발단된 공천헌금 상납이 민주당에 화근이 되었다는 사실을 "오(吳)", "오(誤)"의 동음에 의해 "오발탄(誤發彈)"이라고 극적 표현을 한 것이다. 마지막의 '苦물가'는 '高물가'의 악순환을 풍자한 것이다.

(2) 어말음을 활용한 표제
어말음에 의한 표제는 어두음에 의한 표제처럼 꽤 쓰이고 있다.

- 한미합작 뮤지컬 '드림걸스'/ 美 뉴욕무대 첫공연 보니 "놀라운 girl, 환상적인 girl, 대단한 girl"// 한미 합작 뮤지컬 '드림걸스'/ 美뉴욕무대 첫 공연 보니// 노래 춤 무대 '삼박자'/ 공연도중 기립박수 열광 (동아, 09. 11. 24)
- 예뻐지려다가.../ 악소리만 남긴 양악 수술/ 부작용 신고 급증 (조선, 12. 8. 4)
- 판타지 마니아들 10년 '협박'이 '대박'으로 이어질 줄은...// 조지 R R 틴 장편 '얼음과 불의 노래' 누적판매 30만부 돌파 (동아, 14. 7. 16)
- 금싸라기 韓電 터를 잡아라... 최소 3조 '錢의 전쟁' (조선, 14. 7. 18)
- "오믈릿"이 된 "햄릿"... 언어 유희 넘치는 유쾌한 풍자극// 뮤지컬 리뷰 썸씽 토론 (조선, 19. 6. 13)

한미합작 뮤지컬 "드림걸스"는 색다른 곁말의 표제를 단 것이다. 뮤지컬 "드림걸스(dream girls)"의 "걸(girl)"을 종결어미 "-걸"로 대체한 것이다. "놀라운 girl, 환상적인 girl, 대단한 girl"은 "놀라운걸, 환상적인걸, 대단한

걸"을 나타낸다. 물론 이는 "여자"라는 "girl"의 의미도 아울러 나타내는 중의성(重義性)을 지닌다. 그러기에 묘미가 있고, 효과적이다. "악소리만 남긴 양악 수술"은 양 턱뼈 "양악(兩顎)"의 "악(顎)"의 음을 활용해 수술의 부작용이 심함을 "악!" 하는 감탄사로 나타낸 것이다. "'협박'이 '대박'으로"는 어말음 "박"을 활용한 표제다. 이는 판타지 마니아들이 망한 조지 R R 틴의 장편 '얼음과 불의 노래'를 협박해 억지 출간하게 한 것이 '대박'을 내게 하였다는 사실을 표제화한 것이다. 협박 출간이 아니었다면 '대박'은 없었을 것이라는 말이다. "금싸라기 韓電 터를 잡아라"는 "韓電"의 "전"을 받아 동음어 "錢의 전쟁"이란 표제를 단 것이다. "錢의 전쟁"은 또 "錢"과 "전쟁(戰爭)"의 어두음을 활용한 표제이기도 하다. "오믈릿이 된 햄릿"은 거장 셰익스피어를 이겨 보려는 무명 작가의 고군분투 장면을 그린 풍자극이다. 이 극에서 닉은 실수로 "햄릿"을 "오믈릿"으로 예언하고 오믈릿을 주제로 한 우스꽝스러운 뮤지컬을 제작한다. 이를 같은 어말음을 활용해 "오믈릿이 된 햄릿"이라 표제를 단 것이다.

2.1.3. 유음어

동음어 아닌 비슷한 소리의 말, 유음어(類音語)를 활용한 표제어도 쓰이고 있다.

- '닭그네'와 '고노무'// 전현대통령 증오와 조롱하며/ 사사건건 국론분열하는 한국 (조선, 13. 10. 1)
- 사법연수원생들 '로스쿨생, 검사 50% 선발방침' … 입소식 절반 불참/ 법률시장 빅뱅 앞둔 '法그릇 전쟁' (동아, 11. 3. 3)
- 좌우파 '票퓰리즘' 거품만 키워/ 책임은 공짜에 취한 국민에게도 (동아, 11. 2. 7)
- "연금 줄게 표 다오" 票퓰리즘이 복지 망국의 시작// 국가부도 사태까지

갔지만/ 선거 질 듯하면 또 연금 선심
- 황의장 "_거물_"이냐, "_고물_"이냐/ 창원을 (동아, 96. 4. 1)

'닭그네'와 '고노무' 표제는 "박근혜"와 "고놈의(노무현 > 그놈의)"의 유음
어에 의한 표제다. 이들 표현은 표제에도 드러나 있는 바와 같이 "증오와
조롱"의 의미가 깃들어 있다. 이는 본문에서 "엊그제 인터넷에 보도된, 박
근혜를 조롱하는 '닭그네'라는 이름의 식당과 노무현을 비하하는 '고노무'
라는 이름의 호두과자 이야기는 단순한 패러디 수준을 넘어 서로에 대한
증오의 냄새가 배어 있음을 느끼게 한다."라 되어 있다. "法그릇"은 "밥그
릇"으로, 사법연수원생들 기사이기 때문에 "밥그릇"을 유음어 "法그릇"으
로 대치해 관심을 끌게 한 것이다.

"票퓰리즘"은 영어 단어 "포퓰리즘(populism)"을 끌어들여 희화한 표제
이다. "Populism"은 몇 가지 다른 뜻이 있지만 이는 "대중(서민) 영합주의"
라 번역할 수 있다. "票퓰리즘"은 정치적으로 표를 의식해 대중에 영합하
는 것을 나타낸다. 그리스가 EU의 '문제국가'가 된 책임은 좌우파 모두가
재정 상태를 돌아보지 않고 복지 혜택을 한껏 늘린 표퓰리즘 정책을 경쟁
적으로 추진했기 때문이라 한다. 아르헨티나 사회보장 제도는 선거 때마
다 복지 혜택을 늘리겠다는 공약으로 유권자의 표를 모은 정치인들에 의
해 자생력을 잃게 하였다고 본다. 우리도 "標퓰리즘"의 경향을 보이는 것
같아 걱정이다. 마지막 "황 의장 '거물'이냐, '고물'이냐"는 창원 을(乙)에
출마한 "황 의장이 '거물(巨物)'이냐, 아니면 '고물(古物)'이냐"고 유음어로
힐난한 표제이다.

2.2. 비유를 활용한 표제

표제는 이미 언급한 바와 같이 비유를 활용한 것이 많다. 정확한 통계를 내어 보지는 않았지만 적어도 표제의 약 10% 이상은 비유를 활용하고 있을 것으로 보인다. 비유는 직유(直喩), 은유(隱喩) 등이 쓰이는데 직유는 그리 많이 쓰이지 않는 편이고, 이와 대조적으로 은유가 많이 활용된다. 그리고 이들 은유는 일상적으로 자주 사용하는 관용적 비유(idiomatic metaphor)가 압도적으로 많이 쓰이고 있다. 이러한 관용적 비유라 할 것에는 "고래싸움, 골머리, 곪아터지다, 군살을 빼다, 그림의 떡, 급물살, 깨진 독, 나팔수, 낙마, 낙하산, 날개 돋치다, 대못을 박다, 맞불(을 놓다), 머리를 맞대다, 문 열다, 물갈이, 물거품, 반 토막, 발목 잡다, 발 빼다, 비극, 뺑튀기다, 뿔나다, 새우등 터지다, 속앓이, 손 씻다, 손잡다, 손짓, 애물단지, 양다리(걸치다), 여왕(왕), 오리무중, 울며 겨자 먹기, 입김, 족집게, 쥐꼬리, 찬물 끼얹다, 채찍질, 카멜레온, 파행, 피를 흘리다, 황금손, 황제, 후폭풍" 따위를 들 수 있다. 이밖에는 군사 용어도 비유로 많이 쓰인다. 군사 용어는 일반기사에도 많이 쓰이나. 특히 스포츠 기사의 표제에 많이 쓰인다. 다음에 이러한 비유가 사용된 표제를 보기로 한다.

먼저 직유가 쓰인 표제를 몇 개 보면 다음과 같다.

- <u>그림 같은 호수</u>, 쿠시로 습원/ 대자연을 품은 동부 홋카이도 (중앙, 09. 6. 5)
- <u>色의 하모니처럼</u>... 링컨과 드골에서 '통합의 리더십'을 (조선, 17. 5. 13)
- 유커 미국여행 제한/ 중국 <u>사드처럼</u> 보복 (중앙, 09. 6. 5)
- 민주노총 <u>홍위병처럼</u> 굴지 말라 (중앙, 19. 6. 3)
- <u>연잎 같은</u> 마음 (중앙, 19. 6. 19)
- 고흐의 방에서 <u>그림처럼</u> 셀카/ 2030, 전시·공연 주인공 되다 (중앙, 6. 2)

"色의 하모니처럼"은 링컨과 드골의 '통합의 리더십'을 비유한 것으로, 도리스 컨스 굿윈의 "권력의 조건"이란 신간 평의 표제다.

은유가 쓰인 표제는 앞에서 살펴본 바와 같이 관용적 비유와 군 관계 용어가 비유로 많이 쓰이고 있다. 관용적 비유는 문자 그대로 관용적으로 쓰는 표현이기 때문에 따로 비유의 배경을 설명할 필요가 없을 것이다. 군 관계 용어의 비유도 마찬가지다. 따라서 이들은 예문만을 들기로 하고, 필요한 경우 예문에서 필요한 부분을 보충하고 따로 표제의 배경에 대한 설명은 생략하기로 한다.

○ **관용적 비유**
- 관광지 흡연구역서 담배 피워도/ 과태료 징수방법 없어 <u>골머리</u> (조선, 19. 6. 14)
- '금융검찰' 금감원 <u>곪아터졌다</u> (조선, 17. 9. 21)
- 불타는 한류// 프랑스 한국문화축제 드라마·영화 <u>구름</u> 팬 몰려/ K팝 경연 대회 한국 아이돌 <u>뺨치는</u> 실력 과시도 (동아, 11. 5. 9)
- 대기업 금융계열사 '통합감독' 도입 <u>급물살</u>
  재벌 금융계열사 감독 필요성 제기 (동아, 17. 5. 15)
- 차관급 이상 9명 <u>낙마</u>... 인사검증 시스템 <u>구멍</u> (동아, 18. 5. 9)
- 농식품부 경매제고수... 도매협회 퇴직관료 <u>낙하산</u> 있었다 (중앙, 19. 6. 4)
- <u>날개돋친</u> 추석선물, 백화점도 놀랐다 (조선, 17. 9. 21)
- '사상 최악 피해' AI 종식 <u>눈앞</u>// 이동제한 조치, 모든 지역서 해제 (동아, 17. 5. 15)
- "남편 장애 있어 결혼했나" 이주민 가슴에 <u>대못박는</u> 사람들 (동아, 18. 4. 11)
- 미국에 '급소' 찔린 중국, 일전불사 외치며 SLMB <u>맞불</u> (중앙, 19. 6. 8)
- 한국당 "현역들 탄핵사태 책임, 대폭 <u>물갈이</u>" (조선, 19. 6. 7)
- 피격 2척 모두 日연관... 아베 '美·이란 중재' <u>물거품</u>(호르무즈 해협 피격사건) (조선, 19. 6. 14)
- 일할 사람 없어... 우곡 수박 면적 4년새 <u>반토막</u> (중앙, 19. 6. 5)

- 한국당 뭔가 해보려하면 번번이 <u>발목잡는</u> 막말 (중앙, 19. 6. 3)
- 지시만 해놓고 <u>발빼버린</u> 청와대(김원봉 서훈) (조선, 19. 6. 14)
- "우리도 정규직으로" "안 해 주면 파업"... <u>봇물 터진</u> 비정규직 (조선, 17. 5. 15)
- 느닷없는 부산~헬싱키노선... 국내항공사들 <u>뿔났다</u> (조선, 19. 6. 13)
- 미·중 노골적 '화웨이 압박' 이통사 <u>새우등 터진다</u>// 화웨이 둘러싼 "미중 갈등에 /국내 이통사의 <u>속앓이</u>가 깊어지고 있다 (중앙, 19. 6. 7)
- 美보란 듯... 김정은, 또 시진핑 <u>손잡았다</u> (동아, 18. 5. 9)
- 관람객 없는 지방 전시관·문화관 "<u>애물단지</u>" (조선, 19. 6. 14)
- 일본은 <u>양다리</u>로 살 길 찾는데, 한국은 아직도 "대책검토"(무역갈등) (중앙, 19. 6. 11)
- 세계가 인정한 '<u>나눔왕</u>' 최신원 (SK네트웍스 회장)
- 윤석열 또 발탁?... 조국·노영민 '<u>입김</u>' 주목(검찰청장 후보) (조선, 19. 6. 14)
- <u>쥐꼬리월급</u>으론... 청년 '집포족' 는다 (동아, 18. 5. 9)
- 김대중을 만든건 이희호... 민주화 길 가도록 <u>채찍질</u> (조선, 19. 6. 12)

○ 군사 용어의 비유
- "트럼프發 <u>무역전쟁</u>, 다음 타깃 1순위는 인도" (동아, 19. 6. 10)
- 박형철·전재선·김성훈... 검찰 실세로 떠오른 '윤석열 <u>사단</u>' (중앙, 19. 6. 19)
- 공천만 바라보는 의원들/ 당론의 <u>소총수</u> 될 수밖에 (중앙, 19. 6. 17)
- "지도부 여론 조사 조작" 내 사람 심고 <u>정적</u> 제거 (중앙, 19. 6. 19)
- "말로만 개혁 공천/ 우린 장기판의 <u>졸</u>" (중앙, 19. 6. 19)
- 중국 "미국이 디지털 <u>철의 장막</u>" 화에이 <u>포위망</u> 돌파 나셨다 (중앙, 19. 6. 7)

○ 기타 비유

기타 비유는 위의 관용적 비유와 군 관계 용어에 의한 비유 외의 표제를 말한다. 이러한 것에는 일반적인 것 외에 속담, 명작, 명언 등 역사적 사실이나, 전거를 지닌 것이 포함된다. 이러한 특정 사실에 의한 비유의 표제만을 보면 다음과 같은 것이 있다.

- 서울로 번진 "울산 검-경 고래싸움" (동아, 19. 6. 14)
- 남은 알짜 임대주택, 텅 비어도 서민엔 <u>그림의 떡</u> (조선, 17. 9. 18)
- 수습교사제 도입, 교육계 '<u>뜨거운 감자</u>' (중앙, 19. 6. 12)
- "<u>울며 겨자 먹기</u>로 보내는 혁신학교" (동아, 19. 6. 11)
- 中 '<u>일대일로(一帶一路)</u>' 개막 잔칫날, 이번에도 찬물 끼얹은 北 (조선, 17. 5. 15)
- 미중 사이에서 '<u>임도 보고 뽕도 따는</u>' 시대는 끝났다 (중앙, 19. 6. 17)
- 조합원이 금속노조 '<u>트로이목마</u>' 막아냈다 (중앙, 19. 6. 14)
- 국민은 사회정의 <u>흑기사</u> 대신 투자의 귀재를 원한다 (중앙, 19. 6. 18)

"일대일로(一帶一路)"는 베이징(北京)에서 개막된 국제협력 정상 포럼으로, 새로운 실크로드를 비유한 것이다. 이 포럼의 영어 명칭은 "Belt and Road Forum for International Cooperation"으로 되어 있다.

3. 스포츠 기사문 표제의 수사

신문의 표제(表題)는 "표시성, 함축성, 감동성, 품위, 심미성"이란 기능을 지닌다고 하였다. 이 가운데 "감동성"은 특히 독자로 하여금 그 기사를 읽게 하기 위해 감동을 주려 하는 것으로 보았다. 그런데 이러한 감동성을 가장 많이 드러내는 것이 스포츠 기사의 표제가 아닌가 한다. 이는 앞에서 언급한 바와 같이 특히 군 관련 비유가 많이 쓰여 감동성을 드러낸다. 운동 경기의 운영이 작전과 비슷한 면이 있어 그러하다 하겠다. 여기서는 이러한 스포츠 관련 기사의 표제에 대한 수사를 살펴보기로 한다. 살펴보는 내용이나 순서는 앞에서 살펴본 일반 기사의 표제와 같이 하기로 한다.

3.1. 동음어를 활용한 표제

3.1.1. 전체 동음어에 의한 표제

낱말 전체의 음이 같은 전음(全音) 동음어는 인명을 동음이의어(同音異議語)로서 사용함으로 독자를 흡인하려는 표제가 많다. 그 가운데 몇 개를 보면 다음과 같다.

- 야거// 야, 거... 대단한 선수네 (조선, 15. 12. 23)
- 어딜... !// 마오, 넘보지 마오 (동아, 14. 1. 7)
- 막판 5초 대역전... 대보름 다음날 김보름 (조선, 17. 2. 13)
- 베일속 '골 넣는 수비수' 21세 베일의 부활 (동아, 10. 11. 12)
- 이종범 入隊... "李 없으면 잇몸으로" (중앙, 95. 4. 1)
- 李호성 "虎聲" 잠실벌 흔들다 (중앙, 96. 10. 23)
- 6언더 단독선두... 활짝 핀 '로즈' US오픈 1라운드/ 로즈, 공동 2위 그룹과 1타차

"야거"는 북미의 아이스하키 선수다. 이 표제는 야거 선수 이름을 "야거// 야, 거... 대단한 선수네"라고 감탄하는 말로 바꾸어 표제를 삼은 것이다. 이 사람은 NHL(북미아이스하키리그) 플로리다 팬서스 공격수 야로마르 야거(체코)로, NHL 현역 최고령 선수(43세)다. 그는 당시 732골을 기록, 역대 득점 4위에 오른 인물이다.

"아사다 마오"는 일본의 피겨선수. 그녀에게 "어딜... !// 마오, 넘보지 마오"라고, 어떻게 감히 김연아를 넘보느냐고 한 것이다. 이름 "마오"를 그렇게 하지 말라는 부정어 "마오!"로 바꾸어 독자를 유인한 어희적 표현이다.

스케이트 선수 "김보름"은 이름이 "보름"이라 정월 "대보름"을 표제어

에 끌어들였다. 그리고 그의 환한 전적을 이 대보름의 달빛과 관련시켜 독자의 관심을 끌고 있다. 이 기사에는 강릉 세계선수권 매스스타트에서 5위 안팎을 달리다 막판에 치고 나가 금메달을 딴 것을 동음어의 표현으로써 독자를 유인한 것이다.

"베일"은 축구선수로 표제(表題)처럼 베일에 가려져 잘 알려지지 않은 인물이었다. 그래서 인명과 같은 "베일"이란 동음어를 써 관심을 불러일으키는 표제로 삼았다. 그리고 기사의 본문을 이렇게 그를 소개하는 기사로 만들고 있다.

> "여러분은 브라질 출신 명수비수 마이콩(인터 밀란)을 알 것이다. 하지만 최근 몇 주 사이에 마이콩의 코를 납작하게 해준 웨일스 출신 카레스 베일(토트넘)에 대해선 잘 모를 것이다. 여러분이 무심코 넘겼을 수 있지만 베일은 지난달 21일 인터밀란의 홈에서 열린 유럽챔피언스리그 A조 경기에서 3꼴을 터뜨렸다... 3일에는 베일이 홈에서 마이콩보다 뛰어난 활약을 펼쳐 팀의 3-1승리를 견인했다." (동아. 10. 11. 12)

"李 없으면 잇몸으로"는 이종범의 성(姓)과 이(齒)를 동음어로 처리, 익살스러운 표현의 표제를 단 것이다. "李호성 '虎聲' 잠실벌 흔들다"는 이름 "虎聲"으로, 스리런을 하고 그의 이름처럼 포효한 것을 표제로 나타낸 것이다. 끝의 "활짝 핀 '로즈'"는 사람 이름 "로즈"를 "장미"로 해석, "활짝 핀 '로즈'"라고 표제를 단 것이다. 로즈는 저스틴 로즈로, 영국 골프 선수이며, 미국프로골프(PGA) 투어 19회 US오픈 첫날 단독 선두로 나섰다. 이는 비유의 표제라 할 수도 있을 것이다.

다음에는 인명(人名)이 아닌, 전음(全音) 동음에 의한 표제를 보기로 한다.

- 亞! 무승// 남아공선 16강 두 팀 진출 아시아/ 이번엔 아직 아무도 승리 못거둬/ 한-일-이란, 3차전 목맨 동병상련 (동아, 14. 6. 24)
- 亞! 경기/ 개막 앞둔 프로농구, 각 구단 광저우 대표차출 희비 (동아, 10. 9. 30)
- 삼성 숫 터지고, 전자랜드 속 터지고// 男농구 6강 PO 1차전 삼성완승/ 전자랜드 3점숫 24개중 20개 실패 (동아. 17. 4. 1)
- '失'利축구// 둥가 감독의 실리축구/ 실책- 퇴장에 무너져 (동아, 10. 7. 5)
- 夜球가 좋다! // 나도 야구왕/ 낮엔 일하고 밤엔 글러브... 실내 연습장 동호인 북적 (동아, 11. 5. 7)
- '완전 獨무대' 자신만만/ 응원단, 선수 연호... "메시 경계할 필요 없다" (동아, 10. 7. 3)
- 월드컵에 빠진 사이... 잘 빠진 롯데, 코 빠진 두산
- 1차전 늦잠 자 실격하더니... '최종전 투어챔피언십 우승+페덱스 보너스' 130억원 챙겨// '8자 스윙' 짐푸릭/ 사람 팔자 모를 일 (동아, 10. 9. 28)
- 夜虎는 "야호!"/ 첫 야간경기 해태, LG사냥 (중앙, 95. 4. 26)
- 첫4년 연속 50도루... 이대행 '新나는 질주'/ 롯데전 볼넷 출루후 2루 홈 쳐... 자신의 3년연속 기록 깨 (동아, 10. 9. 2)

　"亞! 무승"의 "亞"는 亞細亞와 비탄의 "아!"를 동일시한 것이다. "亞! 경기" 표제도 역시 감탄의 "아!"이다. 그러나 이는 앞의 감탄과는 다르다. 우승 후보로 거론되는 SK와 전자랜드의 경우 SK는 호화 멤버를 갖추고도 광저우 아시아경기 대표팀 차출이 없어 인천 경기에서 웃고, 전자랜드는 우는 희비의 쌍곡선이 그려졌다는 표제다. "삼성 숫 터지고, 전자랜드 속 터지고"는 외형상 같은 "터지다"를 쓰고 있으나, 하나는 득점(得點)을, 다른 하나는 장 파열(腸破裂)의 속상함을 나타낸 동음이의(同音異義)의 표현을 한 것이다. "'失'利축구"는 둥가 감독이 "실리(實利)" 축구를 추구하였으나, "실리(失利) 축구"가 되었다는 표제다. 브라질은 네덜란드와의 경기에서

2:1로 졌다. "야구(野球)"는 동음어로 밤 경기 야구(夜球)를 써 밤 경기가 좋다고 한 것이고, "완전 獨무대"는 독일 응원단이 축구 강팀 브라질도 안중에 없는, 자기들 혼자만의 자신만만한 무대였다는 중의적(重義的) 표현을 한 표제다. "월드컵에 빠진 사이..." 표제는 한창 월드컵이 치러지는 사이, 약체로 꼽혔던 롯데는 어느덧 4강 자리를 굳혀 가고 있고, 반면 한때 상위권이었던 두산은 하염없이 무너져 내리고 있다는 표제다. 여기 쓰인 "빠지다"는 "월드컵에 빠지고(함몰)", 롯데는 "잘 빠지고(선수 차출을 안하고)", 두산은 "코 빠졌다(패배했다)고 동음이의의 표현을 한 것이다.

"8자 스윙' 짐 퓨릭"은 1차전에 늦잠 자 실격하더니, '최종전 투어챔피언십에서 우승+페덱스 보너스' 130억원까지 챙겼으니 사람 팔자 시간문제라는 표제다. 이를 짐 퓨릭의 특기인 "8자 스윙"과 연결시켜 "팔자(八字)" 타령으로 말놀이를 한 위트 있는 표제다. "夜虎"는 "야호!"라는 탄성일 뿐 아니라 해태 타이거즈, "호(虎)"에 비유, 기발한 표제가 되게 한 것이다. "이대행 '新나는 질주'"는 4년 연속 50회 도루를 해 자신의 기록을 깨어 "신나다~新나다"란 동음어의 표제를 단 것이다.

3.1.2. 부분 동음어의 사용

부분 동음어엔 앞에서 본 바와 같이 어두음(語頭音)이 같은 것과, 어말음(語末音)이 같은 것의 두 가지가 있다. 스포츠 기사의 표제에도 이 두 가지가 다 활용되고 있는데, 어두음을 활용한 표제가 많다.

1) 어두음이 같은 표제어
- 호날두, 혼난 날// 세계최고 골잡이 이름값 못하고/ 전반엔 볼 터치 15번 가장 적어/
- 까칠한 카리스마, 카펠로// 기자 질문 마음에 안들면 면박줘 (동아, 14. 6. 18)

- 몸값 4억달러 트라우트 '류현진 트라우마' 메이저리그 대표 강타자 트라우트/ 류현진에게 통산 10타수 무안타/ 류 내려가자 투런 동점포
- 물병은 '물탱크'가 던졌는데… 퇴장당한 건 감독// 5반칙 퇴장, 분 못사긴 길렌워터/ 벤치에 있다 생수병 코트로 던져/ 심판, 벤치 테크니컬 파울 선언 (조선, 15. 12. 28)
- 3차례 역전패 딛고… 장하다, 장하나/ KLPGA 매치플레이서/ 전인지 누르고 시즌 첫 승 (조선, 13. 5. 27)
- 500m 이상화, 金 못 따면 이상해// 월드컵 3차 2차 레이스도 우승 (동아, 13. 12. 2)
- 예비역 정우람(SK), 더 우람해진 어깨 (동아, 14. 7. 1)
- 맨유 박지성 1도움… 모나코 박주영 1골…// 朴 터졌네
- 배구 코트의 아이돌… 대한항공 세터 한선수 "물 한창 올랐죠/ 한 선수 한 대요" (동아, 11. 3. 11)
- '35세 우생순' 우선희 있으매/ 세르비아 세계선수권 첫승 수훈 (동아, 13. 12. 10)
- 오늘 말리전… "공격본능 말리지마"// 월드컵대표팀 전술훈련 구슬땀/ "공격리듬 살려 반드시 이길 것" (동아, 13. 10. 15)
- 11 연패… KIA가 기가 막혀 다 잡은 경기 불펜이 날려/ 조동찬 끝내기포… 삼성 7연승 (동아, 10. 7. 1)
- 풀었다! 獨한 징크스… 스페인 월드컵 역대전적 2무1패 독일 마침내 격파 (동아, 14. 6. 18)
- 獨차지// 독일, 유럽팀 최초 남미서 우승/ 스타 의존없는 철저한 조직력 축구/ 10명 모두가 골잡이면서 수비수/ 4강전 7골 등 7경기 18골 '무결점' (동아, 14. 7. 15)

어두음의 경우도 인명과 관련된 표제가 많다. "호날두 혼난 날"은 "호-호"의 같은 어두음을 활용한 표제로, "혼난 날"이란 굴욕적인 패배(0-4)를 막지 못했고, 경기 전에 "팬들에게 최고의 쇼를 보여 주겠다"는 호언장담과 달리 골도 넣지 못했다는 것이다. "까칠한 카리스마, 카펠로"는 "카

카"의 같은 어두음을 쓴 것으로, "카리스마"란 기자회견 등에 "날 선 대답으로 면박"을 주면서 "돈피오(독재자)"란 별명에 어울리는 이미지를 보여 주었다는 것이다. "몸값 4억달러 트라우트"라는 표제는 트라우트가 류현진에게 외상성 신경증으로 불안을 느끼는 것을 그의 이름과 같은 어두음의 "트라우마"라는 말에 연결시켜 강조한 것이다. "물병은 '물탱크'가 던졌는데... 퇴장당한 건 감독"이란 표제는 LG의 농구 선수 길렌워터(Gillen-water)가 물병을 던졌고, 그의 별명이 '물탱크'이어 표제로 삼은 것이다. 길렌워터는 그의 성에 물을 뜻하는 '워터'가 들어 있고, 탱크처럼 상대를 밀어붙인다고 해서 팬들이 붙여준 별명이라 한다. 감독이 퇴장당한 것은 벤치 테크니컬 파울을 당한 것이다.

"장하다, 장하나"는 "장하나"의 이름에 "장하다"의 어간 "장하"를 연결시켜 "장하-장하"를 제시한, 같은 어두음을 활용한 표제다. "500m 이상화, 金 못 따면 이상해"란 표제는 이상화(24. 서울시청)가 금빛 질주를 해 금메달을 따지 못하면 그것이 이상하다고 한 것으로, 이름 "이상화"의 어두음 "이상"에 "이상해"의 동음 "이상"을 활용한 표제다. 이렇게 표제를 달음으로 금메달을 따는 것은 당연하다고 표현한 것이다. 이는 구조적으로 "장하다, 장하나"와 같은 표제이다. "예비역 정우람(SK)" 표제는 이름 "우람"을 "우람하다"란 형용사의 어근(語根)으로 활용한 표제다. 그는 2년간 전투체육으로 몸을 다졌다 한다. "맨유 박지성 1도움... 모나코 박주영 1골../ 朴 터졌네"는 유럽 무대에서 활약하고 있는 한국 축구의 간판 스타 박지성과 박주영이 나란히 공격 포인트를 올려, 그들의 성을 활용 "朴 터졌네"라 한 것이다. 대박이 났다는 말이다. 대한항공 센터 "한선수"는 당시 유행어 "한 미인 한다", "한 기술 한다"와 같은 "특출(特出)한"의 의미로 쓰인 "한"을 성씨와 동일시한 것이다. "우리들 생애 최고의 순간"은 "우생순"의 "우"와 "우선희"의 "우"라는 동음어를 활용, 표현 효과를 노린 표제다.

"오늘 말리전... 공격본능 말리지마"는 월드컵 대표팀이 천안 종합운동
장에서 열리는 말리와의 평가전에서 승리하겠으니 '말리'지 말라는 표제
다. 이는 명사 "말리"와 "말리다"의 "말리"가 동음인 데서 부분동음어에
의한 표현을 한 것이다. "11 연패... KIA가 기가 막혀"는 7회 말 5-2로 리드
하던 경기를 5-10으로 지게 되어 "KIA"의 "기(起)"와 "기가막히다"의 "기
(氣)"의 같은 어두음을 활용해 표제를 단 것이다. "풀었다! 獨한 징크스..."
는 스페인이 독일에 늘 진다는 "毒한" 징크스를 풀었다는 표제다. "獨한"
은 "독일에 대한 한(恨)"이란 의미를 지니는 것으로 볼 수도 있다. "獨차
지"는 "독일의 차지"와 "홀로 모두 차지"라는 중의성을 드러낸다.

어두음을 활용한 표제는 이밖에 다음과 같은 것도 있다.

- 네이마르 헤트트릭... 부라보, 브라질// 최근 7경기 25득점에 단 2실점 (동
  아, 14. 4. 7)
- Oh~ NO!... 오심 월드컵/ 이번엔 잉글랜드-독일전 골대 안 떨어진 볼 노골
  논란 (동아, 10. 6. 29)
- 종가 종치나// 잉글랜드 2연패... 저력 16강 불가능 (동아, 14. 6. 21)
- 세계52위 호프만, 강풍도 비켜가는 강심장// 마스터스 깜짝 6언더 선두(중
  앙, 17. 4. 8)
- 한국 유도/ '금, 금요일'/ 전기영(86kg급) 곽대성(71kg급) 우승 (중앙, 95. 11.
  11)

"네이마르 헤트트릭..."은 "부라보"와 "브라질"의 어두음을 활용한 표제
이고, "Oh~ NO!"는 "오심"의 "오(誤)"와 감탄사 "Oh"를 연결시켜 표현 효
과를 드러내고자 한 것이다. 여기에는 또 하나 "노골- 논란"도 어두음을
활용한 표제라 할 수 있어 이 표제에는 두 개의 어두음을 활용한 표제가

되고 있다. "종가 종치나"는 축구의 종가(宗家)인 영국의 저력이 16강에도 미치지 못해 "끝나다"라는 의미의 "종치다"를 연결시킨 표제다. 그리하여 "종가~종치나"와 같이 어두음을 활용해 안타깝다는 표현의 표제가 되게 하였다. "세계 52위" 표제는 호프만의 "강심장"이 "강풍"도 피해 간다는 것이고, "한국 유도 금메달 획득"은 금요일이기 때문에 금메달을 딴 것은 아니지만 금요일과 "금"을 관련지음으로 보다 금메달의 의미가 강조되게 한 것이다.

2) 어말음이 같은 표제어
어말음을 활용한 표제어는 그리 많지 않다.

- 호호포에/ 넥센 '好好'/ 넥센 강정호·박병호 홈런으로 공동 선두였던 삼성 따돌리고 단독 1위로 (조선, 13. 6. 5)
- '李·朴' 대박 낼까/ 개막 전부터 일 프로야구 달구는 이승엽·박찬호 (11. 2. 14)
- '28세 늦깎기' 원석이 보석 됐다// 한화 김원석 개막 3연승 7안타/ 방출 > 軍 > 독립구단 > 재입단/ 팀승리 견인하며 신데렐라로 (조선, 17. 4. 3)
- 청아니 '독야청청' (동아, 12. 2. 14)
- 오타니, 상타니?// 2승- 3홈런 타율 0.389 맹활약/ 시즌 시작하자마자 주간 MVP (18. 4. 11)
- 우즈 옵스 입스 (조선, 15. 12. 28)

어말음을 활용한 표제의 용례는 많지 않은데, 모두가 인명과 관련되어 있다. "호호포에/ 넥센 '好好'"는 넥센이 강정호·박병호의 홈런으로 공동 선두였던 삼성을 따돌리고 단독 1위에 올라 두 사람의 이름의 끝자 "호"자를 따 "好好"라고 좋다는 의미를 나타낸 것이다. "'李·朴' 대박 낼까"는 한국의 대표적 야구선수 "이승엽·박찬호"의 "이박"에서 "대박낼까?"의

"대박"을 끌어다 대어 재미있는 어희(語戲)를 한 것이다. "'28세 늦깎기' 원석이 보석 됐다"는 한화 "김원석"이 개막 3연승 7안타를 치는가 하면 "방출 > 軍 > 독립구단 > 재입단/ 팀승리 견인"이란 그의 야구인생을 들어 원석(原石)이 보석(寶石) 됐다고 어말음을 활용한 표제를 단 것이다. "청야니 '독야청청'"은 대만 골프 선수 "청야니"와 "독야청청"의 "독야"를 관련시킨 것이다. 그리고 "청야니"의 "청"과 "독야 청청"의 "청"도 관련을 지은 것으로 볼 수 있다. 이는 부분 동음어로, 어두음과 관련을 지은 표현이라 하겠다. "오타니, 상타니?"는 성 "오타니(大谷)"의 "타니(谷)"의 어말음을 "상을 받다"란 의미의 동음어인 "타니"에 연결시켜 표제를 만든 것이다. "우즈 웁스 입스"는 골프의 황제 우즈가 불패 불안 증세로 "이크"라고 감탄사를 늘어 놓는 것을 표제화 한 것이다. 이 표제의 기사는 "물고기가 수영을 잊은 것처럼...// '안 맞으면 어쩌지, 잘 해야 하는데'// 샷하기도 전에 두려움에 위축/ 어이없는 실수로 이어져"란 표제어를 달아 주제(主題)의 배경을 설명하고 있다.

4. 유음어의 사용

같은 음이 아니라, 비슷한 음, 곧 유음어(類音語)를 활용해 표현 효과를 올리고자 한 표제도 적잖이 보인다. 유음어를 활용한 표제도 역시 인명이 주류를 이루고 있다.

- '手' 아레스// 손으로 숯 막은 슈아레스/ 승리공신 돼 '국민영웅' (동아, 10. 7. 5)
- 괴체, 교체 수모 딛고 '교체투입 영웅'으로// 연장 후반 독일 4번째 우승골

(동아, 14. 7. 15)

- 오재일... 오, 제일! ... 5:1// 연장 13회초 두산 오재일, 오승환 상대로 결승 홈런 (동아, 13. 10. 26)
- 농구 천재 허재 "비틀"/ "허, 재 왜 이러나"/ 대잔치 6게임서 평균 17.8 득점 부진 (경향, 95. 1. 14)
- "우승이다"/ 센! 프란시스코// SF, 텍사스에 4승1패... 56년만에 감격의 월드시리즈 정상
- 너풀너플 너클볼, 한국도 너울너울// 회전 없이 타자앞 자유자재로 움직여 / 국내선 볼 수 없었던 '최후의 마구' (동아, 14. 3. 12)

　　"'手' 아레스// 손으로 슛 막은 슈아레스"는 우르과이의 공격수로, 손으로 슛을 막았다는 표제다. "슈아레스"가 손으로 막았다 하여 손 수(手)자를 써 "手아레스"라 한 것은 기발한 아이디어의 위트 있는 표제다. "手알레스"는 경기의 결과를 묘하게 바꾸어 놓았다. 가나엔 페널티킥이 주어졌고, 볼은 크로스바를 강타하고 튀어나왔다. 수아레스는 껑충껑충 뛰며 좋아했다. 이로 말미암아 우루과이는 극적으로 소생했고, 1-1에 이어진 승부차기에서 가나를 4-2로 꺾고 40년만에 월드컵 4강 신화를 썼다. 그래서 슈알레스는 승리의 공신이 되고 국민 영웅이 되었다 한다. "괴체"는 인명 "괴체"를 "교체-교체투입"이란 유음어에 대응시킨 표제이다. 그는 결승전 후반에 막판 뛸 기회를 잡아, 독일 4번째 우승골로 감독에게 화끈한 화답을 하였다. "오재일... 오, 제일!"은 "재일- 제일"이란 유음어를 활용한 표제로, 두산 오재일은 연장 13회초 삼성의 오승환을 상대로 하여 결승 홈런을 쳤다. "농구 천재 허재 '비틀'"은 "허재" 선수의 이름을 "허, 재"라고 유음어로 바꾸어 탄식하는 표현을 한 것이다. 그는 대잔치 6게임에 평균 17.8득점의 부진한 점수를 거두었다. 이는 앞에서 본 "야거// 야, 거... 대단한 선수네"와 대조되는 표현의 표제다. "'우승이다'/ 센! 프란시스코"는

샌프란시스코가 텍사스와의 월드시리즈에서 3-1로 승리하여 "샌"을 강력하다는 의미의 유음 "센"으로 바꾸어 표제를 단 것이다. 그래서 샌프란시스코 팀이 갑자기 "센" 팀이 되었다. "너플너플 너클볼, 한국도 너울너울"은 "너클볼"로 말미암아 "너플너플, 너울너울"이란 유음어를 활용, 운율적 표제가 되게 하였다.

5. 비유의 사용

스포츠 기사의 표제에서 비유는 주로 나라의 역사적 사실을 바탕으로 표현을 하거나, 소속사(所屬社)의 특성을 반영하여 표제를 다는 경향을 보인다. 그리고 무엇보다 앞에서 언급한 바와 같이 스포츠 기사의 표제에는 군사 용어가 비유에 많이 쓰인다(박갑수, 1998). 스포츠 기사에서는 사람을 병기(兵器)나, 군인에 비유하거나, 경기를 전쟁, 작전에 비유하는가 하면, 경기 운영을 군사 용어로 나타내는 것이 그것이다(박갑수, 1998). 예를 들면 "사령탑, 태극전사, 용병, 거포, 소총수, 고별전, 당근작전, 전초전, V출격, 공격, 출사표, 재무장, 배수진, 쐐기포, 용병술, 오발탄, 유탄, 거포" 등이 그것이다. 이들 가운데 군사 용어에 의한 대표적인 관용적 비유의 표제는 제외하고, 몇 가지 용례를 보면 다음과 같다.

○ 관용적 비유
• 朴 터지니... KT 전창진 <u>함박웃음</u> (동아, 11. 1. 6)
• <u>삼바 축제</u> 끝// 브라질 네덜란드에 1-2 역전패/ 둥가 '실리축구' 8강서 행진 멈춰 (동아, 10. 7. 3)
• <u>삼바</u> VS <u>오렌지</u>, 누가 더 화려할까// 브라질 VS 네덜란드 2일 오후11시 (동아, 10. 7. 2)

- 혼절탱고/ 개인기에 의존 아르헨/ 전략부재로 최악참패 (동아, 10. 7. 5)
- 대한항공 산뜻한 첫 비행 (동아, 10. 12. 8)
- "고교야구 왕중왕 오리무중" 스카우트들은 말을 아꼈다 (동아, 19. 6. 14)
- 12번 우승, 흙에 널브러진 "흙의 황제" (라파엘 나달 佛) (조선, 19. 6. 11)

○ **군사 용어의 비유**
- 무참히 무너진 무적함대 "2010 다시 한 번"// 남아공서도 첫판 지고 우승 스페인/ 내일 칠레와 2차전 극적 부활 다짐 (동아, 14. 6. 18)
- "'오렌지 군단'의 역습에 무너진 스페인의 자존심"
- 전차군단-무적함대 '결승길목 대충돌'// 독일-스페인 내일 새벽 4강전 (동아, 10. 7. 7)
- 누가 롯데를 '소총부대'라 하나// 올해 팀 훈련 104개 선두... (동아, 10. 7. 3)
- 태극전사들 오늘 금의환향/ 서울광장 환영행사후 팀 복귀 (동아, 10. 6. 29)
- 족집게 용병술- 카멜레온 전술... "우린 꾸역꾸역 팀"(축구) (동아, 19. 6. 10)
- e스포츠 키워왔는데... "게임중독은 질병" 유탄 맞은 지자체들 (중앙, 19. 6. 18)
- 2연승 놓쳤지만... 이정은 4관왕 진군(골프) (동아, 19. 6. 11)
- 김현수 투런포... LG 신바람 3연승 (조선, 19. 6. 7)

"朴 터지니... KT 전창진 함박웃음"은 박상오가 득점포를 터뜨리니 KT 의 감독 전창진이 활짝 웃었다는 표제다. '삼바'는 브라질을 대표하는 춤 이어 브라질 팀을 비유한 것이다. "삼바 VS 오렌지" 표제에서 "오렌지"는 네덜란드 팀을 가리킨다. "혼절탱고"의 "탱고"는 아르헨티나를 비유한 것 이다. 아르헨티나는 독일과의 경기에서 4:0으로 패배하였다. 그래서 "탱 고" 앞에 "혼절(昏絕)"이란 수식어가 붙은 것이다. "대한항공 산뜻한 첫 비 행"이란 표제는 대한항공팀의 소속사가 항공회사이기에 "첫 비행"이란 비유를 한 것이다

"무적함대(無敵艦隊)"는 1588년 스페인의 펠리페 2세가 영국을 공격하기

위해 편성한 함대 이름이다. 이를 국가대표팀에 비유한 것이다. 스페인의 "무적함대"는 네덜란드에 1-5로 참패하여 "스페인의 '무적함대'라는 별명이 무색해졌다"고 한 것이다. 사실은 역사적으로도 "무적함대"는 영국해협을 항해하던 중 영국 해군의 습격을 받아 패한 바 있다. "'오렌지 군단'의 역습에 무너진 스페인의 자존심"이란 기사에서 '오렌지 군단'이란 칠레군단을 비유한 것이다. "전차군단-무적함대"의 "전차군단"은 이어지는 표제 "독일-스페인 내일 새벽 4강전"에 보이듯, 독일 팀을 비유한 것이다. 롯데를 '소총부대'라 한 것은 약체 팀이란 말이다. 롯데는 1982년 출범 이후 지난해까지 28시즌 동안 팀훈련 꼴찌를 12번이나 하였다 한다. "태극전사"는 물론 태극 마크를 단 한국 팀으로, 여기서는 사상 첫 원정 16강을 달성한 한국축구대표 팀을 비유하고 있다. "용병술" 이하는 따로 설명을 필요로 하지 않을 것이다. 이에 이들에 대한 설명은 생략하기로 한다.

6. 결어

신문은 방송과는 달리 자기 의사에 따라 기사를 읽어야 한다. 따라서 신문 기사는 읽을 만한 매력이 있을 때 읽는다. 그렇지 않으면 읽지 않는다. 표제만 읽고 넘어간다. 이러한 신문 기사이고 보니 우선 표제가 유인성이 있어야 한다. 波多野完治(1966)가 표제의 기능으로 표시성, 압축성, 감동성, 품위, 심미성의 다섯 가지를 들고 있는 것은 이 때문이다. 우선 기사의 내용이 관심이 있는 것이어야 하고, 표제가 장황해서는 안 된다. 그리고 무엇보다 표제가 흥미가 있고, 사람의 마음을 끌어야 한다. 그리고 그것은 품위가 있어야 하고, 이왕이면 멋있게 꾸며져 눈을 끌어야 한다. 신문의 표제가 소설의 제목처럼 상징적이거나, 본문의 서론이어서는 안

되고, 그 자체로서 사건 자체를 압축한 기사가 되어야 한다.

이 글에서는 표제의 대표적 기능이라 할 흥미성, 감동성, 말을 바꾸면 선정성(sensuality)에 대해 살펴보았다. 이는 무엇보다 독자를 유인하기 위한 대표적 수사라 할 수 있는 것이다. 이를 일반 기사와 감동성을 보다 많이 드러내고자 하는 스포츠 기사의 둘로 나누어 살펴보았다. 이는 저자가 "곁말"이라고 하는 전통적 수사를 중심으로 활용하여 이루어지고 있다. 다음에 이를 정리하여 결론을 삼기로 한다.

첫째, 표제는 흥미성, 감동성, 선정성을 드러내는 표현을 많이 한다.

표제는 독자로 하여금 기사를 읽게 하기 위해, 평범한 표현을 피하고, 흥미성(interest), 감동성, 선정성(sensuality)을 드러내는 표현을 함으로 독자를 유인하는 수사적 기법을 많이 사용한다. 이러한 기법은 동음어, 유음어, 비유 등을 활용하는 것으로 나타난다.

둘째, 동음어를 활용한 표제가 많다.

동음어를 활용한 표제는 전음 동음어, 부분 동음어를 활용한 것이 있는데, 이 가운데 전음동음어를 활용한 것이 많다. 이는 일반 기사와 스포츠 기사에 두루 많이 쓰인다. 특히 스포츠 기사의 표제는 인명을 활용한 것이 많다는 특징을 지닌다. 예를 두어 개 들어 보면 다음과 같다.

- 야거// 야, 거... 대단한 선수네 (조선, 15. 12. 23)
- 어딜... !// 마오, 넘보지 마오 (동아, 14. 1. 7)
- 막판 5초 대역전... 대보름 다음날 김보름 (조선, 17. 2. 13)

부분 동음어를 활용한 표제는 어두음을 활용한 표제가 많다. 스포츠 기사의 어말음을 활용한 표제는 인명과 관련된 것이 많다.

- 날선 국회... 날샌 국회... 날림 국회// 계류법안 6320건중 34건 통과... 처리율 05% 그쳐 (동아, 13. 12. 11)
- 500m 이상화, 숲 못 따면 이상해// 월드컵 3차 2차 레이스도 우승 (동아, 13. 12. 2)
- 호호포에/ 넥센 '好好'/ 넥센 강정호·박병호 홈런으로 공동 선두였던 삼성 따돌리고 단독 1위로 (조선, 13. 6. 5)

셋째, 유음어를 활용한 표제가 쓰인다.

유음어를 활용한 표제는 일반 기사나, 스포츠 기사를 가릴 것 없이 동음어를 활용한 표제에 비해 많지 않다. 이것도 동음어를 활용한 표제처럼 스포츠 기사에서는 인명을 활용한 표제가 많다.

- "우승이다"/ 센! 프란시스코// SF, 텍사스에 4승1패...
- 너플너플 너클볼, 한국도 너울너울// 회전 없이 타자앞 자유자재로 움직여 / 국내선 볼 수 없었던 '최후의 마구' (동아, 14. 3. 12)

넷째, 비유에 의한 표제가 많다.

비유는 직유와 은유가 다 같이 쓰이나, 은유가 압도적으로 많이 활용되고 있다. 비유는 구체성을 드러내는 수사 기법으로, 이는 일반 기사와 스포츠 기사의 표제에 다 같이 많이 쓰인다. 다만 비유의 내용을 보면 일반 기사의 경우는 일상적으로 자주 사용하는 관용적 비유(idiomatic metaphor)가 많이 쓰인다.

- 차관급 이상 9명 낙마... 인사검증 시스템 구멍 (동아, 18. 5. 9)
- 농식품부 경매제고수... 도매협회 퇴직관료 낙하산 있었다 (중앙, 19. 6. 4)

다섯째, 스포츠 기사의 표제에는 군사 용어를 활용한 비유가 많이 쓰인다.

　운동 경기는 군사 작전과 유사한 면이 많다. 따라서 스포츠 기사의 표제는 사람을 병기나, 군인에 비유하거나, 경기를 작전, 전쟁에 비유하고, 또한 경기 운영을 군사 용어로 비유하는 등 군사 용어에 의한 비유 표제가 많다.

- 전차군단-무적함대 '결승길목 대충돌'// 독일-스페인 내일 새벽 4강전 (동아, 10. 7. 7)
- 태극전사들 오늘 금의환향/ 서울광장 환영행사후 팀 복귀 (동아, 10. 6. 29)
- 족집게 용병술- 카멜레온 전술... "우린 꾸역꾸역 팀"(축구) (동아, 19. 6. 10)

참고문헌

박갑수(1979), 사라진 말, 살아 남은 말, 서래헌
박갑수(1994), 우리말 사랑 이야기, 한샘출판사
박갑수(1994), 올바른 언어생활, 한샘출판사
박갑수(1996), 한국 방송언어론, 집문당
박갑수(1998), 신문·광고의 문체와 표현, 집문당
박갑수(1999), 아름다운 우리말 가꾸기, 집문당
박갑수(2015), 언어·문학·문화 그리고 교육이야기, 역락
박갑수(2018), 재미있는 곁말 기행(상, 하), 역락
波多野完治(1966), 現代文章心理學, 大日本圖書

　　○ 이 글은 본서에 수록하기 위해 2019년 2월 10일 탈고한 원고이다.
미발표 논문임.

제3장 **신문 문장의 언어와 표현의 문제**

1. 머리말

신문 문장의 오류는 잘 의식되지 않는다. 그러기에 신문 문장의 문제점을 제기하는 사람은 많지 않다.

신문 문장은 '영글다, 선 뵈'가 큰 활자로 표제문을 장식하듯 많은 문제점을 안고 있다. 다만 이는 활자의 마력 뒤에 감추어져 있어 잘 드러나지 않을 뿐이다. 신문의 언어는 방송의 언어와는 달리 활자로 표현되는 것이기 때문에 발음상의 문제는 없다. 그러나 바른 말, 고운 말의 면에서 보면 문제점이 많다. '무관의 제왕'의 글이요, 교열을 거쳤다고 하나, 그대로 수용하기엔 너무나 문제점이 많다. 신문은 의식되지 않을 뿐, 혼란스럽고 오염된 언어의 보고라 할 수 있다.

신문 문장의 언어와 표현의 문제는 우선 바르지 아니한 말과 표기를 들 수 있다. 고운 말의 차원에서 외래어의 사용 또한 문제가 된다. 바람직하지 않은 표현도 그 대상이 된다. 이밖에 신문 용어의 특징적인 것으로 군사 관계 용어 및 감화적 표현이 있는데, 이 또한 순화 대상에 해당한다. 다음에 이러한 신문 문장의 언어와 표현의 문제를 살펴보기로 한다.

2. 바르지 아니한 말과 표기

신문 기사는 무엇보다 정밀성(accuracy), 또는 정확성(correctness)을 중시한다. 따라서 그 표기와 표현은 바로 되어야 한다. 이런 의미에서 신문 문장의 바르지 아니한 낱말이나, 문장 표현 및 표기는 가장 우선적으로 바로잡아야 할 대상이다.

2.1. 어휘상의 문제

낱말의 문제는 크게 보아 형태와 의미의 두 가지 면으로 나누어 볼 수 있다.

첫째, 형태상 문제가 되는 대표적인 것으로는 표준어의 형태를 취하고 있지 않은 것을 들 수 있다. 이러한 예는 의외로 많은데, 이들 가운데 용언이 가장 많고, 이밖에 체언 및 부사, 조사가 많다. 이들의 예를 보면 다음과 같다. 괄호 안의 말이 바른 말이다.

○ **용언의 예**
- 바람직스럽지(바람직하지) 못한
- 풍요로운(풍요한) 수확기
- 추위에도 아랑곳(아랑곳하지) 않고
- 얼마나 많은 밤을 지샜는가(지새웠는가)?
- 양담배 불티나게(불티같이) 팔린다.
- 입맛을 돋궈(돋워) 준다.
- 서슴치(서슴지) 말아야 한다.
- 정치 감각이 무디다고 봐지지(보이지) 않는다.
- 목메인(목멘) 상봉

- 증인도 없지 않느냐(않으냐)?
- 신나는 수업 하고파(하고 싶어).
- 오곡 백과가 영근다(여문다).
- 이쁘기로(예쁘기로) 소문난 참돔.
- 두 살 난(된) 아들

○ 체언 · 부사 및 조사의 예
- 햇빛(햇볕) 많이 쬐고
- 승강을(승강이를) 벌이는가 하면
- 망둥어식(망둥이식, 망동어식) 행동
- 나락(벼) 거두고 싶지 않다.
- 마지막 잎새(이파리, 잎사귀)
- 비상의 나래(날개) 편다.
- '그런 사실 없다'라고(고) 말했다.
- 국민에(에게) 보여 주었다.
- 북한에게도(에도) 유출됐다.

이들 형태상의 오류는 '지샜는가, 영근다, 나락'과 같은 무지에 의한 것, '이쁘기도, 서슴치'와 같은 부주의에 의한 것, '살고픈, 나래'와 같은 멋을 부리고자 함에 의한 것 등의 세 부류가 있다.

둘째, 의미상 문제가 되는 대표적인 것으로는 낱말의 의미를 잘 몰라 어울리지 않는 말을 사용한 것을 들 수 있다. 이는 형태상의 오류에 비해 훨씬 빈도가 높다. 앞에서 예를 든 '지새다~지새우다, 돋우다~돋구다'도 사실은 형태상 문제가 되는 말이기도 하나, 의미상 오용을 하고 있는 것이다. 이들은 각각 다음과 같이 의미가 구별되는 말인 것이다.

○ **지새다**: ① 달빛이 사라지면서 밤이 새다, ② (북) 고난이나 어려움이 사라지고 광명이 비껴들어 옴을 비유적으로 이르는 말

지새우다: [...을]('밤' 따위와 함께 쓰여) 고스란히 새우다.

○ **돋우다**: ① 위로 끌어올려 도드라지거나 높아지게 하다, ② 밑을 괴거나 쌓아올려 도드라지거나 높아지게 하다, ③ '돋다 2, 3'의 사동사, ④ 정도를 더 높이다, ⑤ '돋다 1, 2의 사동사, ⑥ 가래를 목구멍에서 떨어져 나오게 하다

돋구다: [...을] 안경의 도수 따위를 더 높게 하다

의미상 잘못 쓰인 예를 몇 개 보면 다음과 같은 것을 들 수 있다.

- 공안정국을 빌미로(구실로)
- 사실이 틀린(다른) 데도 같다고 주장한다.
- 같은 핏줄임을 되뇌는(되새기는) 계기
- 蘇선수단 싣고(태우고) 온 KAL 전세기
- 南과 北의 통일언어인 한글(국어)
- 국민 앞에 다짐했던 장본인(당사자)
- 경찰 자문 얻었죠(-에 자문했죠)
- 모래판 막내 백두 頂上 넘본다(넘어다본다)
- 정치권이 진통을(고통을) 겪고 있다.
- '그런 말을 안 했다'고 도리깨질이다(도리질이다).
- 홀몸(홑몸)으로 적진에 돌진해 들어갔다.

이들 보기 가운데 "빌미, 틀린, 한글, 장본인, 자문, 넘보다, 진통" 등은 의마상 오용의 대표적인 것이다. 특히 이 가운데 우리의 문자인 '한글'을 '한국어(국어)'와 혼동하는 기자가 많다는 데에는 놀라움을 금할 수 없다. 의미상의 혼란은 또 '당혹감을 느꼈다', '결실을 맺도록'과 같은 동의 반복으로도 많이 나타난다.

그리고 의미호응에 문제가 있는 것도 많다. 괄호 안이 바른 용법이다.

- 전문가 자문 받아(전문가에게 자문해)
- 감정 마찰이... 고양됐다는 (격화됐다는)
- 쇼가 흥행하는 우리 세태(사회)
- 결의를 다짐했다(다졌다).
- 혼수비용마저(혼수비용까지) 합치면
- 최루탄 1천여발과 투석(돌)이 난무하는 격렬한 충돌사태

이밖에 '活꽃게(산꽃게), 土取場(취토장), 財테크(재산증식테크), 여성상위(여성우위), 맹렬여성(억척스런 여성), 賣場(판매장)' 등 일어식 단어도 문제가 된다.

2.2. 어법과 문장상의 문제

어법이나 문장 구성에 있어서도 문제가 드러난다. 이러한 문제의 대표적인 것에는 사동, 접속, 주술호응, 객술 구성, 수식구성, 능·피동, 시제, 부사어, 성분 생략 등이 있다.

첫째, 사동형이 잘못 남용되고 있다.

신문에 즐겨 쓰이고 있는 사동법은 '-하다' 따위 동사를 '-시키다'로 바꾸는 것이다. '-시키다'는 '-하다' 따위 동사를 '남에게 하게 하다'란 뜻을 나타내기 위하여 '-하다' 대신 갈아 넣는 말이다. '일하다 > 일시키다', '노래하다 > 노래시키다'와 같은 것이 그것이다. 그런데 이 '-시키다'는 자동사를 타동사로 만들 때에는 필수적이나, 타동사를 사동 아닌, 단순한 타동사로 쓸 때는 필수적인 것이 아니다. 그런데 오늘날 신문에서는 이 '-시키다'를 마구잡이로 아무데나 쓰고 있어 큰 문제이다. 이들 용례를 몇 개 보면 다음과 같다. 괄호 안이 올바른 용법이다.

- 문제를 야기시킬(야기할) 수 있다.
- 共和黨을 제외시키고(제외하고)
- 잠수함 2척을 새로 증강시켰고(증강했고)
- 北韓 동조세력을 고양시키고(고양하고)
- 종류를 다양화시키는(다양화하는) 일이고
- 부랴부랴 구속시키는(구속하는) 등

이러한 예는 일일이 다 들 수 없을 정도로 많다. 이들은 다 '남에게 어떤 행위를 하게 하는 것'이 아니다. 단순한 타동사를 이렇게 '-시키다'를 붙여 표현한 것뿐이다.

둘째, 접속형, 말을 바꾸면 연결형 표현에 문제가 많다.

이는 문장 이전에 사고에 문제가 있는 것이라고 할 수 있다. 이러한 문제로는 대등 연결형과 종속 연결형의 문제가 있는데, 대등 연결형에 더욱 문제점이 많은 것으로 나타난다.

대등 연결형의 문제로는 대등접속의 구조상 문제가 있는 것과, 동시 병행(-며)과 전후 나열(-고)에 혼란이 일고 있는 것, 대등접속과 종속접속이 혼란을 빚고 있는 것 등이 있다. 이들 예를 하나씩 보면 다음과 같다.

- 이 중 35건이 심사돼 33건은 기각됐으며, 2명이(2건은) 구제됐다.
- 교수들은 그러나 학생측의 공동대책위원회 결성 제의에는 응하지 않고(않으며) 강의를(강의는) 계속 진행하기로 했다.
- 이번 대회는 9일 당헌 당규와 정강정책을 채택했으며(채택했는데), 새로 마련된 당규에 따르면 공산당 하에서 최고 실권직이었던 서기장은 사무총장으로 격하되었다.

종속 연결형도 구조상 문제가 되는 것과 대등 연결형과 혼란이 이는 것을 많이 보여 준다.

- 범인들은 이에 앞서 지난 23일에도 강남구 역삼동 탤런트 K모양 집에 들어가 강도짓을 하려다 K양의 시어머니 정모씨(60)가 소리지르며 반항하자 (반항하여) 미수에 그쳤다.
- 林양은 전날 平壤을 떠날 때 긴 차량행렬을 이루며 마치 개선장군처럼 板門店을 향해 출발하자(출발하였고) 수천명의 주민들이 꽃을 흔들어 환호하는 전송을 받기도 했다.

셋째, 주술호응이 문제되는 것도 많다.

주어와 술어가 호응이 되어야 한다는 것은 문장 작법의 기본적 상식인데, 이것이 제대로 지켜지지 않고 있다. 이러한 보기를 몇 개 들어 보면 다음과 같다.

- 대통령의 귀국을 계기로 그 작업은 더욱 가속화될(가속화될 것으로) 전망이다(전망된다/ 보인다).
- 천둥(천둥이 울고) 번개가 칠지 찬서리 내릴지, 乞期待
- 경찰은 이날 포스터 유인물 등 공연관련 용품 1천 5백여 점을 압수한 뒤 30분만인 밤 9시반경 철수됐다(철수했다).

그러나 이것은 단순한 것이고 이와는 달리 복잡한 구조로 되어 있어 주술호응은커녕 의미 파악조차 하기 어려운 것도 많이 있다. 다음은 이러한 보기의 하나다.

- 그러나 全씨는 與野 합의에 전적으로 따르겠다는 입장만을 분명히 밝히고 있는 반면 與圈은 全씨의 국회 증언을 둘러싼 與野 합의 내용을 실현시키기에 앞서 全前 대통령과 6공화국 정권과의 관계가 명확하게 설정돼야 한다는 입장을 보이고 있고, 또 하나의 핵심 현안인 鄭鎬溶 의원(民正)의 공직사

퇴문제에도 돌파구가 보이지 않아 경우에 따라서는 野圈의 강력한 반발 속에 興圈의 일방적인 <u>종결선언으로 진행될 조짐마저 보이고 있다.</u>

넷째, 능·피동의 혼란도 많이 보인다.
이들의 예를 두어 개 보면 다음과 같다.

- 한 미국인은 지난 85년 미국에 입양한(입양된) 양녀 池정숙 양의 가족을 믿음과 신뢰가 충만된(충만한) 교육 분위기 조성
- 소련 한인 가무단의 서울 공연은 뮤지컬 <음과 양> 등 창작물과 함께 중앙 아시아 지역의 민속음악과 무용을 선보는(선보이는) 등 다채롭게 진행됐다.

다섯째, 수식구성에 문제가 많다.
이의 대표적인 것은 '-ㄹ 전망'으로 표현되는 것이다. 이는 바람직한 것이 못 된다. '-ㄹ 것으로 전망된다'고 표현하는 것이 바람직하다. 이러한 예를 몇 개 보면 다음과 같다.

- 법개정을 추진할 전망이다(추진할 것으로 전망된다).
- 주요 이슈로 등장할 전망이다(등장할 것으로 전망된다).
- 여야간 대화는 재개될 전망인데(재개될 것으로 전망되는데),

여섯째, 객술 구성도 문제가 많다.
이는 목적어와 서술어에 문제가 있는 것으로, 부주의에 의한 것과 관용적인 것이 있다.

- 정부는 이 같은 盧대통령의 통일구상을 바탕으로 국회 공청회 등을 거쳐 9월중 6공화국정부의 통일방안으로(통일방안을) 확정, 발표키로 했다.
- 내무부는 ... 대검의 白 군수의 뇌물수수혐의를 수사해 줄 것을(수사해주도

록 / 수사해 달라고) 요청.
- 로마에 갈 것을(갈 것으로) 확신한다.
- 유공에(유공을) 2 대 0으로 이겼다.

'-할 것을+동사'는 구문식(歐文式) 번역체이고, '-에게 이기다'는 잘못된 표현이다. '-에게 지다', '-을 이기다'가 관용적인 바른 표현이다.

일곱째, 시제에도 많은 잘못이 빚어지고 있다.

- 억울하지 않느냐(않으냐)?
- 저 전설 속의 女人國 아마조네스사회가 도래한지(도래했는지) 모른다.
- 정부측이... 농협에 압력을 가했지(가하지) 않았느냐는 의문을 제기.

이밖에 시제의 문제로는 진행되고 있는 사실이 아닌 것을 '-고 있다'란 진행형으로 나타내는 것을 많이 볼 수 있다.

- 안전조치를 받고 있지 못하다(받지 못했다).
- 某種의 임무를 띠고 있는 것으로 믿어지고 있다(믿어진다).

여덟째, 한정어의 사용에도 많은 문제가 있다.
이러한 오용의 대표적인 것은 대등 연결형으로 표현하지 않고, '어떤 상태가 계속된 대로 그냥'의 뜻을 나타내는 '-채'로 써서 표현하는 것이다. 이러한 표현은 꽤 많다.

- 국가안전기획부는... 서울대병원에서 보도진을 따돌린 채(따돌리고) 林 양을 안기부로 이송해 본격적조사에 착수했다.
- 의사 54명중 53명이 법무장관의 겸직허가를 받지 않은 채(않고) 개인의원

을 겸업.

그리고 사건·사고 보도 기사 가운데 '숨진 채 발견되었다'라는 말이 관용적으로 쓰이는데, 이도 바람직한 표현이 못 된다. '숨져 있는 것이 발견되었다'라 하여야 한다.

- 집을 나간 임 양은 근처 야산에서 숨진 채(숨져 있는 것이) 발견되었다.
- 모녀는 일산화가스에 질식한 채(질식해 있는 것이) 발견되었다.

아홉째, 성분이 생략되어 문제가 되는 것도 많다.
이러한 예로는 주어, 서술어, 목적어, 보어, 관형어, 부사어 등의 생략을 들 수 있다. 이들 예를 몇 개 보면 다음과 같다. 괄호 안의 '+'가 생략된 부분으로 이를 더해야 수용 가능한 문장이 된다.

○ **주어 생략 문장**
- 正당원 이외에는 (+ 전해진 것이) 없다는 점.

○ **서술어 생략 문장**
- 탄핵소추발의를 (+ 하겠다고) 거듭 천명하였다.

○ **목적어 생략 문장**
- 첨단 기술이란 쉽게 맺히기(+ 열매를 맺기) 어려운 것이지만...

○ **관형어 생략 문장**
- 日本人들도 (+ 유명) 브랜드 상품, 특히 프랑스 등 西歐제품 선호.

○ **부사어 생략 문장**
- 선거일 직전에 (+ 있을 것으로) 예상되는 부정 선거운동

이밖에 형식명사 '나름, 때문'이 관형어 없이 쓰이는 경우가 많다.

- 전교조도 (+ 그들) 나름대로
- 지하철공사측은... (+ 그/공사) 나름대로 청사진을 제시
- 1천여 내외신 기자들이... 북새통을 이루었으며, (+ 이) 때문에 본회의장 취재도...
- 통풍이 잘 되는 응달에서 말려야 한다. (+ 그렇기) 때문에 건조작업이 함들다고.

2.3. 표기상의 문제

표기상 문제가 되는 것은 낱말의 형태를 정서법에 맞게 바로 적지 않은 것이다. 낱말의 형태에 대해서는 이미 앞에서 살펴보았기에 표기상 특별히 문제가 되는 것과 오식으로 보이는 것만을 보기로 한다. 이러한 것의 대표적인 것으로는 다음과 같은 것이 있다.

- 작열하는(작렬하는) 태양
- 秋冬패션 선뵈(선봬)
- 젊은 율동 선뵈(선봬)
- 일이 되가는대로(되어가는대로/ 돼가는 대로)
- 외(외어/왜) 가지고 가는 것이 상식
- 내노라(내로라) 하는 그룹 회장
- 만화, 성폭력 부추킨다(부추긴다).
- 엑셀레이터(엑셀러레이터) 가동

오식(誤植)으로 보이는 것도 상당히 많다. 신문지상에 오식이 많이 보인다는 것은 그 신문에 대한 신뢰를 떨어뜨리는 것이다. 교정을 잘 보아야

한다. 형식상 몇 개의 예를 제시해 보면 다음과 같다.

- 역사 문화 서회(사회) 현실 등
- 일찍이 우래를(유례를) 찾아볼 수 없는
- 경력을 제조회(재조회)
- 여느(어느) 가정에서나 있는 일
- 출구(출국) 수속 등

3. 순화되지 않은 말

신문 문장의 말은 바르고 고운 말이 쓰여야 하는데, 순화되지 않은 말도 많이 쓰인다. 이러한 것으로는 외래어와 비속어가 있는데, 외래어의 사용이 좀 더 심한 경향을 보인다.

대체할 말이 없어 외래어를 쓰는 것은 어쩔 수 없는 일이다. 그러나 신문에는 그렇지 않은 경우에도 외래어가 많이 쓰이고 있다. 이는 독자에게 영향을 미쳐 더욱 확산된다. 신문의 외래어는 스포츠 기사에 많이 쓰이며, 정치·경제 기사에도 꽤 많이 보인다. 이들의 예를 보면 다음과 같다.

신기럭 레이스, 백 스매싱, 카운트 다운, 최고의 골게터, 옵션, 징크스, 대인 마크, 노하우, 사보타주, 블로킹, 물귀신 신드롬, 수입 쿼터, 챔피언戰 티킷, 풀 가동, 어시스트, 셧 아웃, 러시, 이슈, 레이업 슛, 루머, 프락치, 올코트 프레싱, 섹스파티, 린치 사건, 패널티 지역, 문화 벨트化, 海外로케붐

비속어도 꽤 쓰이고 있다. 이들은 대부분 스포츠 관계의 관용적 표현이다.

결승 골을 터뜨렸다, 레이업 슛도 거푸 터져, 끝내기 안타를 터뜨려, 이의를 달지 않음으로써, 홈런 4개를 날린 데 힘입어, 의문을 던져 주었다, 홈런을 때려, 새 유행을 타는 국교 교실, 홈런을 날려, 서베를린으로 빠져 나올 때까지, 1승씩을 올렸고

4. 바람직하지 않은 표현

신문에는 어휘나 어법이라기보다 표현상 문제가 되는 것도 많이 있다. 이는 바르다 바르지 않다의 문제라기보다 바람직하다, 바람직하지 않다의 문제라고 할 수 있는 것이다. 신문 문장에서 드러나는 이러한 문제의 표현은 셀 수 없을 정도로 많다.

이의 대표적인 것으로는 우선 문맥의 혼란과 어사(語辭)의 생략을 들 수 있겠고, 이밖에 관용적 표현, 번역체 문장, 반복적 표현, 어순의 도치, 근거가 불명한 표현, 약어 등을 들 수 있다. 그러면 다음에 이들 바람직하지 않은 표현에 대해 간략히 살펴보기로 한다.

첫째, 문맥상 혼란이 빚어져 의미 전달에 문제가 있는 표현이 있다.

이러한 표현은 주술호응, 객술호응 등이 제대로 되지 않는 단순 구조의 것에서부터 복잡한 구조의 것에 이르고 있다. 이들은 형식상 어색함을 느끼게 하고, 의미가 모호하거나 알 수 없는 것으로 만든다. 이들 예를 한두 개 보면 다음과 같다.

- 문교부는 5공 관련 문제는 현재 5공화국에 대한 평가작업이 진행되고 있는 것과 관련, 주관적으로 기술된 내용을 객관적 역사적 사실로만 가르칠 수 있도록 하겠다는 뜻이라고 밝혔다.

- 예상 수요량은 48만 9천t 쓰여서 14% 가량이 초과 생산된 셈이나 수요가 증가추세여서 수급 애로는 별로 없을 것으로 전망된다.

위의 예문은 의미가 분명치 않은 것이고, 아래 예문은 표현 내용이 모순되는, 알 수 없는 내용의 글이다.

둘째, 어사의 생략에 의한 바람직하지 않은 표현도 많다.

앞에서 성분의 생략을 보았거니와, 어미, 조사 및 그 밖의 낱말, 구절 등의 생략, 탈락에 의해 문장이 어색한가 하면, 그 뜻을 알 수 없는 것이 많다. 이들의 예를 몇 개 보면 다음과 같다.

- 現實(+ 에) 맞게 고쳐 가르친다.
- 여러 가지 의견이 제시(+ 되어) 결론을 내리지 못한 것으로 알려졌다.
- 유감(+ 의 뜻을) 표명하고
- 움직임이 두드러지고(+ 두드러지게 나타나고) 있는 가운데
- 앉을 때 뒷다리가 수평이며, 몸체는 일반 모기와 비교할 때 좀 작고 색깔은 암갈색이다. 돼지를 숙주(宿主)로 하여 이 모기에 의해 번지기 때문에 돼지를 많이 기르는 지방에서는 특별한 주의가 필하다.

마지막 예문은 각각 다른 주어(모기·병원체)가 생략되어 더욱 혼란을 빚게 하고 있다.

셋째, 관용의 표현에도 많은 문제가 있다.

이러한 예로는 '입을 모으다, 의견을 같이하다, 의견을 모으다, 인식을 같이하다, 관심을 모으다' 같은 말이 있다. 이밖에 '부심(하다), 빠져나가다, 진통' 같은 의미상 문제가 있는 말이 있으며, '-ㄴ 것.'으로 마치는 종결형이 있다. 이들 용례를 몇 개 보면 다음과 같다.

- 전문가들은 입을 모았다.
- 어렵다는 데 의견을 같이 한 것으로 알려졌다.
- 지켜야 한다는 데 의견을 모았다.
- 마무리해야 한다는 데 인식을 같이했다.
- 관심이 모아지고 있다.
- 대책 마련에 부심하고 있다.
- 군중을 헤치고 빠져나갔다.
- 1대학 2총장 사태로 진통을 겪고 있다.

이밖에 스포츠 관계 기사에 '안타를 터뜨려, 1승씩 올려, 격돌'과 같은 관용적 표현이 많이 쓰인다.

넷째, 번역체의 문장이라 할 표현이 많이 쓰인다.

이는 우리말 표현이라고 하기에 어색한 표현이다. 이러한 표현으로는 피동 구문, 가능 표현 구문, 객술구조의 구문 및 기타가 있다.

- 명랑한 사회분위기 조성에 <u>저해될</u> 음악방송은 아니 한다.
- 악영향을 <u>미칠 수 있는</u> 부작용이나
- 結者解之의 입장에서 책임지고 풀어야 할 것이기 때문에 그의 책임이 <u>회피</u> <u>될 수 없을</u> 것이다.
- 참다운 민주주의가 뿌리 내려지는 계기가 되도록 하여 <u>줄 것을</u> 확신한다.
- 많은 <u>절차를 남겨 두고</u> 있다.
- 파행적 <u>군 질서가 발생하는 것이 될 것이다.</u>

다섯째, 반복 표현도 문제의 대상이 된다.

이들은 동의 및 유의 반복과, 동일어 반복으로 나타난다. 특히 동의 및 유의 반복이 문제이다. 괄호 안이 올바른 표현이다.

- 잔존해 있는 (남아 있는/ 잔존한)
- 회담도 結實 맺자(열매 맺자).
- 이질감을 느끼게(이질감을 갖게) 했다.
- 모든 준비에 만전을(준비에 만전을) 기하고
- 고발장을 접수 받은(접수한) 뒤
- 피해만을 당해(해만을 당해) 왔다.

여섯째, 어순의 도치(倒置)도 많은 문제를 제기한다.

이는 앞에서 살펴본 문맥의 혼란과 관계가 있는 것으로, 의미 파악에 어려움을 느끼게 한다.

- 고교생들의 교사징계에 대한(교사징계에 대한 고교생들의) 항의 농성
- 수돗물 정수장 중 17%는(전국 17%의 정수장은) 수돗물로 부적합하고
- 차량 4대를 차례로 들이받아 운전자 權씨... 프레스토에 타고 있던(들이받은 프레스토 운전자 權씨)

일곱째, 근거가 불분명한 것도 많다.

이러한 것의 대표적인 것은 '지적됐다', '밝혀졌다'로 표현되는 주체(主體)가 분명치 않은 것이며, '이같이, 이 같은, 이러한' 및 '이에 대한'으로 지시되는 내용에 대한 언급이 없는 것이다. 이러한 예를 한두 개 보면 다음과 같다.

- 특별소비세 인하 보류 등 수입건전화를 위한 대책 마련이 시급한 것으로 지적되고 있다.
- 日本 언론이 韓國등 아시아 신흥공업국가群(NIES)은 이제 무섭지 않다는 진단을 내렸다. 그동안 일본에서 유행어처럼 돼버렸던 'NIES의 추격', '韓國의 추격'을 대신해서 이제 이 같은 새로운 분석이 나온 것이다.

첫째 예는 '지적'의 주체가 밝혀지지 않은 것이고, 둘째 예는 '이 같은' 의 내용이 분명치 않은 것이다.

여덟째, 약어를 많이 쓰는 것도 바람직하지 않다.

신문에서의 약어 사용은 표현의 간결성과 지면 제한으로 말미암아 피할 수 없는 것이 사실이나, 올바른 의미 전달을 위해 남용을 삼가야 한다. 약어의 용례 몇 가지를 보면 다음과 같다.

> 全民聯(전국민주운동 연합회), 청경(청원경찰), 서總聯(서울지역 총학생회연합), 老長靑세대(노년 장년 청년 세대), 全人大(전국인민대표대회), EC(유럽공동체), 財 테크(재산증식 테크놀로지), DLF(개발차관기금), 생보사(생명보험회사)

5. 감화적 표현의 문제

신문의 표제는 '표시성·압축성·감동성·품위성·심미성'이란 기능을 지닌다. 따라서 표제문은 감화적(정서적) 표현이 많이 쓰인다. 이로 말미암아 독자는 강한 감화를 받아 이의 영향을 받게 된다.

감화적 표현은 첫째 감화적 낱말을 사용하거나 추상적 표현을 하며, 둘째 비유적 표현을 하며, 셋째 특히 군사 용어를 많이 사용하는 것을 볼 수 있다. 이제 이들 용례를 몇 개씩 보면 다음과 같다.

　○ 감화어와 추상적 표현
　• "출근전쟁 오늘도.." 市民들 분통
　• 湖油 불꽃에 大農 녹았다
　• 송곳 백핸드 푸시 되살아나

- 稅波에 멍든 國民 건강

○ **비유적 표현**
- 럭키금성 "반짝반짝"
- 호랑이, 돌고래 타고 선두 질주
- '여고생 4人幇' 급유 湖油 화려한 탄생
- '不惑'의 나토 中心 잃고 휘청

○ **군사 용어**
- "신명난 20年 ...部落祭사령탑"- 機池市 줄다리기 李禹永씨
- 難敵 現代 제압 큰 고비 넘겨- 張允昌 '대포알 강타' 불꽃
- '高空킬러' 鄭의탁·李재필 "連勝출격"
- 해태 공포의 홈런砲 4發로 三星 맹폭

이밖에 표제문의 압축성 때문에 생략된, 모호한 표현에 의해서도 감화가 미치게 된다.

- 휴대용 워드프로세서 "불티"
- 협박... 강매... 공갈... 사이비記者 홍수
- 수영 한국新 "봇물"
- "국민의혹 없도록" 搜査추이에 촉각

6. 맺는 말

신문은 우리가 아침저녁으로 대하는 것이다. 이러한 신문은 공기(公器)로서 권위를 지닌다. 그리하여 독자는 "그거 신문에 났더라"라고 기사의 내용을 믿는다. 아니 내용만을 믿는 데 그치지 아니하고, 형식인 표현이

나 표기도 모범적이고 바람직한 것으로 생각한다. 따라서 신문이 독자에 미치는 영향은 내용이나 형식의 면에서 상상의 도를 넘는다.

신문 기사는 문장의 연금술사(鍊金術師)인 기자에 의해 쓰인다. 따라서 믿어도 좋은 것임에 틀림없다. 그러나 100% 믿을 것은 못 된다. 앞에서 살펴본 바와 같이 믿음직한 연금술사의 문장임에도 불구하고 많은 오류와 혼란을 드러내고 있기 때문이다. 따라서 기사를 작성하는 기자는 문장을 쓸 때 바르게 쓰도록 힘쓰며, 교열 기자는 착실하게 문장을 바로잡아야 한다.

신문은 가난한 서민에게는 교과서와 같은 것이다. 잘 의식되지 않는, 어지러운 우리말의 보고가 아니라, 우리의 바른 말과 글의 거울이 되어야 한다. 거울은 반영의 기능만을 지니는 것이 아니라, '모범' 곧, 귀감(龜鑑)이란 사실을 명심해야 한다.

참고문헌

박갑수(1984), 국어의 표현과 순화론, 지학사
박갑수(1990), 신문가사의 문체, 한국언론연구원
박갑수(1990), 기사의 문체와 표현, 한국언론연구원

○ 이 글은 언론과 비평, 11호, 언론과비평사, 1990년 6월호에 발표된 것이다.

제4장 신문 문장과 방송언어의 문제와 대책

1. 서언

우리는 개인적인 의사전달을 할 때 그것을 프라이비트 커뮤니케이션이라 하고, 신문과 방송 등에 의한 의사소통을 매스커뮤니케이션이라 한다. 매스컴은 대중을 상대로 한다. 그것도 불특정 다수의 대중을 상대로 하는 것이다. 따라서 알기 쉬운 말을 쓰지 않으면 안 된다.

알기 쉽게 말을 하고, 글을 쓰자면 우선 공용어를 써야 한다. 말을 바꾸면 지역방언이 아닌, 표준어를 써야 한다. 이때의 표준어란 발음에서 문장에 이르기까지 규범적인 것임을 의미한다. 그래야 혼란이 일어나지 않고, 쉽고, 바로 이해할 수 있다. 알기 쉽게 말을 하려면 난해어(難解語)나 외래어를 쓰지 말아야 한다. 어법에 맞는 조리 있는 표현도 해야 한다. 그리고 여기에 저널리즘이 중시하는 정밀성과 정확성이 기해져야 한다.

세계적인 경향이 그러하듯 우리도 신문의 문체가 형성되고, 뒤에 방송언어의 문체가 형성되었다. 이러한 매스컴의 언어에 의해 국민들은 많은 계도를 받았고, 오늘날의 우리 국어 문체는 크게 발달하게 되었으리라 생각된다. 그것은 이러한 매스컴 언어가 시범성, 교육성을 지니기 때문이다.

그런데 이러한 우리의 매스컴 언어는 잘 다듬어진 것이긴 하나, 여러 가지 면에서 개선돼야 할 점이 있는 것으로 지적된다. 따라서 여기서는 이러한 매스컴 언어와 문장의 개선을 위하여 신문과 방송의 언어와 문장의 실상을 살펴보고 이에 대한 대책을 살펴보기로 한다. 여기서는 구체적인 용례를 통해 문제의 실상이 검토될 것이다. 검토의 대상은 언어의 구조적인 면에서 어휘, 문법, 표현, 표기와 발음이 된다.

2. 개선되어야 할 문제의 실상

2.1. 어휘 면의 실상

어휘 사용(使用)에 있어 가장 문제가 되는 것은 어울리지 않는 낱말을 사용하는 것이다. 곧 어의(語義)에 문제가 있는 낱말을 사용하는 것이 가장 문제다. 이밖에 문제가 되는 것은 형태(形態)인데, 이러한 것의 대표적인 것이 지역방언을 사용하는 것과 어근(語根)을 독립적으로 사용하는 것이다. 어근의 사용은 기사문의 검토에서 다시 논의되겠지만 표제에 많이 쓰인다. 이밖에 조사, 난해어, 약어, 외래어가 문제로 제기된다.

2.1.1. 어의(語義)

어의에 문제가 있다는 것은 적절한 낱말이 쓰이지 않았다는 말이다. 이는 소위 일물일어설(一物一語說)의, 그 일어를 찾아 쓰지 않아 어울리지 않게 된 것이다. 다음에 이들의 구체적인 예를 보기로 한다. (→ 다음은 교정을 본 것임.)

① 그 동안 집행부내의 갈등으로 <u>진통</u>을 거듭해 오던 민속씨름협회 → 고민

　　을 문익환 목사 김철호 씨 마지막까지 <u>진통</u> → 고민

② 백두정상 <u>넘본다</u> → 넘어다 본다

　　해외 유명패션 국내시장 <u>넘본다</u> → 넘어다 본다

③ 기동력·속공으로 <u>승부</u> → 겨루겠다/ 승부를 내게겠다.

　　빈삼각 넘어 "지옥탈출"… 역시 "<u>큰승부사</u>" → "큰 도박사"

④ 영화제 후보작 "<u>봇물</u>" → 봇물 터지다/ "밀물"/ 홍수

　　청와대 앞 시위 <u>봇물</u> → 봇물 터진 것 같다/ 밀물/ 홍수

⑤ 興野 사태 흐름 <u>촉각</u>… 高位 공직자 "초조" → 촉각을 곤두세우다/ 신경을 쓴다

　　언론, 클린턴정부 "힐러리變數" <u>촉각</u> → 촉각을 곤두세우다/ 신경을 쓴다

⑥ 한국 아주항로 <u>요충지로</u> → 요지로

⑦ 유남규 4년만에 "정상 <u>歸省</u>" → "정상 복귀"

⑧ 전문가 <u>자문받아</u> → 전문가에게 자문해

⑨ 서울 모범기사하고는 <u>틀려요</u> → 달라요.

⑩ 노고를 <u>치하했습니다</u> → 위로했습니다.

　①~⑩에 쓰인 "진통, 넘본다, 승부, 봇물, 촉각, 요충지, 자문" 등은 매스컴에 많이 등장하는 말이다. 그런데 이들이 바람직하게 쓰이지 않는 경우가 많다. 위의 보기가 그러한 경우이다. "진통"은 "일이 성숙되어 갈 무렵의 경난(經難)"을 의미하는 말로, 단순히 "고통"이나 "고민"을 뜻하는 말이 아니다. "넘보다"는 "남을 얕잡아 낮추보다", 곧 "깔보다"의 뜻을 나타내는 말이다. "승부"는 "이기고 짐"을 뜻하는 명사로, 이 말이 용언으로 쓰일 때는 "승부를 내다/ 승부를 겨루다/ 승부를 가리다"가 돼야 한다. "승부하다"란 동사는 우리말에 없다. "승부를 내다"라는 뜻으로 "승부"라는 말을 쓰는 것은 일본말 "勝負/ 勝負する"에 연유하는 것으로 잘못 쓰는 것이다. "봇물"은 "보에 괸 물"일 뿐이다. 이는 "많다"거나, "마구 쏟아지다"

란 뜻의 말이 아니다. 가능한 표현은 "봇물이 터지듯"이라고 비유하여 쓸수 있을 뿐이다. 이러한 뜻으로는 "홍수", 또는 "밀물"이란 말을 쓸 수 있을 것이다. "촉각"도 본래의 뜻은 "피부에 있는 감수기의 흥분에 의하여 일어나는 감각"을 말한다. "정신을 집중하여 신경을 곤두세워 즉각 대응할 태세를 취하다"란 뜻은 "촉각을 곤두세우다"란 관용어가 나타내는 것으로, "촉각"만으로는 이러한 뜻을 나타낼 수 없다. 따라서 이러한 말은 사용시 주의해야 한다.

"요충지"는 군사적 요지를 이르는 말로, 주요한 지역을 이르는 "요지"와는 구별되는 말이다. "귀성"은 "귀성열차", "귀성객"과 같이 쓰는 말로, "객지에서 부모를 뵈오려고 고향에 돌아감"을 의미하는 말이다. 따라서 "정상에 복귀한 것"을 "귀성"이라고 하는 것은 말이 안 된다. "자문"은 물어본다는 뜻의 말이지 대답하는 데 초점이 놓이는 말이 아니다. "틀리다"는 "그릇 위(違)"자의 뜻을 지닌 말로, 차이가 있다는 "다르다(異)"와는 구별하여 써야 하는 말이다. 그런데 오늘날 "다르다"라고 해야 할 말을 많은 사람이 "틀리다"로 잘 못 쓰고 있다. 그리고 "노고"는 "위로할 일"로, 좋은 일이라고 축하할 일이 아니다. 이밖에도 말뜻에 문제가 있는 것에 다음과 같은 많은 예가 보인다. 이들 어의(語義)가 문제되는 예는 설명을 생략하고, 보기 뒤에 바람직한 어휘만을 제시하기로 한다.

- 약점인 스타트- 순발력 보강 <u>결실 맺어</u> → 열매 맺어
- 한국과 한국인의 피해를 포괄적으로 <u>종결짓는</u> 근거를 마련한 것으로 → 해결하는
- 일 정부 <u>挺身隊</u> 조사 "부실" → 慰安婦
- 토사가 흘러내려 인근 주택가를 덮칠 <u>가능성이</u> 높다 → 위험성이
- 주요 작가로 <u>취급되는</u> 프랑스의 앙리 루소 → 꼽히는
- 漢江의 수질은… 鷺梁津 <u>이후부터</u> 급격히 염도가 높아지고 있다 → 하류

뷰터

- 전교추 파동은 초반부터 "제2의 전교조사태"로 <u>비화될</u> 가능성이 높아졌다 → 발전될
- 이렇듯 金씨는... "원상회복"을 목표로 삼고 차기 대통령선거를 <u>유심히</u> 바라보고 있는 중이다 → 관심 있게
- 14일 리나뇨구장에서 가진 연습경기에서 정종수와 이홍실이 큰소리로 말다툼을 벌여 팀내 인화가 엉망임을 <u>반증</u> → 노정
- "예수와의 만남"이란 주제로 <u>계속되고</u> 있는 수련회에는 김준곤(CCC회장), 김상복 목사(할렐루야교회) 등이 강사로 나서 특별강좌 → 개최되고
- 제13회 경호역전 내일 <u>大長征 "스타트"</u> → 大行程 출발
- 삼성생명도 SKC제압 <u>大權가도</u> 쾌주 → 우승가도
- 고려 증권 <u>파죽의</u> 2연승 → 연이어 우승/ 2연승
- 크렘린궁 주변에는 10만 여명의 옐친 지지 및 반대 시위대가 시위를 벌여 유혈충돌 <u>위기가</u> 고조되고 있다 → 위기감이
- <u>재산공개 태풍이</u> 우리 사회의 고질병인 부정축재의 실상을 적나라하게 보여주고 있다 → 재산공개가
- 2공화국 이래... 부정축재처리는 하나같이 변죽만 울리고 실패로 <u>귀결되었다</u> → 끝났다
- 포철 동부그룹 사태로 긴장... <u>불똥 튀길까</u> 전전긍긍 → 불똥 튈까
- 부일부동산 등 10여개 업소가 최근 폐업하는 등 휴폐업마저 <u>잇따르고</u> 있다 → 속출하고
- 연세대가 중앙대의 거센 도전을 <u>뿌리치고</u> 최종 결승전에 선착, 대회 2연패를 눈앞에 두게 됐다 → 물리치고
- 때리고 빠지는 단발작전과 접근시 복부 및 안면연타 공격으로 시종 <u>리드를 잡았다</u> → 리드했다/ 앞서 나갔다
- 사고현장 주변은 마치 폭격을 받아 <u>피폐화된</u> 전쟁터를 방불케 했다 → 폐허화한
- 나머지 차량들도 지그재그로 <u>일그러졌다</u> → 탈선했다
- 강신태 철도청장은... 가건물을 지어 <u>가구점이 들어서</u> 불법영업을 하고 있는 것으로 확인됐다 → 가구점을 차려

• 차관급 재산공개 이후의 파문 역시 <u>진행중이어서</u> → 일고 있어
• 이번 파문으로 가장 "쑥대밭"이 된 <u>계층은</u> 민정系이고 지역적으로는 TK (대구 경북)라 할 수 있다 → 계파는
• 같은 조 경기에서 <u>타격전</u> 끝에 한경수의 결승타에 힘입어 6대5로 역전승 → 격전
• 93한국 프로축구 정규리그 개막 <u>축포는</u> 올림픽 대표 출신인 LG스트라이 커 서정원에 의해 멋지게 장식됐다 → 첫골은
• <u>어획량은</u> 대부분 일본으로 수출, 과자를 만드는 원료로 쓰인다 → 어획 물은

2.1.2. 형태(形態)

형태적으로 표준어 아닌 사투리도 많이 쓰인다. 이러한 방언의 사용은 신문보다 방송에서 특히 심하다.

① 구근류 첫 수출... "꽃왕국꿈" <u>영근다</u> → 여문다/ 익는다
  "부농꿈" <u>영근다</u> → 여문다/ 익는다
  산에도... 들에도... 가을이 <u>영근다</u> → 여문다/ 익는다
② 추방당한 "자유"... <u>헤매인</u> 들판은 景勝 → 헤맨
  <u>목메인</u> "아버지"... 눈물 큰절 → 목멘
  김일성 여성 차림새엔 진보적... "앞가슴 <u>패인</u> 옷 괜찮다" → 파인/ 팬
  <u>설레이는</u> 가슴으로 다가선다 → 설레는
③ 일본 자민당 흉내만은 <u>삼가했어야</u> → 삼갔어야
④ 좀이 <u>쓸거나</u> → 슬거나
  좀은 알을 <u>낳기</u> 시작해 → 슬기
⑤ 그 <u>뒤켠으로</u> 병풍처럼 둘러쳐진 동백의 푸른 <u>잎새들이</u> 곱게 물들기 시작 하는 초가을 단풍들과 → 뒤편으로/ 잎들이
  綠靑의 동백나무 <u>잎새들이</u> 초가을 햇살에 <u>푸르름을</u> 더하며 눈을 가득 채 운다 → 잎들이/ 푸름을
⑥ "증인살해범 조작검거" 불호령에 검찰 "<u>안절부절</u>" → "안절부절못한다"

⑦ 풍요로운 수확기 → 풍요한

⑧ "한국사 강의" <u>불티나게</u> 팔린다 → 불티같이

⑨ <u>3살박이서</u> 할머니까지도 흉내 → 3살배기서

⑩ 서비스 면적 포함 평수 <u>뻥튀기</u> 등 → 뻥튀기기

⑪ 대선에서 호남표를 의식한 포석으로 <u>보여진다</u> → 보인다

　　첫째 등산객들의 <u>성숙해진</u> 시민의식이 꼽히겠지만 → 성숙된

⑫ <u>수차례의</u> 여론조사 → 수차의/ 두어 차례의

⑬ 노장진 <u>첫승</u> 날개 "활짝" → 초승

　　①~⑩의 "영글다, 헤매이다, 목메이다, 패이다, 설레이다, 삼가다, 쓸다, 뒤켠, 잎새, 푸르름, 안절부절, 풍요로운, 불티나게 팔리다, 세 살박이, 뻥튀기" 등은 사투리며, ⑪의 "보여진다, 성숙해진"은 바람직하지 않은 피동형이, ⑫⑬의 "수차례, 첫승"은 바람직하지 못한 조어가 쓰인 것이다.

2.1.3. 어근(語根)

어근(語根)은 독립적으로 쓸 수 없는 말이다. 그럼에도 간결성을 추구하는 나머지 어근이 독립적으로 많이 쓰이고 있다. 이는 특히 신문 표제에 많이 쓰이는데, 이러한 어근의 사용은 신문 기사문의 한 특징이라 할 수 있을 정도이다. 아래의 보기와 같이 이들은 "-하다"가 붙어서 낱말을 이루는 것과, "-대다, -거리다"가 붙어서 낱말을 이루는 것이 있다. 이러한 어근의 독립적 사용은 문법적으로 바르지 아니한 것인데, 매스컴에서 사용하므로, 널리 일반화되는 경향이 있다. 이는 국어의 혼란을 빚는 것으로 가급적 빨리 적절한 처리를 하도록 하여야 할 것이다.

① "-하다"류 어(語)

• 경제부처 1급인사 TK퇴조 <u>뚜렷</u> → 뚜렷하다

産災 작년고비 감소 뚜렷 → 뚜렷하다

통상에 매달려... "초강대국"위축 뚜렷 → 뚜렷하다

컴퓨터시대 장문화 경향 뚜렷 → 뚜렷하다

• 핵 특별사찰 수용 마땅 → 마땅하다

임신중절 수술받은 여성 처형 마땅 → 마땅하다

行政 정보 公開 마땅 → 마땅하다

징역 7년이하 중벌규정마사회법 적용 마땅 → 마땅하다

• 학부모 극성 가시적 성과 급급 → 급급하다

성적에 급급 "무엇이든 대신 해 준다" → 급급하여

• 대학 기초연구비 지원 감감 → 감감하다

AIDS 완전한 예방백신 출현 "감감" → 감감하다

• "한글시" 접목 인정 받아 뿌듯 → 뿌듯하다

"재활용 수익 이웃 도와 뿌듯" → 뿌듯하다

• 상습 침수지로 노선 변경... 정지 허술 → 허술하다

작년 선로 변경 정지 허술 → 허술했다

• 한 라운드 돌며 위스키 18잔 마신데서 비롯 → 비롯됐다

• 대전 엑스포난제 수두룩 → 수두룩하다

• 司正한파... 호화업소 "썰렁" → 썰렁하다

• 전세 임재정 장영달 신계륜의원 등은 느긋 → 느긋하다

• 민주당선 "깨끗한 정치" 환영속 내심 떨떠름 → 떨떠름해 한다

• 신영대 역대 신인값 "톡톡" → 톡톡히/ 톡톡하다

• "패튼 총독안 수용되면 북경측 설땅 막막" → 막막하다

② "-대다/ -거리다"류 어(語)

• 25년만에 개방... 주말 인파 "북적" → 북적대다/ 북적거렸다

"노태우의 날" 선포... 취재진 1천명 북적 → 북적대다/ 북적거리다

• "고위법관 재산공개" 사법부 술렁 → 술렁대다/ 술렁거리다

• 물가 "흔들" → "흔들흔들"/ 흔들거리다

• "3金 후" 겨냥 세대교체론 또 "들먹" → "들먹들먹"/ 들먹거린다

• 관람객 줄어 운영 "허덕" → "허덕허덕"/ 허덕거린다.

- 고위회담 의식 정구프로 "삐거덕" → "삐거덕삐거덕"/ 삐거덕거리다
- 접근 못해 먼발치서 "서성" → "서성서성"/ 서성거리다
- 파경 뒤 한때 생활 휘청 → 휘청휘청/ 휘청거렸다

③ "첩어+하다"류 어(語)
- 水害 상습지 "조마조마" → 조마조마하다
- 정부, 인수 직후 발견 "쉬쉬" → 쉬쉬하다

④ "-ㄹ만/-ㅁ직/-ㄴ·ㄹ듯+하다"류 어(語)
- 신구대결 볼 만 → 만하다
  직접 취재하는 재미 가져 볼 만 → 만하다
  충남권 대호만·삽교호 교통 편리해 가 볼 만 → 만하다
- 과잉경쟁방지 "풀" 활용 바람직 → 직하다
  "韓 -이 첨단산업 合作 바람직 → 직하다
  "시장 자율기능에 맡기는게 바람직" → 직하다
- 적자기업 상당수 정리된 듯 → 듯하다
  바닥권 인식 확산 큰 하락 없을 듯 → 듯하다
  지지기반 급속 약화 따라 불가피할듯 → 듯하다
  資金 유입 據點 노린듯 → 듯하다
  전자 정밀화학 자동차 호조 띨듯 → 듯하다
  신군부 "YMCA 결혼" 알고 있은듯 → 듯하다

이상 ①에 쓰인 "뚜렷, 마땅, 급급, 감감, 뿌듯, 허술, 비롯" 등은 독립해 쓰일 수 없는 어근들이다. 이들 어근은 "-하다"가 붙어 비로소 하나의 용언이 되거나, "-이/-히" 접사가 붙어 부사가 되는 말이다. ②에 쓰인 용례들은 의성·의태의 첩어를 지면을 절약하기 위해 어근 하나만을 씀으로 바르지 아니한 표현이 된 것이다. 이들은 "-대다/-거리다"가 붙어 용언을 이룬다. ③은 첩어이면서 독립해 쓰일 수 없는 말이다. ④의 "-만, -ㅁ직,

-듯”은 조용언의 어근을 이루는 것으로 독립하여 쓰일 수 없는 말이다. 이러한 어근들은 앞에 교정해 놓은 바와 같이 접사 “-하다”를 붙여 써야 한다. 어근은 이들 외에도 많은 것들이 쓰이고 있다.

2.1.4. 조사(助詞)

조사는 조리를 세우고 글 뜻을 결정하는 중요한 문법 요소다. 그런데 이 요소가 매스컴에서는 많이 생략되는가 하면, 잘못 쓰이고 있는 것을 볼 수 있다. 조사는 현재 쓰고 있는 것보다 확실히 많이 쓰여야 하겠다. 특히 표제에서 그러하다. 표제는 간결성을 취해 조사를 생략하나, 그렇게 함으로 의미를 파악할 수 없는 경우가 종종 있다. 예를 들면 “러 루블貨 폭락/ 1달러 7백 12루블/ 物價 작년 2千 6百 % 올라”의 경우 “작년에”에 올랐다는 말인지, 아니면 작년보다 올랐다는 말인지 혼란이 인다. 이 경우 “작년에”라고 조사 “-에”만 써 주었더라면 그 의미가 분명해졌을 것이다. 조사는 여격에 많은 혼란이 빚어지고 있고, 승부를 표현할 때 “-을 /-에게”가 제대로 구분되지 않으며, 직접인용의 경우 인용격에 “-다라고/ -다라는”이 남용되고 있는 것을 볼 수 있다. 아래의 ①은 유정물(有情物)에 무정물(無情物)에 사용하는 조사 “-에”가 쓰여 잘못된 것이며, ②는 “이기다”가 지배하는 조사 “-을” 대신, “지다”가 지배하는 “-에게”를 써 잘못이 빚어진 것이다. ③은 인용격 조사를 생략하고, 대등 접속어미를 써 바람직하지 않게 된 것이다. ④는 처소를 나타내는 조사가 제대로 쓰이지 않은 경우이다.

> ① 버릇 없고 참을성 없는 “요즘어린이들”에/ 국교서 “생활습관”교육 → “요즘 어린이들”에게
> 윗사람에 “제 내자(內子)입니다” → 윗사람에게/ 윗분께

배고픈 이웃에/ 굶는 <u>어린이에</u>/ 북한 <u>동포들에</u>/ 해외 <u>빈민들에도</u> → 이
웃에게/ 어린이에게/ 동포들에게/ 빈민들에게(사랑의 쌀 나누기)

② OB는... 공세를 펴 <u>삼성에</u> 7대4로 역전승 → 삼성을

　　<u>라바넬레스에</u> 3-0 판정승 → 라바넬레스를

　　아주대는 ... 강호 <u>한양대에</u> 1대0으로 승리, 8강에 합류했다 → 한양대를

③ 이 감독은 또 4천만 국민의 열망에 부응하지 못한 것에 감독으로서 모든
책임을 느낀다며 "아직 두 경기가 남았으니 선수들에 대한 질책은 자제
해 <u>달라</u>"며 국내 보도진에 특별히 당부 → 달라고

　　한(韓)장관은 남북대화 재개 문제에 대해 언급, "북한과의 모든 대화 채널
은 열려 있으나 지금은 시기가 아니며 앞으로 유엔 안보리의 진행상황을
봐가며 <u>하겠다</u>"며 당분간 남북간의 직접 접촉을 추진하지 않을 방침임을
밝혔다 → 하겠다고

　　무슨 일을 <u>해야겠다라고</u> 생각해요? → 해야겠다고

　　신기록 <u>제조기다라는</u> 평을 받고 있습니다 → 제조기라는

④ 이날 <u>회의는</u>... 환경대책 특별기구를 빠른 시일내에 구성, 운영키로 했다
→ 회의에서는

　　대부분의 <u>부동산거래업소는</u> 평소에 비해 5-10배 정도씩 매물이 쌓이고
있으나 → 부동산거래업소에는

　　다른 <u>유종까지</u> 확대된 것으로 알려졌다 → 유종에까지/ 유종으로까지

이밖에 조사가 잘못 쓰인 다음과 같은 예도 보인다.

- "그러나 바람 방향이 수시로 바뀌거나 <u>돌풍 등은</u> 없어 다행" → 돌풍 등이
- 5일밤의 <u>대책회의가</u> 도달한 "정면돌파" 결론은 → 대책회의에서
- 정부는 그러나 실사와 사후 처리 등의 <u>조치가</u> 오래 끌 경우 공직사회의 위
축과 혼란을 가져옴은 물론 → 조치를

2.1.5. 난해어

매스컴 언어는 쉬워야 한다. 그럼에도 많은 어려운 말들이 쓰이고 있

다. 오늘날 일본 신문이나 잡지의 편집자는 대체로 의무교육(중학교)을 마치고 인생 경험 10년쯤 한 사람을 평균 독자로 보고 기사나 논설을 쓰고 있는 것으로 보고 있다. 따라서 우리의 매스컴도 여기에 맞추어 어휘를 선택하여 쓰면 바람직하지 않을까 한다. 특히 방송언어의 경우는 일과성(一過性)을 지니므로 쉽게 풀어 쓰도록 해야 한다. 그럼에도 신문 기사와 별 차이를 느낄 수 없는 것은 문제이다. 난해어로는 어려운 한자어, 동음어, 외래어, 외국어 및 약어·약칭을 들 수 있을 것이다. 한자어 외래어에는 전문용어가 많다.

- 수석비서관을 지낸 <u>至近</u> 인사들이고 → 지근(至近)한/ 매우 가까운
- 皇甫관 롱숏 <u>무외</u> 스페인에 져 → 쓸모없어
- LG5번 김동수는 2차전서 2회와 5회에 <u>좌중월</u> 솔로 홈런을 내뿜어 팀승리를 주도했다 → 좌중월(左中越)?
- UR 지연에 <u>쌍무協商</u> 시도 → 쌍방이 의무를 지는 협상?
- 북부산 변전소-구포 삼거리간 3백35Kw 용량의 <u>지하전력구</u> 공사를 하던 곳으로 → 지하전력 도랑(?)
- 상습침수지... 물 스며들어 <u>地盤침하</u> → 무너져 내리다
- 사고현장의 선로제방 밑으로 최근 굴착공사를 벌인 것이 <u>지반침하</u> 원인으로 추정된다고 말했다. → 지반이 내려앉은
- 이번 참사는 사고지점 지하 25m에서 한전 전력구 공사를 한 것이 <u>노반침하의</u> 원인으로 분석된다 → 선로 지반이 내려앉은
- 朴의장 계속 거부 땐 <u>黜黨</u> → 제명, 쫓아낸다
- 그러나 김진재 의원의 경우 부산 수영만아파트를 이미 1년전 팔았다는 <u>소명이</u>, 정호용 의원의 경우 소유부동산이 "군사보호지역"이 아니라는 <u>소명</u>이 각각 사실로 확인돼 처리 대상에서 제외 → 변명이/ 해명이
- 명지는... 포인트가드 김성기를 축으로 한 중앙의 노련한 <u>지공에</u> 말려 9점차로 접근하는 데그쳤다 → 지공(遲攻)(?)
- 新신도시 <u>대중양판점</u> 신설 → 대중 대량판매점

위의 보기 가운데 "지반침하", "노반침하"를 일부 신문은 다음과 같이 쉬운 말로 풀어 쓴 것을 보여준다.

- 경부선 하행선에서 철도 <u>지반이 내려앉아</u> (중앙, 93. 3. 29)
- 선로 지반이 길이 30m 폭23m 가량 <u>내려앉아</u> (국민, 93. 3. 29)
- 노씨가 사고지점 50m 전방에서 <u>선로 밑 지반이 무너져 내린</u> 것을 발견, 급제동을 걸었으나 (문화, 93. 3. 29)

2.1.6. 약어·약칭

약어·약칭은 앞에서 언급한 바와 같이 난해어로서 문제가 된다. 근자에는 외래어, 한자어는 물론, 고유어의 첫 음만을 딴 약어·약칭까지 마구 쓰여 알 수 없는 매스컴 언어를 만들고 있다. 적어도 처음에 원어를 쓴 다음에 약어를 써서 읽히고, 알아 볼 수 있는 기사가 되도록 해야 한다.

- 투자업종을 <u>특화해</u> → 특수화해
- 榮山江은 <u>유량</u> 자체가 → 유수량
- 이은경은... 89년 김수녕(고려대)이 세웠던 <u>한국신을</u> 2점 능가하는 비공인 <u>세계신을</u> 세웠다 → 한국 신기록을.../ 세계 신기록을
- 전국 지방官署 <u>特監</u> → 특별감사
- 불법건물 지어 <u>土超稅</u> 회피 → 토지초과이득세
- 회교 게릴라에 끌려가 상당수 "<u>行不</u>" → 행방불명
- 日 <u>知財權</u> 침해 문제화 → 지적 재산권
- <u>全勞協</u>의 첫 청와대 방문 → 전국노동조합협의회
- 중국 "<u>2중전회</u>" 오늘 개막 → 제2차 중앙위 전체회의
- "세쌍둥이 탁아방"기금 마련 "<u>노찾사</u>" 공연 → 노래를 찾는 사람들
- 5월 <u>世卓</u> 기대半 우려半 → 세계탁구 선수권대회
- 평화적 <u>集示</u>문화 새바람 → 집회 시위
- "앞으로 <u>直報</u> 말고 장관에 얘기하라" → 직접 보고

- 中監委 해체 노리는 北韓 → 중립국 감시위원단
- KNCC·민가협 → 한국기독교교회협의회·민주화실천 가족운동협의회
- 필립스 DCC 레코더 개발 → 디지털 콤팩트 카세트(Digital Compact Cassette)
- UNDP와 석탄·관광개발 협정 → 유엔개발계획
- 확실한 AS → 애프터서비스
- PC통신료 30~40% 싸진다 → 개인용 컴퓨터
- BOD 측정치 작년보다 높아져 → 생화학 산소요구량

2.1.7. 외국어·외래어

매스컴에는 외래어가 많이 쓰인다. 전문 용어, 기술 용어에 외국어 내지 외래어가 많이 쓰이는가 하면, 스포츠 관련 기사에도 많이 쓰인다. 관련 분야에 종사하거나, 관심이 많은 사람이면 몰라도 일반인의 경우에는 이 외국어나 외래어는 알 수 없는 어려운 말이다. 따라서 이러한 외국어나 외래어의 쓰기는 삼가는 것이 바람직하다. 특히 스포츠면에서의 외래어의 남용은 일찍부터 지적되어 오는 것이나, 아직도 여전히 많이 쓰이고 있다. 스포츠 기사에 쓰인 외래어를 몇 개 보면 다음과 같다.

- 삼성과 LG가... 더블헤더서 홈런 10개를 주고 받는 난타전 끝에 1승과 1패씩을 마크했다 → 기록했다.
- 충남체고는 2시간 15분 55초를 마크, 경북체고에 1분 48초 앞서 1위로 골인했다 → 기록/ 들어왔다
- 선두였던 신예 황선욱은 이날 1오버파 73타의 부진을 보여 토틀 209타로 김완태 최상호 권오철 기쿠치(일본)등과 함께 공동 2위에 랭크됐다 → 총 2위가 됐다 / 자리매김 됐다
- LG는 2차전서 신인 김동수가 2회와 5회 각각 솔로 홈런을 터뜨리고 3, 4회에는 나웅과 김상훈이 솔로 홈런 → 단독
- 각각 인도네시아·일본 선수를 제압하고 순조로운 스타트를 끊었다 → 출발

을 했다

- 기아, 삼성 꺾고 <u>V -1</u> → 승리에 1승 남아
- 최용수·이호성 <u>투톱</u> 출격 → 두(兩) 최전방 공격수
- "88올림픽 비운" 씻고 <u>챔프</u> 등극 → 선수권 보유자
- 라바날레스에 판정승... <u>챔피언벨트</u> → 선수권자 띠(벨트)
- 邊은 4회부터 한수 위의 <u>스피드</u>를 이용 <u>롱훅</u>을 휘두르는 라비날레스의 가슴을 파고 들어 전광석화 같은 원투 <u>스트레이트</u>와 왼손 올려치기로 착실히 득점해 승기를 잡았다 → 속도/ 긴 휘어치기/ 뻗어치기
- LG는 그러나 徐의 선제골에도 불구하고 후반 9분쯤 동점 <u>패널티킥</u>을 허용, <u>타이</u>를 이룬 후 → 벌칙차기/ 동점
- 중앙은 ... 명지의 <u>파이팅</u>에 눌리고 4년생 <u>올라운드 프레이어</u> 조성원과 → 투지 / 전천후선수(?)

위의 보기에서 알 수 있듯 구태여 외래어를 쓰지 않아도 될 자리에 외래어가 많이 쓰이고 있는가 하면 이해하기 어려운 외래어가 많이 쓰이고 있다. 우리말이 있는 것은 우리말을 쓰도록 할 일이다. 스포츠면 이외의 외래어의 용례를 보면 다음과 같다.

- 똑 같은 차종에 <u>옵션</u> 추가 "고급형" 과대 포장 → 선택권(선택사양?)
- "잔인한 사월" <u>징크스</u> 깨질까 → 선입견(?)
- 라이브 가수 새봄 콘서트 <u>러시</u> → 홍수
- 파격 <u>포맷</u>으로 성공한 "성공시대"/"<u>오프컷</u>" 활용 신선한 화면 인기 상종가 → 구성/ 비공개 장면, 비공식 장면
- 세일즈界에도 "<u>우먼파워</u>" → 여성세 강하다/ 치맛바람
- 외국 <u>리조트</u> 기획상품 관심 높아 → 휴양지
- 신도시 자전거 이용 <u>붐</u> → 성황
- 6공화국은 출범 초기부터 전두환 대통령 일가의 부정 축재가 주요 <u>이슈</u>가 되었다 → 쟁점
- 연극 "<u>롱런경쟁</u>" → 장기공연 경쟁

- 백화점 갤러리/ 하나 둘 "아듀" → 화실/ 안녕, 떠나
- 방위병 최재성 스크린 컴백 → 영화계로 돌아오다

 이 밖의 외래어의 문제로는 고정란의 제목에 외래어 내지 외국어가 많이 쓰인다는 것이다. 이러한 외래어 내지 외국어는 심하게는 알파벳으로까지 써 완전한 외국어의 모습을 드러내고 있는 것도 보게 한다. 이는 과연 누가 보라는 것인가? 매스컴의 체통을 찾도록 해야 하겠다. 다음에 이들 예를 보기로 한다.

- 미니 뉴스
- 스코어 보드
- 직장인의 라이프 스타일
- 財테크
- 理財가이드
- 창업스쿨
- 홈이코노미쇼핑
- "뉴비즈니스" 베스트10
- TV-라디오 하이라이트
- 주간 TV 퍼레이드
- 전국 파노라마
- 문화 모델뱅크
- 新世代 NEW GENERATION
- 월요경제 BUSINESS MONDAY
- 歷史 속의 이 週日 This Week In History
- 새 흐름 New Trends
- 비즈니스 엘리트 Business Elite
- 소셜 덤핑 Social Dumping
- 책 Book

- 월드 World
- 쓰레기를 줄입시다 Don't Waste Wastes

2.2. 문법 면의 실상

언어는 사고(思考)요, 사고는 언어라고 한다. 논리적으로 생각하는 사람은 말이나 글도 어법에 맞게 엮어 낸다. 어법은 바로 조리를 의미한다. 그런데 매스컴의 언어와 문장에는 문법적으로 문제가 있는 표현이 많이 보인다. 이러한 것의 대표적인 것으로는 성분 생략이 있고, 이 밖에 주술호응, 수식·한정·접속구성, 사동·능피동·시제 등에 문제가 있는 것을 들수 있다. 다음에 이러한 문법적인 면에서 문제가 되는 것을 살펴보기로한다.

2.2.1. 성분 생략

우리말은 장면에 많이 의존하는 말이라 한다. 이름하여 고맥락 언어(high context language)이다. 문장의 많은 구성 성분을 생략하고, 그것을 맥락(context)에 의존하여 표현한다. 그리하여 매스컴 언어와 문장에도 이러한 성분 생략이 많이 나타난다. 이러한 생략이 친근한 개인적인 대화가아닌, 매스컴에서는 바람직하지 않음은 말할 것도 없다. 문장 성분의 생략은 이독성(易讀性)과 정확성(精確性)을 해치기 때문이다. 매스컴 언어에서는 주어와 서술어가 많이 생략되고 있다. 주어의 생략은 주체를 알 수 없게 하고, 경우에 따라서는 추정 곤란한 문장까지 쓰여 난해한 글이 되게한다. 서술어는 그 문장에서 가장 중요한 부분인데 이것이 생략됨으로 표현하고자 하는 것이 무엇인지 알 수 없는 경우까지 생겨난다. 이러한 경우의 대표적인 것이 표제의 용언 생략이다(용례에서 V는 생략을 의미한다).

(1) 주어 생략

- 이와 함께 V 오는 97년까지 1천억원(정부 6백억원 민간 4백억원)을 투자 자동차 경량화소재 고효율가열기 등을개발한다는 것이다. → 정부는 / 정부와 연구기관은(?)
- 그러나 민간소비증가율의 둔화추세에도 불구하고 V 연간 8.2% 경제성장률을 웃돌 것으로 예상돼 소비수준을 더 줄여야 할 것으로 지적됐다. → 소비증가율이
- 최고 12원 60전으로 V 넓어지게 된다. → 폭이
- 일본측이 무성의한 자세로 일관, 아직 V 타결되지 않고 있다. → 무역역조가/ 실천계획의 마련이(?)
- 월드컵 예선에 출전하는데 감독 선임, 선수 구성, 훈련 등 V 이 촉박하다. → 일정
- 濟州 도내 유명관광지 시내 번화가의 1백 30여개 관광기념품점에 진열된 산호류, 조개류, 공예품, 액세서리 등의 제품중 V 70%나 된다. → 수입품/ 외제상품은
- 북한은 6일 한소정상회담에 대해 노골적으로 불쾌감을 표시하면서 V "'2개의 한국'을 책동하는 범죄행위"라고 맹비난했다. → 한소회담이
- 양팀은 이날 반칙 46개를 가록, V 육박전을 방불케 했다. → 이 경기가
- 재개발사업지구내 국공유지의 불하대금 완납기간이 지나치게 짧아 V 재개발사업의 큰 걸림돌로 지목되고 있다. → 이것이
- 개발계획에 따르면 V 58억원을 들여 동굴 주변 10만평방m에 콘도·여관 등 숙박시설과 민속자료 전시장·등산로 및 각종 편의시설 등을 갖추게 되며 → 이 동굴은
- 이번 재산을 공개한 일부 차관급 인사중에는 가족명의로 전국 곳곳에 전답과 임야를 갖고 있음은 물론 주택이 여러 채나 되는 경우도 있어 V 동산투기의혹과 함께 상속세나 증여세를 포탈한 혐의도 받고 있다. → 이들은
- 생사여부를 확인하러 온 가족들중 V 시체를 확인하는 순간 울음보를 터뜨렸고 → 어떤 사람은
- 이 땅을 V 90년 3월 8일 원주민에게 평당 약1만원씩 주고 산 것으로 알려

졌다. → 김씨는

- 먼저 V 옐친의 비상통치령을 위헌이라고 주장하고 헌법재판소의 결정이 내려질 때까지 대통령령을 동결시키는 결의를 채택했다. → 이들은(하스불 나토프나 보수파 대의원들은)

이들 주어 생략은 바람직하지 못한 것이다. 그러나 기사문에는 이와 다른 주어의 생략도 있다. 그것은 자료원을 보호하거나, 객관을 위장하기 위해 의도적으로 주어를 생략하는 것이다. 이는 기사문의 대표적 특징 가운데 하나이다. 그러나 이의 남용은 기사의 신뢰성을 잃게 할 뿐 아니라, 오해를 빚을 수도 있으므로 남용하지 않도록 해야 한다. 이때의 서술어는 "밝혀지다, 알려지다, 전해지다, 지적되다" 등으로 나타난다. 이들 예를 몇 개 들어보면 다음과 같다.

① 김씨는 62년 11월 12일 "김-오히라 메모"를 작성하면서 당초 한국측의 입장이었던 순청구권 명목 7억달러(62년 3월 최덕신 외무장관이 고사카 일본외상에게 제시한 금액)에서 액수는 물론 명목까지 크게 후퇴한 것으로 밝혀졌다.
- 김세신 법제처 차장이 27일 공개한 전남 신안군 임자면 대기리 일대 땅 3천여평은 구입시기가 서해안과 신안군 일대 다도해 지역 투기가 극성을 부리던 90년 3월이었던 것으로 밝혀졌다.
② 정부는 차관급 공직자 재산공개에서도 민자당 의원들의 경우처럼 취득경위와 시기가 분명치 않아 부동산 투기의혹이 있거나 탈법·편법에 의한 재산증식 혐의가 제기될 경우 심사후 엄정 조치한다는 방침을 세운 것으로 28일 알려졌다.
- 민자당 박준규 국회의장의 반발에도 불구, 재산공개 파문을 예정대로 조기에 매듭지을 방침인 것으로 28일 알려졌다.
- 재산공개 결과 부동산 투기 등 불법·탈법적 축재부분이 발견돼 조치대상에 오르고 있는 인사는 민자당 의원 20여명과 함께 정부에서는 검사장급

2~3명, 외청장 1~2명 등 차관급 공직자 5~6명인 것으로 알려졌다.

③ 정부는 특히 공직을 이용하여 알게 된 정보를 부동산투기나 재산증식에 활용했음이 판명될 경우 공직사퇴를 포함한 강경조치를 취할 방침인 것으로 전해졌다.

- 정부는 그러나 공직사회의 안정을 위해 조사와 사법처리 과정은 가급적 조기에 매듭지을 방침인 것으로 전해졌다.

- 또 이원조, 임춘원, 김재준, 남평우 의원 등 여론의 집중 비난을 받고 있는 의원들 중에서도 1~2명 의원직을 사퇴, 모두 5~6명이 의원직을 떠날 것으로 전해졌다.

④ 그러나 민간소비증가율의 둔화세에도 불구하고 연간 8.2%로 경제성장율을 웃돌 것으로 예상돼 소비수준을 더 줄여야 할 것으로 지적됐다.

(2) 서술어의 생략

서술어의 생략은 표제에 많이 보인다. 이것도 표제어를 간략히 하기 위해 의식적으로 줄인 것이다. 이러한 예로는 ① "-하다"류 동사의 "-하다" 등을 생략한 것, ② 서술격 조사 "-이다"를 생략한 것, ③ 타동사를 생략한 것, ④ 자동사류를 생략한 것, ⑤ 기타가 있다.

① "-하다"류 동사의 "-하다" 등 생략

- 불법"해외 落胎여행" 성행 → 성행한다
  호화 海外피서 집중단속 → 집중단속한다
  지반 붕괴 객차 등 4량 곤두박질 → 곤두박질하다
- "재건축 등 걸림돌" 지적 → 지적되다
  한국 아쉬운 8강 좌절 → 좌절되다
- YS시련공천불운 겹쳐 고비마다 수난 → 수난당하다/ 수난을 당하다

② 서술격 조사 "-이다"의 생략

- 소값도 폭락 농민들 울상 → 울상이다
- 비용저렴... "둘만의 시간"에 제격 → 제격이다

• "농토를 호수로" 자연 찾기 한창 → 한창이다

• 한국은행 "인사" 말썽 → 말썽이다

• 건축폐기물 불법매립 극성 → 극성이다/ 극성스럽다

③ 타동사의 생략

• 韓-日 逆調시정 "공염불" → 공염불을 한다

• 방파제 등 허무는 "大役事 삽질" → "대역사 삽질"을 한다

• 地方 "밀실行政"에 쐐기 → 쐐기를 박다

• 民自 "시키지 않은 것 해 표 까먹는다" 분통 → 분통을 터뜨렸다

• 보훈처장, 공원묘지 물의 → 물의를 빚다

• "인민재판식"으로 계속되자 볼멘소리 → 볼멘소리를 한다

• 與의원·公職者 "살얼음판" → 살얼음판을 걷는다

• 검찰 잇단 소환 不應 "눈살" → 눈살을 찌푸리게 한다

• 태릉 방문인사 "대규모 수행단" 눈살 → 눈살을 찌푸리게 한다

• 어린이 4백50명 피섞인 설사 → 설사를 하다

• 기암괴석 사이 야생동식물 절묘한 조화 → 조화를 이루다

• 국내에 86년이후 89종 출현... 현재 3종 기승 → 기승을 부린다

• 이윤안 좌절 딛고 한국新 물살 → 물살을 가른다

• 총든 폭력배... 치안 "몸살" → 몸살을 앓는다

• 해명 안간힘속 초치대상 촉각 → 촉각을 곤두세우다

• "문책 대상 누구냐" 촉각 → 촉각을 세우다

• 쓰레기 소재 "정크회화" 첫선 → 첫선을 보인다

• 장관 7~8명 "하자" 제보 → 제보 받았다

• 82~83년 세계경제 80억불 피해 → 피해를 입었다

• 차관급 4~5명 곧 人事 → 인사를 단행한다

• 동면서 기지개 → 기지개를 켜다

④ 자동사류의 생략

• 북한 핵무기 보유 가능성 → 가능성 있다

• 鬪爭방식 不協和音 가능성 → 가능성 있다

- 미-EC 무역전쟁 가능성 → 가능성 있다/ 가능
- 재산신고 누락 의혹 → 의혹 있다/ 보인다
- 한-러 외교마찰 조짐 → 조짐 있다
- 아파트 애완견 골치 → 골치 아프다
- 정·관가 "도덕성 시비" 회오리 → 회오리가 일다/ 회오리에 싸이다
- 軍문제 다룬 책 "봇물" → 봇물 터지듯 나왔다
- 겨우내 기다린 뒤 한국新 봇물 → 봇물이 터지다
- 사원 유니폼 패션화 바람 → 바람이 분다
- 경마부정 처벌 강화 여론 → 여론이 일다
- 사정한파 장기화 조짐 → 조짐이 보인다

⑤ 기타
- 朴 보사 2백만원짜리 핸드백 "口舌" → 구설에 오르다
- 기아 5연패 눈앞 → 눈앞에 있다
- 해마다 주장 달라 마찰 불보듯 → 불보듯 뻔하다
- 濠올림픽委 洲 "카지노"투자 口舌數 → 구설수에 오르다

　　서술어 생략에는 이 밖에 연결형 "-아/-어"를 가지고 종결어미로 쓴 것이 많다. 이들은 어미가 생략된 것으로 표제에 많이 쓰이는 것이다. 이러한 표현은 또 그 자체가 연결형으로 주문(主文)이 생략된 것으로 볼 수 있는 표현도 많이 있다. "-아/-어"에 의해 종결형을 나타낸다는 것은 바람직한 것이 못 된다. 바른 종결어미를 가급적 쓰도록 해야 한다. 이러한 용례로는 다음과 같은 것이 있다.

- 휴일 귀로... 어린이 피해 많아 → 많다/ 많았다
- 국내는 제주 일색 벗어나 명승·온천지로 눈돌려 → 눈돌린다
- 墺국 리조트 기획상품 관심 높아 → 관심 높다
- 대형냉장고- 세탁기 잘 팔려 → 팔린다

- 改革방향 협조-의구심 엇갈려 → 엇갈린다
- "이해할 수 없는 일 벌어져" → 벌어졌다
- 절치부심 加 숲12개중 8개 쓸어가 → 쓸어가다
- 문목사 환영 인파/ 이른 아침부터 몰려 → 몰렸다
- 차관급 투기의혹 확산/ 위장 전입·그린벨트 훼손 속속 드러나 → 드러나다

이 밖에 서술어의 생략으로 앞에서 살펴본 어근에 의한 문장 종결을 들 수 있음은 말할 것도 없다. 이 밖의 서술어의 생략은 "충북도청 주차장 개방키로"와 같이 부사어에 의해 말을 맺고 주용언(主用言)을 쓰지 않는 표현도 표제에서 많이 볼 수 있다.

(3) 기타 성분의 생략
- 오히라 외상이 V "국립축하금 경제원조" 등... 의혹을 남긴 것으로 밝혀졌다. → 이에 대해
- 그러나 그 동안 물의를 빚거나 직무수행 능력이 V 지적돼 온 보사 체신 등 → 부족한 것으로

2.2.2. 주술구성(主述構成)

주술어의 문제는 성분 생략만이 아니고, 의미호응이 되지 않아 어색한 문장도 많이 보인다. 이는 논리적인 사고의 결여에서 빚어진 것으로 의미가 제대로 소통되도록 짝을 맞추어 주어야 한다. 주술호응이 제대로 되지 않는 문장의 예로는 다음과 같은 것이 보인다.

- 이는 서울지방 환경청이 ... 대기 오염도를 측정, 비교 분석한 결과 밝혀졌다. → 비교분석함으로 밝혀진 것이다.
- 잠실 학생체육관 기자실에는 아예 팩시밀리가 없는데다 관리실에 설치되

어 있는 팩시밀리는 "보안"을 이유로 수신기능만 작동하도록 조작돼 있어 급히 기사를 송고하려면 기자들이 <u>당황하기도</u> → 당황해 하기도

- 이 같은 오염실태에 따라 강원도 보건환경연구소는 이미 지난 89, 90년 용대리 일대를 "하천수질 2등급"과 "3등급"으로 각각 판정했으며 지난 3월 27일 실시한 수질검사에서는 이 일대 거의 전구간에 하천 부패의 주요원인 질소(N)와 인(P) 성분이 <u>처음으로 검출되기도 하였다</u> → 처음으로 검출되었다고 발표하기도 하였다

- 徐의 이날 첫골은 역대 첫골중 가장 빠른 골로 지금까지는 86년 포철의 조궁연이 기록한 전반 11분이 가장 <u>빨랐다</u> → 빠른 것이었다

- 관측통들은 비밀투표에 앞서 실시된 옐친과 하소블라토프의 탄핵·해임회부 결정 투표의 표결 내용으로 미루어 하스블라토프는 해임될 가능성이 높으나 옐친 탄핵안은 <u>부결될 것으로 보인다</u> → 부결될 것으로 보고 있다

- 이철 민주, 김정남 국민당 총무는… 국회에서 김대중 민주, 정주영 국민당 <u>대표회담을 갖고,</u> 국회 등원문제를 <u>논의하기로</u> 합의했다. → …국민당 대표가 회담을 갖고,… 논의하도록/ 논의하게 하기로

- 15명의 부정축재자에 대한 처리방침은 <u>재산몰수에 V 있었다</u> → (재산몰수를) 한다는 것이었다

이 밖에 방송에 많이 쓰이는 "… 되시기 바랍니다"도 주술어의 호응이 제대로 안 되는 것이다.

- 편안한 밤 <u>되시기</u> 바랍니다 → 즐기시기 바랍니다/ 보내시기 바랍니다
- 즐거운 주말 <u>되시기</u> 바랍니다 → 보내시기 바랍니다
- 시청자 여러분 오늘도 즐거운 하루 <u>되시기</u> 바랍니다 → 보내시기 바랍니다

2.2.3. 접속구성

접속형, 말을 바꾸면 연결형에 문제가 많다. 이러한 문제로는 대등접속과 종속접속의 문제가 있는데, 대등접속에 좀 더 문제가 많다. 이들의 문

제는 대등접속과 종속접속의 혼란을 보이는 것, 구조적으로 어울리지 않는 표현을 한 것, 대등접속에 있어 동시병행(-며)과, 전후나열(-고)에 혼란이 일고 있는 것 따위다.

가) 대등접속

- 쌍방간 40여명이 숨지고 1백여명이 다쳤다고 <u>밝혔으며</u> 정확한 사상자수는 확인되지 않았다 → 밝혔으나
- 이번에 납이 검출된 건해삼은 위생처리가 제대로 되지 <u>않고</u>, 품질이 낮은 흑삼으로 밝혀졌다 → 않은,
- 이씨에게는 일계급 특진과 7백만원의 현상금이 <u>걸렸으며</u>, 같은 해 12월 30일 서울 합정동 하숙집에서 검거될 때까지 철통같은 경찰의 포위망을 뚫고 교내를 드나들며 각종 집회를 주도하는 신물귀몰의 생활을 계속했다 → 걸렸는데
- 사고지역은 인근 1백m지점에 덕천천이 <u>흐르고</u> 철로 옆이 산이다 → 흐르며
- 개발계획에 따르면 58억원을 들여 동굴주변 10만평방m에 콘도·여관 등 숙박시설과 민속자료전시장·등산로 및 각종 편의시설 등을 갖추게 되며 대이동굴 6개군중 환선동굴을 중심으로 3개 구역으로 나눠 <u>관광시설이 들어선다</u> → (관광시설을) 하게 된다는 것이다
- 쌍방울에서는 지난해 신인왕 라이벌 김기태·조규제가 인기 선두 다툼을 하고 있고 LG에서는 포수 김동수가 귀여운 용모 때문에 팬레터가 가장 많다는 것 → (팬레터를) 가장 많이 받는다는 것
- 나이브 미술은 기존미술의 규격화된 형식과 특정유파끼리의 대결 등을 극복하여 신선한 감각을 <u>선사하며</u> 나이브 작가의 최고봉인 앙리 루소는 피카소에게 "우리는 이 시대의 최고 작가다"는 말을 남기기도 했다 → 선사하였다고,

나) 종속접속

- 이들 자료는 육군성 고관이 중국파견 참모장에게 위안부 모집에 관한 통지

를 <u>보내</u> 구일본군과 경찰이 자발적으로 위안부 모집에 관여했던 사실들을 증명해 주고 있다 → 보낸 것으로

- 일본은 엔진 등 주요부품을 생산하고 태국은 범퍼부품, 필리핀 변속기, 인도네시아는 브레이크 등만을 <u>생산토록</u> 해 말레시아에서는 최종조립, 1대의 자동차를 완성토록 분업화, 개별국가가 기술을 습득해 자력으로 자동차를 생산할 수 없도록 함으로써 東南亞경제의 對日종속화를 추진해왔다 → 생산토록 하고

- 더구나 그의 행보는 지금까지 꾸준히 시도해 왔던 정치적 "명예회복"과도 밀접하게 <u>맞물려 있어</u> 각당 후보뿐만 아니라 노태우 대통령과의 관계설정 문제까지 염두에 두고 있다고 볼 수 있다 → 맞물려 있고/ 맞물려 있는 것으로

- 이날 회담에서 노대통령은 내각책임제 개헌문제를 제기, 김총재의 의향을 <u>타진한 것으로 알려졌으나</u> 김총재는 내각제에 대한 강경한 거부 입장을 밝힌 것으로 알려졌다 → 타진했으며

2.2.4. 수식구성

수식 표현에서 가장 문제가 되는 것은 "-ㄹ 전망이다"라는 것이다. 이 "-ㄹ 전망이다"는 매스컴에서 "발표할 전망이다", "참가할 전망이다"와 같은 형식으로 즐겨 쓰이는 말이다. 이 말은 "무엇 무엇 할 것이다, 무엇 무엇 할 것으로 보인다"와 같이 예견된다는 뜻으로 쓰인다. 그런데 이 "전망"은 사전에 의하면 "① 멀리 바라보는 것, 또는 내다보이는 풍경, ② 다가올 앞날을 내다보는 것, 또는 내다보이는 앞날"을 뜻하는 것으로 되어 있다. 따라서 "발표할 전망이다"나, "참가할 전망이다"라고 하는 말은 ②의 뜻으로 쓴 것이나 적절한 것이 못 된다. "전망"은 "참가하리란 것이다, 참가할 것이란 전망이다, 참가할 것으로 전망한다, 참가할 것으로 전망된다"와 같이 표현할 수 있는 말이다. "-ㄹ 전망이다"는 바람직한 표현이 못된다. 이들의 용례를 보면 다음과 같다.

- 앞으로 독일과 프랑스를 중심으로 유럽에서의 우리 문학에 대한 관심은 점점 <u>높아질 전망이다</u> → 높아질 것으로 전망된다
- 물가불안이 경제안정의 장애요인으로 <u>작용할 전망이다</u> → 작용할 것으로 전망된다
- 그러나 무역외수지 및 이전수지 적자폭은... 계속 악화돼 경상수지에 부담을 <u>줄 전망이다</u> → 줄 것으로 전망된다.
- 실비투자는 연간 8%에 그쳐 연초 예상(11%)보다 <u>낮아질 전망이며</u> → 낮아질 것으로 전망되며
- 부산 무궁화호 대형 참사는 한전 지중선공사가 그 원인이 된 것으로 알려졌으나 한전이나 시공을 맡은 삼성종합건설측은 공사 관련 보험을 들지 않아 피해자에 대한 원할한 보상이 <u>어려울 전망이다</u> → 어려울 것으로 전망된다
- 차관급 재산공개 이후의 파문 역시 진행중이어서 재산공개와 관련, 완전한 매듭이 지어지기는 쉽지 <u>않을 전망이다</u> → 쉽지 않을 것으로 전망된다

"-ㄹ 전망이다"가 아닌 "-ㄹ 것으로 전망하다/ 되다"로 바르게 쓰인 예를 한두 개 보면 다음과 같다.

- 한편 철도청은 사고현장 복구작업이 끝날 29일 하오께나 경부선 열차가 정상 운영될 것으로 전망했다 (한국, 93. 3. 29)
- 때문에 옐친은 인민대표대회의 국민투표결의안을 무시하고 독자적 투표안을 강행할 것으로 보이며 이를 둘러싸고 대통령과 의회간에 또 한차례의 격돌이 불가피할 것으로 전망된다 (동아, 93. 3. 30)

"때문에"가 흔히 접속사로 쓰이고 있으나, 이는 접속사가 아니다. 이유를 나타내는 의존명사 "때문"에 조사 "-에"가 붙은 것이다. 따라서 "때문"이란 말 앞에는 꾸미는 말이 와야 한다. "이, 그" 등의 관형사나 수식어가 와야 한다. 다음의 ①이 그 예이다. ②의 "나름대로"도 마찬가지다. ③은

피수식사가 어울리지 않는 예이다.

① • <u>때문에</u> 의사·변호사·세무사 등 자유직종의 소득표준율이 너무 낮게
　　 책정돼 있다는 비판이 일고 있다 → 이 때문에
　　 • <u>때문에</u> 민자당은 국민을 납득시키기 위한 조치를 취하지 않을 수 없다
　　 고 → 이 때문에
② • <u>나름대로</u> 욕심은 따로 있지요 → 그 나름대로
　　 • <u>나름대로</u> 생각해 본 것입니다 → 저 나름대로
③ • 꽃새우는 서해가 주서식지로 바다 밑바닥에 사는 <u>야행성으로</u> 낮에는
　　 개펄에 묻혀 있다 → 야행성 갑각류로

2.2.5. 한정구성(限定構成)

한정 표현에는 "어떤 상태가 계속된 대로 그냥"의 뜻을 나타내는 "-ㄴ
/-는 채"가 어떤 상태가 계속되는 것이 아닌 경우에 많이 쓰이는 것을 볼
수 있다.

• 金최고위원은 이와 관련한 인터뷰 요청도 <u>거부한 채</u> "보도내용이... 사실과
　다른 부분이 많다"는 반응만 되풀이하고 있는데 → 거부하고
• 사고가 나자 철도청과 부산시는 구급차와 포크레인·기중기 등을 동원, 구
　조작업에 나섰으나 열차가 흙더미 속에 <u>파묻힌 채</u> 심하게 파손돼 → 파묻
　혀 있는데다가
• 동대구역과 대구역의 경우 사고발생 사실을 <u>모른채</u> 계속 승차권을 발매해
　승객을 태우는 바람에 → 모르고
• 고급별장은 최근 공직자 재산공개 파문 이후 서울 강남과 지역 부동산 업
　소에 10여개씩 소유주를 가명으로 <u>한 채</u> 나와 있으나 한 건도 거래되지 않
　고 있는 것으로 알려졌다 → 하고
• 그러나 중앙은 이후 김영만이 3점슛 2개를 포함, 15득점을 낚아올려 전반
　을 42-40으로 <u>앞선 채</u> 마쳤다 → 앞선 가운데

"-ㄴ/-는 채"가 바로 쓰인 예를 하나 들어보면 다음과 같다.

- 제9차 러시아인민대표대회는 대통령과 의회 모두 상대방에 대한 결정적인 승리를 거두지 <u>못한 채</u> 폐막, 정국위기가 더욱 심화될 수 있는 불씨만 남겼다 (동아, 93. 3. 30)

2.2.6. 보술구성(補述構成)

보술구성의 표현은 특히 "예상하다/ 예상되다"가 문제다. "예상하다"는 "어떠한 일을 당하기 전에 미리 생각하다"란 뜻을 나타내는 말이다. "네가 올 것으로 예상했다", "금년 농사는 풍년이 예상된다"와 같이 쓰이는 것이 그것이다. 이 말은 그 대상에 동작성을 요구한다. "그는 장관이 예상된다"가 비문이 되고, "그는 당선이 예상된다"가 적격문이 되는 것은 이 때문이다. 같은 이유로 "오늘은 강우가 예상된다"는 가능하나, "오늘은 비가 예상된다"는 비적격문이 된다. 기온의 경우도 마찬가지다. "최고 21도, 최저 16도가 예상된다"는 표현은 "최고 21도, 최저 16도가 될 것으로 예상된다"고 해야 바른 말이 된다. 다음의 예는 비적격의 문장이다.

- 한 차례 <u>비가</u> 예상됩니다 → 비가 올 것으로
- 강풍이 부는 추운 <u>날씨가</u> 예상됩니다 → 날씨가 될 것으로
- 영하 <u>6도가</u> 예상되는 추운 날씹니다 → 6도가 될 것으로
- 경기 침체로 높은 <u>실업률이</u> 예상됩니다 → 실업률이 높아질 것으로
- 적의 <u>공격전이</u> 예상됩니다 → 공격전이 있을 것으로

동작 명사의 경우도 좀 더 그 동작성을 부각해 "-ㄹ 것으로 예상된다"와 같이 표현할 때 자연스러운 우리말이 된다. 보기를 들어보면 다음과 같다.

- 내용이 부실해 한국 등의 <u>반발이</u> 예상된다 → 반발할 것으로
- 부동산 경기의 장기 <u>침체가</u> 예상되면서 → 부동산 경기가 장기간 침체될 것으로
- 이 때문에 러시아 정국은 오는 4월 25일의 국민투표 설문내용을 둘러싸고 또다시 격렬한 <u>保革투쟁이</u> 예상된다 → (保革투쟁이) 벌어질 것으로

2.2.7. 객술구성(客述構成)

목적어와 서술어 사이의 호응이 제대로 되지 않는 것도 약간 보인다.

- 또 大信개발금융 대표 羅瑛昊씨(47)는 신정제지의 부실 경영과 사실상의 대규모 <u>적자상태임을</u> 알고 → 적자상태를 알고
- 이 음악제는 KBS창원홀에서 7월 8~10일 매일 <u>특색있는 음악회로</u> 열린다 → 특색있는 음악회를 연다/ 음악을 선사한다/ 선뵌다
- 중앙은 후반초 명지 조성훈 정재헌에게 <u>골밑을</u> 뚫리며 4분쯤 46-48 다시 뒤졌으나 → 골 밑이

2.2.8. 사동(使動)

사동 표현의 방법에는 세 가지가 있다. 그 하나는 사동의 접사 "이·히·기·리" 따위를 사용하는 것이고, 다른 하나는 연결어미 "-게"에 보조동사 "-하다"를 더해 나타내는 것이며, 또 다른 하나는 "하다" 따위 동사의 "-하다"를 "-시키다"로 갈아 끼우는 것이다. 그런데 이 가운데 셋째 유형인 "시키다"형에 많은 문제가 있다. 그것은 "교육하다, 소개하다"와 같은 타동사를 사동 아닌, 단순한 타동사로 쓰면서 "-하다" 대신 "시키다"를 갈아 끼워 넣는 것이다. 이렇게 "시키다"를 쓰는 것은 "-시키다"를 단순히 "-하다"의 뜻으로 알고 잘못 쓰는 것이다. 이러한 표현이 매스컴에 많이 나타난다.

- 석유소비 증가율을 <u>둔화시키는</u> 반면 → 둔화하는
- 냉방기의 순환수를 <u>냉각시킬</u> 경우 → 냉각할
- 지하철 재정을 더욱 <u>악화시키고</u> 결국은 국민들의 부담만 <u>가중시킬</u> 뿐이다 → 악화하고... 가중할
- 확인되는 경우 <u>금지시키도록</u> 하겠다고 밝혔다 → 금지하도록
- 지역감정을 <u>격화시키는</u> 요인이 된다는 점에서 → 격화하는
- 곧 제작에 들어가 한시바삐 방송을 <u>정상화시키는</u> 것이 합당한 이치다 → 정상화하는
- 새정부의 개혁의지를 <u>손상시키지</u> 않으면서 사태를 수습할 것인가에 있기 때문이다 → 손상하지
- 민자당은 그러나 문제의 조기수습을 위해서는 자진사퇴 의원수를 늘려 단호한 의지를 보여 주는 게 국민감정을 <u>완화시키는데</u> 도움이 된다는 판단 아래 이미 자진사퇴를 결정한 유학성 김문기의원과 박의장 외에 2~3명을 여기에 <u>추가시키는</u> 방안을 적극 검토 중인 것으로 알려졌다 → 완화하는데 / 추가하는
- 파의자 인권문제 같은 사안은 사회적으로 <u>쟁점화시켜야</u> 될 사안인데 → 쟁점화해야
- 조동기 안병익의 더블포스트의 리바운드를 김영만과 김승기가 속공으로 <u>연결시켜</u> 7분쯤 54-48로 전세를 뒤집은 가운데 → 연결해
- 물론 구정치권에서는 김대통령측이 구시대 인물 배척차원에서 일을 <u>진행시켰다는</u> "사전 시나리오설"도 심심치 않게 돌고 있으나 → 진행했다는
- "<u>윗물맑기운동</u>" 차원에서 변화와 개혁은 대통령인 나부터 솔선수범해야 한다는 소신" → "윗물맑히기운동"/ "윗물맑게 하기운동"

특히 맨 끝의 "윗물맑기운동"은 매스컴이 만든 용어가 아니라, 정부에서 추진한 캠페인이나, 이는 그 의도가 제대로 표현되지 못한 표어다. 이는 사동으로 표현되어야 할 것이 제대로 되지 않아 문제가 되는 것이다. 이는 "윗물을 맑히기"나, "윗물을 맑게 하기" 위한 운동을 전개하자는 것

이다. "윗물맑기 운동"은 추진하는 운동의 대상이 드러나지 않는, 정체불명의 운동이라 해야 한다.

2.2.9. 시제(時制)

시제 문제로는 형용사에는 "-는" 어미가 올 수 없는데도 "-는" 어미가 쓰이는 것, "-고 있다"의 진행형이 진행 상황이 아님에도 남용되는 것을 들 수 있다.

① 지금 이 시대가 사장 혼자 거대한 조직과 인원을 뜻대로 장악할 수 있을 만큼 어두운 시대가 <u>아니지 않는가?</u> → 아니지 않은가
② 16일 새벽부터 내린 봄시샘 눈으로 강원도 영동 산간지방은 <u>기막히는</u> 설경을 이루었다 → 기막힌
③ 이에 대한 대책을 전혀 세우지 <u>못하고 있다.</u> → 못했다
④ K부동산에는 1천건 이상이 급매물로 나와 있으나 팔릴 기미는 전혀 보이지 <u>않고 있다</u> → 않는다
⑤ 탈선된 56호 객차는... 일그러졌고 승객들은 객차 틈새에 끼인채 <u>신음했다</u> → 신음하고 있었다
⑥ 민자당은 박의장의 의원직 자진사퇴를 위해 일요일인 이날도 각종 채널을 동원 설득과 권유를 <u>계속했으나</u> 여의치 않을 경우 빠르면 30일께 당기위를 열어 박의장을 출당(제명) 조치한 뒤 문제를 마무리 지을 계획이다 → 계속하고 있으나

위의 보기에서 ①②는 형용사의 활용이 잘못 된 것이고, ③~⑥은 진행형에 문제가 있는 것이다. 이 밖에 시제에 문제가 있는 것으로는 다음과 같은 것이 보인다.

• 수해방지 사업을 착공하지 <u>못하거나</u> 공사가 지연돼 → 못했거나

- 이 지역의 평균 강수량이 90년에 비해 대체로 <u>적었는데다</u> → 적었던데다
- 지하역사에 지하수를 <u>이용한</u> 냉방시설을 하기로 하였다 → 이용하는
- 국세청 검찰 등의 단속 위주로 부동산 문제를 해결하려 한다는 비판이 있는데 단기적으로 다른 방법이 <u>없지 않겠는가</u> → 없지 않은가?
- 이는 그러나 전체 점수서 김에 4점 <u>뒤진</u> 1천3백39점으로 2위에 머물었다 → 뒤지는

2.3. 표현면의 실상

문법적 하자라기보다 표현상 문제가 되는 것도 많이 보인다. 이는 어법에 맞고 맞지 않느냐의 문제가 아니라, 효과적인 표현이라는 기준으로 보아 바람직하냐, 그렇지 않으냐 하는 문제에 속하는 것이다. 매스컴의 언어와 문장에는 이러한 표현의 면에서 볼 때 바람직하지 않은 표현이 많이 쓰이고 있다. 이러한 것의 대표적인 것으로는 우선 표현이 부족한 것이 있다. 그것은 성분이 생략되었거나, 조리에 맞지 않거나, 의미상 문제가 있는 것이 그 대표적인 것이다. 이 밖에 문제가 되는 것으로는 관용적 표현, 반복 표현, 번역투의 표현, 의미호응이 잘 안되는 표현 등이 있다. 다음에 이들 바람직하지 않은 표현들에 대해 살펴보기로 한다.

2.3.1. 부족한 표현

기사문 가운데는 일정한 형식은 갖추었으나, 표현이 부족하다고 보이는 것도 많이 있다. 이러한 것에는 바람직한 표현이란 면에서 볼 때 어떤 말이 빠져 있는 것, 표현이 어색한 것, 조리에 맞지 않는 것, 심하게는 그 의미를 파악할 수 없는 것 등이 있다. (아래 V 표는 생략 표시임.)

가) 생략된 표현

① 26일 해외건설협의회에 V 따르면 이라크측은... 중장비 10대를 증발했다는 것이다 → (협의회의) 발표에

• 한 특위위원에 V 따르면 징계 종류는 크게 의원직 사퇴·대통령 친서경고 두 가지며 → (위원의) 말에

• 변정일은... 세계타이틀매치에서 챔피언 빅토르 라바넬레스(멕시코)에게 심판 전원일치 판정승, 꿈에 그리던 세계챔피언에 V 올랐다 → (챔피언) 자리에

• 친서경고는 대상자 13~4명중 물의 정도가 큰 의원에 한해 공개키로 했는데 V 금진호·정호용·정영훈·이명박·강우혁·남평우·이영창의원 등이 포함될 것으로 알려졌다 → 여기에는

② 某장관은 ... 정부는... 농산물 수입을 가능한 한 억제하고 농지전용을 V 완화할 방침이라고 말하고 → (농지전용) 금지/ 억제조치를

• 인도적 물자의 수송이 장기간 차단되고 있는데 유감을 V 표시하고 → (유감의) 뜻을

③ 우리나라에서는 내년에 독일 작가를 초청 V 한국과 통일독일의 문화교류가 더욱 활발해질 전망이다 → (초청)하게 되어

• 철도지반이 무너져 내린 것을 발견, 급제동을 걸었으나 그대로 V 기관차가 쳐박히면서 → 돌진하여

④ 李씨는... 뒷산으로 끌고 가 성폭행한 혐의 V 다 → (혐의를) 받고 있다

⑤ 특히 상당수가 부동산 과다보유 투기의혹과 불법증여 신고재산 누락이 밝혀지면서 V 국민감정은 극에 달했다 → 지탄하는

① 이하는 부사어가 생략된 것이고, ② 이하는 목적어가, ③ 이하는 연결형에 의한 부사어가, ④ 이하는 서술어가, ⑤는 관형어가 생략된 것이다. 따라서 부족한 표현이다.

나) 어색한 표현

① 날림 <u>부실공사가</u> 우려되고 있다 → 부실공사를 하지 않을까

② "… 그리고 나아가서는 <u>참가에 나설</u> 필요가 있다"고 주장했다 → 참가할

③ 그러나 물가 오름세 심리가 <u>번져나가지 않을지</u> 우려가 커지는 상황이다 → 확산되지 않을지 크게 우려되는

④ 이번 58대책도 용두사미로 끝나지 않을까 <u>우려가 제기되고</u> 있다 → 우려를 하고/ 우려의 소리가 높다

⑤ 벨기에전에서의 무력한 패배로 16강 진출 <u>목표가 난망해진</u> 한국의 이희창 감독은 → 목표를 바라기 어렵게 된

- 이날 연습 경기중 주전유니폼을 입은 鄭과 후보인 李가 약간 <u>충돌한 것을 기화로</u> 육박전까지 가는 험악한 분위기를 연출 → 충돌한 것이 기화가 되어

- 꽃새우잡이는 바다밑을 훑어 개펄에 묻혀 있는 꽃새우들이 놀라 뛰쳐나오면 그물에 모으는 <u>파이프 저인망과</u> 수중에 설치, 유속에 따라 움직이는 꽃새우를 잡는 <u>유망 등</u> 두 가지 → 파이프저인망식과/ 유망식 등

- 한 사람 두 사람이 터질 때마다 대책을 논하기에는 도저히 <u>불감당이라는</u> 쪽으로 청와대 참모들의 의견이 <u>모이기 시작했다</u> → 감당할 수 없다는/ 모아지기

- 사고가 나자 부산시와 철도청은 <u>본청과 부산지방 철도청</u> 사고수습 대책본부를 설치, 원인조사와 복구작업을 펴고 있다 → 각각 본청과 부산지방철도청에

- "토사구팽의 감회가 없지 않다"고 <u>憤을 표시</u> → 분한 마음을 나타냈다

- 5·6호 객차량은 크게 파손돼 승객들이 열차에 튕겨 나오거나 <u>압사하는 사고로</u> 인명피해가 크게 늘었다 → 압사해

- "한국문학의 주간" 행사는… <u>주제발표를 하면서</u> 시작된다 → 주제발표와 더불어(함께)

- 각목과 투석에서 <u>쇠파이프가 등장하고</u> 곤봉과 방패에서 <u>최루탄이</u> 난무하며 부상자와 사망자가 속출하던 80년대의 시위문화가 <u>어느새</u> 사라져가고 있다 → 쇠파이프로 바뀌고,… 최루탄으로 바뀌어… 어느덧

다) 조리(條理)

말은 논리적으로 이치에 맞게 해야 한다. 그래야 의사가 분명하게 전달

되고 시청자나 독자가 이해하기 쉽다. 그런데 기사문에는 조리에 맞지 않는 표현이 많이 보인다. 이는 논리적인 사고를 하지 않기 때문이다.

- 또 정부가 국내 정유회사들에 보전해 주어야 할 빚이 작년말 현재 3천2백 70억원에 <u>이르는데다</u> 석탄가격 동결에 따른 석탄산업 지원자금도 유가인 상을 통해 일부 충당할 계획이라는 것 → 이르러 이에 대한 재원을 확보할 뿐 아니라,
- 세 도시는 각각 藝鄕으로 유명한 馬山을 비롯, 軍港의 전통이 있는 鎭海와 신흥공업도시인 <u>창원이</u> 인접해 있어 특색 있는 도시발전을 이뤄 왔는데... → 창원의 세 도시는
- 스카장측은 "자체 오수정화처리 시설로 하루 5천명 정도의 생활하수는 충분히 처리할 수 있다"고 밝히고 있으나 겨울철 피크 때는 하루 1만2천~ 2만명 정도의 레저인구가 몰려들어 식사 등을 대부분 스키장 부대시설에서 <u>해결하고 있는</u> 실정이다 → 해결하고 있어 생활하수가 정화되지 못하고 배출되는
- 다만 김대통령의 뜻이 <u>손상되지 않아야 하고, 오히려</u> 더욱 강화될 수 있는 방향으로 사태가 풀려야 한다는 것이다 → 손상되지 않도록 하여야 하고, 오히려 대통령의 뜻이
- 김대통령의 이같은 강한 수사, 앞으로 문제 인사들에 대한 책임 등 응분의 후속조치가 결코 자신의 초기 인사에 흠집을 내는 것이 아니라 오히려 자신의 의지를 더욱 강력히 <u>과시하는 쪽으로 나타나기를 희망하며 또한</u> 예고하는 것으로 해석된다 → 드러내는 쪽으로 나타나야 하며, 또한 그렇게 하리란 것을
- 이번 참사는 사고지점 지하 25m에서 한전 전력구공사를 한 것이 노반 침하의 <u>원인인</u> 것으로 분석된다 → 원인이 돼 빚어진
- 아번 사고는 한국철도사강 최대 참사로 <u>49년 4월 18일 충북 죽령에서 열차가 탈선, 51명이 사망한 바 있다</u> → 지금까지는 49년... 사망한 것이 최대의 사건이었다.
- 姜 청장은 이 가건물을 무허가건물 관리대장에 기재조차 하지 않아 세금을

전혀 내지 않았으며 관할 구청으로부터 단 한차례도 단속받은 <u>사실이 없는</u> 등 특혜의혹도 사고 있다 → 사실도 없어

- 더욱이 의원직 사퇴 대상으로 꼽았던 박준규 국회의장 임춘원 등이 당방침에 반발해 탈당해 버리고 정동호의원이 끝까지 반발하는 등 결코 흔쾌한 "사안 종결"이라고 <u>할 수 없다</u> → (완전한 매듭이 지어지기 쉽지 않다는 것은) 할 수 없는 사안이 일어나고 있기 때문이다

- 그러나 이번 로마자표기 통일안은... 로마자 <u>대응표에만 합의했을 뿐</u>... 컴퓨터의 기능과 완전히 <u>부합되지 않는다는 것이다</u> → 로마자 대응표만에 합의한 것으로...부합되는 것은 아니라는 것이다.

- 예년같으면 6월초 출어기를 맞아 전국의 채낚기어선 1천여척이 몰려 오징어잡이의 중심지 역할을 했을 鬱陵島 苧同港에는 올해의 경우 <u>5백여척만이 대기중이다</u> → (5백여척의) 배만이 대기하고 있을 뿐이다.

- 이날 승리로 변정일은 지난 91년 5월 그레그리처드슨(미국)을 꺾고 챔피언이 됐던 프로 경력 10년의 라바날레스는 4차방어에 실패함으로써 48전 35승(19KO) 2무11패의 전적을 기록했다 → "변정일은"을 제거

라) 모호·미상

- 美 核실험 계속천명 → 美 核 실험 계속을 천명/ 美 核 실험을 계속 천명
- 金 씨측에서도 "정치적 엄정 중립"을 애써 강조하면서도 <u>이같은 추세에</u> 부응이라도 하듯 → "이 같은 추세" 미상

2.3.2. 관용적 표현

매스컴에는 관용적으로 쓰이는 말이 많이 있다. 이러한 말 가운데는 의미상 적절하지 못한 것, 또는 비속한 것들도 있다. 이들 바람직하지 않은 표현은 신문의 경우 스포츠면에, 방송의 경우 연예·오락프로에 많이 쓰이는 것으로 나타난다. 매스컴의 공공성, 교육성을 고려할 때 이의 사용은 신중을 기해야 한다. 특히 이들은 아직 성숙하지 아니한, 감수성이 강한 젊은이들이 많이 읽고 시청하는 지면이요, 프로이기 때문이다.

가) 의미 호응

• "사명감과 명예로 적극적인 협조가 있어야 할 것"이라고 <u>입을 모으고</u> 있다
  → 입을 모아 말하고

• 정치인들은 최근 한결같이 "이제는 돈 있는 사람이 섣불리 정치에 뛰어든
  다고 할 수 없을 것"이라고 <u>입을 모았다</u> → 입을 모아 말했다.

• 일본에 1패를 <u>기록하면서</u> → 하면서

• 경복고는 … 골밑 득점이 <u>순조롭게 폭발</u> → (득점을) 순조롭게 해

• 3년생 대형 포워드 김영만의 슛이 <u>폭발</u>, 명지를 73-64로 눌렀다 → 연속
  들어가/ 이겼다

• 92프로야구가 만루 <u>홈런포로</u> 뜨겁게 달아오르고 있다 → 만루 홈런으로

• 134대 1경쟁률을 뚫고 자격증 딴 "<u>맹렬주부</u>" → 억척 주부

• 30일 패권을 놓고 마지막 <u>한판</u> 승부를 겨룬다 → 막판 승부를

나) 비속(卑俗)한 표현

① 장단 15안타를 <u>터뜨리는</u> → 치는
   12안타를 <u>터뜨려</u> 삼성의 추격을 따돌렸다 → 쳐

• 1941년 태드윌리엄스가 4할6리를 <u>때린</u> 것이 마지막이고 → 친

• OB의 강영수가 만루 홈런을 뽑아냄으로써 올 시즌에 <u>터진</u> 만루 홈런은 벌
  써 15개 → 친

• 신인 주포 김동수가 3, 5회 연타석 홈런을 <u>때리는</u> 등 장단 12안타를 <u>터뜨려</u>
  삼성의 추격을 따돌렸다 → 치는/ 쳐

• 챔피언 라바날레스는 … 변정일의 선제공격에 말려 이렇다 할 장타를 <u>날리
  지</u> 못했으며 → 치지

② 코피를 <u>터뜨린</u> 뒤 2-3회 맹공을 펼쳐 펀치를 과시했다 → 낸

• "이미지 별로다" TV중계도 <u>찬밥</u> → 푸대접

• 그러나 중앙은 이후 김영만이 3점슛 2개를 포함, <u>15득점을 낚아올려</u> 전반
  을 42-40으로 앞선채 마쳤다 → 15점을 득점하여

③ 애를 살살 <u>꼬셔</u> 빼갈려구 → 꾀어

• 한마디로 <u>죽 쒔습니다</u> → 실패했습니다

• 나불거리는 요 <u>주둥아리</u>, 사람을 보는 앞에서 <u>뽀뽀를 확</u> 해버릴까? → 입을

맞춰

　위의 ③은 방송에서 쓰인 것이다. 방송극에서의 비속어는 작중 인물의
성격에 따라 쓰이는 것이겠으나, 불특정 다수를 향한, 공공성을 지니는
방송이란 점을 감안하여 사용을 자제하도록 하여야 한다.

2.3.3. 반복 표현

　매스컴 언어에는 반복 표현도 많이 쓰이고 있다. 이러한 표현 가운데
표현 효과를 노려 의도적으로 쓴 것은 물론 문제가 될 것이 없으나, 그렇
지 않은 것은 문제다. 이러한 바람직하지 않은 반복표현에는 동의(同義),
및 동어(同語) 반복이 있다. 이러한 표현은 미숙 내지 의미 파악이 제대로
되지 않아 잘못이 빚어진 것이라 하겠다.

가) 동의·유의 반복
- 서가 간격이 <u>유독히 가장</u> 좁은 것도 큰 문제점 → 유독히 좁은
- <u>피해를 보게</u> 된다 → 해를 보게 된다/ 해를 입게 된다
- 전직 장관들의 <u>이름이 거명되고</u> 있다 → 거명되고/ 이름이 오르내리고
- 개인 공연으로는 드물게 <u>1년전부터 장기간</u> 기획하고 → 1년전부터
- "<u>배신감을 느껴</u>"... 불쾌·분개 → 배신

나) 동어 반복
- 그 소재도 시골 풍경이나 자연 소재의 작품 → 그 소재는 시골 풍경이나
  자연으로 된
- 대법원의 이번 판결은... 의미 있는 판결로 받아들여지고 있다 → 의미 있는
  것으로
- 이날 회의에서 韓國측은 당초 요구했던 재단기금 규모와 관련, 당초 요구했
  던 2억달러에서 대폭 후퇴 → 한국측은 재단기금 규모와

2.3.4. 번역문투

문체는 변하게 마련이다. 국어의 문체는 일본 및 서구 문장을 접하면서 많이 변모하였다. 이러한 변화는 굳이 탓할 것이 없다. 그러나 우리말투가 아닌, 듣기에 어색한 외국어투는 개선해야 한다. 그런데 이러한 매끄럽지 않은 번역문투가 매스컴 문장에도 나타나는 것을 볼 수 있다. 이러한 문장은 다듬어져야 한다.

- 따라서 이번 한국문학의 주간 행사를 계기로 번역 전문인력의 양성 및 우리 문학의 체계적인 해외 소개에 한층 분발이 요구되고 있다 → 분발해야 할 것으로 지적된다.
- 개원후 여야가 지자법 개정안을 심의할 것을 촉구키로 의견을 집약 → 심의하도록
- 먼지의 날림이 심하기 때문인 것으로 분석됐다 → 먼지가 심하게 날리기
- 수원시는 지난 1월... 수원시로 돌려줄 것을 요구하고 있으나 → 돌려달라고
- 김대중 평민당 총재는 16일 "광주민주화운동의 진상규명이 아직도 미결로 남게 된 책임은 노태우 대통령에게 있다"고 주장하고 "노태우 대통령은 광주 문제를 해결치 못한 데 대해 국민과 광주 영령 앞에 사과할 것"을 요구했다 → 사과하라"고

2.3.5. 논거

말은 근거를 분명히 대고 자기 주장을 펴야 하는데, 논거를 분명히 제시하지 않고 자기 주장을 펴 문장이 어색하고, 조리에 맞지 않으며, 의미를 파악할 수 없는 것도 보인다.

- 이 같은 의혹 부분들은 → 이 같은 사실들은(앞 단락에서 "밝혀졌다, ...밝혀졌다, ...드러났다" 등으로 표현됨)

- 崔珏圭 부총리겸기획원장관은... "--- 대응방안"을 보고 <u>이같이</u> 밝혔다 → 이같은 방침을 (리드에서 "방침이다, ... 방침이다"로 끝나 있어 "이같이 밝혔다"는 어울리지 않음)

2.3.6. 어순(語順)의 이상

어순에 이상이 있어 표현형식이나, 의미 파악에 문제가 있는 것도 보인다.

- <u>이와 관련, 러시아는</u> 본격적인 군사개입 가능성을 경고했으며 이에 맞서 몰도바와 그루지아 두 공화국은 공동 대처할 움직임을 보이는 등 <u>구소련의</u> 또다시 심각한 민족 분규에 빠져들고 있다 → 러시아는 이와 관련 구소련이
- 잇따라 발전차와 6호, 5호객차가 <u>뒤엉켜 전복됐다</u> → 전복돼 뒤엉켰다.

2.3.7. 구두점에 의한 표현

문장의 간결성을 위해 구두점으로 조사나 어미를 대신하는 표현은 매스컴 문장의 한 특징적 표현 방법이다. 그런데 아와 같이 조사나 어미를 생략하고 구두점으로 대신하게 되면 간결성을 지녀 좋기는 하나, 의미의 모호성을 지니게 된다. 따라서 이러한 의미의 모호성, 내지 조리를 생각할 때 이를 남용해서는 안 된다. 구두점 사용의 예를 몇 개 들어 보면 다음과 같다.

- 부산에서 무궁화 열차가 <u>전복</u>, 66명이 숨지는 대형 참사가 발생했다 → 전복되어
- 제117무궁화호가 철로 지반이 내려앉으면서 9량중 객차 2량 등 모두 4량이 <u>탈선·전복</u>, 김종준씨 등 66명이 숨지고 2백여명이 부상했다 → 탈선하고 전복되어

• 고위공직자 등에 대한 재산공개가 시작된 3월부터는 매매가 완전히 <u>중단</u>, 부동산 가격이 폭락하고 있다 → 중단되어

2.3.8. 감화적 표현

신문의 표제는 표시성, 압축성, 감동성, 품위성, 심미성이란 기능을 지닌다. 따라서 표제에는 정서적 표현이 많이 쓰인다. 이로 말미암아 독자는 강한 감화를 받아 이의 영향을 받게 된다. 따라서 바람직하지 않은 감화적 표현은 삼가야 한다.

감화적 표현은 첫째, 감화적인 낱말을 사용하거나 추상적 표현을 하며, 둘째 비유적 표현을 하고, 셋째 군사 용어를 많이 활용하는 것을 볼 수 있다. 군사 용어는 정치와 스포츠면에 많이 쓰인다. 특히 스포츠면에서 애용된다고 할 수 있다. 스포츠가 경기이기는 하나 작전과 밀접한 관련이 있어 군사 용어가 즐겨 쓰이나, 이의 남용은 삼갈 일이다. 이들의 보기를 몇 개 들어보면 다음과 같다.

가) 감화어와 추상적 표현
• 5회에는 최해명이 2점 홈런을 <u>때리는</u> 등 장단 14안타로 LG의 추격을 7-5로 따돌렸다.
• LG는 2차전서 신인 김동수가 2회와 5회 각각 솔로 홈런을 <u>터뜨리고</u>
• 체코, 濠 <u>잡고</u> 16강 합류
• 악성의 고뇌 <u>가슴 뭉클</u>
• 국민은-코오롱 6강 "<u>휘파람</u>"
• "투지의 복서" 변정일이 새 챔프에 <u>등극했다</u>
• 정선용, 윤동석, 조신선, 금메달 "<u>헹가래</u>"
• 노동자 문예운동 설자리 "<u>흔들</u>"
• 국산품 수출 밀리고 內需도 "<u>찬밥</u>"
• "환차손"줄이기 <u>안간힘</u>

나) 비유

- 企銀 "<u>월척전문낚시꾼</u>"
- "<u>동네북</u>" OB 10연패
- 삼성이 OB와의 3연전서 모두 승리, <u>파죽의</u> 8연승을 올렸다
- "<u>더위먹은</u>" 마운드... 3경기서 58점 득점
- 극성 상혼에 낭비만 <u>부채질</u>
- 성대 "패기의 그물"로 <u>大魚</u> 낚아
- 산골에 "<u>환경 페달</u>" 물결

다) 군사 용어

- 측면돌파·<u>벼락대포알 슛</u> 일품
- LG-삼성/ <u>大砲</u> 공방
- 한전 김성용 "<u>전천후폭격기</u>"
- 우지원 "대세 가른 <u>3점포 2방</u>"
- 한국 J축구 4강 "<u>출사표</u>"
- 三星 초반 <u>電子砲</u> 명중
- 1번타자에 <u>사령탑 特命</u>

이 밖에 표제의 압축성 때문에 생략된 모호한 표현에 의해서도 감화를 받게 됨은 물론이다.

2.4. 표기의 면

맞춤법에 맞지 않는 표기, 오식이라 보이는 표기, 탈자로 보이는 표기도 상당히 눈에 띤다. 이는 신문만이 아니고 방송의 TV 자막도 마찬가지다. 이러한 오기(誤記)는 상대적으로 볼 때 신문에 비해 방송이 더 심하다고 할 수 있다. 방송은 음성언어만 송출하는 것이 아니다. 표기법에도 유

의해야 한다.

그리고 여기 덧붙일 것은 표기법에는 "한글 맞춤법"만이 있는 것이 아니다. 외래어 표기도 "외래어 표기법"에 부합되게 표기해야 한다. 종래 문교부의 "외래어 표기법"이 외면되어 온 것이 사실이다. 그러나 지난 1986년 만족스럽지는 못하나 새로운 "외래어 표기법"이 마련되었으니 통일을 기하도록 할 일이다. 그렇지 않으면 언중(言衆)은 언어생활에 혼란을 빚게 되고, 새로 이를 익히는 사람은 잘못된 규범을 익혀 이중으로 고통을 받게 될 것이다. 아래에 표기상 문제가 되고 있는 예를 다소 보기로 한다. 뒷부분 외국인명은 세 가지로 달리 쓰이고 있는 것까지 보인다.

- 최신 디지틀피아노 등 <u>선뵈</u> → 선봬
  30여도 <u>선뵈</u> 印稅 등 지불
  뮤지컬 "가스펠"도 두 번째 <u>선뵈</u>
  신학도서 전신... 젊은 운동 <u>선뵈</u>
  살구비누 등 20여개 제품 <u>선뵈</u>
  알래스카 칼리비안코스 <u>선뵈</u>
- "올핸 구정 <u>쇠야겠다</u>" → 쇄야
- 침구 소파 카핏 자주 털고 <u>햇빛 쬐야</u> → 햇볕 쫴야
- 발언기회가 <u>균등한지</u> 못하다는 지적 → 균등하지
- <u>거래돼던</u> 봄무는 → 거래되던
- <u>앞구정동</u> 본당에서는 → 압구정동
- 91년 기준 1인당 교육비 투자액도 사립중 66만8천원, 사립고 66만원으로 공립에 비해 각각 14만 5천원과 <u>50만 6천원</u>이 적다 → "50만6천원"은 오식인 듯.
- 그는 또 "<u>26일 이종찬의원이... 조정할 수 있다는</u> 입장을 보인 것으로 알고 있다고 말했다 → "26일... 조정할 수 있다"는
- 이와 함께 "<u>윗물부터 맑기</u>" 정책을 위해서는 공직자 재산등록도 엄정한 검증절차를 거쳐야 한다는 지적도 일고 있다 → "윗물부터 맑히기"

- 박의장의 결심이 초읽기에 들어갔음을 일을 수 있다 → 읽을
- 명지대가... 중앙대와 최종 결승 <u>티킷을</u> 놓고 격돌하게 됐다 → 티켓을
- 서의 선제 꼴에도 불구하고 → 골
- 라바날레스에 3 대 0 판정승 (조선, 93. 3. 29)
  라바날레스에 판정스... 88 불명예 씻어 (문화, 93. 3. 29)
  라바날레스에 3 대 0 판정승 (국민, 93. 3. 29)
  변정일 라바날레스 꺾었다 (한국, 93. 3. 29)
  라바날레스에 판정승 88 불상사 恨 풀어 (서울, 93. 3. 29)
- <u>나</u>바날레스에 판정승 챔피언벨트 (동아, 93. 3. 29)
- <u>라바넬레스</u>에 3-0 판정승 (중앙, 93. 3. 29)

2.5. 발음의 면

방송에서의 발음은 훈련 받지 않은 사람이 마이크를 잡음으로 많은 문제가 야기되고 있다. 이는 그대로 두어서는 안 된다. 신문에서 맞춤법이 지켜지듯, 방송에서는 표준어규정에 따른 "표준발음법"이 지켜져야 한다. 방송에서 발음이 문제되는 것은 자생적 변동(自生的變動)와 결합적 변동(結合的變動)의 두 가지로 나누어 살펴볼 수 있다.

1) 자생적 변이

우선 "가개~가게", "메마르다~매마르다"가 제대로 구별이 안 되는 "ㅐ~ㅔ"의 혼란이 있다. 이는 본래 경상방언의 특징이나, 오늘날은 일반화하여 전국적인 현상이 되고 있다. 그리고 "간딴히, 딲다, 쎄다, 쌂다"와 같은 된소리화가 심하게 나타난다. "깨끗치, 서슴치, 키타, 폭팔"과 같은 거센소리화현상도 심심치 않게 들을 수 있다. 이밖에 음의 장단은 문자 그대로 엉망이다. "간신(奸臣)"이 "간:신(諫臣)"이 되고, "난민(難民)"이 "난:민(亂民)"이 되고, "감:사(感謝)"가 "감사(監査)"가 되고, "방:화(放火)"가 "방화(防火)"가 되

는 판이다. 심하게는 "보:도(報道)"를 하는 사람들이 [보:도]라고 "보"의 발음을 길게 하지 못하고, "보도, 보도"하고 짧게 발음하고 있는 형편이다. 음의 장단은 전문 방송인 여부를 불문하고, 연수교육을 통해 바로 발음할 수 있도록 해야 하겠다. 자생적 변이가 문제가 되는 예를 보면 다음과 같은 것이 보인다.

- 정서적으로 <u>매마른</u> 것이 문제입니다. → 메마른
- <u>짤라서</u> 먹잖아요 → 잘라서
- 민박 <u>창꾸</u> → 창구(窓口)
- <u>창꼬직이</u> → 창고(倉庫)직이
- <u>간딴하게</u> 할 계획 → 간단하게
- <u>관껀</u>이 되고 있습니다 → 관건이
- <u>불뻡으로</u> 매입하는 등 부정을 저질렀습니다 → 불법으로
- [교:통]사고 예방 캠페인 → [교'통(交通)]
- 이번 [사'고]도 마무리됐습니다 → [사:고(事故)]
- [재:계]와 노동계 → [재'계(財界)]

2) 결합적 변이

결합적 변이가 문제가 되는 것에는 첫째, 연음(連音)이 제대로 안 되는 경우가 있다는 것이다. 이는 "ㅈ, ㅊ, ㅋ, ㅌ, ㅍ" 받침이 뒤에 모음으로 시작되는 허사(虛辭)가 올 때 연음이 돼야 하는데, 이것이 제대로 안 된다. "젖이, 옻을, 들녘에, 숱의, 무릎으로"가 [저지, 오츨, 들녀케, 수틔, 무르프로]와 간이 발음해야 하는데, 이것이 대표음으로 발음되는 것이다. 이는 7종성의 발음에 따른 속된 발음으로 잘못 내는 것이다. 명사의 겹받침도 제대로 연음이 되지 않는다. "흙이, 흙을"이 [흐기, 흐글]로 발음되는 것이 그것이다.

절음법칙도 제대로 지켜지지 않는다. 특히 "밝다, 넓다, 읊다" 같은 겹

받침의 경우는 어떻게 활용어미를 발음해야 할지 몰라 하는 정도이다. 이 밖에 "가랭이, 가재미, 매끼다, 베끼다, 손재비, 애기, 피라미"와 같이 'ㅣ' 모음동화를 잘못하고 있으며, "까슬까슬, 으스대다"를 [까실까실, 으시대다]로 발음하는 전설모음화가 성행되고 있다. 전설음화의 예로는 "가진(갖은), 나지막하다, 메시껍다, 메식메식, 바시대다, 부시시, 부실부실, 복실복실, 요지음, 으실으실" 같은 말을 들 수 있다. "부수다, 수줍다"를 "부시다, 수집다"라 하는 것도 이러한 예에 속하는 것이다.

이밖에 자음동화에 속하는 연구개음화(軟口蓋音化)와 양순음화(兩脣音化) 현상이 일반화하여 자유로운 대담에서 많은 잘못이 빚어지고 있다. "샛길, 갑갑하다, 둔갑, 캄캄하다" 따위를 [색낄, 각깝하다, 둥갑, 캉캄하다]라 발음하는 것은 연구개음화한 것이다. 그리고 "햇밤, 샅바, 젖먹이, 단백질"을 [햅빰, 삽빠, 점머기, 담백질]이라 발음하는 것은 양순음화한 것이다. 이러한 발음은 발음하기가 수월하여 그렇게 발음하는 것이나, 이는 표준 발음이 아니다. 이밖에 "가려고"를 [갈려고], "송별연"을 [송별년]과 같이 "ㄹ, ㄴ"을 첨가하려는 현상도 보인다. 다음에 이러한 오용 사례를 몇 개 보기로 한다.

- [비슬(빛을)] 얼마나 진지 알아요? → [비즐]
- [발끄스로(발끝으로)] 땅에 글씨를 썼다. → [발끄트로]
- 김포 [들녀게서(들녘에서)] 말씀 드렸습니다. → [들녀케서]
- 일과 같이 사는 사람은 [늘찌(늙지)]를 않는구나. → [늑찌]
- [짭게(짧게)]는 한 달 길게는 6개월 → [짤께]
- 물건은 어디 [매끼셨습니까(맡기셨습니까)]? → [맏끼]
- 나무 껍질을 [베끼는(벗기는)] 작업을 하고 있습니다. → [벋끼는]
- [으시대는(으스대는)] 태도는 반성해야 한다 → [으스대는]
- 집을 [부시고(부수고)] 다시 짓는다는 것입니다 → [부수고]

- 대낮에도 그 집 앞을 지나자면 [으시시(으스스)]합니다 → [으스스]
- [황경(환경)] 오염문제가 심각합니다 → [환경]
- [앙개(안개)]가 끼는 곳이 많겠습니다 → [안개]
- [감밤(간밤)]에 일부 학생들의 충돌이 있었습니다. → [간밤]
- [섬물(선물)] 세트는 [경강(건강)] 식품 등 다양합니다. → [선물], [건강]
- 수난의 5월이라 [불르는(부르는)]게 좋겠다 → [부르는]
- 나비처럼 훨훨 [날라갑니다(날아갑니다)] → [나라갑니다]

3. 결어

매스컴은 대중 매체를 통해 우리에게 정보를 전달해 준다. 그리하여 이는 현대사회의 총아로서 군림하고 있다. 이들 매스컴의 영향은 이루 말할 수 없이 크다. 그런데 이들 매스컴에 쓰이는 언어와 문장을 보면 순기능(順機能) 아닌, 역기능(逆機能) 또한 상당히 큰 것으로 나타난다. 순기능과 달리 역기능이 나타나는 말은 순화해야 한다. 우리는 앞에서 매스컴, 곧 신문과 방송에서 문제가 되는 언어와 문장의 문제를 어휘, 문법, 표현과 표기 및 발음의 면에서 살펴보았다. 이러한 문제가 되는 언어와 문장은 개선하여 바람직한 신문과 방송의 언어와 문장을 만들어야 한다. 그렇게 함으로 우리의 매스컴이 보도와 오락의 기능을 충실히 드러낼 수 있게 해야 한다. 그러면 매스컴의 언어와 문장을 개선하여 바람직한 매스컴이 되게 하기 위해서는 어떻게 하는 것이 바람직하겠는가? 여기서는 구체적인 문제의 개선책을 제시하기보다 근본적이고 일반적인 대책을 제언함으로 결론을 삼기로 한다.

첫째, 바른 언어와 문장을 구사하겠다는 건전한 의식을 가져야 한다.

방송법에는 방송의 공정성과 공공성이 강조되고 있다. 이는 신문의 경우도 마찬가지라 하겠다. 좋은 문장은 3C의 문장이라 한다. Correct(정확), Concrete(구체), Clear(명확)해야 한다는 말이다.

흔히 일러지듯 뜻만 통하면 된다는 안이한 의식이 지배하는 한 매스컴의 언어와 문장의 개선은 기대하기 어렵다. 매스컴은 불특정 다수를 향한 공적 언어다. 따라서 이는 바람직한 공용어를 사용해야 한다. 더구나 매스컴은 교육성과 시범성을 지닌다. 역기능이 드러나게 해서는 안 된다. 기사는 공정성과 공공성을 바탕으로 바로 쓰여야 한다. 그래서 바르고 정확하게 정보를 전달해야 한다. 매스컴의 종사자는 무관의 제왕이라 한다. 자부심과 사회 정의를 가지고 바르게 표현해야 한다. 오용이 빚어져 그것이 역기능으로 작용하게 하여서는 안 된다. 민족어를 갈고 다듬는 연금술사로서의 모범을 보이고, 교육적 의미를 지니도록 바람직한 언어 표현을 하도록 해야 한다. 그렇지 않을 때 독자나 시청자는 그 의미를 제대로 파악하지 못할 것이며, 혼란과 오염의 수렁에 빠지게 될 것이다. 이러한 의미에서 매스컴 종사자는 언어와 문장에 대한 안이한 생각을 버리고, 바른 언어와 문장을 구사하겠다는 의식의 혁명을 꾀하고, 이를 위해 노력해야 한다. 매스컴 언어와 표현이 독자와 시청자의 모범이 되도록 해야 한다. 표준 영어를 하기 위해서는 "BBC를 들어라!" 하는 말을 새겨야 하는 이유가 여기에 있다.

둘째, 철저한 자체 수련을 하도록 하여야 한다.

언론계에 종사하는 사람들이 일반적으로 언론인으로서 제대로 훈련을 받은 사람이 많지 않다. 국어국문과나 국어교육과를 위시하여 신문방송학과 등에서도 바른 말, 바른 글에 대한 교육이 제대로 이루어지지 않는다. 국어국문학이나 국어교육에 대한 이론 위주의 교육이 이루어지고, 실용 언어의 교육이 이루어지고 있지 않다. 따라서 매스컴에 종사하는 언론인은 좀 실례의 말을 한다면 우리말에 대해 무지한 상황에서 펜을 잡고 마이크를 잡는 것이 현실이라고 할 수 있는 것이 아닌가 한다. 따라서 전문 언론인으로서 자부심을 갖고 활동하기 위해서는 최소한의 우리말에 대한 연수를 받도록 해야 한다. 그래야 글 같은 글을 쓰고, 제대로 방송을 할 수 있을 것이다. 이러하기 위해서는 신문사나, 방송국에서 자체 연수를 하도록 해야 한다.

셋째, 기사의 실명제를 도입하고, 자체 심의를 강화하도록 하여야 한다.

생산품에 대해서는 생산자가 책임을 져야 한다. 기사의 경우도 마찬가지다. 방송은 그런대로 실명제를 하고 있는 편이나, 책임을 제대로 묻고 있지는 않는 것 같다. 신문의 경우는 일부 칼럼은 실명제를 하고 있으나, 대부분의 기사는 기자가 밝혀져 있지 않다. 방송을 하고, 신문 기사를 쓰는 사람이 그것을 제대로 할 능력이 없다면 그 사람은 그 자리에 잘못 앉아 있는 것이다.

그리고 제대로 된 기사를 쓰고, 방송을 하기 위해서는 본격적인 심의를 하여 제대로 된 글과 말이 신문과 방송에 나갈 수 있도록 해야 한다. 이를 위해서는 방송국에 심의실을 두고, 신문사의 교열부의 기능을 강화해야 한다. 그래서 문제의 말과 글을 하거나 쓴 사람이 직접 그것을 알고 교정할 수 있도록 해야 한다.

넷째, 바른 언어 사용을 임용의 필수 조건으로 하고, 비전문인이 마이크나 펜을 잡는 것을 자제하도록 한다.

지금의 언론 특히 방송은 언어 훈련을 받지 않은 사람이 대거 마이크를 잡음으로 방송언어를 엉망으로 만들고 있다. 철저한 검증을 거쳐 임용하고, 여기에 훈련을 더해 방송은 바르고 고운 말의 방송을 하고, 신문은 바람직한 문장으로 장식할 수 있게 해야 한다. 매스컴의 언어와 문장은 누누이 말하지만 교육성과 시범성을 지니는 것이다.

참고문헌

박갑수(1984), 국어의 표현과 순화론, 지학사
박갑수(1987), 방송언어론, 문화방송
박갑수(1990), 신문기사의 문체, 한국언론연구원
박갑수(1990), 방송언어 이래선 안 된다, 언론과 비평, 통권 10호, 언론과 비평사
박갑수(1990), 신문 문장에 오류가 너무 많다, 언론과 비평, 통권 11호, 언론과 비평사

○ 이 글은 1990년대 초반에 작성된 원고로, 발표지와 연대는 분명치 않다. '중앙일보' 사원 연수 교재로 활용된 바 있다.

제3부
방송언어의 특성과
역사적 변천

제1장 방송언어의 특질과 표현 특성

1. 서언

　우리는 어떤 사람의 말을 듣고 그 사람은 훈장이겠다, 또는 장사꾼이겠다라고 말한다. 어떤 때는 그것은 시적인 언어라 하고, 저것은 산문의 언어라고 한다. 이렇게 언어는 영역에 따라 다 같은 공통성을 지니는가 하면, 다른 모습을 보여 준다.

　신문과 방송은 다 같은 매스 미디어의 대표적 주자이다. 따라서 이들은 많은 공통성을 지니는가 하면 그들 영역 나름의 또 다른 특성을 지닌다. 가장 대표적인 양자의 차이의 하나는 시각언어 문어(文語)로 이루어지고, 다른 하나는 청각언어인 구어(口語)로 이루어진다는 것이다. 따라서 이들은 보편적 특성으로서의 언어의 일반성을 지니는 외에 특수한 분야로서의 특수성을 지닌다. 다시 말하면 일반적 성격 외에 그들 나름의 특질을 아울러 지닌다.

　신문과 방송은 매스 미디어의 대표적인 두 영역이다. 이 글에서는 이 가운데 방송언어의 특질과 표현 특성을 살펴보기로 한다. "방송언어의 특질"은 일반성을 바탕으로 한 이 영역의 언어적 특질이 논의될 것이다.

"방송 문장의 특성"은 방송 영역과, 언어 구조에 따라 고찰을 하게 될 것이다. 방송 문장의 표현특성은 특히 언어 구조, 구체적으로 말해 발음, 어휘, 문장상의 표현 특성이 주로 고찰될 것이다. 이는 물론 방송의 기능을 제고하고자 하는 것이며, 나아가 방송언어의 질적 향상을 도모하기 위한 것이다.

세상에는 변하지 않는 것이 없다. 전에는 방송(放送)이 신문(新聞) 위에 군림하였다. 그러나 오늘날은 그 철옹성 같던 신문의 지위가 무너지고 방송이 우위(優位)에 놓이는 세상이 되었다. 신문의 언어적 특질과 표현 특성에 대해서는 지난날 많이 논의되었다. 이에 비하면 방송언어에 대한 논의는 그렇게 많이 논의된 것으로는 보이지 않는다. 이에 매스컴의 왕자인 방송, 그 방송언어(放送言語)의 특질과 표현 특성에 대한 고찰은 그런 면에서 의미가 있을 것이다. 방송언어의 발전을 기대하는 마음과 함께 방송언어의 바람직한 소통(전달)을 위해 다음에 방송언어의 특질과 표현 특성에 대한 논의를 전개하기로 한다.

2. 방송언어의 특질

언어는 이를 사용하는 영역에 따라 특질을 달리한다. 이는 언어의 여러 가지 기능을 전제하고, 이에 따라 그 특성을 달리 보는 것이라 하겠다.

방송언어도 그 나름의 특질을 지닌다. 그러나 여기서 방송언어라 하였지만 방송도 그 영역이 여러 가지가 있어 그 영역에 따라 그 특질이 한결같지 않다. 많은 사람이 보도교양방송과 연예오락방송의 언어가 같지 않다고 생각하는 것이 그런 것이다. 따라서 한마디로 방송언어의 특질이란 말도 함부로 할 수 없다. 그럼에도 일반 대중은 물론, 방송계에서도 "방송언어의 특질"이란 용어를 곧잘 사용한다. 이는 방송의 주 기능이 보도교양방송, 특히 보도방송이기 때문에 "방송언어의 특질" 운운할 때에는 주로 이 보도방송의 언어 특질을 말하고 있는 것이라 할 수 있다.

사실 방송언어란 특수한 것이 아니다. 일상 쓰고 있는 언어다. 그러면서 이는 일반성적 특수성을 지닌다. 그것은 표준어이고, 구두어이며, 순화된 말이란 것이다. 그리고 여기 두어 가지를 덧붙일 수 있다. 그것은 쉬운 말이어야 하고, 정확한 말이어야 한다는 것이다. 따라서 방송언어는 다음과 같은 특질을 지닌다고 할 수 있다(박갑수, 1996).

① 표준어이어야 한다.
② 구두어이어야 한다.
③ 쉬운 말이어야 한다.
④ 순화된 말이어야 한다.
⑤ 정확한 말이어야 한다.

그러면 다음에 이들 특성에 대해 살펴보기로 한다.

첫째, "표준어이어야 한다"는 특질

방송언어는 보편성을 지니며, 교육성을 지닌 언어다. 방송언어는 누구나 그것을 듣고 알아들을 수 있는, 특수한 언어가 아닌, 보편적 언어이어야 한다. 특정 지역의 언어를 사용하게 되면 대부분의 시청자는 그것을 이해하지 못하게 된다. 모두가 듣고 이해할 수 있는 일반적이고, 보편적인 언어를 사용해야 한다. 그러기 위해서는 공용어(公用語)를 사용해야 한다. 말을 바꾸면 표준어를 사용해야 한다. 방송언어는 또한 교육성을 지닌다. 보도교양방송의 기능은 말할 것도 없고, 이는 표준어를 보급하는 교육적 구실을 한다. 표준어를 사용하지 않고, 지역방언을 사용하게 되면 표준어의 보급, 정착을 꾀할 수 없다. 따라서 방송언어는 교육적 차원에서 보더라도 표준어를 사용해야 한다. 사실 공용어, 곧 표준어는 세계적으로 근대에 접어들어 국민을 통합하기 위해 제정되었다. 역사적으로 지난날에는 언어에 대해 방임정책(放任政策)을 폈다. 오히려 많은 지역방언을 자랑으로 알았다. 근대에 접어들어 국민을 통합하기 위해 폐쇄정책(閉鎖政策)을 편 것이다(塩田紀和, 1977). 국민을 통합하기 위해서는 통일된 언어가 필요했기 때문이다. 표준어는 이렇게 모든 국민과 소통하고, 나아가 국민통합을 하기 위해 필요한 것이다. 이것이 바로 방송언어의 특질 가운데 하나인 표준어다.

둘째, "구두어이어야 한다"는 특질

방송언어는 주로 청각에 호소하는 음성언어(音聲言語)이다. 물론 라디오와 달리 TV는 문자언어(文字言語)를 사용하기도 한다. 그러나 방송은 문자언어를 주로 사용하는 신문과 달리 주로 청각언어인 음성언어에 의존한다. 음성언어와 문자언어는 상당한 차이가 있다. 이는 말하는 것과 글을 읽는 것의 차이를 빚어낸다. 아나운서의 뉴스 보도는 어느 정도 문어적인 속성을 지니는 언어다. 참고로 글말(文語)과 입말(口語)의 차이를 제시하여, 방송언어의 특질을 드러내면 다음과 같다(박갑수, 1996).

○ 문자언어
① 문장이 비교적 길다.
② 문장 순서가 정상적이다.
③ 같은 문장이나, 말을 몇 번씩 반복하는 일이 적다.
④ 말을 맺지 않고 문장을 끝내는 일이 적다.
⑤ 문장의 성분이 생략되는 일이 비교적 적다.
⑥ '이것', '그것', '저것'과 같이 지시하는 말이 비교적 적다.

⑦ 경어를 비교적 적게 쓴다.

⑧ 한자어가 비교적 많이 쓰인다.

⑨ 고어, 한문투의 말, 번역조의 말이 많은 경우가 있다.

⑩ '...이다'로 문장을 끝맺는 경우가 많다.

○ 음성언어

① 문장이 비교적 짧다.

② 문장의 순서가 정상이 아닌 경우가 있다.

③ 같은 문장이나 말을 반복하는 일이 많다.

④ 말을 맺지 않고 문장을 끝내는 일이 있다.

⑤ 문장 성분의 일부를 생략하는 일이 있다.

⑥ 지시하는 말이 비교적 많다.

⑦ 경어가 언제나 따라다닌다.

⑧ 한자어가 비교적 적게 쓰인다.

⑨ 고어, 한문투의 말, 번역조의 말이 많지 않다.

⑩ '...이에요', '...습니다'로 문장을 끝맺는 경우가 많다.

셋째, "쉬운 말이어야 한다"는 특질

방송언어는 주로 청각에 호소하는 일방적(一方的) 언어이다. 따라서 이는 생각하게 하는 말이어서는 안 되고, 쉽게 이해되는 말이어야 한다. 따라서 어휘는 난해한 한자어, 동음어, 유음어, 약어, 외국어 내지 외래어가 많이 쓰여서는 곤란하다. 또한 문장이 길고 복잡한 것이어도 곤란하다. 이러한 문장은 글의 뜻을 파악하기 어렵게 한다. 따라서 어려운 한자어를 적게 쓰고, 의미의 혼란을 빚는 동음어를 피하고, 생소한 외래어나 외국어를 자제하도록 해야 한다. 방송 문장은 간결하고, 단순해야 한다. 짧막한 단문(單文)이 가독성(可讀性)을 지니기 때문이다. 보도 문장의 길이는 50자 이내로 하는 것이 바람직하다(박갑수, 1977).

넷째, "순화된 말이어야 한다"는 특질

순화된 말이란 바르고, 고운 말을 말한다. 흔히는 "순화된 말"이라면 어휘만을 의미하나, 이는 어휘에 국한하지 아니하고, 발음과 어법, 문장, 정서법에 이르기까지 "바르고 곱게", 걸러진 말을 다 가리킨다. 이는 언어의 순화(純化)와 "순화(醇化)"를 다 같이 의미한다. 방송언어는 바르고 고운 말이어야 한다. 우선 어법에 맞는 말이어야 하고, 비속하거나 품위 없는 말이어서는 안 되며, 폭력적인 말이어서도 안 된다. 외래어로 얼룩져서도 안 된다(박갑수, 2016).

언어와 사회는 밀접한 관계를 갖는다. 언어는 사회를 반영하고, 또 사회에 영향을 미친다. 방송언어는 시범성, 교육성을 지닌다. 따라서 바람직하지 않은 언어는 당장 시청자, 곧 언중(言衆)에게 영향을 미친다. 이는 저열하고 폭력적인 인간을 만들 뿐 아니라, 그런 사회를 만든다. 이러한 악순환은 단절해야 한다. 방송의 엄청난 영향력을 생각할 때, 방송언어는 마땅히 순화된 말이어야 한다. 그리고 바르고 고운 말에 의해 아름답고 바람직한 사회도 만들어야 한다.

다섯째, "정확한 말이어야 한다"는 특질

"정확한 말"이란 크게 두 가지 의미를 지니는 것으로 볼 수 있다. 그 하나는 표현의 정확성이고, 다른 하나는 그 내용이 사실에 정확히 부합해야 하는 것이란 말이다. 이런 의미에서 Mott(1962)의 "정확성"에 대한 언급은, 방송언어를 꼭 집어서 말한 것이 아니고, 저널리즘에 대해 말한 것이기는 하나 매우 의미 있는 말이라 할 수 있다. 그는 정확성이 여섯 가지 관점에서 매우 중요하다고 보고 있다.

① 원고는 실제로 정확히 제작되어야 한다.

② 원고는 문법과 서법(書法)에 있어 정확해야 한다.

③ 신문의 개별적 문체는 지켜져야 한다.

④ 승인된 신문의 형식은 지켜져야 한다.

⑤ 원고는 위험하거나 해로운 진술을 피해야 한다.

⑥ 원고는 효과적인 문체와 표제(標題)를 필요로 한다.

Mott의 정확성에 대한 견해는 정확한 표현, 어법에 맞는 표현, 위해(危害)를 가하는 진술의 회피, 효과적인 표현을 말하는 것으로 요약할 수 있다. 이러한 정확성의 요건은 방송언어에도 그대로 적용되는 것으로 볼 수 있다. 특히 Mott가 "신문"이라 명시한 것을 "방송"으로 바꿀 때 그러하다. 방송은 무엇보다 표현이 정확해야 한다. 그리고 사실에 부합하지 않는 허위, 과장 표현을 지양해야 한다.

3. 방송언어의 표현 특성

3.1. 방송의 영역에 따른 표현 특성

방송언어는 방송의 영역에 따라 표현 특성을 달리하는 것으로 볼 수 있다. 방송의 영역 구분은 언론기본법에서는 보도방송, 교양방송, 오락방송의 세 가지로 나누고, "방송심의 규정"에서는 보도방송, 교육·교양방송, 연예·오락방송, 음악방송, 어린이방송, 광고방송의 여섯 가지로 나누고 있다. 여기서는 언론기본법에 따라 세 가지로 나누고, 이들 영역에 따른 표현 특성을 살펴보기로 한다. 이들 영역에 따른 표현 특성은 근본적으로는 방송언어의 특질을 좌우하고, 영역에 따른 특성을 지니게 할 것이다. 따라서 여기에서는 이를 살피게 될 것이다. 그러나 이는 다음 항의

"방송언어 구조에 따른 표현 특성"과 넘나들게 될 것이므로, 다음 항에서 자세히 논의하기로 하고, 여기서는 주요 내용만을 살펴보기로 한다.

보도방송(報道放送)은 아나운서의 뉴스 보도가 주가 된다. 이의 표현 특성은 무엇보다 방송언어의 특질과 직결된다. 이는 "표준어", "구두어", "쉬운 말", "순화된 말", "정확한 말"의 표현을 전제해야 한다. 그리고 무엇보다 올바른 표현, 정확한 표현을 지향해야 한다.

"보도"란 "대중 매체를 통하여 일반인에게 새로운 소식을 전달하는 것"을 의미하는, 보고(報告)의 언어다. 보고의 언어는 실증(實證)을 전제로 하고, 추론이나 단정을 배제한다. 보고의 언어는 사실과 일치해야 한다. 외재적(外在的) 세계, 말을 바꾸면 사실세계(事實世界)와 부합해야 한다(Hayakawa, 1964). 이는 언어의 기능 가운데 통달적(通達的) 표현에 속하는 것이다. 통달적 기능이란, 감화적(感化的) 기능의 대가 된다. 이는 지시하거나, 지칭하는 것으로, 순수하게 지적인 것이며, 정보 전달을 목적으로 하는 것이다. 이는 사실세계에 부합한 표현을 하는 것이다. 사실세계에 부합한 표현, 곧 외재적 세계에 부합한 표현을 하기 위해서는 외재적 사고(思考)를 해야 한다. 외재적 사고란 먼저 외재적 사실에 주목하고, 이에 부합한 언어표현을 하는 것이다. 선사실(先事實) 후언어(後言語)의 정신을 말한다. 사실에 주목하지 않고, 말부터 먼저 하게 되면 사실에 부합하지 아니한 표현, 곧 거짓말, 과장, 망언, 교언(巧言), 헛소문 따위를 낳게 된다. 보도방송이 이러한 언어표현이 되어서는 안 된다. 이러한 언어는 충돌, 불화, 불신을 빚어내게 된다. 따라서 보도방송은 언어만의 내재적(內在的) 사고를 지양하고, 사실에 부합한 외재적 사고에 철저함으로, 올바른 보고(報告)의 언어가 되도록 하여야 한다.

그리고 여기에 덧붙일 것은 어법적으로도 정확한 표현을 지향한다는 것이다. 이는 방송의 기본이며, 특히 보도방송에서 강조되는 것이다. 이에 대해서는 다음에 "방송언어의 구조에 따른 표현 특성"에서 보다 자세하게 논의할 것이기에 여기에서는 자세한 논의를 줄인다.

교양방송(敎養放送)은 그 내용으로 볼 때 교양강좌, 경제 해설 및 상담, 전통문화의 전승 및 개발, 생활과학 및 정보, 기상 및 교통 정보, 현장 탐방 취재, 모범 시민 취재, 농어민 프로, 청소년 프로, 여성 대상 프로, 어린이 프로, 기타로 이루어진다. 그리고 이들의 방송 양식은 강의, 토론, 토크쇼, 질의 응답, 방문 상담, 퀴즈, 방송극 등 비교적 다양하다. 따라서 교양강좌 방송의 표현 특성은 한마디로 요약하기 힘들다. 그러나 이는 "교육·교양방송"이니 자연 계도성을 지녀 이론적이고, 전문용어와 외래어가 많이 쓰이며, 강의식 어투가 많이 쓰인다는 것을 그 특성으로 들 수 있을 것이다. 그러나 앞에서 예를 든 바와 같이 그 형식은 다양하게 나타나고 있다. 교양강좌만 하더라도 강의식만을 고집하고 있지는 아니하다. 따라서 난해한 전문 용어, 내지 외래어 및 외국어 사용이 많이 줄어들었다 하겠다.

그러나 문제는 전문가가 강좌를 하는 경우는 아무리 그 내용이 좋은 것이라 하더라도 어렵고, 딱딱하고, 재미가 없이 근엄하게 진행할 때에는 시청자가 외면을 하게 된다. 그렇게 되면 아까운 전파만 낭비하게 된다. 따라서 교양방송은 지금까지도 다양한 형식으로 진행해 왔지만 이러한 불상사가 발생하지 않도록 시청자를 유인하는 다양한 언어표현 전략을 구사하는 것이 필요하다.

오락방송(娛樂放送)은 따로 "연예·오락방송"이라 할 정도로 드라마가 큰 비중을 차지하며, 이밖에 음악방송, 개그, 쇼 등의 프로가 행해진다. 오락방송은 무엇보다 시청자에게 건전한 위안을 주고 즐거움을 주는 데 목적이 있다. 따라서 오락방송의 표현특성은 앞에서 언급한 보도방송의 통달적(通達的) 표현의 대가 되는 정서적(情緖的) 표현을 하게 된다. 정서적 표현이란 감정이나 태도를 환기하는 언어 기능으로 이는 시청자를 감화하는 표현 효과를 지니는 것이다. 감화적 표현의 언어 장치로는 모두가 다 그렇다는 총칭적(總稱的) 사고와, 가치를 여러 가지로 보지 않는 과치적(寡値的) 사고를 즐겨 하고, 일반화와 단정을 잘 하는 등의 사고 내지 표현 특성을 지닌다(Hayakawa, 1964). 이렇게 되면 통달성과는 달리 정서적 표현, 감화적 표현이 된다.

그런데 이러한 감화적 표현을 하고, 시청자에게 위안과 즐거움을 주려는 욕심이 지나쳐 오락방송은 비속성, 폭력성, 선정성 등이 문제가 되기도 한다. 이러한 비속성, 폭력성 및 선정성은 시청자의 건전한 의식을 타락시킬 뿐 아니라, 나아가 자신들의 사회를 저열하고 거친 사회로 전락시키게 됨으로 바람직한 것이 못 된다. 따라서 오락방송에서의 지나친 정서적 표현이나, 비속성, 폭력성, 선정성을 드러내는 표현은 자제해야 한다. 물론 이러한 것을 전적으로 배제해야 한다는 것은 아니다. 필요한 경우는 써야 한다. 개성적인 표현을 위해 써야 할 곳에는 써야 한다. 그러나 그것이 유형화가 빚는 것이어서는 안 된다. 한마디로 오락방송에서 광의의 정서적 표현은 순화하여 활용하도록 해야 한다. 그리고 여기 덧붙일 것은 음악방송에서 사담(私談)이 문제가 되는데, 이것도 공익을 위한 것이 아니면 자제해야 한다.

3.2. 방송언어의 구조에 따른 표현 특성

방송 영역에 따른 표현 특성을 살펴보았다. 다음에는 방송언어의 구조에 따른 표현 특성을 살펴보기로 한다. 언어는 음성과 어휘, 문장으로 이루어져 있다. 따라서 이 언어의 세 차원에서 그 표현 특성을 살펴보기로 한다.

표현 특성이란 표현상의 특징적 성격을 말한다. 따라서 이는 음성, 어휘, 문장상 어떤 음성, 어휘, 문장을 잘 선택하느냐의 문제가 된다. 다음에는 이러한 선택을 바탕으로 한 방송언어의 구조에 대한 특성을 살펴보기로 한다.

3.2.1. 음성상의 표현 특성

방송언어는 무엇보다 신문 언어와 달리 음성언어요, 구어라는 것이다. 이는 직진적이며, 선회적인 것이 못 된다. 이는 일방적인 것이고, 일과성을 지니는 것이다.

방송은 이러한 특성을 지니는 것이기 때문에 그 효과를 증진하기 위해 특히 음성 표현에 주의를 기울인다. NHK 종합방송문화연구소(1975)는 "음성언어에 관한 분야"와 "어휘 선택의 분야"에 대해 주의할 사항을 제시하고 있는 것을 볼 수 있다. "음성 표현에 관한 분야"에서는 "① 명석한 발음, ② 프로 목적에 따른 적절한 스피드, ③ 프로 목적에 따른 인토네이션"을 들고 있다. 이에 대해 약간 살펴보면 다음과 같다.

첫째, "명석한 발음"이란 방송언어가 일방적이고 일과성(一過性)을 지니기 때문에 정확하고 명확한 발음을 해야 함을 의미한다. 방송언어의 어휘는 무엇보다 음소의 음가(音價)를 제대로 알고, 발음하도록 해야 한다. [ㅐ~ㅔ]의 발음, "ㅈ, ㅊ, ㅋ, ㅌ, ㅍ" 종성의 연음(連音)이 제대로 돼야 하고, 비분절음소인 장단음을 제대로 구별해서 발음해야 한다. "보도(報道)"를 [보:도]라고 장음으로 제대로 내지 못하는 방송인이 많다는 것은 하나의 비극이다. 또한 "표준발음법"에서 규정하고 있는 변이음(變異音)을 제대로 발음해야 한다. 무엇보다 연구개음화(연기[영기], 옷고름[옥고름])와 양순음화(간밤[감밤], 팥밥[팝밥])는 일반화되고 있는 것과는 달리 비표준발음이니 특히 조심해야 한다. 이는 비공식적 사담(私談)에서는 전문 방송인까지 오용을 상습적으로 빚고 있는 것이니 특히 주의를 요한다.

둘째, "프로 목적에 따른 적절한 속도"란 보도, 교양, 오락 등의 방송은 그 목적에 따라 말의 속도가 다름을 의미한다. 보도의 경우 어린이 뉴스는 1분에 250자, 일반 뉴스는 300자 정도의 속도가 일반적이다. 이에 비해 교양방송, 오락방송은 아무래도 그 속도를 좀 천천히 함으로 프로의 목적을 살려야 할 것이다.

셋째, "프로 목적에 따른 인토네이션"은 프로의 목적에 따라 어조가 달라야 함을 의미한다. 연예·오락방송에서의 말의 어조가 보도방송의 톤으로 이루어질 수는 없다. 물론 이러한 일은 없을 것이다. 인토네이션은 프로 목적에 따라 달라야 한다. 이는 방송극에서 등장인물에 따라 어조가 다름을 생각할 때 금방 이해가 될 것이다.

우리말에는 음소, 곧 단음(單音)이 31개가 있다. 자음이 19개, 모음이 10개, 반모음이 2개다. 그리고 분절음소(分節音素) 외에 비분절음소(非分節音素)인 음의 장단(長短)이 있다.

우리말의 경우 음성상의 표현 특성은 음소, 음절, 특히 형태소 내지 단어를 이루는 형태소가 어떤 음소 내지 음절로 이루어진 것을 선택하느냐의 문제가 된다.

우리말에는 모음의 경우 양성모음(陽性母音)과 음성모음(陰性母音)이 있는데, 이들은 어감 내지 의미의 분화에 작용한다. 양성모음이란 "ㅏ, ㅗ, ·"이며, 음성모음이란 "ㅓ, ㅜ, ㅡ"이다. 그리고 "ㅣ"는 중성모음이라 한다. 이들 양성모음과 음성모음은 각각 다음과 같은 어감 내지 인상을 드러내는 것으로 본다(이숭녕, 1967).

- **양성모음**: 경(輕), 명(明), 천(淺), 청(淸), 박(薄), 강(剛), 근(近), 밀(密), 소(小), 소(少), 협(狹), 급(急), 단(短), 농(濃), 예(銳), 강(强)

• **음성모음**: 중(重), 암(暗), 심(深), 탁(濁), 후(厚), 유(柔), 원(遠), 소(疎), 대(大), 노(老), 광(廣), 완(緩), 장(長), 담(淡), 둔(鈍), 약(弱)

따라서 "경(輕)·명(明)·천(淺)·청(淸)..."의 어감 내지 인상을 나타내기 위해서는 양성모음을 선택하게 되고, "중(重)·암(暗)·심(深)·탁(濁)..."의 어감이나 인상을 나타내기 위해서는 음성모음을 선택하게 된다. 예를 의성어에서 몇 개 들어보면 다음과 같다.

간들간들~ 건들건들, 갑작갑작~ 긁적긁적, 달싹달싹~ 들썩들썩, 담뿍담뿍~ 듬뿍듬뿍, 몰랑몰랑~ 물렁물렁, 바동바동~ 버둥버둥, 반짝반짝~ 번쩍번쩍, 살살~ 설설, 솔솔~ 술술, 아롱아롱~ 어룽어룽, 오글오글~ 우글우글, 조랑조랑~ 주렁주렁, 찰랑찰랑~ 철렁철렁·출렁출렁, 찰싹찰싹·촐싹촐싹~ 철썩철썩·출썩출썩, 콕콕~ 쿡쿡, 칼칼(하다)~ 컬컬(하다), 하하·호호~ 허허, 홀짝홀짝~ 훌쩍훌쩍

자음의 경우도 어감 내지 의미의 분화에 작용한다. 우리말은 폐쇄음이 삼지적(三肢的) 상관관계(相關關係)를 이루는데, 이것들이 강도를 달리하는 것이다. 곧 평음(平音)에 비해 경음(硬音)이 어감이 강하고, 격음(激音)은 이보다 더 강하다. 예를 들어 회전하는 경우 "빙빙 돈다"에 비해 "삥삥 돈다"가 더 빨리 도는 것이고, "핑핑 돈다"는 이보다 빨리 돈다는 어감을 자아낸다. 따라서 방송인은 자기 표현 의도에 따라 폐쇄음 하나도 달리 선택해야 된다. 같은 회전을 나타내는 말, "뱅뱅, 뺑뺑, 팽팽"이나, "뱅글뱅글, 뺑글뺑글, 팽글팽글"의 경우도 마찬가지다. "징징, 찡찡, 칭칭"이나, "단단하다, 딴딴하다, 탄탄하다"의 경우도 마찬가지로 음상(音相)의 차이에 의해 그 강도가 달리 나타난다. 이러한 자음의 대립은 세 자음 아닌, 두 개 자음의 대립에 의하여 보다 많이 어감의 차이를 나타낸다. "가랑가랑~ 카랑

카랑, 궁시렁궁시렁 > 꿍시렁꿍시렁, 끼득끼득~ 키득키득, 덤벙덤벙~ 텀벙 텀벙, 두덜두덜~ 투덜투덜, 똥똥하다~퉁퉁하다, 방긋방긋~ 빵긋빵긋, 빈들 빈들~ 핀들핀들, 생긋생긋~ 쌩긋쌩긋, 조몰락조몰락~ 쪼몰락쪼몰락, 중얼 중얼~ 쭝얼쭝얼" 따위가 그 예다.

그런데 이러한 의성어 내지 상징어는 모음조화(母音調和)가 되는 것이 통례다. 그러나 반드시 그렇지는 않다. 한때 이에 따라 "깡충깡충"과 "껑충 껑충"을 구별하고자 하였다. 그러나 언중은 "깡충깡충"을 수용하지 않고, "깡충깡충"이란 말을 즐겨 사용하였다. 우리말에는 이와 같이 모음조화가 되지 않는 말이 의외로 많다. 중성모음(中性母音)과 결합하는 경우도 많다. "간들간들, 반들반들, 빵긋빵긋, 산들산들, 야들야들, 잘금잘금, 파드득파 드득"과, "간질간질, 넘실넘실, 덩실덩실, 몽실몽실, 방싯방싯, 배실배실, 시름시름, 일렁일렁, 질금질금, 치렁치렁, 키득키득, 해실해실" 같은 것이 그 예다. 이들의 경우는 양성모음이 들어 있는 것은 역시 양성모음의 특성을 반영하고, 음성모음이 들어 있는 말은 음성모음의 특성을 드러낸다. 중성모음은 양성모음이나 음성모음보다 좀 더 강한 인상을 나타내는 것으로 보인다.

우리말에는 감각어가 매우 발달하였다. 이것이 바로 음상의 차이에 의한 것이다. 예를 들어 붉은 색을 나타내는 형용사는 약 60개쯤 되는 것 같다. 그 일부를 제시해 보면 다음과 같다.

① 붉다, 발갛다, 벌겋다, 빨갛다, 뻘겋다, 새빨갛다, 시뻘겋다
② 볼긋하다, 불긋하다, 발긋발긋하다, 벌긋벌긋하다, 볼긋볼긋하다, 불긋불 긋하다, 빨긋빨긋하다, 뻘긋뻘긋하다, 뽈긋뽈긋하다, 뿔긋뿔긋하다
③ 발그대대하다, 발그댕댕하다, 발그레하다, 발그름하다, 발그무레하다, 발 그속속하다, 발그스레하다, 발그스름하다, 발그족족하다
④ 빨그대대하다, 빨그댕댕하다, 빨그스레하다, 빨그스름하다, 빨그족족하다

⑤ 뿔그름하다, 뿔그스레하다, 뿔그스름하다, 뿔그족족하다

이러한 감각어 가운데 표현 효과를 제대로 드러내기 위해 방송에서는 가장 어울리는 말을 선택해 써야 한다.

음상(音相)의 차이에 의해 어감 아닌, 어의(語意)가 분화되는 경우도 있는데, 이는 역사적인 의미변화로 나타나는 것을 볼 수 있다. "암(雌)~엄(母)"을 위시하여 "낡다(古)~늙다(老), 맛(味)~멋(風味), 설(元旦)~살(歲)"과, "덜다(減)~털다(拂), 맡다(任)~받다(受), 묻다(附)~ 붙다(着)" 같은 것이 그 예다. 이들은 개성에 의한 선택 이전의 어휘체계의 문제이기 때문에 여기서 논의할 대상은 아니라 하겠다.

3.2.2. 어휘상의 표현 특성

어휘상의 표현 특성은 표현 효과를 위해 어떤 어휘를 선택하느냐 하는 것이다. 어휘 선택의 문제는 앞에서 언급한 바와 같이 NHK 종합방송문화연구소(1975)에서 "어휘 선택의 분야"에 대해 주의할 사항을 들고 있는 것을 볼 수 있다. 이는 이해의 면과 어감의 면이란 양면에서 유의할 것을 제시한 것이다. 이를 보면 다음과 같다.

(1) **어휘 선택의 분야(주로 이해의 면에서)**
① 어려운 한어(漢語)를 피한다.
② 어려운 말에는 설명을 붙인다.
③ 동음어, 유음어에 주의한다.
④ 말의 변화에는 약간 보수적으로.
⑤ 공통성이 높은 말을 고른다.
⑥ 일상의 용어에서 벗어나는 경우도 있다.
⑦ 약어(略語)는 가능한 한 피한다.

⑧ 문어조(文語調), 한문조, 번역조를 피한다.

⑨ 피동형을 남용하지 않는다.

⑩ 알기 어려운 외래어는 가능한 한 피한다.

⑪ 외래어도 국어의 일부로 생각해 사용한다.

⑫ 외래어, 외국지명·인명의 발음 표기는 가능한 한 통일한다.

(2) 어휘 선택의 분야(주로 어감의 면에서)

① 아름다운 말을 쓴다.

② 바른 말을 쓴다.

③ 말의 동요도 인정한다.

④ 속어적인 뉘앙스를 피한다.

⑤ 강요하기 마뜩지 않은 표현을 피한다.

⑥ 관용(慣用) 표현을 피한다.

⑦ 경어(敬語)에 주의한다.

⑧ 방언은 존중하나, 신중하게 사용한다.

이상과 같은 것이 NHK 종합방송문화연구소(1975)가 제시하고 있는 "어휘 선택의 분야"에서 주의할 사항이다. 다음에는 이들 사항을 중심으로 우리 방송 어휘의 표현 특성을 살펴보기로 한다. 먼저 이해(理解)의 면에서 주의해야 할 "어휘 선택의 분야"부터 보기로 한다.

① 어려운 한어(漢語)를 피한다.

방송언어는 무엇보다 쉬워야 한다. 이는 일과성을 지니는 것이므로 어려워서 생각하게 하는 것이면 안 된다. 생각을 하다 보면 방송은 이미 저쯤 나아가 있다. 따라서 어려운 한자어는 피해야 한다. 그리하여 그간 많은 한자어가 쉽게 순화된 것을 볼 수 있다. 예를 몇 개 들어보면 다음과 같은 것이 있다(박갑수, 1984).

간파(看破)~ 꿰뚫어, 노정(露呈)~ 드러나, 대두(擡頭)~ 고개 들어, 도량(跳梁)~ 날뛰어, 도미(掉尾)~ 마지막, 둔화(鈍化)~ 무뎌져, 모색(摸索)~ 더듬어, 무위(無爲)~ 헛수고, 복안(腹案)~ 속셈, 상충(相衝)~ 엇갈려, 시달(示達)~ 알려, 예의(銳意)~ 날카롭게, 재판(再版)~ 되풀이, 제동(制動)~ 쐐기, 제선(制先)~ 앞질러, 주시(注視)~ 지켜봐, 진부(陳腐)~ 케케 묵은, 진수(眞髓)~ 알짜, 척결(剔抉)~ 도려내, 피력(披瀝)~ 털어 놔, 획책(劃策)~ 꾀해, 횡행(橫行)~ 판 쳐

② 어려운 말에는 설명을 붙인다.

신어나 전문용어·약어 등 어려운 말은 가능한 한 피한다. 그러나 부득이 사용할 경우는 이에 대한 설명을 앞에 붙이는 것이 좋다. 소위 "소주성에 대해 "소득 주도 성장을 의미하는 소위 소주성(所主成) 경제정책은 일단 실패로 끝났다고 볼 수 있다."와 같이 설명을 붙이는 것이 그것이다.

③ 동음어, 유음어에 주의한다.

우리말에는 동음어 내지 유음어가 많다. 일과성을 지니는 방송언어는 쉬워야 한다. 그것이 이 말인가, 저 말인가 생각하게 하는 것이어서는 곤란하다. "기아가 연패했습니다"라 하게 되면 연이어 이겼다(連覇)는 말인지, 아니면 연이어 졌다(連敗)는 말인지, 사전 지식이 없는 사람이라면 구별이 안 된다. 따라서 이러한 동음어나 유음어는 가능한 한 피하는 것이 좋다. 헷갈릴 수 있는 몇 가지 동음어 내지 유음어의 대표적인 것으로는 "공용(公用): 공용(共用), 문리과(文理科): 물리과(物理科), 반공(反共): 방공(防共): 방공(防空), 방화(放火): 방화(防火), 부역(負役): 부역(附逆), 신문(訊問): 심문(審問), 연패(連敗): 연패(連覇), 의견(意見): 이견(異見), 전선(前線): 전선(戰線): 전선(電線)" 따위를 들 수 있다.

④ 말의 변화에는 약간 보수적으로.

언어는 언어 내외의 원인에 의해 변화한다. 특히 문화와 문명의 변화에

따라 새로운 어휘가 많이 생성된다. 그리고 외래어도 많이 유입된다. 방송은 이러한 변화에 대응해 나가야 한다. 그러나 방송언어는 그의 공공성과 교육성으로 말미암아 변화를 그대로 다 수용할 수는 없다. 방송언어는 이러한 변화를 수용은 하되, 보수적인 태도로 수용해야 한다. 그렇지 않으면 시청자들이 이해를 할 수 없게 되고, 이러한 변화를 따라갈 수 없게 된다.

⑤ 공통성이 높은 말을 고른다.

방송은 일부 한정된 지역이나, 특수한 계층을 상대로 하여 행하는 것이 아니다. 지역이나 계층을 초월하여 모든 시청자를 대상으로 한다. 그래야 전달의 목적 내지 효과를 제대로 거둘 수 있다. 그러기 위해서는 공통성이 높은 공용어 내지 표준어를 구사해야 한다. 그래야 모든 시청자, 혹은 보다 많은 시청자가 이를 수용하고 즐길 수 있다. 특정 지역의 지역방언 내지 특정 계층의 사회방언을 사용하게 되면 일반대중과 소통을 제대로 할 수 없게 된다. 그렇게 되면 이는 대중매체(大衆媒體)라 할 수 없게 된다.

⑥ 일상의 용어에서 벗어나는 경우도 있다.

방송 용어는 원칙적으로 일상생활의 용어를 사용한다. 그러나 경우에 따라서는 여기서 벗어날 수도 있다. 예를 들면 "어제, 오늘"의 구분이나, 시각을 나타낼 때 이런 예를 볼 수 있다. 날이 새기 전을 일상어로는 "어제 밤"이라 한다. 그러나 방송에서는 "오늘 밤 2시 인천 공항 도착"과 같이 오늘이라 한다. 그리고 오후 시간을 방송에서는 "오늘 15시 30분 노사분쟁 극적 타결"과 같이 정오 이후의 시각을 12 이상의 숫자를 사용해 나타낼 수 있다.

⑦ 약어(略語)는 가능한 한 피한다.

방송언어는 귀로 듣는 말이요, 눈으로 보는 글이 아니다. 한번 듣고 이해가 잘 안 되는 경우 확인하기가 곤란하다. 이런 의미에서 생소한 약어는 가능한 피한다. 약어 "경단녀"나, "내로남불"이 지금은 많이 알려져 있으나, 이러한 말을 방송 초기에 들었다면 이해할 수 있는 사람이 몇이나 되었겠는가? 이들 약어는 정치, 경제면에 많이 쓰인다. 서구어의 알파벳 어두문자(語頭文字)도 많이 사용한다. 요사이는 고유어의 어두음을 활용한 약어도 많이 쓰이고 있다. 이들은 익숙한 말이 아닌 경우 가능한 한 사용을 자제하는 것이 바람직하다.

⑧ 문어조(文語調), 한문조, 번역조를 피한다.

방송언어는 구두어라는 것을 그 특질로 한다. 문어조·한문조는 말할 것도 없고, 번역조 또한 구어로서는 생소하고, 이해하기 어려운 말이다. 따라서 문어, 어려운 한자어, 생소한 번역어는 가능한 한 풀어서 말하도록 해야 한다.

⑨ 피동형을 남용하지 않는다.

피동형에 비해 능동형이 설득력이 있으며, 행동성을 드러낸다. 피동형은 사상(事象)을 완곡하게 표현한다는 특징은 있으나, 사건 전개를 느리게 하고, 뉴스의 자연스러운 흥분과 행동성을 깎아내린다(Smeyak, 1977). 따라서 방송언어에서는 능동형을 즐겨 사용하는가 하면, 피동형은 그 남용을 삼간다.

더구나 우리말은 본래 피동형이 발달하지 않은 언어이다. 근자에는 서구어의 영향을 받아 피동형을 많이 쓰는 경향을 보이고 있다. 그런데 이들은 경우에 따라서는 우리말답지 않은 번역문투의 냄새를 피우기까지

한다. 따라서 꼭 필요한 경우가 아니면 함부로 쓰지 않는 것이 바람직하다. 이는 외화(外畫) 번역에서 많이 나타날 수 있다.

⑩ 알기 어려운 외래어는 가능한 한 피한다.

근대화하면서 외래어가 많이 들어와 쓰이고 있다. 따라서 아주 안 쓸 수는 없다. 그런데 우리의 외래어를 보면 새로 들어온 외래어는 아직 정착이 되지 않아 생소하고, 이미 들어와 쓰이고 있는 외래어는 일본을 통해 재차용(再借用)한 것이어 표준형과 차이가 나는 것이 많다. 이런 의미에서 알기 어려운 외래어나, 표준형이 아닌 재차용된 이들 외래어는 가능한 한 사용을 피하는 것이 바람직하다. 쓴다면 필요적 동기에 의한 것은 사용하나, 위세적(威勢的) 동기에 의한 사용은 삼갈 일이다.

⑪ 외래어도 국어의 일부로 생각해 사용한다.

외래어란 외국어가 아닌, 외국어가 우리말에 들어와 국어처럼 변한 것을 말한다. 따라서 이는 사실은 국어의 일부로 배척할 이유가 없는 것이다. 더구나 필요적 동기에 의해 차용한 외래어는 그것이 필요해서 빌려 쓰는 것이니 더욱 그러하다. 따라서 국어화한 외래어, 국어로 대치할 수 없는, 진정한 의미의 외래어는 국어의 일부로 수용, 사용하도록 할 것이다. 그러나 우리말이 버젓이 있는 외래어 내지, 외국어나 난해한 외래어를 거드럼을 피우기 위해 사용하는 일은 있을 수 없는 일이다. 특히 교육·교양방송에 이런 경우가 많다.

⑫ 외래어, 외국지명·인명의 발음 표기는 가능한 한 통일한다.

언어는 기호이고, 기호는 사물을 대신하는 것이다. 하나의 사물을 나타내는 데 몇 가지 기호가 사용된다면, 정보 전달에 혼란이 생겨 바람직하지 않다. 외래어, 외국지명, 인명 등은 발음상 통일돼야 한다. 그래야 정보 전달을 제대로 할 수 있다. 우리는 이러한 발음의 표기법을 정해 놓고 있다. 그것이 "외래어 표기법"이다. 따라서 외래어나, 외국의 인·지명은 이러한 "외래어 표기법"에 따라 통일된 발음을 하도록 해야 한다.

이상 이해의 면에서 유의해야 할 "어휘 선택의 분야"를 중심으로 표현 특성을 살펴보았다. 다음에는 주로 어감(語感)의 면에서 유의해야 할 "어휘 선택의 분야"를 살펴보기로 한다. 언어의 가장 큰 기능은 통달(通達)에 있고, 다른 하나는 정서(情緖)를 표현하는 데 있다. 따라서 언어의 어감(語感) 분야는 소홀히 할 수 없는 언어 영역이다.

① 아름다운 말을 쓴다.

우리는 흔히 "바르고 고운 말"이란 말을 쓴다. 이때의 "고운 말"이 아름다운 말이다. 이는 한마디로 순화된 말이라 할 수 있다. 이는 비속하지 않은 말, 아취(雅趣)가 있는 말, 느낌이 좋은 말을 말한다. 비속하고 폭력적이지 않은 말을 이른다.

② 바른 말을 쓴다.

표준어를 어법에 맞게 구사하는 것을 말한다. 문자언어인 경우는 정서법(正書法)에 맞아야 한다. 말은 바르고 정확해야 정보 전달을 제대로 할 수 있다. 이런 의미에서 바른 말은 사실에 부합하는 말이란 의미도 갖는다.

③ 말의 동요도 인정한다.

말은 시대에 따라 변화한다. 언어는 발음, 형태, 의미, 문법, 표기법 등이 부단히 변화하여 오늘에 이른 것이다. 사실은 오늘도 언어는 변화하고 있다. 따라서 필요한 경우 말의 동요를 인정한다. "되다"의 "되"는 원칙적으로 단모음으로 발음 되어야 하나 이중모음 "뒈"를 허용하고, 방언적 특색을 나타내기 위해 "꽃이, 꽃을"을 [꼬시, 꼬슬]과 같이 발음하게 할 수 있다. 어휘의 경우는 지난날 방언으로 보던 말들이 복수 표준어로 인정된 데서 이런 변화 내지 동요를 엿볼 수 있다. 이렇게 어느 하나만이 되고 안 된다는 식이 아니라, 경우에 따라서는 동요도 인정한다. 문법적인 것은 그 대표적인 것으로 주격을 나타내는 "내가·네가·제가"가 젊은 층에서 "나가·너가·저가"로 바뀐 지는 상당히 되었다. 이러한 동요도 방송언어에 반영할 수 있다.

④ 속어적인 뉘앙스를 피한다.

방송언어는 교양 있는 사람의 말이어야 한다. 비속한 말은 공용어로서 바람직한 말이 못 된다. 따라서 이러한 말은 피한다. 비속어만이 아니고, 속된 어감을 나타내는 말도 피하는 것이 좋다. 욕설, 폭력적인 표현도 자제한다.

⑤ 강요하기 마뜩지 않은 표현을 피한다.

말에는 강요하고자 하는 뜻이 전혀 없는데 청자의 입장에서 강요당하고 있는 듯한 느낌을 받는 경우가 있다. 이런 표현은 가급적 피한다. "참고가 되시기 바랍니다", "여러분은 0시까지 xx를 들으시게 되겠습니다", "다음에는 xx를 보시기로 하겠습니다", "꼭 한번 찾아가 보시기 바랍니다" 따위가 이런 것이다.

⑥ 관용(慣用) 표현을 피한다.

관용적 표현을 피하라는 말은 상투적인 표현을 피하라는 말로 해석할 수 있겠다. 방송에서 상투적인 표현을 모두 안 쓸 수는 없을 것이다. 그러나 낡고 상투적인 표현을 반복해서 사용하는 것은 바람직한 일이 못 된다. "귀추가 주목됩니다, 강력한 대책이 시급히 요청됩니다, 맹점을 드러내고 있습니다"와 같은 것이 그것이다. 스포츠 방송에서 "1승을 올렸습니다, 골을 터뜨렸습니다"와 같은 표현은 표현의 의미까지 아리송한 것으로 피하는 것이 바람직하다.

⑦ **경어(敬語)에 주의한다.**

경어는 방송의 영역에 따라 사용 경향을 달리한다. 뉴스에는 경어가 잘 쓰이지 않으나, 대담이나 인터뷰에는 이것이 언제나 따라 다닌다. 경어는 상대방에게 경의를 나타내기 위해 사용하는 것이다. 따라서 불경(不敬)한 표현이 되지 않도록 주의해야 한다. 또한 방송은 불특정 다수를 상대로 하는 것이기 때문에 특정한 상대와 직접 대화할 때에는 불특정한 시청자를 의식해 경어 사용에 주의해야 한다. 어린이 출연자에게 "이번에는 꼬마 어린이를 모셔 보기로 하겠습니다"와 같은 경어 사용은 과공비례(過恭非禮)의 표현이라 하겠다.

⑧ **방언은 존중하나, 신중하게 사용한다.**

방언 특히 지역방언은 그 지역의 특성을 반영하는 것으로 의미 있는 것이다. 방송은 불특정 다수를 상대로, 공개적이며 광범한 지역과 계층을 상대로 하는 언어활동이다. 그런데 방언은 개인 및 특정 지역과 관련된 언어이다. 따라서 방언의 공식적인 사용은 바람직하지 않다. 방언의 사용이 바람직한 경우는 방송극에서 극적인 효과를 거두기 위해서 사용하는 경우이다. 이때도 함부로 사용해서는 안 된다. 유형화 아닌, 개성의 반영으로서 방언이 사용되도록 하여야 한다.

이밖에 어감의 면에서 언급해야 할 것에 "리포터의 경망한 언어의 자제"를 들 수 있다. 현장 취재를 위해 리포터가 많이 등장한다. 그런데 이들 리포터들은 점잖게 "보도하거나", "인터뷰하는" 사람을 거의 볼 수 없다. 관심을 갖게 하고 흥미를 유발하기 위해 그렇게 하는 것이겠으나, 방송이 교육성·시범성을 지니는 것으로 볼 때 그렇게 "오두방정"을 떨 일은 아니다. 이는 시청자를 무시하는 처사요, 나아가 시청자를 우민화(愚民化)하는 행위라 할 수 있다. 출랑대고 경망하게 자행되는 언어행위를 자제함으로 방송언어의 품위와 표현의 질을 높이는 자세를 갖추는 것이 필요하다.

3.2.3. 문장상의 표현 특성

문장은 살아 있는 것이라 한다. 방송 문장은 불특정다수의 시청자를 상대로 한 문장이다. 이는 듣고 이해되는 문장이 돼야 한다. 그렇지 않을 경우 이는 죽은 문장이 된다.

문장은 크게 나누어 즉물적(卽物的) 문장과, 정동적(情動的) 문장의 둘로 나뉜다. 즉물적 문장이란 객관적 문장이며, 정동적 문장이란 주관적 문장이다. 방송 문장, 특히 뉴스 문장은 즉물적 문장에 해당한다. 이는 보고 들은 것을 정확하게 쓰는 것을 모토로 한다. 미문(美文)을 지향하지 않는다. 좋은 문장이란 3C를 지향하는 것으로 본다. 3C란 명료(clear), 정확(correct), 간결(concise)을 의미한다. 방송 문장도 이 3C를 추구한다. NHK 종합방송문화연구소의 "방송용어론"(1975)에서는 문장과 관련된 내용으로 "문장 구성"과 "TV화면의 문자 표현"의 두 가지를 들고 있다.

  ○ 문장 구성에 관한 분야
  ① 긴 센텐스를 피한다.
  ② 주어와 술어의 대응을 분명히 한다.
  ③ 긴 수식어를 피한다.
  ④ 어순에 주의한다.
  ⑤ 지시어의 사용법에 주의한다.

⑥ "으로, 에, 을, 은"을 생략하지 않는다.
⑦ 연용중지법(連用中止法)을 피한다.

○ **텔레비전 화면의 문자 표현에 관련된 사항**
① 텔레프에서는 읽어내는 효과를 중시한다.
② 텔레프와 아나운스와의 관계를 중시한다.

방송 문장에서 유의할 사항은 이에 그치지 않을 것이다. 이러한 것들이 중요한 사항임에는 틀림없다. 그러나 유의할 점이 이에 국한되지는 않는다. 따라서 여기에서는 NHK 종합방송문화연구소(1975)를 참고해서 방송 문장에서 유의할 점을 다음과 같이 10개 내외를 들기로 한다(박갑수, 1996).

① 문체는 회화체로 한다.
② 문장은 간결하고 단순해야 한다.
③ 문장 성분은 호응이 잘 되어야 한다.
④ 필요 이상의 많은 내용의 표현을 하지 않는다.
⑤ 어순은 정치법(正置法)을 쓴다.
⑥ 조사 및 어미는 생략하지 않는다.
⑦ 시제는 현재형으로 한다.
⑧ 피동형 아닌 능동형 표현을 한다.
⑨ 축약적 표현을 활용한다.
⑩ 숫자와 통계표를 많이 제시하지 않는다.
⑪ "위험한 말"을 피한다.
⑫ 특정 이익집단이나, 신념·사상을 지지, 또는 옹호하지 않는다.

그러면 다음에 이들 방송 문장에서 유의할 사항 십여 가지에 대해 구체적으로 살펴보기로 한다.

① 문체는 회화체로 한다.

방송 문장은 회화체로 쓰인다. 이는 신문 문장과 달리 읽기 위한 것이 아니라, 듣기 위한 것이다. 방송 문장은 시청자가 그것을 읽는 것이 아니다. 방송인의 말을 듣는 것이다. 따라서 문어체 아닌 구어체, 회화체의 문장이 되어야 한다. 신문과 방송의 기사문을 참고로 비교 제시해 보면 다음과 같다.

○ 신문 기사

고리 원전 5호기 6년만에 준공

<95만kw로 국내 최대>

원자력 발전소 제5호기(慶南 古里)가 착공 6년 6개월만에 준공되어 30일부터 상업운전에 들어갔다.

30일 韓電에 따르면 이번 원자력 5호기의 시설용량은 95만kw로 국내 최대 규모이며, 이로써 우리나라 총발전시설량은 1천5백56만kw가 된다.

또 원자력 발전이 차지하는 비중도 작년말 현재의 13.5%에서 18.4%로 높아졌다.

원자력 5호기의 건설비는 內外資 8천6백억원이 들었으며, 종래의 턴키방식에서 벗어나 처음으로 韓國電力이 주도했다. 기술용역은 벡텔社가 맡았으며, 국산화율은 설계면에서 37%, 기자재면에서 29.4%를 기록했다. (J일보)

○ 방송 기사

<고리 5호기 준공>

우리나라 최대 규모의 시설용량인 95만 킬로와트의 원자력 발전 5호기가 오늘부터 본격적인 상업발전에 들어갔다.

내외자 약 8천6백억 원을 들여 경상남도 고리에 건설된 이 원자력 발전소는 한국 전력기술주식회사와 미국의 벡텔사가 설계를 하고 현대건설이 시공을 맡아 지난 79년4월에 착공한 이후 6년 6개월만에 준공됐습니다.

원자력 발전 5호기가 준공됨으로써 우리나라의 총 발전 시설용량은 천5백56

만 킬로와트로 늘어났으며, 이 가운데 원자력 발전이 차지하는 비중은 18.4%로 높아지게 됐습니다.

우리나라는 원자력 발전 3호기까지는 설계과정을 모두 외국 기술진에 의존했으나, 이번에 준공된 5호기부터 직접 설계에 참여해서 국내설계진 연 17만명이 동원돼 전체 설계과정의 37%가 국내 기술진에 의해 설계됐으며, 시공에 들어간 기자재도 250개 국내업계가 1억4천만 달러어치의 국산 기자재를 공급해 전체 기자재의 29.4%를 국산 기자재로 건설했습니다. (KBS)

② 문장은 간결하고 단순해야 한다.

방송 문장은 길거나 복잡하지 아니하고, 짧고 단순해야 한다. 그리고 문장은 일문일개념(一文一槪念)이 되도록 해야 한다. 한 문장에 여러 개념이나 사실을 담게 되면 자연 문장이 복잡하고, 어렵게 된다(박갑수 외, 1990).

문장의 길이는 Blankenship, J.의 가설에 의하면 17개 단어 이하가 되어야 가독성(可讀性)을 지닌다. 하나의 단어는 우리의 경우 대체로 3음절 정도로 나타난다. 이렇게 볼 때 50음절(字) 이하가 가독성을 지닌다고 할 수 있다.

일본의 경우 문장의 길이는 신문 기사 86.1자, 논문 60.5자, 소설 44.5자로 나타난다. 우리나라의 경우는 신문 기사 63.2자, 논문 50.8자, 소설 31.2자로 나타난다(박갑수, 1971). 일본의 경우 뉴스 문장은 대체로 45~50자가 적당한 것으로 일러지고 있다. 우리의 경우도 이러한 길이가 적당할 것으로 보인다.

문장구조는 단순한 평서문이 어울린다. 복합문은 귀로 들어 이해하기에 부담이 된다. 전달을 위해서는 우선 이해되어야 한다. 단순성(simplicity), 간결성(brevity), 명료성(clarity)이 이해를 위한 열쇠가 된다. 방송 문장은 이들을 추구하도록 해야 한다.

③ 문장 성분은 호응이 잘 되어야 한다.

사실 회화체의 문장은 어순이 자유롭다. 도치되는 경우도 많다. 그러나 보도 문장의 경우는 성분간의 호응이 제대로 되어야 한다. 일상어에서는 성분의 생략도 있을 수 있다. 그러나 방송의 경우는 그렇지 않다. 시청자가 불특정다수인가 하면, 화제(話題) 또한 새로운 뉴스다. 따라서 화제를 빨리 그리고 분명히 밝혀야 한다. 그러기 위해서는 우선 주어가 나와야 한다. 그리고 이 주어에 대한 서술어가 호응되어야 한다.

성분 간의 거리는 멀리 떨어지지 아니하고 가까이 놓이게 하여야 한다. 수식어는 물론이고, 주술어의 위치도 너무 떨어져 있으면 바람직하지 않다.

> 이들 특별지역은 당초 설정한 목표에 미달하고 암시장과 밀수 성행 등 각종 부작용이 속출해 지난 몇 달 동안 이에 대한 비난이 높아졌습니다. (KBS, 85. 7. 21)

이 문장은 주문(主文)이 "특별지역은 … 비난이 높아졌습니다"로 되어 있는데, 주술어(主述語)의 호응이 바람직하지 않다. 서술어를 "비난이 높았습니다"로 바꾸어야 한다. 그리고 이 문장은 보도 문장의 경우 피동형 아닌 능동형이 바람직하다는 원리(뒤에 설명함)를 지나치게 의식해 "미달하고… 속출해"가 능동형으로 되어 있어 어색한 문장이 되고 있다. 이 문장은 다음과 같이 개고하는 것이 바람직할 것이다.

> 이들 특별지역은 당초 설정한 목표가 미달되고, 암시장과 밀수 성행 등 각종 부작용이 속출돼 지난 몇 달 동안 이에 대한 비난이 높았습니다.

문장 호응은 무엇보다 논리적인 사고를 하게 하고, 의미 파악을 쉽게 한다. 따라서 보도 문장은 무엇보다 문장 호응이 제대로 되게 작성하여 소통이 잘 되는 방송언어가 되도록 하여야 한다.

④ **필요 이상의 많은 내용의 표현을 하지 않는다.**

방송언어는 진부한 문구나 무의미한 구절, 그리고 지나치게 꾸미지 않는 담담한 문체(spares writing style)가 되도록 하여야 한다(Ted White et al, 1984). 너무 많은 것을 쓰게 되면 혼란이 빚어진다. 또한 방송은 시간의 제약을 받는다. 따라서 필수적이고 중요한 것만 말하도록 해야 한다. 수식사인 형용사나 부사는 꼭 필요한 경우에만 사용하고, 그렇지 않은 경우는 생략한다.

⑤ **어순은 정치법(正置法)을 쓴다.**

어순은 기본문형을 바탕으로 한 정치법을 쓴다. 도치법은 가능한 한 피한다. 수식절 등 부문장에서는 주술어를 되도록 가까이 두어 혼란이 일어나지 않도록 한다. 그리고 수식사와 피수식사도 가까이 둔다. 수식사와 피수식사가 떨어져 있을 경우에는 청취자가 그 내용을 아는 경우라면 몰라도, 그렇지 않은 경우 그 수식사가 무엇을 꾸미는지 모르는 경우가 있을 뿐 아니라, 모호하고 난해한 표현이 된다. 어순은 원칙적으로 정치법을 쓰고 수식어와 피수식어는 지나치게 떼어 놓지 않는다.

⑥ **조사 및 어미는 생략하지 않는다.**

조사 및 어미는 실사(實辭)가 아닌, 의존형태이나 그 구실은 막중하다. 이들을 생략하면 우선 이해를 어렵게 하고, 명사적 문장이 되어 딱딱한 표현이 된다. 이는 문장의 표제어를 보면 쉽게 알 수 있다. 방송언어가 신문의 표제와 같아서는 안 된다. 조사와 어미는 가능한 한 바르고 적절하게 사용하도록 한다. 그렇게 함으로 말이 부드럽고, 생생한 회화체가 되도록 한다.

⑦ **시제는 현재형으로 한다.**

신문 기사는 대체로 과거 시제로 표현한다. 이에 대해 방송에서는 가능한 한 현재 시제로 표현한다. 현재 시제는 뉴스의 긴급성을 강조하고 현재성(現在性)을 드러내어 관심을 갖게 하기 때문이다. 과거 시제를 사용하면, 지난 일, 과거지사라고 하여 그만큼 관심을 덜 갖게 된다. 그러나 현재 시제가 긴급성을 강조하고 현재성을 드러낸다 하여 과거지사까지 현재형으로 표현하는 것은 바람직하지 않다. 어떤 사건은 현재 시제보다 과거 시제가 더 어울리는 경우도 있다. 기억해 둘 것은 사건을 자연스럽지 않은 시제에 몰아넣는 것은 바람직하지 않다는 것이다.

⑧ **피동형 아닌 능동형 표현을 한다.**

피동형에 대해서는 앞에서 "어휘 선택의 문제"를 다루면서도 언급한 바 있다. 우선 피동형은 남용하지 않는다는 것이 원칙이다. 그리고 능·피동은 기사의 내용에 따라 구별된다. 사건·사고를 다룰 때에는 능동형으로 한다. 그러나 범인이 체포되는 장면 등은 피동형으로 다룬다. 시청자는 체포한 사람보다 범인이 누구냐에 관심이 집중되기 때문이다.

⑨ **축약적 표현을 활용한다.**

방송 문장은 회화체로 이루어지며, 이는 축약을 하는 경향을 지닌다. 따라서 방송 문장은 자연스럽고 회화적인 표현을 하기 위해 축약을 활용한다. 방송 문장은 정상적 회화에 가깝게 표현해야 하는데, 축약은 이의 한 방식인 것이다. 서구어의 경우 대명사와 동사를 축약하는 것이 그 대표적인 예이다. 우리말의 경우는 체언과 조사의 축약, 문어적 어미의 구어적 어미로의 축약과 같은 것이 이 예에 속한다.

⑩ **숫자와 통계표를 많이 제시하지 않는다.**

방송언어에는 표현상 두어 가지 주의할 사항이 있다. 그 하나는 자세한 숫자나, 많은 통계표를 피한다는 것이다. 숫자와 통계표가 많으면 많을수록 기사의 문장은 복잡해진다. 주식 시세나, 스포츠의 스코어를 다루는 것이 아니라면, 세 자리나, 네 자리 이상의 숫자나 통계는 사용하지 않는 것이 좋다. 정확한 수를 필요로 하지 않는 한 숫자는 개괄수(槪括數)를 쓰거나, 사사오입(捨四五入)한다. 표기할 때에는 읽기 편하도록 단위수를 밝혀 적는다.

다른 하나는 주소, 성명은 신문의 경우와 달리, 주소·연령·성명 순으로 적어 이렇게 말하도록 한다.

> 청량리 경찰서는 오늘 조xx(37, 서울 동대문구 청량리 1동 2xx)씨와 김xx(도봉구 수유동 2xx)씨를 횡령 혐의로 구속했습니다. (KBS)

⑪ **"위험한 말"을 피한다.**

문장의 내용면에서 "위험한 말"을 피한다. "위험한 말"에는 두 가지가 있다. 개인이나 조직·기업 등에 피해를 입힐 위험성이 있는 말과, 외설과 모독적인 말이 그것이다(Ted White et al, 1984). 이러한 말은 가급적 피한다. 이는 명예훼손 및 개인생활의 침해가 되어 법정 문제로 비화될 수 있다.

⑫ **특정 이익집단이나, 신념·사상을 지지, 또는 옹호하지 않는다.**

이는 "⑪ '위험한 말'을 피한다"와 대조적으로 주의해야 할 사항이다. 방송에서 문제가 되는 이러한 것의 대표적인 것으로는 우선 이적행위의 표현이 있고, 이밖에 특정 업소나, 상품을 선전하는 것이 있다. 이러한 것은 방송의 공공성에 반하는 것으로, 바람직한 것이 못 된다. 이러한 표현은 배제해야 한다.

4. 결어

방송언어의 발전을 기대하는 마음과 방송언어의 바람직한 전달·소통을 위해 방송언어의 특질과 그 표현 특성에 대해 살펴보았다.

방송언어의 특질은 "① 표준어이어야 한다, ② 구두어이어야 한다, ③ 쉬운 말이어야 한다, ④ 순화된 말이어야 한다, ⑤ 정확한 말이어야 한다"는 다섯 가지를 들었다. 이는 언어의 효과적 사용과 관련된 일반적 특질이며, 나아가 방송언어의 특질이라 할 것이다. 따라서 이는 일방성적 특수성이라 할 수 있다.

방송언어의 표현 특성은 먼저 방송의 세 영역, 보도방송, 교양방송, 오락방송에 대해 살펴보았다. 보도방송은 보고의 언어가 돼야 하며, 교양방송은 다양성이 추구되어야 하고, 오락방송은 정서적 표현을 잘 활용해야한다는 것을 강조하였다. 그리고 언어의 구조에 따른 표현 특성은 그것이 선택에 의해 이루어짐을 강조하고, 이를 발음, 어휘, 문장에 따라 개조서로 제시하였다. 따라서 이들 표현 특성을 다시 결어(結語)에서 열거할 필요는 없을 것이다. 해당 분야를 참고하면 된다.

방송언어의 특질과 표현 특성은 효과적인 전달을 위한 청각언어, 구어적 전략(戰略)을 구사하는 것이다. 방송은 오늘날 매스컴의 왕자가 되었다. 보다 효과적인 방송언어 운용에 의해 방송 효과를 극대화하고, 방송의 교육적 특성을 발휘하여 언어생활의 발전에도 기여하게 되길 바란다.

참고문헌

박갑수(1977), 문체론의 이론과 실제, 세운문화사
박갑수(1983), 방송언어의 문제점과 개선방안 연구, 방송조사연구보고서, 제4집, 방송위
　　　　원회·방송심의 위원회

박갑수(1984), 국어의 표현과 순화론, 지학사
박갑수(1996), 한국 방송어론, 집문당
박깁수(1999), 아름다운 우리말 가꾸기, 집문당
박갑수(2013), 재외동포 교육과 한국어교육, 역락
바갑수(2015), 언어·문학·문화, 그리고 교육 이야기, 역락
박갑수(2016), 국어순화와 법률 문장의 순화, 역락
박갑수 외(1990), 신문 기사의 문체, 한국언론연구원
Hayakawa, S. I.(1964), Language in, Thought and Action, Second Edition, Harcourt,
        Brace & World, Inc.
Metz, William(1977), News Writing: From Lead to "30", Prentice-Hall Inc.
Mott, George Fox(1962), New Survey of Journalism, Barnes & Novel Inc.
Smeyak, G. Paul et al.(1984), Broadcast News Writing, Grid Inc.
Stuart, W. Hyde(1979), Television and Radio Announcing, Haughton Mifflin Co.
White Ted et al.(1984), Broadcast News Writing, Reporting, Product, Mcmillan
        Publishing Company
塩田紀和(1977), 諸國語の混亂と統一, くろしお出版
NHK 總合放送文化硏究所(1975), 放送言語論, 日本放送出版協會
日本放送協會(1985), NHK 新アナウンス讀本, 日本放送出版協會

○ 이 글은 본서에 수록하기 위해 2018년 10월 12일 탈고한 원고이다.
미발표 논문임.

제2장 본보기가 되어야 할 방송언어

1. 서언

우리말은 근대에 접어들어 표준어가 작정되고, 학교 교육이 실시되며 이의 순화, 통일 교육이 꾀해지게 되었다. 그러나 학교에서는 언어의 기능(技能) 교육이 제대로 수행되지 않아 우리의 언어 현실은 혼란스럽기만 했다. 이러한 상황 하에서 방송언어는 국어의 통일에 많은 기여를 하였다. 오늘날 이렇게 표준어가 보급되고, 지역방언이 많이 순화된 것은 무엇보다 방송언어가 미친 순기능이라 할 수 있다.

그러나 방송언어는 이러한 순기능만 지닌 것은 아니다. 오히려 방송언어는 오염되고, 혼란이 빚어져 있어 국민들의 언어생활에 많은 역기능을 끼치기도 한다. 그것은 어지러운 국어 현실을 수용하고 있는가 하면, 국어의 바람직하지 않은 요소가 방송 효과를 노려 의도적으로 활용되기까지 하고 있기 때문이다.

방송은 내용도 바람직해야 하나 그 형식 또한 바람직해야 한다. 방송의 대표적인 형식은 언어이다. 신문 기사가 맞춤법에 맞지 아니할 때 우리는 그것을 수용하려 하지 않는다. 이와 마찬가지로 방송언어가 표준 발음법에 어긋날 때 이는 수용될 수 없다. 이는 방송의 영향이 심대함을 고려할 때 더욱 그러하다.

그런데 우리의 언어 현실은 어떠한가? 신문에 비해 방송언어는 많은 문제를 안고 있음에도 이에 대한 자각이 부족한가 하면, 문제점을 개선, 정상화하겠다는 노력 또한 미미한 편이다. 과연 이래도 좋은가?

오염되고 혼란이 빚어지고 있는 방송언어는 하루 빨리 순화 정비되어야 한다. 그러기 위해서는 관계 기관과 시청자가 분연히 일어서 대책을 강구해야 한다. 오늘날의 방송언어는 탈바꿈을 하고, 거듭나지 않으면 안 된다. 이에 방송언어의 문제를 살피고, 이에 대한 대책을 제안해 보기로 한다.

2. 방송언어의 실상과 문제

2.1. 방송언어의 특질과 규제

방송언어란 특수한 말이 아니요, 방송에 쓰이는 일상어(日常語)를 말한다. 이는 다음과 같은 특징을 지니는 것으로 볼 수 있다.

① 표준어이어야 한다.
② 구두어이어야 한다.
③ 쉬운 말이어야 한다.
④ 순화된 말이어야 한다.

첫째, 방송언어는 보편성을 지녀야 하고, 교육성·시범성을 지니기 때문에 표준어를 써야 한다. 그렇지 않을 때 방송 내용을 이해하기 어렵고,

시청자의 언어생활을 오도할 위험성을 지닌다. 그리고 국민 화합을 위해서도 표준어를 써야 한다. 지역방언을 쓰게 되면 시청자들이 그 지역에 대한 감정을 유발하게 되기 때문이다.

둘째, 방송언어는 주로 청각에 호소하는 언어이어야 한다. 이는 문어(文語)의 대가 되는 입말, 구어(口語)가 되어야 함을 말한다. 신문 문장을 그대로 방송에서 활용할 수 없음은 이 때문이다.

셋째, 방송언어는 일방적(一方的)이며, 일과성(一過性)을 지니는 말이다. 따라서 누구에게나 쉽게 이해되는 말이어야 한다. 신문은 대체로 의무교육의 과정인 중학교 과정을 마치고, 인생 경험 10년을 한 독자를 대상으로 기사를 쓴다고 한다. 방송언어는 이러한 방송언어의 특성상 신문의 경우보다 쉽게 써야 할 것이다.

넷째, 방송언어는 순화된, 품위 있는 말이어야 한다. 이는 "바른 말, 고운 말"에서 "고운 말"을 써야 함을 말하는 것으로, 속되고 야비하거나, 외래어로 얼룩지지 아니한 말을 써야 함을 의미한다. 따라서 방송에서는 비어, 속어, 은어, 유행어, 신조어, 외래어, 외국어 등을 남용하지 않아야 한다.

이러한 방송언어의 특질은 방송위원회의 "방송심의에 관한 규정"에 다음과 같이 반영, 소화하고 있음을 볼 수 있다.

> 제16조(바른 언어생활) 방송은 국민의 바른 언어생활에 이바지하여야 하며, 바른 말과 고운 말을 사용하여야 한다.
> 제60조(잡담, 사담 등) 방송은 공공의 질서와 선량한 풍속을 해칠 우려가 있는 잡담이나, 공중에 유익하지 않은 사담을 하지 않도록 유의하여야 한다.
> 제63조(언어생활) ① 방송은 바른 국어생활을 해치는 억양·어조 및 비속어·은어·유행어·조어 등을 사용해서는 아니 되며, 사투리나 외국어

또는 외래어를 사용할 때에는 국어순화의 차원에서 신중하여야 한다.
② 방송언어는 원칙적으로 표준어를 사용하고, 특히 고정 진행자는 표준
어를 사용하여야 하며, 사투리를 사용하는 인물의 고정 유형을 조성
하여서는 아니 된다.

방송언어는 이렇게 "바른 말, 고운 말"을 사용하여야 한다는 것이 대전
제가 되어 있다. 바른 국어생활을 해치는 '억양·어조, 비속어·은어·유행
어·조어' 등의 사용을 금하고, '사투리·외국어·외래어' 등의 사용은 국
어순화 차원에서 신중을 기하도록 하였다. 또한 원칙적으로 표준어를 사
용하도록 하였으며, 특히 고정 진행자는 표준어를 사용하여야 하고, 사투
리를 사용하는 인물의 고정 유형을 조성하지 않도록 하였다. 이 밖에 공
공질서와 미풍양속(美風良俗)을 해칠 잡담이나, 공중에 유익하지 않은 사담
(私談)을 금지하기도 하였다. 이러한 규제는 방송언어의 '오용'과 '저속성'
으로 대표되는 언어의 형식적인 면을 규제한 것이라 할 수 있다.

그러나 이러한 방송언어의 형식적 규제와는 달리 방송언어의 내용면의
규제도 생각할 수 있다. 이는 방송의 공정성(公正性)과 공공성(公共性)으로
대표되는 것이다. 이러한 규범으로는 방송법의 제5조(방송의 공정성과 공공
성) 및 제4조(방송의 공적 책임)의 규정을 볼 수 있고, 이러한 모법(母法)을 바
탕으로 '방송심의에 관한 규정' 제1장 총칙을 비롯한 각 장의 내용에 관한
규정에 이러한 것이 반영되어 있다.

이렇게 볼 때 방송언어의 문제는 '오용과 저속성'으로 대표되는 언어의
형식면과 '공정성과 공공성'으로 대표되는 언어의 내용면까지를 그 대상으
로 하여야 한다. 그러나 방송언어의 내용면은 방송의 내용을 이르는 것으
로, 광의의 언어 문제에 속하나, 협의의 언어 문제에는 속하지 않는다고
할 수 있다. 이에 본 논의에서 방송언어에 대한 고찰은 협의의 방송언어의

문제인 형식면에 국한하여 살펴보는 것이 바람직할 것으로 생각된다.

2.2. 방송언어의 문제점

협의의 방송언어의 문제는 두 가지 면에서 살펴볼 수 있다. 그 하나는 언어의 구조면에서 살피는 것이고, 다른 하나는 방송의 부문에 따라 살펴보는 것이다. 여기서는 언어의 구조적 면에 중점을 두어 방송언어의 문제를 살피되, 필요한 경우 방송의 부문과도 관련지어 논의하기로 한다.

언어의 구조적 면에서는 발음, 어휘, 문법 및 표기의 면을 살펴볼 수 있을 것이다.

2.2.1. 발음상의 문제

방송에서 가장 문제가 되는 것은 발음이라 하겠다. '보도'를 하는 사람이 '보:도'란 발음을 제대로 하지 못하고, '보도'라 짧게 발음하는가 하면, 교통 정보를 전하는 사람이 '교통'을 '교:통'이라고 긴소리를 내어 발음하고 있는 것이 오늘의 우리 방송의 현주소이다.

발음에서 문제가 되는 대표적인 것은 음의 장단(長短)의 혼란과 경음화(硬音化), 연음법칙(連音法則), 절음법칙(絶音法則), 모음동화(母音同化) 및 자음동화(子音同化)의 오용이라 하겠다.

음의 장단(長短)의 혼란은 위에서 잠시 언급한 바와 같이 말이 아니다. 이는 그간 발음 교육을 제대로 하지 않았고, 한자 교육을 제대로 하지 않은 데서 말미암은 결과라 하겠다. 그리하여 "개정(改定), 경기(競技), 난방(暖房), 단점(短點), 도로(道路), 미혼(未婚), 벌이다(전개, 展開), 봉급(俸給), 부흥(復興), 소요(所要), 애정(愛情), 오공(五共), 임금(賃金), 전형(典型), 진단(診斷), 행운(幸運), 호송(護送), 회식(會食), 흥미(興味)"는 그 첫 음절이 긴 소리인데 대부분 짧은 소리를 내어 혼란을 빚고 있다. 그리하여 "경기, 벌이다" 따위는 "경기(景氣), 버리다(棄)"로 오해하게까지 하고 있다.

이와는 달리 "가장(家長), 가중(加重), 가치(價値), 간부(幹部), 감사(監査), 감상(鑑賞), 난민(難民), 동계(同系), 방화(防火), 비리(非理), 사의(辭意), 요리(料理), 이동(移動), 장기(長期), 장인(匠人), 전통(傳統), 파행(跛行), 항상(恒常)" 같은 말은 그 첫 음절이 짧은 소리임에도 많은 사람이 긴 소리를 내어 혼란을 빚고 있다. "간부, 감사, 감상, 난민, 방화, 사의, 장인" 등은 긴 소리를 냄으로, "간부(間夫), 감사(感謝), 감상(感想), 난민(亂民), 방화(放火), 사의(謝意), 장인(丈人)"과 같은 엉뚱한 말로 오해하게까지 한다. 이러한 음의 장단은 전문 방송인, 그 가운데도 '표준어의 보루(堡壘)'라고 할 아나운서에 이르기까지 혼란이 빚어지고 있어 심각한 상태이다.

방송언어의 경음화(硬音化)도 심각한 지경에 이르고 있다. 이러한 경음화는 "껀수(건수), 똥그라미(동그라미), 뿌시다(부수다), 쎄다(세다)"와 같은 어두(語頭) 자음의 경음화는 말할 것도 없고, 이제 어중(語中) 자음의 경음화가 우려할 정도에 이르고 있다. 이러한 예로는 다음과 같은 것이 있다.

가득 > 가뜩, 간단히 > 간딴히, 고가도로 > 고까도로, 교과서 > 교꽈서, 관건 > 관껀, 김밥 > 김빱, 등기 > 등끼, 부분적 > 부분쩍, 불볕더위 > 불뼡더위, 사법(司法) > 사뻡, 아랑곳 > 아랑꼿, 양담배 > 양땀배, 일삼고 > 일쌈꼬, 지금 > 지끔, 참고서 > 참꼬서, 창고 > 창꼬, 창구 > 창꾸, 체증 > 체쯩, 파격 > 파껵

이러한 예는 우리말에 그치지 않는다 서구어까지 된소리로 낸다. "댄스 > 땐쓰, 로스 > 로쓰, 매스게임 > 매쓰께임, 버스 > 버쓰, 키스 > 키쓰, 토스 > 토쓰, 패스 > 패쓰" 따위가 이런 예다.

이와 다른 예도 보인다. 그것은 예삿소리의 경음화를 문제 삼으니 이에

대한 반동으로 경음이나, 격음을 내야 할 자리에 유성음(有聲音)을 내어 발음에 혼란이 많이 빚어지기도 한다는 것이다. "고가(高價), 골동품(骨董品), 눈동자, 안간힘, 어제밤, 주가(株價)"의 둘째 음절 첫소리를 된소리로 발음해야 함에도 유성음으로 내는 것이 그것이다. "끊기다, 못하다" 따위는 둘째 음절을 거센소리로 발음해야 함에도 유성음 "ㄱ, ㄷ" 소리로 내는 것도 볼 수 있다.

방송언어에서 연음(連音)이 제대로 되지 않는 것은 비일비재하다. 그리하여 한 일간지에는 모 시인이 자기 아이의 발음에 연음이 제대로 되지 않는 것을 보고 나무랐더니 "방송에서 다 그러던데 뭘!" 하더라며 방송을 질책하는 글을 싣기까지 하고 있었다. 이러한 연음법칙이 제대로 지켜지지 않는 것은 전통적인 7종성법(七終聲法)과 교육의 부재에 말미암은 바 크다고 할 것이다. 그러나 이것은 표준발음이 아니다. 이러한 발음을 해서는 안 된다. 그럼에도 이러한 연음법은 뉴스를 제외한 모든 방송에서 제대로 지켜지고 있지 않다. 이러한 예를 몇 개 들어보면 다음과 같다.

- 소의 젖을[저슬] 짜고 있습니다.
- 꽃이[꼬시] 참 예쁜데요.
- 기자는 지금 김포 들녘에[들녀게] 나와 있습니다.
- 봄볕이[봄벼시] 따사로운 날입니다.
- 무릎을[무르블] 다친 모양입니다.
- 메마른 흙에서도[흐게서도]새싹이 돋아나고 있습니다.
- 넋이[너기] 나간 모양입니다.

절음법칙(絶音法則)의 문제는 겹받침이 제대로 발음되지 않는다는 것이 그 대표적인 것이다. 이러한 것으로는 "ㄺ, ㄼ, ㄿ"의 발음을 들 수 있다. 이들은 어떻게 발음해야 하는지 그 기준조차 가늠하지 못하는 방송인이 많은 것으로 보인다. 이들은 각각 대표음 [ㄱ], [ㄹ], [ㅂ]으로 발음해야 한다. 다만 'ㄺ'의 경우는 뒤에 'ㄱ'소리가 이어질 때 [ㄹ]로 발음한다. 그리고 'ㄼ' 받침을 가진 낱말의 경우 '밟다'만은 'ㄼ' 받침을 [ㅂ]으로 발음한다는 것을 유의해야 한다. 따라서 다음과 같은 발음은 잘못 하고 있는 것이니 조심해야 한다.

- 등이 매우 밝습니다[발씀니다].
- 학생이 책을 읽고[익고] 있습니다.
- 이 감은 매우 떫군요[떱군요].
- 여기 대지를 밟고[발꼬] 든든히 서 있는 소년이 있습니다.
- 자네는 시를 읊게[을게], 나는 노래를 함세.

모음동화현상(母音同化現象), 그 가운데도 'ㅣ'모음 역행동화 현상은 원칙적으로 표준발음으로 인정하지 않는 것이다. 그럼에도 방송에서는 이러한 'ㅣ' 모음의 역행동화현상이 무분별하게 자행되고 있다. 이는 물론 발음의 편의에 따른 것이나, 언어 규범을 잘 몰라 잘못을 저지르고 있는 것이다. 이러한 예로는 "가랑이 > 가랭이, 가자미 > 가재미, 공팡이 > 곰팽이, 구덩이 > 구뎅이, 남기다 > 냉기다, 맡기다 > 매끼다, 먹이다 > 메기다, 벗기다 > 베끼다, 실랑이 > 실랭이, 쌓이다 > 쌔이다, 아기 > 애기, 아비 > 애비, 어미 > 에미, 지팡이 > 지팽이, 촐랑이 > 촐랭이, 칼잡이 > 칼재비, 파이다 > 패이다, 헐렁이 > 헐렝이, 호랑이 > 호랭이" 따위를 들 수 있다.

그리고 여기 덧붙일 것은 'ㅣ' 모음의 순행동화도 원칙적으로 인정하지 않는다는 것이다. 이것이 허용되는 것은 "되어 > 되여, 피어 > 피여"와, "이오 > 이요, 아니오 > 아니요"가 있을 뿐이다. 그리고 여기서 주의할 것은 "허용(許容)"된다는 것은 문자 그대로 "허용" 된다는 것이오, 원칙적으로는 "여"나 "요"가 아닌, 본래의 말소리 "어"나 "오"로 발음하는 것이 원칙이라는 것이다. 방송에서 '-시오'를 '-시요'로 하고, "기어 > 기여, 쌓이었다 > 쌓이였다, 이어서 > 이여서, 치어 > 치여"라 하는 따위는 잘못 발음하는 것이다. "괴다 > 괴이다, 채다 > 채이다, 패다 > 패이다"도 많이 쓰이는 말이나, 이들은 이미 "고이다, 차이다, 파이다"와 같은 피동사(被動詞)의 축약형 "괴다, 채다, 패다"에 다시 '이'가 더해진 것이니 잘못된 말이다.

전설모음화(前舌母音化)에 의한 오용 또한 많이 나타난다. 이러한 예로는 다음과 같은 것이 보인다.

까슬까슬 > 까실까실, 갖은 > 가진, 고슬고슬 > 고실고실, 나즈막하다 > 나지막하다, 메스껍다 > 메시껍다, 메슥메슥 > 메식메식, 바스대다 > 바시대다, 바스락바스락 > 바시락바시락, 복슬복슬 > 복실복실, 부스스 > 부시시, 부슬부슬 > 부실부실, 어슬렁어슬렁 > 어실렁어실렁, 오슬오슬 > 오실오실, 요즈음 > 요지음, 으스대다 > 으시대다, 으슬으슬 > 으실으실, 포슬포슬 > 포실포실, 푸슬푸슬 > 푸실푸실

이밖에 "고추 > 꼬치, 부수다 > 뿌시다, 수줍어하다 > 수집어하다"도 전설모음화에 속할 것으로, 많은 잘못이 빚어지는 것이다.

끝으로 자음동화현상(子音同化現象)을 보기로 한다. 자음동화현상 가운데 비음화현상이나, 설측음화현상은 문제가 되지 않는다. 대체로 잘 지켜지기 때문이다. 그러나 연구개음화현상(軟口蓋音化現象)과 양순음화현상(兩脣音化現象)에 이르면 문제가 달라진다. 이들은 무수한 잘못이 빚어진다. 이들 두 현상은 수의적 변화를 하는 것으로, 아는 표준발음으로 인정하지 않는 것임에도 많은 방송인이 이러한 동화된 발음을 하고 있기 때문이다. 예를 들어 "한국, 둔갑, 참기름"을 흔히 [항국, 둥갑, 창기름]으로 발음하며, "갑갑하다, 밭갈이"는 [각갑하다, 박갈이]로 소리 낸다. 이는 연구개음 아닌 소리 [ㄴ, ㅁ], 또는 [ㅂ, ㄷ]음이 연구개음 [ㄱ]에 동화되어 연구개음 [ㅇ,

ㄱ]음이 된 것이다. 이에 대해 "삽바, 젖먹이, 전문가, 단백질"은 흔히 [삽바, 점먹이, 점문가, 담백질]로 발음되는데 이는 양순음 아닌 소리 [ㄷ, ㄴ] 소리가 양순음 [ㅂ, ㅁ]에 동화되어 [ㅂ, ㅁ] 소리로 동화되어 양순화한 것이다. 이들은 표준발음이 아니다. 그런데 이러한 현상은 매우 일반적 현상으로, 자유로운 대담에서는 본인도 의식하지 못하는 사이에 이러한 변화된 소리를 내는 것을 볼 수 있다. 이는 물론 발음하기에 편하기 때문에 내는 소리다. 그러나 앞에서 말하였듯 표준발음이 아니다. 따라서 이러한 발음은 철저한 발음교육을 통해 수의적 동화를 하지 않도록 하여야 한다.

이상 방송언어의 발음의 문제점에 대해 살펴보았다. 이러한 발음은 '바른 말, 고운 말'에 있어 '바른 말'에 어긋나는 것이다. 따라서 이들은 고운 말의 경우처럼 단순한 의식의 문제가 아니다. 지식의 문제요, 체득의 문제라 할 수 있다. 그러니 이들에 대한 충분한 자질을 갖추지 못한 방송인을 위해서는 교육 프로그램을 마련하여 철저한 연수 교육을 하는 것이 바람직하다 하겠다.

2.2.2. 어휘상의 문제

어휘상의 문제는 크게 두 가지로 나누어 살펴볼 수 있다. 그 하나는 바른 말로서의 어휘 문제요, 다른 하나는 고운 말로서의 어휘 문제이다. 우리 방송언어의 경우 보도·교양 방송인에게 문제가 되는 것은 '바른 말'로서의 어휘이다. 기자, 리포터의 말이 그 대상이다. 예능·오락 방송인의 경우는 좀 더 '고운 말'로서의 어휘가 좀 더 문제가 된다. 예능·오락의 경우 비속어와 외래어가 무엇보다 문제가 되기 때문이다.

2.2.2.1. '바른 말'로서의 어휘

바른 말로서의 어휘 문제는 형태상의 문제와 의미상의 문제로 나누어 볼 수 있다.

형태상 문제가 되는 것은 발음에 문제가 있거나, 그것이 표준어가 아니라는 것이다. 이러한 형태상 문제가 되는 것은 표준어가 아닌 전통적 형태의 낱말을 쓰거나, 표준어 아닌 이형태(異形態)의 낱말을 사용하는 경우다. 전통적 고형(古形)이라 문제가 되는 것에는 "영글다, 이쁘다. 줏다, 쉬흔, 메밀, 도로혀"와 같은 말이 있다. 이 가운데 "이쁘다, 줏다, 쉬흔"은 표준어가 "예쁘다, 줍다, 쉰"임을 잘 알고 있음에도 습관적으로 이러한 비표준어인 고형을 쓰고 있는 것이라 하겠다. 따라서 언어 사용에 대한 의식이 얼마나 중요한가 하는 것을 알게 한다. 이밖에 문제가 되는 대표적인 것에는 다음과 같은 것이 있다.

가게 > 가개, 가운데 > 가운데, 겨울 > 겨을, 내리다 > 나리다, 도리어 > 도로혀, 메밀 > 메밀, 모으다 > 모두다, 베개 > 벼개, 비비다 > 부비다, 쉰 > 쉬흔, 아욱 > 아옥, 예닐곱 > 예닐굽, 응달 > 음달, 이지러지다 > 이즈러지다, 자네 > 자내, 졸음 > 자브름, 줍다 > 줏다, 하염없다 > 하욤없다

고형(古形)이 아닌, 새로운 형태를 사용하기 때문에 문제가 되는 것은 개신형(改新形)을 사용하는 경우다. 개신형이어서 문제가 되는 대표적인 예로는 "개이다(晴), 담다(沈), 들리다(經由), 되어지다, 바램(希望), 수집다. 으스대다" 같은 것이 있다. 기상 통보원이 "개다"를 계속 "개이다"라 하는 것도 의식의 문제이다. 이밖의 보기로는 다음과 같은 것을 들 수 있다.

갈치 > 칼치, 갖은 > 가진, 같아요 > 같애요, 계자 > 겨자, 귀엣말 > 귓속말, 메다 > 메이다(埋), 바람 > 바램, 발가락 > 발꼬락, 수줍다 > 수집다, 움큼 > 웅큼, 으스대다 > 으시대다, 임연수어 > 이면수, 푸르다 > 푸르르다, 한길 > 행길, 황석어젓 > 황새기젓, 흑임자 > 시금자

표준어 아닌 이형태를 써서 문제가 되는 것도 있다. 이러한 것의 대표적인 것에는 "개비 > 가치, -고 싶다 > -고프다, 깔끔깔끔하다 > 까끌까끌하다, 메우다 > 메꾸다, 새색시 > 새악시, 소나기 > 소낙비, 안절부절못하다 > 안절부절하다, 잎 > 잎새, 집게손가락 > 검지" 같은 것이 있다. "가고프다, 먹고프다"의 "-고프다"는 즐겨 쓰이는 말이나, 비표준어임을 명심해야 한다.

의미상 혼란이 빚어지는 말도 많다. "가르치다~가리키다, 국어~한글, 남편~아빠, 다르다~틀리다, 돋우다~ 돋구다, 맞히다~맞추다, 매우~ 너무, 태우다~ 싣다"는 그 대표적인 것이다. 이들 오용은 실로 어처구니없는 것이다. "영어를 가리키다, 이것과 저것은 틀리네요, 입맛을 돋우는 봄나물, 과녁을 맞추었습니다, 너무너무 예쁘다, 손님을 싣고 가던 관광버스"는 흔히 듣는 말이다. 이들은 잘못 쓰인 말로, 이러한 말이 전문 방송인의 입에서 거침없이 나온다는 것은 있을 수 없는 일이다. 이들은 하루 빨리 개선되어야 한다. 다음에 이들 의미상의 오용을 몇 가지로 유형화하여 대표적인 예를 보이면 다음과 같다.

① 비슷한 뜻을 가진 말의 혼용

걷다~거두다, 껍질~껍데기, 느리다~ 늦다, 돋우다~ 돋구다, 두껍다~두텁다, 목~ 몫, 빠르다~ 이르다, 잃다~ 잊다, 있다~ 계시다, 작다~ 적다, 조금도~ 하나도, 조짐~ 빌미, 태우다~ 싣다, 햇빛~햇볕

② 비슷한 형태의 말의 혼용

까불다~ 까부르다, 넘보다~ 넘겨다보다, 맞추다~ 맞히다, 부수다~ 부시다, 부치다~ 붙이다, 어스름~ 으스름, 엉기다~ 엉키다, 여의다~ 여위다, 한창~ 한참

③ 동의어의 반복적 사용

가로수 나뭇잎, 결실을 맺다, 낙엽이 지다, 넓은 광장, 남은 여생, 따뜻한 온정, 범행을 저지르다, 부담감을 느끼다, 새신랑, 시월 달, 십오일 날, 저무는 세

모, 피해를 입다.

2.2.2.2. '고운 말'로서의 어휘

'고운 말'로서의 어휘의 문제로는 비속어, 은어, 유행어, 욕설, 신조어 및 사투리와 외국어, 외래어 등의 문제가 있다. 비속어는 언어생활을 저해하고, 국민 정서를 해치는 것이다. 그리하여 이러한 말들은 앞에서 살펴본 바와 같이 방송에서 사용을 금하고 있다. 이밖에 사투리와 외국어 및 외래어는 국어순화의 차원에서 신중을 기하도록 되어 있다. 그럼에도 불구하고 우리의 방송에서는 광의의 비속어와 사투리, 외래어가 무분별하게 남용되고 있다.

비어, 속어, 은어, 유행어, 욕설 등의 비속어는 연예 오락 프로그램에서 많이 쓰인다. 이는 물론 흥미 유발을 위해 의도적으로 사용하고 있는 것이라 할 수 있다. 그러나 이러한 말들은 국어생활에 해를 끼칠 것을 염려하여 사용을 금하고 있다. 따라서 이들 비속어는 방송언어의 중요성과 방송의 파급 효과를 고려하여 적극적으로 억제함이 바람직하겠다. 다음에 이들 비속어의 예를 몇 개 들기로 한다.

① 비어
할머니 고모 주둥이를 꼬매 버려.
손모가지를 똑똑 분질러 버려야 돼.

② 속어
내가 왜 남의 돈을 쎄벼요?
그 나무 되게 골때려.

③ 은어
노가리 푸는 거 아닙니까?

야부리치는 거 아니예요?

④ 유행어
왕이야, 왕, 화끈해, 왕이야.
니 맘대로 하세요.

⑤ 욕설
너 이놈아, 왜 인사 안 해?
염병할 놈, 육시를 할 놈, 개도 안 물어 갈 놈.

⑥ 신조어
롱다리 숏다리.
캡이다.

 방송에서는 표준어가 아닌 말, 곧 사투리가 여러 가지로 문제가 된다. 이것은 '바른 말'의 차원에서도 살펴본 바 있다. 그런데 이는 순화의 대상으로서도 문제가 된다. "방송심의에 관한 규정"에서는 이 사투리의 사용을 금하는 것이 아니라, 국어순화의 차원에서 사용의 신중을 기하도록 규정해 놓고 있다. 따라서 사투리는 써서 안 된다는 것은 아니다. 필요할 때에는 쓸 수 있다. 사투리가 쓰이게 되는 경우는 두 가지 경우를 생각할 수 있다. 그 하나는 방송인의 자질이 부족하거나, 몰라서 쓰는 경우이고, 다른 하나는 방송 효과를 노려서 일부러 쓰는 경우이다.
 의도적인 경우는 연예 오락 프로그램에서 많이 쓰게 되는데, 이때에는 신중을 기하여 필수적 상황에서만 쓰도록 해야 한다. 단순히 특정 지역 사람이란 것을 드러내기 위해 방언을 쓰게 하지 아니할 뿐 아니라, 특정 프로그램의 한 코너에서 흥미위주로 특정 방언에 의한 진행을 하지 않도록 해야 한다. 이러한 사투리의 사용은 국민의 언어생활을 해칠 뿐 아니라, 국민간의 위화감을 조성할 위험성을 지니기 때문이다. 그래서 '방송심의에 관한 규정'에서도 사투리를 사용하는 고정 유형의 인물 조성을 금지하고 있다.

의도적인 경우와 달리 방송인의 자질이 부족하거나, 몰라서 사투리를 쓰는 경우는 보도 교양 프로그램에 많이 나타난다. 이러한 오용은 기자, 리포터에 많이 보이는데 용납될 수 없는 것이다. 언어 훈련이 제대로 되지 않은 기자, 리포터와 같은 방송인은 마이크를 놓거나, 연수를 받은 뒤 마이크를 잡도록 할 일이다. 이런 취지에서 시청자의 참여라는 명분 아래 언어 훈련이 되지 않은 사람을 '일일 리포터' 등의 이름으로 출연하게 하는 것도 지양되어야 한다.

그리고 여기 덧붙일 것은 작가의 오용이다. "어디 가냐, 밥 먹었냐, 어느 것이 더 좋냐?" 등의 '-냐?' 종결형이 드라마에서 배역에 관계없이 두루 남용되고, 이것이 일반 시청자에게까지 영향을 미치고 있는 것은 작가에 말미암은 것으로 용납될 수 없는 것이다. 이 '-냐?' 종결형은 받침 없는 형용사와, '이다' 아래에만 직접 붙여 쓸 수 있는 말이다. 동사의 어미로는 쓰이지 않는다. 동사에까지 만병통치약처럼 두루 쓰는 것은 호남 방언의 경우뿐이다. 그러니 이런 경우는 한 작가의 무지가 방송언어를 망치고, 급기야에는 전국 시청자의 언어를 오염시키고 있다고 할 것이다. 방송언어는 시범성을 보이기 때문에 특히 판단력이 부족한 청소년들에게 바람직하지 못한 영향을 미칠 위험성이 크다. 그러니 이들 프로에는 특히 바람직하지 않은 방송언어를 사용하지 않도록 하여야 한다.

외국어나 외래어도 국어순화의 차원에서 그 사용에 신중을 기하도록 되어 있다. 국제화 사회에서 외국어 내지 외래어는 다소간에 사용하지 않을 수 없는 것이고, 우리말에 없는, 필요한 외국어나 외래어는 사용할 수밖에 없다. 문제는 남용에 있다. 이러한 외국어 내지 외래어는 운동 경기

중계 및 교양, 시사 프로그램에 많이 쓰이고 있다.

국어는 민족을 결속시키는 거멀못 구실을 한다. 그리고 이에 의해 우리의 사상 감정을 전달한다. 국어를 순화하고자 하는 것은 이러한 기능을 충실히 수행하게 하고자 함이다. 따라서 우리말을 오염시키고, 국어로 하여금 본래의 언어 기능을 제대로 수행하지 못하게 하는 외국어 내지 외래어의 사용은 자제하도록 해야 한다.

이밖에 순화해야 할 말에 난해어(難解語)가 있다. 이러한 것에는 어려운 한자어·외국어·외래어·동음어·유음어·약어 따위가 있다. 이들 난해어는 교양 프로그램에 많이 쓰이는데, 쉽게 풀어 쓰고, 혼란이 일어나지 않게 변별적인 말을 가려 쓸 것이며, 약어는 본래의 말을 쓰도록 할 일이다. 특히 '도복 현상' 등 농촌 정보의 어려운 한자어 사용, 어린이 시간에 정도 이상의 유식한 문자 사용, 한자어 투성이의 교통 정보 등은 특히 순화해야 할 대상이다. '나 위주'의 말이 아니라, '시청자 위주'의 말이 쓰여야 한다.

이상 방송언어의 어휘에 대해 살펴보았다. 이는 바르게 써야 할 것과 곱게 순화해서 써야 할 두 가지로 나뉜다. 바르게 써야 할 것은 지켜져야 할 필연성을 지니는 것이다. 따라서 언어규범을 제대로 익혀 올바로 운용하도록 할 것이다. 이에 대해 순화해야 할 것은 방송의 공공성을 바로 의식하여 바람직하게 운용하여야 한다. 이를 위해서는 무엇보다 방송에 대한 올바른 인식을 갖는 것이 필요하다.

2.2.3. 문법·문장 및 표현상의 문제

2.2.3.1. 문법적인 면에서의 문제
방송언어는 퇴고를 할 수 없는 일과성을 지니는 구어이기 때문에 문법

내지 문장상 오용이 많이 나타나는 것을 볼 수 있다. 문법적인 면에서 문제가 되는 것은 조사(助詞)를 잘못 쓰거나, 활용을 잘못한 것, 시제·대우법·사역형에 잘못이 있는 것 따위를 들 수 있다. 다음에 이들의 문제를 간단히 살펴보기로 한다.

① 조사의 오용

인용격 조사 '-고, -는'이 '-라고, -라는'과 같이 '-라'가 많이 삽입되며, 무정물(無情物) 여격에 '-에게'가 많이 쓰이는가 하면, 조사 '을'을 지배하는 '이기다(勝)'에 '지다(負)'가 지배하는 '-에게'가 많이 쓰여 오용이 빚어지고 있다.

- 익사했다라고(-고) 단정하는 이유
- 북한에게도(-에도) 유출됐습니다.
- 해태가 삼성에게(-을) 2대1로 이겼습니다.

② 활용의 오용

용언의 활용도 잘못이 많이 빚어지고 있다. 이러한 것의 대표적인 것에는 형용사에 명령형 활용을 하는 것, '-거라'에 유추된 활용을 많이 하고 있는 것을 볼 수 있다.

- 건강하십시오(건강하시기 바랍니다).
- 혼 좀 내 주거거라(주어라).
- 열심히 일 하거라(하여라).
- 너는 세 끼 밥을 안 먹냐(먹느냐)?

③ 시제의 오용

형용사에 '-는' 어미를 쓰거나, 진행되는 사실이 아닌데 진행형으로 나타내는가 하면, 미래나 추측이 아닌 것에 '-겠'을 사용하는 등 오용이 많이 빚어지고 있다.

- 어렵지 않는(않은) 것이니까요.
- 이유가 되지 않고 있습니다(않습니다).
- 많은 시청 바라겠습니다(바랍니다).

④ 대우법의 오용

존대를 제대로 하지 않거나, 압존법을 제대로 쓰지 않는 등 존비 표현에도 많은 문제성이 드러난다.

- 할아버지 물어(여쭈어) 볼 게 있는데요.
- 사장님이 계장님을 오시랍니다(오라십니다).
- 회장님의 말씀이 계시겠습니다(있겠습니다).

⑤ 사역형의 오용

'하게 하다'의 뜻을 나타내는 어미 '-시키다'를 '-하다' 따위 타동사에 붙여 '사동' 아닌, '하다'의 뜻을 나타내는 데에 많이 쓰고 있다. 이는 속어로 바른 말이 아니다.

- 좋은 사람 소개시켜(소개해) 주마.
- 상임위를 가동시킬(가동할) 예정입니다.
- 사람들에게 한자를 교육시키기로(교육하기로) 하였습니다.

2.2.3.2. 문장 면에서의 문제

문장면에서는 우선 문면에서 성분의 호응이 제대로 되지 않는 것과, 표현상 어울리지 않는 것이 문제가 된다. 문장 성분은 호응이 되어야 한다.

문장 성분이 제대로 호응이 안 되면 비문(非文)이 될 뿐 아니라, 비논리적인 표현이 되고, 이해를 잘 할 수 없게 된다. 그런데 방송언어에는 이러한 문장 성분이 제대로 호응되지 않는 문장이 많이 쓰이고 있다. 이러한 것의 대표적인 것으로는 주술호응, 객술호응, 보술구성, 수식구성, 접속구성 등의 호응이 제대로 되지 않는 것을 들 수 있다.

이러한 호응 가운데 보술구성(補述構成)의 '-가 예상되다'와 수식구성(修飾構成)의 '-ㄹ 전망이다'는 매스컴에 관용되는 비문법적인 표현의 대표적인 것이다. 이는 '-ㄹ 것으로 예상되다', '-ㄹ 것으로 전망되다'라고 하여야 한다.

- 천둥(-이 울고) 번개가 치겠습니다.
- 내일 27도가(-가 된 것으로) 예상됩니다.
- 편안한 밤 되시기(보내시기) 바랍니다.

이 밖의 문제로는 의미호응이 제대로 되지 않는 것을 들 수 있다. 이는 다음에 논의할 표현의 오용과 함께 다루기로 한다.

2.2.3.3. 표현상의 문제

의미호응을 비롯해 표현의 단계에서 문제가 되는 것도 많다. 이러한 것으로는 의미가 호응되지 않는 표현, 조리에 맞지 않는 표현, 부적절한 관용 표현, 번역투의 표현, 기타 어색한 표현 등이 있다.

- 금메달을 딴 선수들의 노고를 치하했습니다(위로했습니다).
- 팔을(소매를) 걷어붙이고 나섰습니다.
- 이래서야(이렇게 되면) 선거는 정치 행태애 대한 불안과 의혹을 해소시키기는커녕(해소하기는커녕) 자칫 민주정치에 대한 근원적 불신과 회의가 널

리 퍼질까(회의를 널리 증폭할까) 두렵다.

- 위험할 수 있는(위험할) 것으로 보고 있습니다.
- 1승씩 올렸습니다(했습니다).
- 15안타를 터뜨렸습니다(쳤습니다).
- 격세지감을 느낀다고(갖게 된다고) 입을 모았습니다(말했습니다/ 입을 모아 말했습니다).
- 손에 손에 선물 보따리/꾸러미를(선물을/ 선물 상자를/ 선물 가방을) 든 귀성객들(귀향객들)

위의 보기에서 '노고를 치하하다'와 '팔을 걷어 붙이다'는 의미상 호응이 안 되는 표현이다. 그럼에도 전혀 의식 없이 습관적으로 사용하고 있다. '선물 보따리'나 '꾸러미' 등도 마찬가지다. 요사이는 '보따리'나 '꾸러미'를 거의 사용하지 않는다. 가방이거나 상자거나 백을 사용한다. 따라서 이들 관용적 표현은 사실과 부합되지 않는 표현이다. '귀성(歸省)'도 이런 의미에서 '귀향(歸鄕)'으로 바뀌어야 한다.

2.2.4. 표기상의 문제

방송에서 표기상의 문제도 적지 않게 나타난다. 이는 텔레비전 자막이나 차트에 나타난다. 이러한 표기상의 잘못은 고유어·한자어·외래어 등 모든 분야에 보인다. 게다가 1988년에 맞춤법과 표기법이 바뀌었는데도 그것을 모르고 종전의 형태, 종전의 표기를 하고 있는 것도 많이 보인다. '암케, 수케, 상치, 멋쟁이'와 같은 것이 그것이다. 이러한 것은 방송인의 무성의 내지 무관심에서 빚어진 것으로, 방송인의 직무를 유기하고 있는 것이라 하겠다. 새로운 어문 규정을 익혀 바른 표기를 하도록 하여야 한다.

외래어의 표기도 많이 잘못 되고 있다. '외래어 표기법'도 1985년에 개정된 규정에 따라 바른 표기를 하도록 해야 하겠다. 다음에 표기상의 오용의 예를 몇 개 들어 본다.

> 놓치지 마십시오 > 마십시요, 대통령에게 쓴 편지 > 대통령에, 뜨개옷 > 뜨게옷, 스릴과 스피드 > 드릴과 스피드, 싸게 안 돼요 > 안 되요, 액세서리 > 악세사리, 햅쌀 선봬요 > 선뵈요, 뗀뗑(点点)이 > 땡땡이, 主思派 > 主恩派

2.2.5. 진행자의 문제 등

언어의 구조적인 면을 중심으로 방송언어의 문제를 살펴보았다. 이는 방송 부문별로 좀 더 구체적으로 살펴볼 수도 있다. 그러나 이러한 문제는 앞에서 부분적으로 살펴보았기에 더 이상의 논의는 하지 않기로 한다. 오히려 여기서는 방송의 주체라고 할 진행자의 문제, 사담(私談)의 문제, 방송 프로그램의 문제에 대해 살펴보기로 한다.

진행자(進行者)는 방송의 주체라고 할 수 있다. 그러기에 '방송심의에 관한 규정'에 "방송언어는 원칙적으로 표준어를 사용하고, 특히 고정 진행자는 표준어를 사용하여야 하며, 사투리를 사용하는 인물의 고정 유형을 조성하여서는 아니 된다"고 규정해 놓았다. 그럼에도 우리의 방송에는 사투리를 쓰는 고정 진행자가 있는가 하면, 프로그램의 특정 코너를 지역방언으로 진행하고 있기도 하다. 이러한 현상은 개선되어야 한다.

그리고 이들 진행자의 언어를 살펴보면 이러한 사투리뿐만 아니라, 반말, 비속어, 유행어, 외래어 등을 습관적으로 쓰기까지 하고 있다. 방언적 말투나, 비표준 발음을 고치지 못할 것으로 판단되는 고정 진행자는 마이크를 놓는 것이 바람직하겠다. 그리고 다소 이러한 방언적 경향이 있는 진행자는 교정을 받은 뒤에 방송에 출연하는 것이 바람직하다 하겠다.

다음에는 잡담이나 사담의 문제에 대해 살펴보기로 한다. 방송에서는 공공의 질서와 선량한 풍속을 해칠 우려가 있는 잡담이나, 공중에게 유익하지 않은 사담을 하지 않도록 주의하고 있다. 이는 방송의 특성상 당연한 조치이다. 방송은 불특정 다수를 상대로 하는 것이기 때문에 누가 듣는지 알 수 없기 때문이며, 또한 방송은 공공의 시설로 자기 안방에서 환담을 하는 사담이 아니기 때문이다.

이러한 진행자의 잡담이나 사담은 흥미를 유발하기 위해 하는 것이라 할 수 있다. 그리하여 일부 시청자는 이를 즐기고 있는 것도 사실이다. 그러나 방송은 공정성과 공공성을 지녀 국민화합에 기여하고, 국민의 문화생활의 질을 높여야 하는 것이다. 따라서 공공의 질서와 미풍양속을 해치거나, 공중에게 유익하지 않은 잡담이나 사담은 억제해야 한다. 이런 점에서 공공성이 없는 이러한 말들은 억제하도록 해야 한다.

다음은 방송 프로그램의 문제를 살펴보기로 한다. 방송 프로그램의 명칭은 그 프로그램의 내용을 시청자들에게 알리기 위해 붙여져 있는 것이다. 그런데 이 프로그램의 명칭도 문제를 안고 있다. 그것은 프로그램 명칭에 외래어가 많이 쓰이고 있다는 것이다. 이에 대해서는 누누이 지적하고 있음에도 별로 개선의 기미를 보이지 않고 있다.

최근의 방송 프로그램 명칭을 보면 "뉴스 네트워크, 그린 패트롤, 지구촌 파노라마, KBS 네트워크, 날아라 슈퍼보드, 다큐멘터리 극장, 무적 파워레인저, 가요 톱 텐, KBS 뉴스 비전, 미니 시리즈, 꿈의 콘서트, 특별 앙코르, 올스타 청백전, 드라마 게임, 집중 퀴즈테크, MBC 뉴스데스크, PD 수첩, 시사 매거진, SBS 뉴스라인, SBS일요포럼, 투맨쇼, 타임 트랙스"와 같이 쓰이고 있다. 이들은 필요해서 외래어를 쓴 것이 아니다. 대부분 권위를 드러내기 위해 쓰인 것이라 하겠다. 이들의 많은 것은 아마도 우리 시청자들이 그 뜻도 모르고 받아들이고 있을 것이다. 이러한 명칭은 우리말로 순화해야 한다.

그리고 프로그램 명칭서 또 하나 문제를 삼아야 할 것은 우리의 언어 생활을 해치는 작명 또는 발음이다. 이러한 것의 대표적인 것의 하나에 '뽀뽀뽀'가 있다. 이는 '뽀식이, 뽀병이, 뽀숙이' 등에서 연유하는 것으로 일러지나, "뽀뽀"가 "아빠가 출근할 때 뽀뽀뽀"라는 가사에서처럼 '입맞춤'을 이르는 말이고 보면 '뽀뽀'라고 해야 한다. 그렇지 않을 경우 "아빠, 뽀뽀뽀 해 줘."라고 우리의 "뽀뽀"라는 예쁜 낱말 하나를 어색한 말로 바꿔 놓게 될지 모른다.

'그대 있음에', '행복하고 싶어요', '깡총깡총 체조', '김가 이가(金家李家)', 'TV칼럼 세계인이 됩시다'도 바람직한 것이 못 된다. '그대 있음에'는 '그대가 있기 때문에'를 나타낼 것이므로 '그대 있으매'가 되어야 한다. '행복하고 싶어요'는 어법에 맞지 않는 말이다. '싶다'는 의존형용사로 이는 동사와 형용사 '있다' 및 서술격 조사의 어미 '-고' 아래 붙어, 그렇게 하고자 함을 나타내는 말이다. "가고 싶다, 여기 있고 싶다, 부자이고 싶다"와 같이 쓰이는 것이 그것이다. 이는 일반 형용사 아래에서는 쓰이지 않는 말이다. 그럼에도 '행복하고 싶어요'의 경우는 형용사 '행복하다'에 이어져 쓰이고 있다. 그러니 말이 안 된다. '좋고 싶다, 슬프고 싶다'가 말이 안 되는 것과 마찬가지다. 이는 '행복해지고 싶어요'라고 해야 한다. '깡총깡총'은 표준어를 개정하여 지금은 표준어가 아닌 말이다. '깡충깡충'이 표준 말이다. 따라서 프로그램명은 '깡충깡충 체조'가 돼야 한다. '김가 이가'는 '김씨 집 이씨 집'을 나타내기에는 부족한 말이다. '김씨 이씨'를 이르는 '김가(金哥) 이가(李哥)'로 오해하기 좋은 명칭이다. '세계인이 되자'는 프로그램 명칭도 모호한 말이다. '세계적인 사람이 됩시다'라 해야 그 의미가 살아난다.

방송 프로그램의 명칭은 그 반복성으로 말미암아 시청자의 뇌리에 박힐 수 있는 말이다. 이러한 말이 잘못 된 말이어서는 곤란하다. 바른 말이 아닌 말을 뇌리에 각인하게 된다. 명명에 좀 더 신경을 써야 하겠다.

그리고 여기 덧붙일 것은 '하나 둘 셋'이란 프로그램명에서 '하나 뚤 셋'이라고 발음하는 것도 바로잡아야 한다. 이는 어린이 시간의 프로그램이기 때문에 더욱 그러하다. 전국의 어린이가 '하나 둘 셋'이 아닌, '하나 뚤 셋'이라고 숫자를 세게 할 수는 없다. 프로그램의 명칭의 경우 발음에서부터 세심한 주의를 기울여야 한다.

3. 방송언어 개선 방안

선진국에서는 방송언어가 국민언어의 모범이 되고 있다. 그런데 우리의 경우는 이와 달리 방송언어가 오염과 혼란의 전시장으로 인식되고 있다.

방송언어는 국민의 일반 언어가 바탕이 된다. 따라서 국어가 순화되고 국민 모두가 올바른 국어를 사용할 때 방송언어는 심각하게 논의될 필요조차 없게 된다. 그런데 우리의 현실은 그렇지 못하다. 여기에 방송언어의 문제를 심각하게 고민해야 하는 이유가 있다.

그러면 앞에서 살펴본 바와 같이 많은 문제를 안고 있는 방송언어의 개선 방안을 살펴보기로 한다. 개선 방안은 일반적인 방안과 방송 영역에 따른 방안을 생각해 볼 수 있을 것이다. 여기서는 방송언어의 문제를 언어의 구조적인 면을 중심하여 살펴보았으므로 일반적인 면에 초점을 맞추어 제시하기로 한다.

그러면 개선방안을 제시하기 전에 방송에 왜 바람직하지 않은 언어가 쓰이는가부터 살펴보기로 한다. 이는 다음과 같이 세 가지로 요약할 수 있을 것이다.

첫째, 극적 효과를 위해

둘째, 화자의 바람직하지 않은 의식구조에서

셋째, 무지 및 무성의·무관심에서

첫째 이유에 드는 것으로는 방송극이나 코미디·개그 등에서 극적 효과를 고려해 방언 및 비속어를 사용하는 것, 흥미와 관심을 끌기 위하거나 인기를 노려 바람직하지 않은 말을 의도적으로 사용하는 것을 생각할 수 있다.

둘째 이유에 드는 것으로는 교양인 지식인임을 드러내기 위해 외래어 외국어 및 어려운 한자어를 남용하는 것, 외국인이라는 것을 나타내기 위하여 일부러 외국풍의 발음을 하는 것 따위를 들 수 있다.

셋째 이유에 드는 것으로는 규범을 제대로 모르고 습관적으로 그릇된 언어활동을 하는 것, 무분별한 문어체의 용어 등을 사용하는 것 등을 생각할 수 있다.

이러한 이유들로 말미암아 쓰이고 있는 바람직하지 않은 언어는 어떻게 순화할 것인가? 방송언어의 순화방안은 다음과 같은 7가지를 들 수 있을 것이다.

첫째, 의식 개혁이 꾀해져야 한다.

외국에서는 방송언어가 국민언어의 모범이 된다고 하였다. 그런데 우리는 그렇게 생각하지 않는다. "말이란 뜻만 통하면 된다. 방송은 재미있어야 한다. 따라서 방송에 쓰이는 말이 '바른 말, 고운 말'이 아니어도 좋다." 이렇게 생각하는 것이다.

그러나 이는 잘못된 생각이다. 방송은 공공성을 지니므로 표준어를 써야 하고, 방송의 품위를 위해서도 표준어를 써야 한다. 따라서 우선 일차적으로 PD를 비롯한 전문 방송인이 방송언어를 순화하고, 바르고 고운 말을 써야 하겠다는 의식을 가져야 한다. 2차로는 방송위원회와 각 방송사의 사장이 방송의 형식인 언어를 바로잡겠다는 의식을 가지고 적극적으로 기관을 이끌어야 한다.

둘째, 심의와 교육을 강화한다.

방송은 사석에서 행하는 사담(私談)이 아니요, 공중을 대상으로 하는 공공의 언어다. 따라서 올바른 공용어가 쓰여야 한다. 더구나 방송언어는 시범성, 교육성을 지니기 때문에 더욱 그러하다. 따라서 방송언어는 대본에서 실제 방송에 이르기까지 엄격한 심의가 필요하다. 이러한 심의는 우선 각 방송사에서 철저히 하여야 한다. 심의는 유형화하거나 일반화하지 말고, 방송인이 직접 교정을 받을 수 있는 교육적 차원에서 이루어지도록 한다. 방송위원회는 지금과 달리 정책적인 면과 같은 보다 근본적이고, 큰 문제를 다루도록 하는 것이 바람직하다.

셋째, 언어 훈련을 받은 사람을 채용, 이를 고과에 반영한다.

언어 훈련을 제대로 받지 않은 사람은 우선 채용을 하지 않도록 하여야 한다. 정서법을 제대로 모르는 사람을 신문사에서 기자로 채용하겠는가? 방송인은 언어면에 어느 정도 자격을 갖춘 사람이 되어야 한다. 그리고 자격이 있는 사람은 우대하고, 고과에 반영하도록 해야 한다.

넷째, 각 방송사에 '국어과'를 두어 방송언어를 연구하고, 심의 등 언어문제의 실무에 종사하게 한다.

일본의 NHK만 하더라도 '국어과'가 있고, 선진국 방송사에는 다 이러한 언어문제를 다루는 기구를 두고 있는데 우리만 그렇지 아니하다. 그리하여 표준어의 문제, 표기법의 문제, 외래어의 문제, 이런 문제가 터지면 허둥댄다. 국어를 다루는 전문 부서가 있으면 여기서 차분하게 문제를 연구 검토하고, 대책을 내놓을 수 있을 것이다. 대본 검토에서부터 방송 현장의 문제는 물론, 방송의 사후 점검까지 꾀하게 될 것이다. 검열 부재인 자막도 여기서 검토될 수 있을 것이다.

다섯째, 전문 방송인의 참여도를 높이며, 비전문인의 출연을 억제한다.

일반 방송에 연예인의 출연은 인기와 흥미를 노린 것이나 언어 훈련을 제대로 받지 않은 이들이 언어에 미치는 역기능(逆機能)은 대(大)를 잃고 소(小)를 얻는 결과밖에 안 될 것이다. 전문 방송인은 틀에 박힌 언어 구사로 재미없는 방송을 할 것이 아니라, 유머 감각을 닦아 재미있는 방송을 하려는 노력도 기울여야 한다. 그리고 일반 출연자의 경우는 아무나 마이크 앞에 세울 것이 아니라, 언어 테스트를 하여 일정한 수준에 오른 사람만이 마이크를 잡도록 해야 한다.

여섯째, 국어 및 국어순화에 대한 교양방송을 한다.

우리 국민은 종래 언어의 기능교육을 제대로 받지 않아 무엇이 바른 말인지 잘 모르는 형편이다. 따라서 국어에 대한 교양방송을 하여 국민의 국어에 대한 소양을 높이고, 나아가 국어순화에 대한 방송을 함으로 이에 대한 의식을 깨우쳐 주도록 한다.

국어에 대한 교양방송은 단순히 바르고 고운 말의 수준에서 벗어나, 국어에 대한 폭넓은 교양교육을 하도록 한다. 국어의 특질, 구조, 국어와 민족, 또는 국가 사회와의 관계, 언어와 인간 및 문화와의 관계, 바람직한 언어생활 등 폭넓게 실시하도록 한다. 이렇게 하여 시청자들이 국어에 대한 소양을 쌓고, 국어순화에 대한 전열을 갖추게 되면 자연히 방송언어는 좋아질 것이다.

일곱째, 학교에서의 국어교육을 정상화한다.

우리의 학교교육은 근자에 언어의 기능교육을 강화하고, 초등학교에서 '말하기·듣기', '읽기', '쓰기'의 교과서가 따로 개발되어 국어교육다운 교육을 하게 되었다. 그러나 이러한 교과서가 개발되었다고 모든 것이 다

끝난 것은 아니다. 이를 잘 운용하여야 한다. 국어교육이 전국민의 관심 속에 정상화되어 모든 국민이 바람직한 국어생활을 하게 되고, 나아가 방송언어가 정상화되도록 해야 한다.

참고문헌

박갑수(1983), 방송언어의 문제점과 개선 방안 연구, 방송조사연구보고서 4, 방송위원회
 · 방송심의회
박갑수(1987), 방송언어론, 문화방송국
박갑수(1982), 방송언어의 문제점과 개선 방안, 방송연구 1-2, 방송위원회
박갑수(1983), 방송문장론, KBS 연수과정 교재, KBS 연수원
박갑수(1983), 한국 언론이 전개한 국어순화, 한국어연구 주제논문 2, KBS 한국어연구
 회
박갑수(1985), 방송언어의 현상과 반성, 한국어연구논문 7, KBS 한국어연구회
박갑수(1985), 방송문장, KBS 한국 표준방송언어, 한국방송공사
박갑수(1986), 사례를 통해 본 방송언어의 문제점, 방송연구 5-4, 방송위원회
박갑수(1989), 방송과 표준 발음, 한국언론연구원
박갑수 외(1989), 아나운서 방송교본, 한국방송공사
박갑수(1989), 방송언어의 오용 사례, 아나운서 방송교본 1, 한국방송공사
박갑수(1992), 방송심의와 방송언어, 신문과 방송, 언론연구원
박갑수(1993), 바람직한 방송언어를 위하여(상)(하), 문화방송 126, 127, 문화방송국

> **○** 이 글은 '방송과 시청자' 창간 5주년 기념 특별기획으로, '방송언어의 문제와
> 개선방안'을 다룬 기획물이다. '방송과 시청자' 제61호, 1994년
> 6월호에 게재되었다.

제3장 **언어 규범으로서의 방송 어휘**

1. 방송과 언어 규범

1.1. 방송과 언어의 교육적 기능

우리나라의 방송은 1927년 2월 16일 사단법인 경성방송국에 의해 정식으로 송출되기 시작하였다. 그리하여 우리의 방송은 그간 회갑을 맞게 되었고, 공중파 방송 외에 유선 방송 시대를 열었는가 하면 위성 방송의 시대도 눈앞에 두게 되었다. 이러한 발전에 따라 우리의 방송은 신문과 더불어 현대인에게는 필수적인 대중매체가 되어 있다.

우리는 방송을 통하여 정보를 얻고, 교양을 쌓으며, 즐거움을 맛본다. 이것은 방송이 보도의 기능, 논평·해설의 기능, 교육·교양의 기능, 오락 기능, 광고의 기능 등의 다양한 기능을 지니기 때문이다. 그러나 방송의 기능은 이러한 내용적 기능만이 있는 것은 아니다. 그것은 방송의 중요한 수단의 하나인 언어가 직접·간접으로 교육적 기능을 지닌다는 것이다. 이는 방송이 공시성(公示性), 교육성(敎育性)을 지니기 때문이다. 이러한 방송에 의한 교육은 학교 교육과 구별되는 사회교육이라 할 수 있는 것이다.

우리 국어가 오늘날 이만큼의 통일을 보게 된 것은 학교 교육과 이러한 방송언어의 교육적 기능 때문이라 하겠다.

방송언어의 특질은 여러 가지가 들려진다. 저자는 일찍이 이러한 특질로 다음과 같은 네 가지를 든 바 있다(박갑수, 1983).

(1) 표준어이어야 한다.
(2) 구두어이어야 한다.
(3) 쉬운 말이어야 한다.
(4) 순화된 말이어야 한다.

이러한 특질 가운데 (1),(4)는 언어의 교육적 기능과 관련된다.

방송언어의 교육적 기능은 바람직한 방송을 위한 지침이라 할 "방송 심의에 관한 규정"에도 높이 사고 있다. 그것은 언어 사용에 대한 규정을 명문화하고 있는 것이 그것이다. "개정된 방송 심의에 관한 규정"(1994)에는 일반 방송에 관한 규정으로 세 조항, 광고 방송에 관한 규정으로 한 조항이 설정되어 있다. 먼저 일반 방송에 관한 규정을 보면 다음과 같다.

제18조(바른 언어생활) 방송은 바른 말을 사용하여 국민의 바른 언어생활에 이바지하여야 한다.

제60조(잡담, 사담 등) 방송은 공공의 질서와 선량한 풍속을 해칠 우려가 있는 잡담이나, 공중에게 유익하지 않은 사담을 하지 않도록 유의하여야 한다.

제63조(언어생활) ① 방송은 바른 언어생활을 해치는 억양·어조 및 비속어·은어·유행어·조어·반말 등을 사용하여서는 아니되며, 사투리나 외국어 또는 외래어를 사용할 때에는 국어순화의 차원에서 신중하여야 한다.

② 방송언어는 원칙적으로 표준어를 사용하고, 특히 고정 진행자는 표준

어를 사용하여야 하며, 사투리를 사용하는 인물의 고정 유형을 조성하여서는 아니 된다.

이렇게 방송에서는 바른 말을 사용하고, "바른 언어생활을 해치는 억양·어조 및 비속어·은어·유행어·조어·반말 등"을 사용하지 말며, "사투리나 외국어 또는 외래어"는 사용할 때 국어순화의 차원에서 신중을 기하도록 되어 있다. 그리고 사투리를 사용하는 인물의 고정 유형을 조성하지 않도록 하였다. 이 밖에 공익에 벗어난 잡담이나, 사담을 금한다.

광고에 관한 규정은 다음과 같이 되어 있다.

> 제91조(언어) ① 광고는 우리말의 표준어를 사용하는 것을 원칙으로 하며, 한글 맞춤법 및 외래어 표기법을 준수하여야 한다.
> ② 광고는 바른 언어생활을 해치는 비속어·은어·조어를 사용하여서는 아니 된다.
> ③ 광고는 불필요한 외국어를 사용하거나, 외국어 및 외국인 어투를 남용하여서는 아니 된다.
> ④ 광고는 그 화면에 상품명 및 기업명(기업 표어 포함)을 외국어로 표현할 때에는 전체적으로 균형을 맞추어 한글을 병기하여야 한다.

이렇게 광고 언어도 반복성으로 말미암아 시청자에게 미치는 영향이 크기 때문에 일반 방송 프로그램의 언어와 비슷하게 규제하고 있다.

방송언어는 그 특질로 보나, 규정으로 보나 이렇게 바르고 순화된 표준어를 쓰게 되어 있다. 그러나 방송언어의 현실은 이와 다르다. 바람직하지 않은 비표준어가 난무하고, 외래어 비속어 등 순화되지 않은 말이 남용되고 있다. 그래서 비난의 소리가 높다. 이러한 사정은 최근의 방송언어에 대한 신문의 평언 몇 개만 보아도 쉽게 알 수 있다.

- 방송인 표준말 훈련 시급 (동아 8. 30)
- 100% 사투리 방송 논란 (중앙 9. 2)
- "언어오용 막자" KBS 노력 / 전문 아나운서 프로 진행 맹활약 (조선 9. 16)
- '고도의 개그'인가 '언어 폭력'인가 (문화 10. 3)

이는 일반 출연자는 말할 것도 없고, 전문 방송인마저 표준어 훈련을 받지 않으면 안 될 정도로 오용이 심한가 하면, 사투리를 유형화하는 방송이 꾀해지고 있고, 연예 오락 프로에서는 순화되지 않은 거친 말이 횡행하고 있음을 고발한 것이다. 이러한 상황은 1965년 프랑스의 퐁피두 수상이 '불어순화 및 전파 위원회'를 설립하기 위한 '조직위원회'의 개회식에서 행한 연설을 상기하게 한다. 그는 순화운동과 관련지어 특히 O.R.T.F.(프랑스 라디오, 텔레비전 방송국)의 교육적 사명에 관하여 중요한 언급을 한 바 있다.

그는 방송국에서 현재 사용하고 있는 낱말들이 국민들에 의해 올바르게 수용되도록 노력해야 할 것이라면서 다음과 같이 말하였다. "만일 텔레비전의 아나운서나 기자들이 계속해서 우리 말의 구문과 단어를 변질시켜 나간다면, 현재 국가가 막대한 예산을 교육에 투자하고 있는데, 이것이 무슨 소용이 있겠는가? 학교 교사들의 노력이나, 학부모들의 선의가 이들의 무성의로 인하여 무력해지고 용기를 잃게 될 것이다." 이렇게 말하고 그는 '조직위원회'가 "방송국에 의해 타락되는 불어" 문제를 다루기 위해 방송 당국과 긴밀한 대화의 길을 모색하도록 제언하였다(정지영, 1978). 이러한 상황은 오늘날의 우리 처지와 마찬가지라 하겠다. 우리 방송사들은 언어 교육적 차원에서 뼈 아픈 반성을 해야 할 것이다.

1.2. 규범으로서의 방송 어휘

언어는 구조적인 면에서 음운과 어휘·구문으로 나누어 살펴볼 수 있고, 이의 운용으로서 화용이 고찰의 대상이 될 수 있다. 방송언어도 이러한 영역에 따라 살필 수 있을 것이다. 우리는 이 가운데 방송언어의 어휘만을 살펴보기로 한다.

일본 NHK의 종합 방송문화연구소에서 펴 낸 '방송용어론'에는 어휘면에서 주의해야 할 것으로 다음과 같은 것을 들고 있다(NHK 종합방송문화연구소, 1975:31-32).

1) **어휘 선택 분야 (주로 이해의 면에서)**
① 어려운 한자어을 피한다.
② 어려운 말에는 설명을 붙인다.
③ 동음어·유음어에 주의한다.
④ 말의 변화에는 약간 보수적으로
⑤ 공통성이 높은 말을 고른다.
⑥ 일상의 용어에서 벗어나는 경우도 있다.
⑦ 약어는 가능한 한 피한다.
⑧ 문어조·한문조·번역조를 피한다.
⑨ 피동형을 난용(亂用)하지 않는다.
⑩ 알기 어려운 외래어는 가능한 한 피한다.
⑪ 외래어도 국어의 일부로 생각하여 사용한다.
⑫ 외래어, 외국 지명, 인명의 발음 표기는 가능한 한 통일한다.

2) **어휘 선택의 분야 (주로 어감의 면에서)**
① 아름다운 말을 쓴다.
② 바른 말을 쓴다.
③ 말의 동요도 인정한다.

④ 속어적인 뉘앙스를 피한다.
⑤ 강요하기 마뜩찮은 표현을 피한다.
⑥ 관용 표현을 피한다.
⑦ 경어에 주의한다.
⑧ 방언은 존중하나 신중하게 쓴다.

이러한 방송 어휘에 관한 사항은 바람직한 방송을 위한 주의 사항이라 할 수 있는 것이다. 이는 말을 바꾸면 방송 어휘의 규범이라 하여 좋을 것이다. 이들은 '바른 말을 쓴다.'는 협의의 언어 규범과는 구별되는 것이다.

S.W. Hyde도 그의 'Television and Radio Announcing, 1979'의 '미국 영어 용법(American english usage)'이란 장에서 언어의 용법에 대해 다음과 같은 사항을 들어 언급하고 있다.

- 변말과 유행어(Jargon and vogue word)
- 군말(Redundancies)
- 상투어(Cliche's)
- 라틴어와 희랍어의 복수(Latin and Greek plurals)
- 거리의 표현(Street expressions)
- 문법 위반(Solecisms)
- 자주 오용되는 단어(Words often missused)

이들은 미국 영어의 용법이라 했지만 방송언어의 용법을 다룬 것으로, 언어 규범으로서의 용법만을 다룬 것은 아니다. 이들 가운데 언어 규범으로서의 어휘와 관련을 갖는 것은 '자주 오용되는 단어'이다. '문법 위반'은 부분적으로 관련을 가질 것이다.

규범으로서의 방송 어휘는 방송 규범으로서의 어휘와, 언어 규범으로서의 어휘로 나누어 볼 수 있다. 방송 규범으로서의 어휘는 앞에서 살펴본 '난해어, 동음어·유음어, 약어, 외래어·외국어, 사투리·방언, 비속어, 은어, 유행어, 신조어, 관용어·상투어, 군말(반복어), 비문법어, 오용어, 경어, 반말' 등 방송언어 전반을 가리킨다. 언어 규범으로서의 방송 어휘는 우리의 경우 표준어 규정, 맞춤법, 외래어 표기법, 로마자 표기법 등 4대 어문 정책과 관련되는 것이다. 따라서 언어 규범으로서의 어휘보다 방송 규범으로서의 어휘가 좀더 넓은 영역을 가리킨다. 우리의 주제는 언어 규범으로서의 방송 어휘이므로 언어 규범으로서의 어휘를 한정적으로 살피게 될 것이다.

언어 규범으로서의 방송 어휘는 낱말의 형태와 그 의미가 주된 고찰의 대상이 되고 이의 운용이 대상이 될 수 있다. 그러나 형태는 음운 및 표기와 관련을 갖고, 낱말의 운용은 문법 및 표현과 관련을 가져 증폭되게 마련이다. 따라서 여기서는 발음 및 변화사(變化辭)의 활용 등 문법적인 면도 다소 고찰의 대상이 될 것이다.

2. 언어 규범으로서의 방송 어휘

2.1. 방송언어와 바른 말

언어 규범으로서의 어휘란 문자 그대로 '바른 말'을 의미한다. 방송언어가 '바른 말, 고운 말, 쉬운 말, 입말'을 쓰는 것이라 한다면, 언어 규범으로서의 방송 어휘란 이 가운데 '바른 말'을 써야 한다는 것으로 해석할 수 있다.

바른 말의 사용은 4대 어문 규범을 지킴으로 이루어질 수 있다. 4대 어문 규범이란 '한글 맞춤법(1988)', '표준어 규정(1988)', '외래어 표기법(1985)', '로마자 표기법(1985)'을 가리킨다. 이들은 방송에서의 문자언어와 음성언어에 제대로 적용되어야 한다. 그렇지 않으면 그것은 규범에서 벗어나게 된다.

바른 말의 사용은 한마디로 광의의 표준어의 사용이라 할 수 있다. 그러면 왜 표준어를 사용해야 하는가? 언어 규범으로서의 방송언어를 논의하기 위하여 방송언어가 '바른 말', 말을 바꾸면 표준어이어야 한다는 준거가 분명하지 않으면 안 된다. 따라서 그 이유를 간단히 살펴보기로 한다(박갑수, 1987).

첫째, 방송언어는 보편성을 지녀야 하기 때문이다.

방송언어의 제1차적 목적은 정보 전달에 있다. 방송언어는 통달성을 지녀야 한다. 따라서 이는 어떤 특이한 성질을 지니는 말이기보다 평범성, 일반성을 지니는 말이어야 한다. 그것은 방송이 한정된 지역이나, 특수한 사회적 계층의 국부적 시청자를 상대로 하는 것이 아니요, 사회 전반의 불특정 다수를 대상으로 하는 것이기 때문이다. 따라서 지역이나 계층에 구애 없이 누구나 알 수 있는 공용어를 사용하여야 한다. 특정 지역의 방언을 사용하면 그 지역 이외의 사람에게는 잘 이해되지 않을 것이기 때문이다. 따라서 보편성을 지니는 말을 사용하여야 하는데 그것이 표준어이다.

둘째, 방송언어는 교육성을 지니기 때문이다.

방송은 공공성을 지닌다. 그래서 방송에서 언급된 것은 사실로 받아들인다. 방송언어도 마찬가지다. 따라서 시청자들은 이를 보고 배운다. 잘못된 말까지 바른 것으로 수용한다. 문제가 될 때 "방송에서 그러더라"고 방패막이를 하는 것이 그 단적인 증거이다. 방송은 광범성(universality)을 지니는가 하면, 직접성, 현실성, 공공성, 교육성을 지녀 그 영향력이 막대하다. 따라서 방송언어는 신중히 선택, 사용하지 않으면 안 된다. 여기에 표준어를 사용해야 하는 이유가 있다. 그것은 비표준어를 사용하였을 때 국민의 언어생활에 미치는 해독이 너무 크기 때문이다. 이는 가정이나 학교에서의 잘못 된 교육에 비할 것이 아니다. 방송의 역기능은 표준어 보급이라는 국가적 시책에 정면으로 역행하는 것으로, 풍피두의 염려가 그대로 현실화하게 되기 때문이다. 방송언어의 이러한 교육성을 고려할 때 방송언어는 표준어를 사용하지 않으면 안 된다.

셋째, 표준어는 민족의 결속과 국민 총화에 기여하기 때문이다.

민족과 민족어가 필연적인 관계를 지니는 것은 아니다. 그러나 밀접한 관계를 지니는 것만은 틀림없다. 민족어는 민족을 결속하는 거멀못이 된다. 이는 방언의 경우도 마찬가지다. 따라서 민족어가 여러 방언으로 분화하게 되면 방언 사이에 위화감이 생기고, 원만한 의사 소통에 방해를 받게 된다. 이러한 폐해는 다민족 국가에서 언어 문제가 끊임없이 분쟁의 불씨가 되는 것을 볼 때 쉽게 이해된다. 그러기에 한 나라는 공통어(共通語)로서의 표준어의 제정을 필요로 한다. 전국을 상대로 하는 방송은 민족적 결속을 꾀하고, 지역방언 사용자 사이에 이질감·위화감이 조성되지 않도록 하여야 한다. 오늘날의 우리 현실과 같이 지역 감정이 문제가 되는 상황에서는 더욱 그렇다. 일찍이 조사된 우리의 한 언어 의식 조사(이정민 외, 1981)에 의하면 표준말 아닌 지역방언에 대해 '듣기 싫다'는 반응과, 특정 지역방언에 대해 '듣기 싫다'는 반응이 높게 나타나고 있는 것을 볼 수 있다. 이러한 언어에 의한 지역 감정은 공통어를 씀으로 해소할 수 있다. 따라서 방송언어는 방언 화자들 사이에 위화감, 지역 감정을 조성하지 아니하고, 국민의 총화를 다지기 위해서도 중간항(中間項)인 표준어를 써야 한다.

이러한 이유 때문에 방송언어는 표준어를 사용하여야 한다. 그래서 4

대 어문 규범을 지켜야 한다. 규범이 잘 지켜진 방송언어는 바람직한 언어 규범으로서의 국민언어가 될 것이다. 영국의 BBC 영어나, 일본의 NHK 일본어가 높이 평가되는 것은 이 때문이다.

2.2. 형태면에서 본 방송 어휘

방송 어휘는 원칙적으로 표준어이어야 한다. 그런데 방송에는 이와는 달리 비표준어가 많이 쓰이고 있다. 이러한 비표준어는 발음 및 표기 과정에서 바람직하지 않은 변동이 생겼거나, 지역방언을 사용하였기 때문이다. 다음에는 이들에 대해 살펴보기로 한다.

2.2.1. 비표준 발음에 의한 형태의 변동

잘못된 발음으로 말미암아 형태적인 변화를 보이는 것으로는 음운 변동 및 말소리의 장단에 의한 것을 들 수 있다.

음운 변동에 의한 형태적 변화의 대표적인 예로는 우선 자생적 변동(自生的變動)으로 모음의 경우 ① 'ㅐ-ㅔ'의 혼란과 ② 'ㅗ > ㅜ'화를 들 수 있다. 'ㅐ-ㅔ'의 혼란은 "가게 > 가개, 가운데 > 가운대, 남세스럽다 > 남새스럽다, 메마른 > 매마른, 여드레 > 여드래, 우세 > 우새, 자네 > 자내, 지게 > 지개, 집게 > 집개"와 "뜨개질 > 뜨게질, 서재 > 서제, 찌개 > 찌게" 같은 것이 그 예이다. 'ㅗ > ㅜ'의 변화는 구어에서 아주 일반화된 것이다. 그리하여 "그리고 > 그리구, 놀고서 > 놀구서, 바로 > 바루, 갈고리 > 갈구리, 꽁초 > 꽁추, 부조 > 부주, 사족 > 사죽, 삼촌 > 삼춘, 어디로 > 어디루, 저고리 > 저구리, 퉁소 > 퉁수, 하고 > 하구" 같은 것이 그것이다.

이 밖에 또 다른 대표적인 것으로 ③ 'ㅔ > ㅣ'화 및 ④ 'ㅖ > ㅣ'화가 보이는데 이는 방언의 영향을 받은 것이다. 'ㅔ > ㅣ'화의 보기로는 "네(汝) >

니, 데다 > 디다, 떼다 > 띠다, 메다 > 미다, 베다 > 비다, 세다 > 시다, 제(自己) > 지" 따위가 있고, 'ㅖ > ㅣ'화의 보기로는 "계시다 > 기시다, 계집애 > 기집애, 예쁘다 > 이쁘다, 폐백 > 피백"과 같은 것이 있다. 이들은 물론 규범에 벗어난 것으로, 용인되지 않는 것이다.

자음의 자생적 변동으로는 ① 된소리되기와 ② 거센소리되기를 들 수 있다. 된소리되기는 어두(語頭)의 예사소리가 된소리로 되는 것과, 낱말 안에서 예사소리가 된소리로 되는 것의 두 가지가 있다. 어두의 된소리는 "감다(洗髮) > 깜다, 거꾸로 > 꺼꾸로, 곶감 > 꽂감, 과(科) > 꽈, 닦다 > 딲다, 달리다(不足) > 딸리다, 동그라미 > 똥그라미, 반듯하다 > 빤듯하다, 벌거숭이 > 뻘거숭이, 부러지다 > 뿌러지다, 부수다 > 뿌수다, 삯 > 쌕, 삶다 > 쌂다, 소나기 > 쏘내기, 소주 > 쏘주, 작다 > 짝다, 자르다 > 짜르다, 조금 > 쪼금, 족집게 > 쪽집게"와 같이 일일이 매거하기 힘들 정도이다. 어중(語中)의 된소리는 근자에 많이 나타나는 것으로, 이의 대표적인 예로는 "간단히 > 간딴히, 고가도로 > 고까도로, 관건 > 건껀, 교과서 > 교꽈서, 김밥 > 김빱, 등기 > 등끼, 불볕더위 > 불뻗더위, 양담배 > 양땀배, 참고서 > 창꼬서, 창고 > 창꼬, 창구 > 창꾸, 체증 > 체쯩" 같은 것이 있다.

거센소리되기의 대표적인 예로는 "도끼 > 도키, 신고 > 실코, 병풍 > 평풍, 폭발 > 폭팔, 서슴지 > 서슴치, 깨끗이 > 깨끄치" 같은 것이 있다. 이 밖에 요사이 문제가 되는 것에 ③ 유성음화가 있다. 이는 된소리되기가 시비의 대상이 되자 당연히 무성음을 내야 할 자리에서 유성음을 내어 문제가 되는 것이다. 이러한 예로 "본격적, 안간힘, 사건, 주가(株價), 한자(漢字)" 같은 말은 [본격쩍, 안깐힘, 사껀, 주까, 한짜]와 같이 발음하는 것인데 이들 낱말에서 "격, 간, 건, 가, 자"를 유성음으로 발음하여 다른 형태의 말로 오인하게 하는 것이 그것이다.

음운의 결합적 변동(結合的變動)에 의해 형태적 변동이 생기는 것도 있다.

음운의 결합적 변동으로 문제가 되는 것에는 종성규칙, 동화현상, 이화현상, 첨가현상, 탈락현상 따위가 있다.

첫째, 종성규칙에 ① 연음법칙이 제대로 지켜지지 않아 오해가 빚어지고 있다. 종래의 7종성 표기로 말미암아 본래의 음가가 드러나지 않는 것으로 보이는 이러한 발음은 지양되어야 한다. "들녘에서 > 들녀게서, 샀을 > 싸글, 흙을 > 흐글, 값이 > 가비, 젖을 > 저슬, 옻이 > 유시, 숲을 > 수슬, 무릎에 > 무르베"와 같은 것이 그것이다. ② 절음법칙이 제대로 지켜지지 않는 것도 문제이다. 특히 겹받침 'ㄺ, ㄼ'이 제대로 발음되지 않는다. 'ㄺ'은 원칙적으로 'ㄱ'으로 발음하고, 'ㄱ' 소리 앞에서만 'ㄹ'로 발음한다. 예를 들면 용언 '밝다'의 경우 [박따, 박찌, 박씀니다]와 [발께, 발꼬, 발끼]라 발음하는 것이다. 이것이 [발따, 발찌, 발씀니다], [박께, 박꼬, 박끼]가 되면 사실은 의미가 바뀌거나 무의미한 말이 된다. 'ㄼ'은 원칙적으로 'ㄹ'로 발음한다. 다만 '밟다'의 경우는 예외적으로 'ㅂ'으로 발음한다. 예를 들어 '떫다'의 경우 [떨따, 떨께, 떨꼬, 떨끼, 떨찌, 떨씀니다]라 발음한다.

둘째, 동화현상은 모음동화현상과 자음동화현상으로 나누어 볼 수 있다. 모음동화현상에는 'ㅣ'모음동화현상과 전설모음화현상, 원순모음화현상, 모음조화현상 등이 있다. 이 가운데 어휘의 형태와 관계가 있는 것은 앞의 세 가지다.

① 'ㅣ'모음동화는 원칙적으로 인정하지 않는 것이다. 그럼에도 방송에는 'ㅣ'모음동화를 하고 있는 말이 비일비재하게 쓰이고 있다.

표준어규정에서 예외적으로 인정하고 있는 것은 "-내기(서울-, 시골-, 신출-, 풋-), 냄비, 동댕이치다"와, 기술자 아닌 경우에 쓰이는 '-쟁이'이다. "멋쟁이, 소금쟁이, 담쟁이-덩굴, 골목쟁이, 발목쟁이"가 그것이다. 이 밖에 다음과 같은 말들도 변하여 굳어진 것을 표준어로 본다.

가난뱅이, 내리다, 도깨비, 비렁뱅이, 새기다, 새끼, 수수께끼, 올챙이, 재미, 채비

그러나 다음과 같은 말은 'ㅣ'모음동화가 실현되면 비표준어가 된다. 그럼에도 이 'ㅣ'모음동화한 말이 우리의 방송에는 많이 쓰이고 있다.

가랑이 > 가랭이, 가자미 > 가재미, 곰팡이 > 곰팽이, 구덩이 > 구뎅이, 구렁이 > 구렝이, 달이다 > 대리다, 맡기다 > 매끼다, 먹이다 > 메기다, 벗기다 > 베끼다, 섞이다 > 세끼다, 속이다 > 쇠기다, 손잡이 > 손재비, 쓰르라미 > 쓰르래미, 아기 > 애기, 아비 > 애비, 어미 > 에미, 오라비 > 오래비, 잠방이 > 잠뱅이, 잡히다 > 재피다, 죽이다 > 쥐기다, 지팡이 > 지팽이, 지푸라기 > 지푸래기, 차리다 > 채리다, 칼잡이 > 칼재비, 피라미 > 피래미, 하필이면 > 해필이면, 후비다 > 휘비다

이러한 보기는 어떠한 것이 바른 형태인지 구별하기조차 힘들 정도이다.

이 밖에 'ㅣ'모음의 순행동화도 원칙적으로 인정하지 않는다. 다만 '되여/피여'와 '이요/아니요'만은 허용하기로 하였다. 따라서 다음과 같은 보기는 다 비표준 발음이 된다.

기어 > 기여, 미어지다 > 미여지다, -시오 > -시요, -이어 > -이여, -이었다 > -이였다, 지어 > 지여, -지오 > -지요

② 전설모음화 현상도 표준발음으로 인정하지 않는 것이다. 그럼에도 이 전설모음화한 형태는 본래의 표준 형태보다 더 세력을 지니고 있다. 그리하여 어떤 형태가 바른 형태인지 구별을 힘들게 한다. 이러한 변동 형태를 몇 개 보이면 다음과 같다.

가슬사슬하다 > 가실가실하다, 갖은 > 가진, 까슬까슬 > 까실까실, 나즈막하다
> 나지막하다, 메스껍다 > 메시껍다, 메슥메슥 > 메식메식, 바스대다 > 바시대
다, 바스락바스락 > 바시락바시락, 보슬보슬 > 보실보실, 복슬복슬 > 복실복실,
부수다 > 부시다, 부스스 > 부시시, 부슬부슬 > 부실부실, 요즈음 > 요지음, 으스
대다 > 으시대다, 으스스 > 으시시, 으슬으슬하다 > 으실으실하다, 즉사 > 직사,
측은하다 > 칙은하다, 층층시하 > 칭칭시하, 푸슬푸슬 > 푸실푸실

이들은 전설자음 'ㅅ, ㅆ, ㅈ, ㅊ'에 동화되어 후설모음 'ㅡ'가 전설모음
'ㅣ'로 바뀐 것이다. 이 밖에 "고추 > 꼬치, 수줍다 > 수집다, 어줍잖다 > 어
집잖다"는 후설모음 'ㅜ'가 전설모음화한 것이다.

③ 원순음화 현상도 표준발음으로 인정하지 않는 것이다. 이는 'ㅁ, ㅂ,
ㅃ, ㅍ' 아래의 비원순음이 원순음 'ㅜ'로 바뀌는 것이다. 이러한 동화의
보기로는 다음과 같은 것이 있다.

가쁘다 > 가뿌다, 고프다 > 고푸다, 기쁘다 > 기뿌다, 밟으니 > 발부니, 슬프다
> 슬푸다, 읊은 > 을푼, 내버리다 > 내부리다, 아버지 > 아부지, 할아버지 > 할아
부지

자음동화는 받침으로 쓰이는 자음과 이어지는 첫소리 사이에 동화 현
상이 일어나는 것이다. 이러한 것에는 비음화현상, 측음화현상, 구개음화
현상, 유성음화현상, 연구개음화현상(軟口蓋音化現象) 및 양순음화현상(兩脣音
化現象) 같은 것이 있다. 이들 가운데 비음화, 측음화, 구개음화, 유성음화
현상은 필수적인 변동을 하는 것으로 별문제가 없다. 문제가 되는 것은
수의적 변동을 하는 연구개음화와 양순음화하는 하는 것으로, 이들은 비
표준 발음으로 보기 때문이다.

① 연구개음화현상은 연구개음 아닌 소리(ㄷ,ㅂ: ㄴ,ㅁ)가 연구개음(ㄱ,ㄲ, ㅋ)에 동화되어 연구개음(ㄱ: ㅇ)이 되는 현상으로 발음의 편의에 따른 것이다. 대부분의 방송인은 본인도 의식하지 못하는 가운데 이러한 연구개음화현상을 드러내고 있다. 이것은 물론 비표준 발음으로 보기 때문에 잘못 발음하는 것이다. 이러한 현상이 빚어지는 것에는 다음과 같은 것이 있다.

ⓐ [t']의 [k']화: 뒷공론 > 뒥꽁논, 뜯기다 > 뜩끼다, 맡기다 > 막끼다, 숟갈 > 숙깔, 익었구나 > 익억꾸나, 젖가슴 > 적까슴, 홑겹 > 혹껍

ⓑ [p']의 [k']화: 갑갑하다 > 각깝하다, 덮고 > 덕꼬, 밥그릇 > 박끄릇, 밟고 > 박꼬, 집게 > 찍게, 첩경 > 척경, 합격 > 학격, 협공 > 혁꽁

ⓒ [n]의 [ng]화 : 건강 > 겅강, 단골집 > 당골찝, 둔갑 > 둥갑, 문구 > 뭉구, 손가락 > 송까락, 앉게 > 앙께, 않고 > 앙코, 친구 > 칭구, 한강 > 항강

ⓓ [m]의 [ng]화 : 감기 > 강기, 곪기다 > 공기다, 곰곰이 > 공고미, 담그다 > 당그다, 심각 > 싱각, 잠기다 > 장기다, 캄캄하다 > 캉캄하다, 함께 > 항께

② 양순음화현상은 양순음 아닌 소리(ㄷ,ㄴ)가 양순음(ㅂ,ㅍ,ㅁ)에 동화되어 양순음(ㅂ,ㅁ)이 되는 현상으로 연구개음화와 마찬가지로 발음의 편의를 따른 것이나 비표준 발음이다.

ⓐ [t]의 [p]화 : 겉보리 > 겁뽀리, 꽃바구니 > 꼽빠구니, 덧버선 > 덥뻐선, 맛보기 > 맙뽀기, 샅바 > 삽빠, 젓비린내 > 접삐린내, 핫바지 > 합빠지

ⓑ [t]의 [m]화 : 꽃말 > 꼼말, 낮말 > 남말, 냇물 > 냄물, 닷말 > 담말, 밭머리 > 밤머리, 숯먹 > 숨먹, 젖먹이 > 점머기, 팥물 > 팜물, 홑몸 > 홈몸

ⓒ [n]의 [m]화 : 건물 > 검물, 견본 > 겸본, 난방 > 남방, 단백질 > 담백찔, 반말 > 밤말, 산보 > 삼뽀, 신문 > 심문, 안방 > 암빵, 찬물 > 참물, 현품 > 혐품

셋째, 이화현상(異化現象)은 앞 형태소의 말음과 뒤 형태소의 두음이 동류일 때 그 하나를 바꾸는 현상인데 이는 흔히 경음화현상으로 나타난다. 그런데 여기서 문제가 되는 것은 이러한 이화현상이 일어나지 않는 경우이다. 곧 모음이나, 설측음 및 비음과 같은 유성음 아래에서 'ㄱ, ㄷ, ㅂ, ㅅ, ㅈ'이 경음화하는 경향을 지니는 것인데, 이와는 달리 유성음화하는 것이다. 이러한 경향은 심한 것은 아니다. 예를 몇 개 보이면 다음과 같다. "교과(敎科), 기법(技法), 사건, 헌법, 문고리, 반값, 손도끼, 안간힘, 곰국, 초생달"의 둘째, 또는 셋째 음절 첫소리를 유성음의 첫소리로 내는 것이 그것이다.

넷째, 음운의 축약 및 첨가현상에서는 특히 첨가현상이 문제이다. 이러한 것의 대표적인 것으로는 'ㅑ, ㅕ, ㅛ, ㅠ, ㅣ' 앞에 'ㄹ, ㄴ'이 잘못 첨가되는 것과, '-려고 > -ㄹ려고', '르' 불규칙활용을 하는 용언에 'ㄹ'이 첨가되는 것이 그것이다. "굴욕 > 굴룍, 활용 > 활룡, 강요 > 강뇨, 육이오 > 육니오, 가려고 > 갈려고, 하려고 > 할려고, 다르다 > 달르다, 벼르다 > 별르다, 흐르다 > 흘르다"와 같은 것이 그 예이다. 또한 '개이다, 메이다, 설레이다, 채이다, 패이다'와 같이 '이'가 첨가되는 현상도 있다.

이 밖에 발음에 따라 형태상의 변동이 일어나는 대표적인 것에 말소리의 장단이 있다. "간신(奸臣)-간:신(諫臣), 감상(鑑賞)-감:상(感想), 군민(軍民)-군:민(郡民), 난민(難民)-난:민(亂民), 명복(冥福)-명:복(命福), 방화(防火)-방:화(放火), 성인(成人)-성:인(聖人), 정상(頂上)-정:상(正常)" 및 "갓(笠)-갓:(邊), 눈(眼)-눈:(雪), 걷다(捲)-걷:다(步), 말(馬)-말:(言), 묻다(埋)-묻:다(問), 밤(夜)-밤:(栗), 버리다(捨)-벌:이다(展), 새집(新屋)-새:집(巢), 쇠다(老)-쇠:다(記念), 업다(負)-없:다(無), 패다(出穗)-패:다(折)"와 같이 음의 장단에 따라 의미가 구분되거나 무의미해지는 것이다. 그럼에도 이러한 장단이 무시된 발음이 많이 자행되고 있다. 이는 단순한 발음의 문제만이 아니요, 어형을 바꾸어 놓는 것이 되니 주의하여야 한다. 방송에서의 음의 장단의 문제는 아주 심각한 상황이다.

2.2.2. 잘못된 표기에 의한 형태의 변동

방송은 음성언어에 의해서만 이루어지는 것이 아니다. 텔레비전에는 자막이 나오고, 차트가 화면에 비쳐진다. 따라서 문자언어에 대해서도 주의를 기울여야 한다.

방송의 문자언어, 말을 바꾸면 표기도 음성언어만큼이나 문제가 되는 것으로 지적된다. 이러한 표기상의 문제는 고유어, 한자어, 외래어 등 언어 전반에 걸쳐 나타난다. 한글 맞춤법과 외래어 표기법은 각각 1988년과 1985년에 개정 고시되었다. 이들 두 규범은 종래의 표기법과 달라진 것도 적지 않다. 따라서 이들 규범을 잘 익혀 방송에 반영하여야 한다. 그렇지 않으면 잘못된 형태의 표기가 된다.

방송 현실은 이러한 규범이 바뀐 사실을 모르는지, 아니면 그 내용에 대한 숙지도가 낮아서인지 잘못된 표기가 많이 드러나고 있다. 예를 들면 "가까와, 괴로와했다, 오뚜기, 딱다구리, 일찌기, 솔직이, 갈께, 싫증날이만큼, 마춤 와이셔츠"라고 표기하거나, "테라우찌 총독, 타나카 수상, 오오쯔카"와 같이 표기하는 것이 그것이다. 이들은 "가까워, 괴로워했다, 오뚝이, 딱따구리, 일찍이, 솔직히, 갈게, 싫증나리만큼, 맞춤 와이셔츠" 및 "데라우치 총독, 다나카 수상, 오쓰카"라 표기해야 한다.

그리고 1988년에는 '표준어 규정'이 새로 마련되어 표준어에도 변화가 생기게 되었다. 예를 들면 "강남콩, 두째, 암케, 수케, 쌍동이, 남비, 아지랭이, 멋장이, 좋구료, 미싯가루, 상치, 기음, 무우, 꼭둑각시, 생안손"과 같이 종전의 표준어를 쓰면 이것은 잘못된 것이 된다. "강낭콩, 둘째, 암게, 수게, 쌍둥이, 냄비, 아지랑이, 멋쟁이, 좋구려, 미숫가루, 상추, 김, 무, 꼭두각시, 생인손"이라 써야 한다.

이러한 잘못된 표기의 형태에는 또 생략 및 절단에 의한 표기라 할 것이 있다(박갑수, 1994). 이러한 표기는 신문의 표제에 많이 나타나는 것이나, 좁은 TV화면에도 간결하게 표현하고자 하여 나타나는 현상이다. 이는 의존형태인 어근을 자립형태처럼 표기하는 것이다. 이러한 현상은 한자어와 고유어에 다 같이 나타난다. 한자어는 "극심, 급급, 대범, 분분, 분주, 생생, 성급, 소중, 침침, 한심" 같이 접사 '-하다'를 생략하는 것이다. 고유어도 "개운, 거뜬, 괘씸, 궁금, 끔찍, 느긋, 느슨, 떳떳, 뚜렷, 마땅, 비롯, 비슷, 빠듯, 수두룩, 시들, 시큰둥, 쌀쌀, 씁쓸, 잔잔, 짭짤, 찜찜, 캄캄, 탄탄, 허술"과 같이 접사 '-하다'를 생략한 표기가 많다. 이 밖에 "득실, 술렁, 울먹, 주춤, 허덕, 허우적, 흔들"과 같이 접사 '-거리다'가 생략되었거나 첩어의 한 형태소가 생략된 것도 있고, "시끌"과 같이 첩어의 한 형태소만이 생략된 것, "혼쭐"과 같이 "-나다"가 생략된 것 따위도 있다. 이 밖에 고유어에는 형식명사라고 보아야 할 어근(語根)만을 쓰는 것도 많이 보인다. 그것은 "듯, 만, 직"으로 문장을 마치는 것으로, 접사 '-하다'가 생략된 것이다. 이러한 예를 몇 개 보면 다음과 같다.

- 평화 이미지 高揚 노린듯
- 事故때 보상 싸고 분쟁 클듯
- 부담없는 경기로 무승부 노릴만
- 비문화재와 교환 바람직

의존형태의 이러한 자립형태로의 전용은 매스컴의 특수한 상황을 고려할 때 이해는 되나 바람직한 용법은 못 된다. 그것은 규범에 벗어난 오용일 뿐 아니라, 매스컴의 공시성, 교육성 때문에 올바른 것으로 오인되어 확산될 것이 염려되기 때문이다. 이런 것이야 말로 매스컴의 역기능이라 할 수 있을 것이다.

그리고 여기 덧붙일 것은 외래어의 표기 및 발음이다. 우리의 외래어 표기법은 원음주의(原音主義)를 택해 현실어와 많은 차이가 있다. 따라서 외래어를 사용할 때는 주의하지 않으면 안 된다. 문제가 되는 대표적인 것은 자음의 경우는 된소리되기, f 음을 [ㅎ]으로 발음하거나 표기하는 것이다. 모음의 경우는 "ㅓ > ㅏ, ㅣ > ㅔ, ㅐ > ㅑ, ㅐ > ㅏ, ― > ㅣ, ㅓ > ㅗ, ― > ㅜ"화 같은 변동이 그 대표적인 것이다. 몇 개의 예를 들어 보면 다음과 같다.

칼라[컬러], 디지탈[디지털]: 초코렛[초콜릿], 타아겟[타깃]: 캬라멜[캐러멜], 샷시[새시]: 악세사리[액세서리], 사라다[샐러드]: 비지니스[비즈니스]: 콤퓨터[컴퓨터], 콘트롤[컨트롤]: 푸러스[플러스], 쩜푸[점프]

이 밖에 축약 및 생략과 첨가에 의한 문제가 있다. "스텐레스[스테인리스], 스텐레스[스테인리스 스틸], 알미늄[알루미늄], 리모콘[리모트 콘트롤]: 로케트[로켓], 로이얄[로열], 멧세이지[메시지]"가 이러한 에이다.

2.2.3. 지역방언에 의한 형태의 변동

방송 어휘에는 변동이라기보다 이미 굳어진 형태의 표준어가 아닌 지역방언도 쓰인다. 이것은 흔히 사투리라 일러지는 것이다. 이러한 사투리는 "방송심의에 관한 규정"에서 "국어 순화의 차원에서 신중"을 기하도록 되어 있는 것이다(제63조). 그것은 방송에서는 "바른 말을 사용"하고(제18조), "원칙적으로 표준어를 사용"(제63조)하여야 하기 때문이다.

사투리의 사용은 이와 같이 써서는 안 된다는 것은 아니다. 쓸 때에는 신중을 기하라는 것이다. 사투리가 쓰이는 경우는 두 가지를 생각할 수 있다. 그 하나는 방송인이 자질이 부족하거나, 몰라서 잘못 쓰는 경우이고, 다른 하나는 방송 효과를 드러내기 위해 의도적으로 사용하는 경우이다. 비의도적인 경우는 기자, 리포터의 방송에 많이 나타난다. 이러한 보도에서 사투리를 사용하는 것은 용납될 수 없다. 따라서 이러한 방송인은 언어 규범을 익힌 뒤에 마이크를 잡도록 해야 한다. 의도적인 경우는 연예 오락 프로그램에 많이 쓰이게 되는데 이때에는 그 사용에 신중을 기해야 한다. 지역방언은 극에서 인물의 성격을 창조하는 데 쓰인다. 그러나 단순히 등장인물을 유형화하거나, 흥미 위주로 사용하게 하는 것은 삼가야 한다. 그것은 국민의 언어생활을 해칠 뿐 아니라, 국민간의 거부감 내지 위화감을 빚어낼 위험성이 높기 때문이다.

그리고 여기 사투리 사용과 관련하여 하나 덧붙일 것은 작가가 지역방언을 잘못 써서는 안 된다는 것이다. 예를 들면 오늘날 방송에서 "어디 가냐?, 밥 먹었냐? 좋냐?" 등의 '-냐?' 종결형이 남용되고 있고, 이것은 마침내 전국민에게 확산되고 있는데 이는 바로 방송 작가에 말미암은 것으로 보이기 때문이다. '-냐'는 받침 없는 형용사와 '이다' 아래에만 직접 붙어 쓰이는 말이다. 동사나 받침 있는 형용사 아래에 쓰는 것은 잘못 된 것으로, 이는 호남방언인 것이다. 그러니 작가의 무지가 방송언어를 망치고, 마침내 전국 시청자의 언어를 혼란스럽게 하여 놓은 예라 하겠다.

그러면 구체적으로 어떤 말이 어떻게 잘못 쓰이고 있는가? 이것은 바른 말과 달리 전통형을 쓰는 경우, 바른 말에서 변화된 개신형을 쓰는 경우, 이형태 가운데 잘못된 특정 형태를 쓰는 경우로 나누어 볼 수 있다(괄호 안이 표준어임).

① 전통형을 쓰는 경우
전통형의 말이란 오늘날의 표준어로 볼 때 옛 형태의 말이라 할 수 있는 것이다. 이는 오늘날의 표준어형을 빚어낸 고어형에 해당한 것으로, 어느 정도 그 변화 과정이 설명될 수 있는 말을 가리킨다. "도로혀, 모밀, 안해, 영글다, 이쁘다"와 같은 말이 이러한 유형에 해당한 것이다. 이제 이러한 유형에 해당하는, 대표적인 오용의 예를 들어 보면 다음과 같다. (괄호 안의 말이 표준어임.)

가개(> 가게), 기음(> 김), 나리다(> 내리다), 뒤안(> 뒤꼍), 도로혀(> 도리어), 모두다(> 모으다), 모밀(> 메밀), 벼개(> 베개), 부비다(> 비비다), 부스럼(> 부럼), 수케(> 수게), 쉬흔(> 쉰), 아옥(> 아욱·葵), 안해(> 아내), 암케(> 암게), 여닐곱(> 예닐곱), 영글다(> 여물다), 음달(> 응달), 이쁘다(> 예쁘다), 업수이여기다(> 업신여기다), 이즈러지다(> 이지러지다), 자내(> 자네), 자블음(> 졸음), 줏다(> 줍다), 하욤없다(> 하염없다)

이러한 보기들은 특정 방송인에 의해 쓰인다기보다 많은 방송인에 의해 쓰이는 일반적인 것이다. 이제 이들의 구체적인 예를 몇 개 들어 보면 다음과 같다.

- 암케, 수케 (K-1TV)
- 쉬흔 여덟 살 (M-TV)
- 알알이 영근 포도 (K-1TV)
- 이쁜 거 사셨네요. (M-TV)
- 가자 돈 줏으러 (K-1TV)

이 밖에 다음과 같은 것들도 이러한 예이다.

구시(> 구유), 내중(> 나중), 다리다(> 데리다), 딴족치다(> 딴죽치다), 뒤안(> 두꼍), 드레박(> 두레박), 몬지(> 먼지), 부헝이(> 부엉이), 음달(> 응달)

다음 보기들은 1988년의 개정 이전의 형태를 쓰고 있는 것이다.

- 깡총깡총 깡깡충(깡충깡충 깡깡충) (M-TV)
- 꼭둑각시(꼭두각시) 노릇 (K-1TV)
- 난장이(난쟁이) 나라 요정 (K-1TV)
- 거리의 멋장이(멋쟁이) (K-1TV)
- 상치(상추)가 올랐습니다. (M-TV)
- 숫송아지(수송아지) 값 (K-R)

② 개신형을 쓰는 경우

개신형(改新形)이란 오늘날의 표준어보다 새롭게 변한 형태라 할 것을 말한다. 이러한 개신형 가운데도 "개이다, 담다(沈), 되어지다, 바램, 수집다, 으시대다"와 같이 매우 일반적인 형태의 것이 많다. 그리하여 많은 방송인에 의해 이러한 개신형의 낱말이 잘못 쓰이고 있는 것을 볼 수 있다. 그 대표적인 것을 보면 다음과 같다.

가진(<갖은), 개이다(<개다), 계자(<겨자), 담다(<담그다), 되어지다(<되다), 들리다(<들르다·經由), 디립다(<들입다), 메이다(<메다), 바램(<바람), 발꼬락(<발가락), 벼라별(<별의별), 삼가하다(<삼가다), 수집다(<수줍다), 시금자(<흑임자), 시지부지(<흐지부지), 비끼다(<비키다), 애기(<아기), 얼기빗(<얼레빗), 엄청(<엄청나게), 여나뭇(<여남은), 와(<야·감탄사), 우큼(<움큼), 으시대다(<으스대다), 으시시(<으스스), 이면수(<임연수어), 찝개(<집게), 칼치(<갈치), 푸르르다(<푸르다), 풍요롭다(<풍요하다), 황새기젓(<황석어젓)

이들의 구체적인 예를 들어 보면 다음과 같다.

- 비 개인 아침 (K-1TV)
- 왜 자꾸만 우리집에 들리시는(들르시는) 거예요? (K-2TV)

- 우리 모두의 바램도 전해졌으면 (K-2TV)
- 삼가해야 할 음식이 있다면은요. (K-2TV)
- 생선값이 엄청 올랐다고 합니다. (M-R)
- 와(야), 대단합니다. (M-TV)
- 어쩐지 으시시한 기분이 드는데 (M-TV)
- 그 푸르름(푸름)을 더해 가고 있습니다 (M-TV)
- 풍요로운 음의 제전 (K-1TV)

이 밖에 많은 지역방언의 개신형이 쓰인다. 이들은 일일이 거례하기 힘들 정도이다. 몇 개의 용례만을 보기로 한다.

- 만들기는 간딴합니다(간단합니다). (M-TV)
- 야권 통합의 관껀(관건) (C-R)
- 간심(관심)과 기대 (K-1TV)
- 때를 깨끗히(깨끗이) 빼낼 수 있다고 합니다 (M-TV)
- 꼭까루(꽃가루)라든지 (K-1R)
- 꾸둑꾸둑한(꾸덕꾸덕한) 거 (M-TV)
- 메아리쳤던(메아리졌던) (K-1TV)
- 어떤 분이 뫼이셔서(모이셔서) (K-2TV)
- 얼굴이 부시시해서(부스스해서) 부시맨이라고 하는 사람 (K-1TV)
- 불뻡(불법) 주차 단속 (K-1R)
- 앙징맞은(앙증맞은) 게 예뻐요. (M-TV)
- 점망(전망)까지 나오고 있습니다. (M-TV)
- 짤라서(잘라서) 먹잖아요. (K-1TV)
- 민박 창꾸(창구) (K-2TV)
- 극심한 교통 체쯩(체증) (M-R)
- 불을 키고(켜고) (K-1TV)
- 배꼽잡는 푼수(분수) 모녀 (K-2TV)
- 공중 폭팔하면서(폭발하면서) 추락해 (C-R)

③ 특정한 이형태를 쓰는 경우

특정한 이형태(異形態)의 말을 사용한다는 것은 두 개 이상의 같거나 비슷한 뜻을 나타내는 이형태 가운데 표준어 아닌 이형태를 쓰는 것을 가리킨다. 이러한 이형태 가운데는 매우 일반적으로 쓰이는 것이 있어 방송에도 흔히 혼란이 이는 것을 볼 수 있다. 이러한 대표적인 것에는 다음과 같은 것이 있다.

> 걸거치다(거치적거리다), 검지(집게손가락), 까끄럽다(깔끄럽다), 까끌까끌하다(깔끔깔끔하다), 까치(개비), 독불장군없다고(독불장군이라고), 메꾸다(메우다), 새악시(새색시), 싸가지없다(소갈머리없다), 잎새(잎), 안절부절하다(안절부절못하다), 어스름달(으스름달), 열적다(열없다)

이들의 구체적인 예를 들어 보면 다음과 같다.

- 손가락 가운데도 검지손가락이요. (K-2TV)
- 청도감을 못 먹어서 안절부절합니다(안절부절못합니다) (K-1TV)
- 나무 잎새가 다르군요. (M-TV)

이 밖의 특정 이형태를 취해 잘못이 빚어진 경우는 다음과 같은 것이 있다.

- 오늘 나락(벼) 베실거예요? (K-1TV)
- 여섯살 난(된) 어린이 (K-1TV)
- 배드민턴을 치는(하는) 모습 (K-1TV)

2.3. 의미면에서 본 방송 어휘

방송 어휘는 형태적으로도 올발라야 하지만 의미 또한 정확하게 쓰여야 한다. 그것은 방송의 공정성(公正性)을 운위하기에 앞서 언어가 지녀야할 기본 요건이다. 그럼에도 방송언어의 현실을 보면 어휘가 바로 쓰이지 않는가 하면, 그 사용에 혼란이 빚어지는 경우가 많다.

방송 어휘는 우선 단일어로서 의미가 적절하게 쓰여야 하며, 낱말 상호간에 의미 호응이 제대로 되어야 한다. 그리고 동의 반복이나, 관용 표현, 또는 생략에 의한 의미 혼란이 일어나지 않도록 해야 한다.

예를 들면 방송에서 자주 혼용되는 '시간'과 '시각'은 구별해서 사용되어야 한다. '시간'은 "어떤 시각에서 어떤 시각과의 사이"를 뜻하는 말이고, '시각'은 "시간의 어떤 순간에서의 시점"을 뜻하는 말이다. 따라서 "이 시간 이후의 방송은..."과 같은 말은 있을 수 없는 말이다. "이 시각 이후의 ..."라고 해야 한다. '이전', '이후'라는 말도 그 의미를 바로 알고 써야 한다. "4월 1일 이전 출생자", 또는 "4월 1일 이후 출생자"라고 했을 때 4월 1일 출생자의 포함 여부가 문제다. 이 경우는 기산점을 포함함으로 양쪽에 다 포함된다. '이내'도 앞에 쓰이는 수량을 포함한다. 이에 대해 '이외'는 앞에 오는 것을 포함하지 않는다. '미만'도 마찬가지다. '이상', '이하'도 앞에 오는 수를 포함한다. 포함하지 않을 때는 '미만'이라 한다. 이토록 말은 그 의미가 복잡하다. 따라서 그 의미를 바로 알고 정확히 쓰도록 해야 한다.

이러한 의미의 혼란은 몇 가지로 유형화해 볼 수 있다. 그것은 비슷한 뜻의 말을 혼용하는 것, 비슷한 형태의 말을 혼용하는 것, 부적절한 단어를 사용하는 것, 동의어를 반복하는 것이 그것이다. 이러한 유형에 따라 혼동되는 대표적인 말과 용례를 제시해 보면 다음과 같다.

① 비슷한 뜻의 말의 혼용

가격-요금, 값-삯, 걷다-거두다, 껍질-껍데기, 너무너무-매우, 느리다-늦다, 다르다-틀리다, 돋우다-돋구다, 되다-이다, 두껍다-두텁다, 목-몫, 빠르다-이르다, 시각-시간, 싣다-태우다, 실랑이-승강이, 아빠-아버지, 애매하다-모호하다, 엄마-어머니, 에-에게, 잃어버리다-잊어버리다, 있다-계시다, 작다-적다, 조금도-하나도, 조짐-빌미, 태우다-싣다, 토-음, 햇볕-햇빛, 홀몸-홑몸

이들은 뜻이 비슷하나 다른 말이다. 이러한 혼용의 예를 보면 다음과 같다.

- 기차값(기차요금)이나 우표값 (M-R)
- 보통 지도보다 틀리네요(다르네요) (K-1TV)
- 가을 미각을 돋굴(돋울) 것 같습니다. (K-1TV)
- 목욕값(목욕료)가 올랐다. (K-1TV)
- 너무너무(매우) 예쁜데요 (S-TV)
- 이 시간(시각) 현재 전국의 고속도로 상황 (S-TV)
- 쏘련에게(에) 화를 냈습니다. (K-1R)
- 가격(요금)은 어떻게 되나요? (K-2TV)
- 말씀이 계셨는데요(있었는데요). (K-1TV)
- 여전히 사태 해결의 빌미(조짐)는 보이지 않고 있습니다. (K-1TV)
- 아침에 아이들을 실고(태우고) 떠나간 배 (M-TV)
- 햇빛(햇볕)이 따가와서 (K-2TV)

② 비슷한 형태의 말의 혼용

가르치다(敎)-가리키다(指), 까불다-까부르다, 넘보다-넘겨다보다, 늘리다(增)-늘이다(延), 맞추다-맞히다, 부수다(碎)-부시다(洗), 부치다-붙이다, 어스

름-으스름, 엉기다-엉키다, 여의다-여위다, 지새다-지새우다, 째-채, 한함-한창

이러한 말의 혼용의 예로는 다음과 같은 것이 있다.

- 기본적인 것을 가리켜(가르쳐) 줘요. (K-2TV)
- 심지어 외국환 업무까지 넘보고(넘겨다보고) 있습니다. (K-1TV)
- 재산을 늘이고자(늘리고자) 하는 회사 (M-TV)
- 문제를 맞춘(맞힌) 학생 (M-TV)
- 안테나가 부시어졌습니다(부수어졌습니다) (K-2TV)
- 감격으로 지샌(지새운) 고국의 첫 밤 (K-1TV)
- 회사를 통채(째) 먹으려고 했다. (K-2TV)
- 산머루들이 한참(한창) 익어가는 계절이죠. (K-1TV)

③ 부적절한 말의 오용

같다-이다, 귀국-내한, 독불장군없다고-독불장군이라고, 되겠습니다-입니다, 반팔-반소매옷, 아빠-남편, 우연찮게-우연히, 장본인-당사자, 토-음, 한글-국어

이러한 오용의 구체적인 예로는 다음과 같은 것이 있다.

- 한글(국어)도 모르는 해외 교포 (K-1TV)
- 미국으로 들어갈(나갈) 때 (M-TV)
- 19만 여대 빠져나가(떠나가) (K-1TV)
- 반팔(반소매옷)만으로 외출해도 좋을 정돕니다. (K-2TV)
- 우연찮게도(우연히도) 아까... (K-2TV)
- 다음은 전국의 투표율이 되겠습니다(입니다). (K-1TV)
- 카페라면 분위기가 있다고(좋다고) 할까 (K-1R)

④ 동의어의 반복

동의 반복의 예로는 다음과 같은 것을 들 수 있다.

　가로수 나뭇잎, 가장 최고, 갑자기 돌변, 결론을 맺다, 결실을 맺다, 결연을 맺다, 고배의 잔, 과반수가 넘는, 그때 당시, 나머지 잔금, 나의 사견, 낙엽이 지다, 넓은 광장, 남은 여생, 느낀 소감, 늘 상주하고 있다, 늙은 노인, 돌이켜 회고하건대, 다시 복직, 더 가산, 더 추가, 따뜻한 온정, 만족감을 느끼다, 맑은 바소임, 매회마다, 먼저 선취점을 얻다, 모든 준비에 만전을 기하다, 모래 사장, 미리 예고하다, 박수를 치다, 방학 기간 동안, 배에 승선, 범행을 저지르다, 봉변을 당하다, 부채를 지다, 분명히 밝히다, 사동 아이, 새 신랑, 생존해 있는, 서로 상봉, 선수촌에 입촌하다, 순찰을 돌다, 스스로 자인하다, 시끄러운 소음, 시월달, 십오일날, 아쉬운 석별의 정, 아직 미정이다, 앞으로 전진, 약 10만명 가량, 어려운 난국, 어린 치어, 여운을 남기다, 여지가 남다, 역전 앞, 오랜 숙원 사업, 원단 새 아침, 유산을 남기다(유품을 남기다), 유언을 남기다, 인수 받다, 잔존해 있는, 저무는 세모, 전선 줄, 접수 받다, 주시해 보다, 지나간 과거, 지나가는 과객, 진입해 들어가다, 처가집, 초가집, 타고 가던 승객, 푸른 창공, 피해를 당하다(입다), 현안 문제, 해변가, 혼담 말, 혼자 독식, 회의를 품다

이들의 구체적인 예를 보면 다음과 같다.

- 결연을 맺어(결연해) 가지고 (K-2TV)
- 부채를(빚을) 져야 되고 (K-1TV)
- 17일날(17일) 모짜르트의 전곡을 공연합니다. (K-2TV)
- 결실을(열매를) 맺게 할 것이라고 말했습니다. (S-TV)
- 낙엽(잎) 지는 계절은 아직 멀었지만 (M-TV)
- 승객들이 얼마나 피해를(해를) 입었는지 (K-1TV)
- 한미 항공 현안 문제(현안) 타결 (K-1TV)

2.4. 운용면에서 본 방송 어휘

언어 표현은 1어문이 없는 것은 아니나, 대부분의 경우 두 개 이상의 낱말이 결합되어 하나의 문장을 이루어 수행된다. 이 때 낱말은 하나의 구성 성분으로서 통사 및 의미론적 제약을 받는다. '이기다'와 '지다'가 각각 '을'과 '에'를 지배하는 것이 그 대표적인 경우이다. 따라서 언어 규범으로서의 어휘를 살핌에 있어서는 이러한 어휘의 운용을 고찰의 대상으로 삼아야 한다.

어휘의 운용면에서 고찰되어야 할 것은 우선 문법·통사적인 면이다. 이러한 것의 대표적인 것으로는 용언의 활용이 있겠고, 의존 형태소의 자립 형태소로의 전용, 기타 문법적인 면에서의 오용 등이 있다.

용언의 활용에서 문제가 되는 대표적인 것은 "-냐" 어미의 남용이다. "어디 가냐? 밥 먹었냐? 왜 우냐?"는 동사에 '-냐' 어미를 잘못 쓴 것이다. '냐?' 어미는 받침 없는 형용사와, 서술격 조사 '이다' 아래에만 직접 이어지는 것이다. '거라'불규칙활용의 일반화와, '르'불규칙 활용어에 불필요한 'ㄹ' 첨가도 활용상 문제가 되는 대표적인 예에 속하는 것이다. "받거라, 먹거라, 섰거라, 오거라, 줍거라, 있거라"는 전자의 예요, "편을 갈르다, 물건을 날르는 사람, 몰르는 사람, 불르는 것이 값이다, 불을 질르다" 같은 것은 후자의 예이다. 또 "치르다, 잠그다, 담그다"와 같은 'ㅡ'불규칙 활용을 "치루어, 잠궈, 담궈"로 활용하는 것도 문제다. 형용사에 명령형 및 청유형이 쓰이는 것도 문제다 "건강하십시오, 조국이여 영원하라", "조용하자" 따위가 이러한 오용의 예이다.

의존형태소의 자립형태소로의 전용은 앞에서 살펴본 "개운, 거뜬, 괘씸..."과 같은 것 외에, "나름대로, 때문에" 같은 말이 있다. "나름, 때문"은 의존명사이기 때문에 관형어 없이 쓰는 것은 바람직한 것이 못 된다.

문법적인 면에서 문제가 되는 대표적인 것은 '-하다' 따위 타동사가 사동으로 쓰이는 것도 아닌데 마구 '-하다' 대신 '-시키다'로 갈아 끼우는 것, 피동사에 다시 피동접사를 붙이는 것 따위가 그 예이다. "교육시키다, 소개시키다, 수립시키다, 함락시키다" 따위는 전자의 예이다. 이에 대해 "되어지다, 보여지다, 쓰여지다" 따위는 이중 피동을 만들어 쓰고 있는 것이다. 이 밖에 통사적인 구성에 있어 성분간의 호응이 제대로 되지 않는 것도 문제이다. 이러한 것 가운데 대표적인 것은 수식구성의 '-ㄹ 전망이다'와, 보술구성의 '-이(-가) 예상된다'와 같은 표현이다. "내일 발표할 전망이다.", "기온은 최고 15도가 예상됩니다."가 그 예이다. 이들은 '-ㄹ 것으로 전망된다/전망한다', '-ㄹ 것으로 예상된다/한다'와 같은 통사적 제약을 깨뜨린 것으로 바람직한 표현이 못 된다. 이 밖의 문법적인 오용으로는 조사의 오남용, 시제, 대우법 등의 오용을 들 수 있다. 운용상 문제가 되는 것들의 구체적인 예를 들어 보면 다음과 같다.

- 올해도 건강하세요(건강하시기 바랍니다). (M-TV)
- 상당 기간 계속될 (계속될 것으로) 전망입니다(전망됩니다). (C-R)
- 영장을 기각시켰습니다(기각했습니다). (K-1TV)
- 할 수 있겠다라는(는) 자신감 (K-2TV)
- 내노라(내로라) 하는 수험생 (K-1TV)
- 어멈 들었냐 (들었느냐)? (K-2TV)
- 가슴이 메입니다(멥니다). (K-1TV)
- 성공이 함께 하길 바라겠습니다(바랍니다). (M-TV)
- 행복한 저녁 되세요(보내세요). (되기를 빕니다) (TBC)
- 서슴치(서슴지) 않고 대답한다. (M-TV)
- 배추를 실고(싣고) 가던 차 (M-R)
- 대전 지방 아직은 햇살 보이지 않고 있습니다(않습니다). (K-1R)
- 목축에 알맞는(알맞은) 지대 (K-1TV)

- 강암은 욕심 없이 사는 자연에게(에) 부끄러움을 느낀다고 했다. (K-1TV)
- 대통령에(에게) 용기 줘야 (M-TV)
- 기업체에게는(에는) 1조원의 지원 (K-1TV)
- 삼성 라이온스가 이글스에게(를) 이겼습니다. (C-R)
- 빙그레 이글스가 삼성한테(을) 이겼죠. (K-2TV)
- 영하의 추운 날씨가 예상되고 있습니다 (될 것으로 예상됩니다). (K-1TV)
- 항상 건강하세요(건강하시기 빕니다), (장수하세요). (K-1TV)
- MBC와 함께 풍요로운(풍요한) 주말 되시기 바랍니다. (M-TV)
- 행복하십시요(행복하시기 바랍니다). (S-TV)
- 통제 시스템 허술(허술하다) (S-TV)

의미론적인 면에서 문제가 되는 대표적인 것은 의미 호응이다. "노고를 치하했습니다"는 이러한 것의 대표적인 예이다. "즐거운 주말 되십시오", "행복한 저녁 되십시오"는 우선 주술 구성이 문제된다 하겠으나, 의미 호응도 문제가 된다. 이 밖에 의미상 바람직하지 않은 많은 관용적 표현이 있다. 이들의 구체적 예를 들어 보면 다음과 같다.

- 걸핏하면 통화가 연결되지(되지) 않는다는 겁니다. (K-1TV)
- 이재민들은 입을 모았습니다(모아 말했습니다). (M-TV)
- 종아리를(바지를) 걷어 올려라. (K-1TV)
- 범인이 숨진채(숨겨 있는 것이) 발견됐습니다. (S-TV)
- 좋은 성적이(성적을 거둘 것으로) 예상됩니다. (S-TV)
- 손에 손에 선물 꾸러미를 들고(선물을 들고) (M-TV)
- 누구도(아무도) 흉내낼 수 없는 맛 (카레 광고)
- 저희 나라(우리나라) 식품 검사 (M-TV)
- 미군의 폭행에 유감을(유감의 뜻을) 표하고 (S-TV)
- 침수 예정(위험) 지역입니다. (K-1TV)
- 방금(조금) 전에 영장이 발부되었는데 (K-1TV)

• 하나도(조금도) 안 피로해요. (M-TV)
• 튀겨 주시면(튀기시면) 되지요. (M-TV)
• 정치인들에 대해서도 한 마디 던졌습니다(했습니다). (K-1TV)

3. 맺는 말

이상 우리는 규범으로서의 방송 어휘에 대해 살펴보았다. 방송에 의해 우리 국어는 많이 순화 통일된 것이 사실이다. 그러나 방송의 역기능으로 말미암아 오염되고, 혼란이 빚어지고 있는 것도 부인할 수 없는 현실이다.

방송 어휘는 그 자체로서 문제가 되는 것과, 발음과 관련하여 문제가 되는 것, 구문 및 화용상 문제가 되는 것들이 있다. 이러한 것들은 방송의 교육성을 고려할 때 개선하지 않으면 안 된다. 방송의 어휘는 언어 규범이 잘 지켜져야 하고, 그렇게 함으로 국민의 언어생활에 규범이 되어야 하겠다. 그러기 위해서는 우선 국어 교육이 바로 꾀해져야 하겠고, 방송인의 올바른 방송언어 사용에 대한 각성이 있어야 하겠다. 많은 개선이 있기를 바란다.

참고문헌

박갑수(1983), 방송언어의 문제점과 개선 방안 연구, 방송조사연구 보고서 4, 방송위원
　　　회·방송심의회
박갑수(1984), 국어의 표현과 순화론, 지학사
박갑수(1987), 방송언어론, 문화방송
박갑수(1990), 방송언어와 표준발음, 한국언론연구원
박갑수(1994), 우리말 사랑 이야기, 한샘 출판사
박갑수(1994), 제3논설집 올바른 언어생활, 한샘 출판사
신상현(1986), 방송문장론, 전예원

일본 방송협회 편(1981), NHK 신아나운스 독본, 일본 방송출판협회
NHK 종합 방송문화연구소(1975), 방송용어론, 일본 방송출판협회
G. Paul Smeyak(1977), Broadcast News Writing, Grid Inc.
Stuart W. Hyde(1979), Television and Radio Announcing, Houghton Mifflin Company
Ted White etal(1984), Broadcast News Writing, Reporting, and Production, Macmillian
　　　　　Publishing Company
박갑수(1982), 방송언어의 문제점과 개선방안, 방송연구, 방송위원회
박갑수(1984), 방송언어 사용의 바람직한 방향, 방송연구 3-4, 방송위원회
박갑수(1985), 방송언어와 어휘, 한국 표준 방송언어, 한국방송공사
박갑수(1985), 방송문장에 대하여, 한국 표준 방송언어, 한국방송공사
박갑수(1985), 방송언어의 현상과 반성, 한국어 연구논문집 7, KBS한국어 연구회
박갑수(1986), 방송의 금기어에 대하여, 한국어 연구논문집, KBS한국어 연구회
박갑수(1986), 국민의 언어생활과 방송언어, 방송연구 5-2, 방송위원회
박갑수(1986), 사례를 통해 본 방송언어의 문제점, 방송연구 5-4, 방송위원회
박갑수(1987), 방송문장과 교육, 방송언어 변천사, 한국방송공사
박갑수(1990), 방송언어 이래선 안 된다, 언론과 비평, 언론과 비평사
박갑수(1991), 최근 방송인의 언어 실태, 방송연구 7-4, 방송위원회
박갑수(1991), 방송언어의 폭력성과 저속성, 자유공론 8, 자유공론사
박갑수(1994), 본보기가 되어야 할 '방송말', 방송과 시청자, 방송위원회
박갑수(1994), 방송언어, MBC연수자료, 문화방송
박갑수(1995), 바람직한 방송언어를 위하여, KBS 신입사원 연수 -1-, 한국방송공사
이정민 외(1981), 한국인의 언어 의식, 어학연구 17-2, 서울대 어학 연구소
정지영(1978), 불란서의 국어 순화운동, 국어순화의 길, 수도여사대 출판부

　　　　Ｏ 이 글은 1995년 12월 국립국어원의 "새국어생활" 5-4에 수록된 것이다.

제4장 **방송언어의 변천 개관**

1. 서론

우리나라의 방송은 1927년 2월 16일 사단법인 경성방송국에 의해 처음으로 정식 송출되었다. 이때의 호출부호는 JODK, 출력은 1kw, 주파수는 690kc, 파장은 435m였다.

초기의 방송은 한일(韓日) 양국어를 같은 채널에서 방송하는 혼합 방송이었다. 그러나 그 비율은 1 : 3으로 일본어 우위의 방송이었다. 그 뒤 경성방송국은 1932년 사단법인 조선방송협회로 개칭되었고, 1933년 4월 26일 출력 10kw의 제1방송(일본어)과 제2방송(조선어)으로 분리되었다.

1935년 이후에는 많은 지방국이 설치되었다. 그러나 1941년에는 제2차 대전을 계기로 전파를 관제하게 되어 한때 한국어 방송이 폐기되기도 하였다.

1945년 해방이 되자 방송 시설은 미군정 공보부의 관장을 받게 되었으며, 1948년 8월 대한민국 정부가 수립되자 정부의 공보부에 이관되었다. 그리고, 1947년 10월 2일 우리나라는 정식으로 호출부호 HL을 할당받게 되었다.

국영방송과는 달리 1945년에는 민영방송도 탄생되었다. 1954년 12월 탄생된 기독교방송(CBS)은 우리나라 최초의 민영방송이며, 뒤이어 1959년 5월 12일 한국 최초의 상업 텔레비전 방송인 HLKZ가 RCA에 의해 개국되었다. 방송국명은 KORCAD-TV라고 했으나 뒤에 대한방송공사로 개편되며 DBC-TV라 개칭되었다. 그러나, 이는 1959년 화재로 방송이 중단되고 말았다. 그리하여, 우리나라는 1961년 12월 31일 KBS-TV가 탄생된 뒤 본격적인 TV 시대를 맞게 되었다.

1960년대에는 민간방송이 꽃을 피웠다. 1961년 12월 2일에는 서울문화방송(MBC)이 개국되었고, 1963년 4월 25일에는 동아방송(DBC)이 개국되었다. 그리고, 1964년 5월 9일에는 라디오 서울('중앙라디오'의 전선)이 개국되었고, 1964년 12월에는 동양 TV가 개국되었다. 이들은 뒤에 중앙 방송으로 합병되었고, 다시 동양방송(TBC)으로 개칭되었다. 문화방송 TV도 1969년 8월에 개국되었다.

FM 방송은 TBC가 1966년 4월 서울FM방송을 인수하여 제일 먼저 정규 방송을 시작하였으며, 1970년 4월 부산문화방송이 FM 방송을 병설하였다. 1971년 4월에는 한국FM방송이 개국되었고, 동년 9월 MBC가 FM 방송을 병설하였다.

이와 같이 민간 방송이 다투어 개국되는 가운데 국영 체제인 KBS는 1972년 12월 확정된 한국방송공사법에 의해 공사로 개편되었다.

1980년 11월에는 언론 통폐합이 단행되어 방송은 공영방송 체제가 되며 KBS와 MBC의 2대 네트워크로 재편성되었다. 이 밖에 CBS(기독교방송)는 순수한 복음 방송만을 하게 되었다. 1980년에는 TV의 컬러화가 이루어져 KBS TV가 12월 1일에, MBC TV가 12월 20일에 시험 방송을 함으로 색채문화 시대를 맞게 하였다.

이상이 대체로 우리의 방송이 걸어온 발자취이다. 따라서 한국의 방송사의 시대구분은 다음과 같이 다섯 시대로 나눌 수 있다(金圭, 1986).

① 일제하의 방송 시대(1927~1945)
② 정부 수립과 국영방송 시대(1948~1951)
③ 국·민영 절충식 방송 시대(1951~1960)
④ 국·민영 병합 방송 시대(1961~1980)
⑤ 공영방송 시대(1980~현재)

그러면, 이러한 방송사(放送史)에 있어 방송언어는 어떻게 변화해 왔는가? 다른 언어와 마찬가지로 방송언어도 변하여 오늘에 이르렀다. 우리는 방송 60년을 맞아 이 방송언어가 변화해 온 발자취를 더듬어, 시대적인 특징을 파악하며, 나아가 방송언어의 바람직한 방향을 모색해 볼 필요성을 느끼게 된다.

방송언어를 살핌에 있어 시대 구분은 앞에 제시한 분류를 따르기로 한다.

2. 일제하 방송 시대의 언어

초기의 우리의 방송은 앞에서 살펴본 바와 같이 무엇보다 어종(語種)이 문제가 되는 시대였다. 그것은 한일 양국어를 섞어 방송하는 단일 혼합 방송이었기 때문이다. 이때의 방송은 일본어 위주였고, 부분적으로 우리말로 번역 방송되었으며, 겨우 연예 오락 방송이 순수한 우리말로 꾀해질 뿐이었다. 이때의 사정을 이혜구(李惠求)는 다음과 같이 쓰고 있다(李惠求, 1960).

방송국 살림이 어떻게 구차하였던지 한일 아나운서가 각각 통신을 갖지 못하고 단벌을 돌려썼다. 대개 일본측이 통신을 뜯어 책상 위에 순서대로 죽 벌려 놓았다가 걷어 가지고는, 체신국에 뉴스 제목을 전화로 딕테일시키고 나서, 연필로 점을 꼭꼭 찍어 가며 읽어 내려가고, 어떤 때는 사전을 꺼내 찾기도 하였다. 일본인이 다 읽고 난 통신을 한국인은 받아 읽어야 하였다. 그러나, 받았을 때는 방송 개시 5분전쯤, 심할 때는 읽어 볼 시간조차 없었다. 또, 그것은 한인 손에서 일인 손으로 도로 넘어가서, 일본어로 방송되었다. 그 방송이 끝나면 일본인 아나운서는 그 뉴스를 책상 위에 놓고 살그머니 나가 버리고, 그 뒤에 묵묵히 서서 기다린 한인 아나운서가 교대하여 한어로 고쳐 읽기 시작한다. 한인 아나운서는 뉴스를 미리 자세히 읽어 보지도 못하고 방송 즉석에서 번역하면서 읽는 것도 벅찬 데다가 또 하나 짐이 있었다. 자기 전 사람이 소정 시간을 초과시켰으면 그 초과 시간만치 단축하지 않으면 안 되었다.

이는 보도를 번역 교대 방송하였음을 증언한 말이거니와, 방송 순서가 일어 위주였음은 개국 초의 방송 순서를 보아도 쉽게 알 수 있다. 먼저 조선일보(1927년 2월 16일)에 보도된 개국일(開局日)의 방송 순서를 보면 다음과 같다.

라듸오 十六日 방송 푸로그람

(午後 一時부터)

一. 開局式

二. 株式 期米

三. 늬유스

四. 童話 命의 油. 平川賢順

五. 中等學校入學試驗受驗에 就하야 兒童 及 父兄의 主意. 山岐山洋

六. 二曲合奏 松竹梅

　　山曲流 琴園田松葉

　　琴古流 尺八古本竹陽

七. 朝鮮노래

漢城券番　金蕉江

　　伴　奏　趙東奭

八. 長唄　外記節

　　三絃　杵屋佐多江

　　　　　桶下田ツル

　　　　　佐久間春江

　　唄　　藤岡好生

　　　　　關野王次郎

　　　　　花井三郎

上調子　杵屋芳枝

九. 써푸래너　獨唱 及 守唄

　　그리운 동무 高鳳京

　　피아노 伴奏 金啓用

十. 管絃樂

　　大昌氏指揮

　　京城管絃團

　이는 개국 첫날이기 때문에 특별한 순서이나 일본어 위주의 방송이었음을 쉽게 알 수 있다.

　한국어 방송은 일본어를 번역하여 방송하여야 하므로 "비빔밥 말이 입밖으로 미끄러져" 나오는 경우도 있었고(李惠求, 1960), 시간에 쫓겨 "청취자가 알아듣겠느냐가 문제가 아니라, 오직 아나운서가 더듬지 않고 날쌔게 시간을 딱 마치는 것이 더 급한 기술"이었으므로, 말의 속도가 문제되기도 했다.

　초기의 방송인으로는 남자 아나운서 최승일(崔承一)과, 여자 아나운서 마현경(馬賢慶), 이옥경(李玉景)이 있었다. 마현경은 채용 시험을 거쳐 아나운서가 되었으며, 이옥경은 경성체신국 부설 방송소의 아나운서로 있다가 경성 방송국으로 옮겼다. 조선일보(1927. 1. 9)에 의하면 여자 아나운서들은 미성·미모이었던 것으로 보인다. 그러나, 이들의 방송언어는 현재 전해지지 않아 실상을 알기 어렵다. 1977년 녹음된 '실록 방송 50년'에 의하면 이옥경 아나운서는 표준어권과는 거리가 있었던 것으로 느끼게 한다.

처음에 마이크 앞에 나갔거든요, 그러니까 시험 방송 시대였어요. 체신국 안에서 있었거든요. 근데 우리 쥔 양반이 거기 기술 담당이기 때문에 도와 준 의미데 제가 나가서, 용기 내서 나가서 아누운서 항거죠. 집에 가돠놔서 아나운서 할 사람이 없거든요. 그래서 아주 대단히 곤란을 받고 있는데 지가 용기내 가지고 아나운서를 항 거에요. 방송은 뭐 엉망이죠, 그게. 좋은 거 있으면 자꾸 해 달라면 자꾸 해 드리고, 또 시간이 충분치 않으면 기다리시라고 그래 놓고… 맘대로죠 뭐.(이옥경 아나운서의 녹음 자료)

1933년 4월 26일 이중방송이 실시되어 순 우리말 방송을 하게 된 것은 우리 겨레의 커다란 기쁨이었다. 조선일보는 당시의 기쁨을 다음과 같이 표현하고 있다.

오랫동안 벼르고 준비중이던 경성 방송국의 십 키로 이중 방송을 드디어 이십 육일부터 개시하게 되었다. 그간 조선에 방송국이 생긴지는 상당히 오래되어 점차 일반 가정에도 애호를 받게끔 되어 가고 있었으나, 경성 방송국은 재정이 빈약하고 설비가 불완전하여 방송 순서를 일본측과 조선인측을 섞어서 하기 때문에 쌍방의 청취자가 모두 불편이 많았다. 방송국에서 장차의 발전을 위하여 조선말과 일본말측 방송을 갈러서 순서를 각각 독립시키는 외에는 방송국으로서도 발전될 여지가 없을 뿐 아니라, 라디오도 현재 이상 보급될 여지가 없다 하여 이중 방송을 개시케 되었다.
오십만원을 기채하여 약 사십만원을 연희 방송소 기타의 설비를 하고 이십육일 순서부터 개점케 될 것이다. 이 때문에 우선 방송부는 일본측을 제일과로 하고, 조선말측은 제이과로 하여 윤백남 씨가 과장으로 온갖 순서의 통제를 하여 동서 음악·연극·강연 기타 풍부한 순서로 방송의 만전을 다하고서 방송부에서는 힘을 쓰고 있으므로 금후 방송 청취자에게는 가정 오락의 새 길이 열릴 것이 기대되고 있다. 또한 종래는 일 키로의 전력을 사용하던 것을 금번은 십 키로로 하여 종래는 원거리에는 잘 들을 수 없으나 금후는 전 조선에서 충분히 들을 수 있다. 지방 청취자에게 더욱 편리가 많을 것이다.

그러나 제2방송과의 운명은 평탄치만은 아니하였다. 1940년에는 우리말 뉴스 방송에 일본어를 섞어 쓰라는 체신국 감리과의 공문이 내려왔다. 이를 심우섭 과장은 거절하였다. 그러나 몇 달 뒤에 다시 지시가 내려와 '황실 용어', 인명 기타 필요한 고유명사는 일본어로 뉴스 방송을 하게 되었다. 이때의 상황을 당시 아나운서 고제경 씨는 다음과 같이 회상한다(실록 방송 50년).

그때만 하드래두 전장이 점점 가열해지기 때문에 여러 가지 제약이, 탄압이 많았습니다. 그때에 우리가 우리말을 갖다가 어티개 잊어버리지 않구 쓰느냐, 이런 걸 갖다가 은연중 우리 아나운서들은 서로덜 토의를 해 가면서 어트가믄 우리말을 지킬 수 있는가 상당이 아마 고전을 했다고 얘기할 수 있겠습니다. 더욱이 일본 고유명사를 갖다가 우리 음으로 발음해 내는 것 상당이 고집을 했다 나중에 그게 이뤄지지 못했습니다만 일례를 들 것 같으면 중촌, 나까무라를 갖다가 중촌으로 읽는대는 이런 식이래든지, 그리고 그것보다도 전체 연예 프로에 있어 가주고두 우리 가락, 다시 말씀드릴 것 같으면 우리 국악 연주에 있어 가주고는 아나운서들이 상당이 그 점에 있어 가주고는 공부들을 했구, 또 그런 그 국악 연주를 하는 데 있어 가주고는 끝꺼지 우리가 그 프로를 지켜 보면서, 어뜨케 하면 우리 리슴을 갖다가 그대로 간직해서 가지구 나가느냐 끝꺼지 오래 계속됐습니다.

그 뒤 1942년 단파수신 사건이 일어났고, 1943년 제2방송부는 없어졌다.

그러나 한국어 방송은, 일본어를 모르는 사람이 많다는 우리측 요구가 인정되어 조국이 광복될 때까지 계속되었다. 그러나 단파사건 이후의 보도 방송은 그 대부분이 총독부 정보국의 자료로 메워지고, 검열도 한층 심했으며, 뉴스는 일본어 투성이의 혼합방송으로 시종되었음은 말할 것도 없다.

그러면, 이때의 우리말 방송언어는 어떠했는가? 그것은 당시의 녹음 자료가 없기 때문에 확실하지 않다. 따라서, 증인이나 간접적인 자료에 의해 확인하는 수밖에 없다. 이때의 방송언어는 정확한 표준어는 쓰이지 못한 듯하다. 그것은 이혜구(李惠求), 이하윤(異河潤)의 다음과 같은 증언에서 짐작할 수 있다.

> 심 선생이 제2방송 과장으로 가장 힘을 쓰시었고, 또 성공한 점은 아나운서에게 우리말의 정확한 발음을 가르쳐 주신 점이었다. 당시 아나운서는 다 전문학교나 대학 출신이었지만 학교에서 우리말을 배우지 못하여 그 잘잘못을 가리지 못하였다. 일례를 들면 고기압을 일본말같이 「고오기압」이라 길게 읽고 「고기압」이라고 짧게 읽어야 할 줄 몰랐다. 「수출」도 일본어같이 「유출」이라고 읽고, 「수출」로 정정하라고 권고를 받았을 때에도 도리어 「유출」이라야 세상에 통용된다고 우기었다. (李惠求, 1960)

> 아직도 방송언어가 채 세련되지 않았을 때 아나운서들의 남모르는 고충도 한두 가지가 아니었다. "흐렸다리 개었다리"도 유명한 일화이거니와… (異河潤, 1969)

이렇게 제2방송과장 심우섭 씨의 지도로 아나운서의 우리말에 대한 실력은 향상되었다. 심과장의 시달림을 받은 아나운서로 이혜구는 다음과 같은 사람을 들고 있다(李惠求, 1960).

이계원·서순원·송진군·고제경·이상붕·이현·심형섭·정국성

그러나 이와 다른 증언도 보인다.

> …그때 제2방송(한국말 방송)의 진용을 보면 尹白南 초대 과장을 비롯하여
> 이혜구(李惠求)·이하윤(異河潤)·박충근(朴忠根)·최아지(崔兒只)·김문경(金文卿)
> ·김정진(金井鎭)·이서구(李端求)·고제경(高濟經)·남정준(南廷駿)·이현(李炫)·
> 노창성(盧昌成)·이계원(李啓元)·민재호(閔庸鎬) 등이 전후하여 참여했다.
> <u>이들은 모두가 표준어를 구사하는 사람들이었다.</u> 표준어 아닌 말을 상상도
> 못하는 분들이었다. (趙豊衍, 1982)

이로 볼 때 이때의 방송언어는 '비교적' 표준어가 구사되었을 것으로
추단된다. 그것은 뒤에(1979) 녹음된 김문경(金文卿), 고제경(高濟經), 모윤숙
(毛允淑)의 말이 정확한 표준어가 아니라는 사실이 이러한 결론을 더욱 가
능하게 한다(<실록 방송 50년> 참조).

3. 국영방송 시대의 언어

이 시대는 1948년 정부 수립으로부터 1954년 민영방송이 대두되기까지
의 6년을 이른다. 해방이 되고 제1방송에서부터 제대로 한국어 방송이 나
간 것은 1945년 9월 9일 5시 뉴스에서부터였다. 그 뒤 일본어 방송은 사
실상 중단되었다.

해방 뒤의 방송언어에 대해서는 이혜구의 다음과 같은 진술을 볼 수
있다(李惠求, 1960).

아나운서는 뉴스를 읽을 때, 일본말 어조같이, 말을 뻣뻣하고 똑똑 끊지 말

고, 보통 우리말같이 자연스러운 어조로, 유창하게 고치기에 힘을 드렸다. 그러나, 한번 굳어버린 뉴스 방송의 어투는 좀처럼 고쳐지지 않는 것 같았다.

이러한 증언과 같이 해방 후의 아나운서들의 어조는 딱딱하고 끊어서 발음하는 스타카토형이었으며 천흥범(千興範, 1963)이 지적하듯 변사조였다. 이러한 경향은 1948년 8월 15일 정부 수립 선포식을 전하는 방송 뉴스에도 그대로 나타난다. 이때의 뉴스를 보면 다음과 같다(KBS 녹음 자료).

뉴스를 말씀드리겠습니다. 오늘 대한 민국 정부의 수립 선포식이 중앙청에서 성대히 거행됐습니다. 단기 4280년 8월 15일 이날은 대한민국 정부에 탄생을 중외에 선포하는 민족 식전에는 민주주이와 주이(?)에 일원으로서 해방된 3주년을 맞이하는 1948년 8월 15일은 민족에 전도를 무한히 약속하는 듯 서기 충만한 맑은 하늘 아래 이 땅에 민족은 거족적으로 마음껏 영광에 축복을 누렸습니다.

이 뉴스에서 알 수 있는 방송언어의 특징은 당시 이중모음 '의'와 단모음 '외'의 음가가 바뀌었다는 것이다. '민주주이'와 같이 제2음절 이하의 '의'는 [이]로 바뀌고, 소유격 '의'는 "정부에 / 주이에 / 이땅에 / 영광에"와 같이 [에]로 바뀌었다. 그리고 '중외(中外)'가 [중웨]로 발음되고 있다.

이러한 음가의 변화는 이보다 앞서 일제하의 방송에도 드러났을 것으로 보인다. 그것은 군정하에 민주주의를 해설한 이계원(李啓元) 아나운서의 발음에서도 이러한 변화를 엿볼 수 있기 때문이다(KBS 녹음 자료).

인권에 역사적 선언인 국제 연합이 만든 문서 중에 가장 중요한 문서이며, 역사상 츰음으로 세계 모든 인류가 가질 기본적 권리와 자유를 진정한 세계적 주관점에서 증이한 것입니다. 인권에 세계선언이 세상에 발표된 지 단시일 안에 국내적 국제적으루 이 선언에 말한…

곧 [인권에 / 증이(定議) / 인권에]에 보이듯 「의」가 [에 / 이]로 발음되고 있는 것이다. 그리고, 고모음 [ㅓ]는 [ㅡ]로 실현되고 있음도 볼 수 있다. [츠음 / 증이]가 그 예이다. 이 밖에 서울 방언에 나타나는 [ㅗ]음의 [ㅜ]음화, [국제적으루]가 보이는데 이는 방송에 많이 반영되었을 것으로 추정된다.

국영방송 시대의 어휘는 이혜구(李惠求)의 증언에도 보이듯 일본어의 잔재가 아직 남아 있고, 한자말이 많이 씌었던 것으로 보인다. 그리고 방송 문장은 아직 잘 정리되지 못했던 것 같다. 그것은 앞에서 살펴본 정부수립 선포에 대한 뉴스만 보아도 알 수 있다. 조리가 맞지 않는 문장으로 되어 있다.

4. 국·민영 절충 방송 시대의 언어

이 시대는 국·민영 절충식 방송 시대라고 하나, 국영방송이 주도하던 시대이다. 이 시대는 방송이 비로소 우리의 것이 되며, 방송언어에 주의를 기울이고 이를 다듬게 된 시대라고 볼 수 있다. 그러면, 이 시대의 언어가 어떠했는지 다음에 살펴보기로 한다.

해방 초기에는 일어의 잔재를 일소하려는 운동이 전개됐을 뿐 아직 방송언어에는 관심이 미치지 못했다. 그러나, 1950년대에 접어들어서는 상황이 달라져 제법 방송언어의 문제를 거론하게 되었다. 이러한 관심은 1956년 9월 공보실 방송관리국에서 '放送' 잡지를 창간하며 박차를 가하게 되었다.

'방송'지는 1950년대에 방송언어에 대해 두 번이나 특집을 내었다. 1956년 11월호의 '방송과 바른 말', 1958년 10월호의 '특별 연구, 방송과

바른 말'이 그것이다. 이때에 발표된 방송언어 관계 논설을 보면 다음과
같다.

김윤경, 방송과 국어의 정화 -외국어와 한자를 피하자-, 방송(1956. 11)
이희승, 방송용어의 특이성 -표준어와 세련된 구두어를-, 방송(1956. 11)
이숭녕, 방송의 언어시범성 -음가의 동요·악센트·음의 장단론-, 방송(1956. 11)
최현배, 발음의 교육적 방송을, 방송(1957. 1)
이성수, 푸로 예고에 친절한 맛을, 방송(1957. 3)
한규동, 외국어 발음 잘못을 고치자, 방송(1957. 3)
이숭녕, 방송언어의 본질(1957. 7)
정순일, 뉴스와 방송언어(상)(1957. 10)
정순일, 뉴스와 방송언어(중)(1957. 11)
정순일, 뉴스와 방송언어(하)(1957. 12)
원 희, 세밀한 용어 연구를 -2월은 분주한 노력의 달이었다.-, 방송(1958. 3)
조풍연, 방송용어에서 생겨나는 것, 방송(1958. 10)
고 원, 외국 고유명사와 외래어의 발음, 방송(1958. 10)
노정팔, 방송용어의 조건과 문제점, 방송(1958. 10)
김재인, 뉴스 편집에 있어서의 방송용어의 실제 문제, 방송(1958. 10)
무명씨, 우리말 바로 쓰기의 실례, 방송(1958. 10)
김재연, '방송기자'가 되려는 분에게, 방송(1959. 2)
조원직, 1960년 뉴스방송평, 방송(1960. 12)

이러한 논설에서 드러나는 방송언어의 문제는 첫째, 방송언어에 표준
어가 제대로 쓰이지 않으며 외래어 및 한자어가 많이 쓰인다는 것이다.
이제 그 지적을 보면 다음과 같다.

　○ 그런데 우리 방송계의 실태는 어떠한가. 그 용어의 첫째 조건이라고 볼 수
있는 표준어 사용이 말 아닌 정도라 하겠다. 엑스트라로 나오는 방송객중에 비

표준어를 사용하는 이가 너무도 많은 것은 말할 나위도 없거니와 직업적인 아나운서가 방언이나 서투른 말을 많이 쓰는 데는 참으로 놀라지 않을 수 없다. (이희승, 1956)

○ 그리고, 해방 뒤로는 영어나 그 줄인 말과 다른 서양말들이 제한과 반성과 지각이 없이 왜말 대신으로 쏟아져 들어오고 있다. 방송 순서에 쓰이는 것만 대강 추리더라고 '뉴스', '로오칼'소식, '콘사아트', '스포오츠', '리듬', '메모', '코미디 쑈', '앨범', '싸롱', '뮤직', '유모어' 소극장, 시사 '레뷰', '탱고'의 밤, 일요 '토픽', '올간 멜로디', '아나운서', '댄서', '유엔', '웅크라', '유네스코', '에프오에이', '아이씨에이', '이씨에이', '나토', '시토'…이루 다 들어보일 겨를이 없을 정도다. 이는 방송국만의 책임이 아닌 것도 많으나, 방송 당국자는 이에 따라가거나, 그렇지 않으면 외국말 끌어들이기에 남보다 한걸음 앞서 나아가는 듯이 보인다. (김윤경, 1956)

○ 방송 뉴스를 들을 때마다 느낄 수 있는 것은 한자어가 굉장히 많다는 것입니다. (정순일, 1957)

○ 지금까지 KA뉴스는 편집 담당자의 노력의 결정(結晶)으로 알기 쉽고 부드러운 말과 우리 고유의 어감을 살리는 데 크게 주력한 보람이 있어서 많은 성과를 거두고 있다.

그러나 뉴스 용어에 있어서 난해득 어구(難解得語句)가 너무 많이 사용되고 있다. 담당자는 항상 쉽게 써 주는데 힘써야 할 것이다. (…중략…)

그리고 방송용어의 통일이 있어야 한다. 인명, 지명은 복잡하기가 한량이 없다. (…중략…)

뉴스 방송에 있어서 아나운서 자신은 발음 자고저(字高低) 음성기술 등에 꾸준한 노력으로 큰 성과를 거두고 있다.

그러나 아직도 미흡한 점은 발음이 정확치 않다는 것, 字高低를 분별 못하는 것, 박력이 없다는 것, 誤讀이 많다는 것 등을 지적할 수 있다. (조원직, 1960)

그러면, 이때의 방송언어는 구체적으로 어떠했는가?

첫째, 음운의 특징부터 살펴보기로 한다.

① [ㅐ]와 [ㅔ]가 혼동되었다.

'배재(培材)'가 '베제', '개최(開催)'가 '게최', '대소제(大掃除)'가 '데소제', '대학교(大學校)'가 '데학교'로 '애[æ]'음의 혼란이 빚어졌다.

② [ㅚ]음이 [ㅞ]음으로 가끔 발음되었다.(이숭녕, 1958)

이것은 전기부터 보이는 현상이다.

웨상(外上), 웨국(外國), 웨교(外交), 쉐(鐵), 훼의(會議), 뒈놈(胡奴)

③ [ㅟ]음이 경우에 따라 단모음으로 발음되었다.

'귀(耳) / 쥐(鼠) / 쉬(易)'의 'ㅟ'가 [wi] 아닌 'ʉ'로 발음되었으며, '귀[kʉ:]'는 꽤 저항을 느끼게 했던 것으로 보인다.(이숭녕, 1958)

④ 높고 긴 [ㅓ[ə]]와 낮고 짧은 'ㅓ[ʌ]'음의 혼란이 빚어졌다.

'전기(電氣)'를 '전기(傳記)'로, '돈벌이'를 '돈 버리-'로 발음하거나 '영원(永遠)'의 '영'을 '영광(榮光)'의 '영'으로 발음하는 따위의 현상이 빚어졌다.

⑤ 음의 장단에 혼란이 일고 있다.

우리말의 음의 장단은 비분절음소로서 작용하는 것인데, 이것이 고유어 및 한자어에서 혼란을 빚어 냈다.

⑥ 외래어가 일본식으로 발음되는 등 잘못 쓰이는 경우가 많다.

반도(band), 부레끼(brake), 캬메라(camera), 아레구로(Allegro), 바이오린(violin), 슈벨트(Schubert), 모찰트(Mozart), 불람쓰(Brahms).

⑦ 기타 방언의 발음이 나타난다.

[ㅓ]의 [ㅡ]화, [ㅏ~ㅘ], [ㅓ~ㅝ]의 혼란, [ㅐ~ㅔ~ㅚ]의 혼란, [ㅚ, ㅘ]의 [ㅙ]와의 혼란, [ㅐ,ㅔ,ㅚ]의 이중모음화, [ㅟ, ㅢ]의 단음화 등이 그것이다. [ㅢ]의 단음화는 전기(前期)에도 지적한 바 있다.

둘째, 어휘면을 살펴보자.

어휘상의 특징은 이미 앞에서 지적한 바와 같이 방언, 외래어 및 한자어가 많이 쓰인다는 것이다.

① 사투리가 씌었다.

하였드랬는데(하였었는데) / 불합격의 베루가(벨이) / 무어들(무엇을) / 거딥니다(것입니다) / 아츰(아침) / 모다(모두) / 소곰(소금) / 즘생(짐승) / 싸홈(싸움)

② 외래어가 많이 씌었다.

외래어가 많이 씌었다는 것은 제4회 아시아 여자 농구 대회 실황 중계의 한두 대목만 보아도 쉽게 알 수 있다.

> 싸이드에서 롱 숫, 잡았습니다마는 우리 한은 김현태 컷해서 지금 앞으로 오버패쓰 오버패쓰, 김현태 나왔습니다. 지금 전종희 양 숫했습니다만 노꼴된 뽈, 다시 리바운드 캐치, 자유중국 순덕킴 컷해서 진수 양 프런트로 나왔습니다. 순덕의 공격, 레승민 양 잡았습니다. 레승민 양 원바운드 패스하려고 했습니다마는 이 순간 레프리 휘쓸 울렸습니다. 그래도 터치 아웃돼 가지고 순덕팀, 순덕팀의 드로우 인 되겠습니다. 자유중국 순덕팀의 드로우 인, 현재 스코아는 사 대 영, 우리 한은 팀, 두로우 인 될 뽈, 우리 한은 컷, 박경희 양 단독 드리블, 뽈 스톱해 가지고 김현태에게, 프런트로 나갔습니다.

③ 한자어가 많이 씌었다.

고쳐 썼으면 하는 몇 개 낱말의 예를 들어 보면 다음과 같다(정순일, 1957).

言明하다(말하다), 回想(돌이켜 생각하다), 過誤(잘못), 締結(맺다), 端緒(실마리), 憑藉(핑게), 龜裂(갈라지다), 濫用(함부로 쓰다), 勃發하다(일어나다), 意義있는(뜻있는), 諸般難問題(여러 가지 힘든 문제), 美 對韓經援(우리나라에 대한 미국의 경제 원조)

空路로 歸國했습니다.(飛行機로 돌아왔습니다.), 海路로 倒着했습니다(배로 닿았습니다), 對中共 禁輸措置案(중공에 대한 수출을 금지 하는 조치안), 軍徵發 補償對策 委員會(군에서 징발한 것에 대한 보상대책을 검토하고 있는 위원회), 一人當(한 사람 앞에)

傷害致死容疑, 需要電力量, 淸算計定方式, 韓美行政協定締結問題, UN軍用役代淸算協定案, 企業別援助資金割當, 五大歸屬營業體

이러한 한자어를 쉬운 말로 고쳐쓰기는 '우리말 바로스기의 실례'(1958)에도 많이 제시되어 있다.

④ 동음어, 유음어, 약어가 많이 쓰인다.

定律-定率, 政府-貞婦·情夫·情婦, 精米-精味, 情報-町步, 從事- 從死, 責問- 策問, 改組-開祖, 攻勢- 公稅, 空輸- 攻守- 空手- 攻守, 日當- 一當, 軍神-君臣-群臣, 停電-停戰, 減水-減收

文總, 勞總, UN, ICA, OEC, 軍縮, 減軍案, 歸財.

⑤ 새로 생긴 俗語(?)가 씌었다.(조풍연, 1958)

하게끔(하게시리), 올바르다(바르다), 도매금으로 넘어간다(떼거리로 넘어간다), 깡패(폭력단), 수지맞는다(이익을 얻는다, 재미본다), 돌았다(미쳤다), 사바사바(부정 거래), 국물(부수입), 기압주다(혼내주다), 근사하다(훌륭하다), 질린다(기막히다), 정통한 소식통(내용을 잘 아는 사람), 아저씨·아주머니(어른이면 아무나 대고 하는 말)…

이들 가운데에는 오늘날 속어라 할 수 없는 것도 있으나, 이들은 당시에 신어로서 거부감을 갖게 했던 모양이다.(조풍연, 1958)

셋째, 구문상의 특징에 대해 살펴보기로 한다.

① 구어체 아닌 문어체의 문장이 많다.

'해서 / 했습니다' 아닌 '하여 / 하였다'는 구어 아닌 문어이다. '하였다·한다 / 되었다'는 '했습니다 / 됐습니다'가 돼야 한다. 그리고 '함은 / 하므로'는 '하는 것은 / 하기 때문에'로 바꾸어야 구어체가 된다. 그런데, 방송 문장엔 신문 문장과 같은 문어체가 많이 씌었다. 더구나 방송 문장은 주어가 앞에 나와야 함에도 신문 문장과 같이 주어가 뒤에 놓이는 경우가 많다. '정통한 소식통'이라든가 '알려진 바에 의하면'과 같은 말투도 신문 문장투이다.

② 번역체의 문장이 많다.

원문에 충실한 외신 기사는 신문 문장에는 어울릴지 모르나, 방송 문장으로는 바람직하지 않다. 이러한 번역투의 문장은 우리식 문장으로 개조돼야 한다. 그럼에도 당시의 방송 문장에는 이러한 번역투의 문장이 많이 쓰였다. 게다가 통신 기사는 전문으로 들어오는 것이며, 이는 줄인 말이 많아서 얼른 알아듣기가 어렵다. 따라서, 문장의 개조를 필요로 하는 것이 많았다.

5. 국·민영 병합 방송 시대의 언어

이 시대는 민영방송사가 다투어 설립되어 민영방송이 꽃을 피우던 시대이다.

1960년대에 들어서 많은 민영방송국이 개국되며, 방송은 군웅할거의 경쟁 시대를 맞이하였다. 그리하여, 방송은 "대중에 영합하며 대중을 참여시키려고 노력함에 따라 지도 계몽보다 자유 분방과 흥미 위주"(崔淨淵, 1977)로 흐르게 되었다. 그 결과 훈련되지 않은 많은 사람이 방송에 출연하게 되어 방송언어에 대한 어느 정도의 규제가 방임 상태로 떨어져, 입에서 '나오는 대로 말하는' 실로 위험스러운 지경에까지 이르게 된 것이 1960년대 방송언어이다.

방송언어의 이러한 혼란으로 말미암아, 공보부 산하의 '방송용어 심의위원회'는 1962년부터 1970년 사이에 방송언어를 꾸준히 다듬는 순화작업을 전개하였다. 이러한 '다듬어진 방송용어'는 1962년부터 '週刊放送'에 연재되었고, 1963년 2월호 이후 '방송'지에 '참고자료'로 연재되었으며, 마침내 1968년 '방송용어사전'으로 결실을 보게 되었다. 그러나, 방송언어의 순화 작업에도 불구하고, 이는 실효를 거두지 못하였다. 그것은 '방송인이 호응하지 않았다'는 것과, 당국이 심의에만 신경을 쓰고 이의 보급에 힘을 쓰지 않았으며, 다듬어진 말이 생소한 것이 있어 외면당했기 때문이었다(최정연, 1977).

그러면, 1960년대의 대표적인 방송언어에 대한 논설로는 어떤 것이 있는가부터 살펴보기로 한다.

차범석, 방송극을 해부한다, 방송 1960. 여름호.
홍은표, 사극과 시대용어(상·하), 방송(1961. 10. 11)

방송문화연구실 연구부, 「아나운서」독본(상), 방송(1961. 12)

모월천, 방송문장 ABC, 방송 7권1호(1963. 1)

정인승, 방송용어의 실제와 타개점.

조상현, 발성법(상) 아나운서를 위하여, 방송(1963. 3)

이성수, 방송극 대사의 시비점-어휘·관습어의 연찬이 선결문제, 방송(1963. 4)

조상현, 발성법(하), 방송(1963. 5)

최현배, 낱낱 풀어쓰기의 중요성-방송용어를 중심으로

崔 雅, 방송용어연구의 방향. 방송문화(1963. 7)

박창해, 올바른 사고 유형을 가짐과 정서의 순화를 위해- 방송용어에 대한 연구, 방송문화(1963. 8)

이성수, 성우와 바른말(상)- 정확·적확한 발음이 기교에 선행, 방송문화(1965. 8)

윤길구, 스포오츠 중계방송의 변천- 우리의 경우.

강찬선, 스포오츠 중계방송의 요령.

임백우, 스포오츠 중계방송의 용어문제.

양한림, 스포오츠 중계방송의 제문제.

이성수, 성우와 바른말(하), 방송문화(1963. 9)

천홍범, 「아나운서」에의 추구, 방송문화(1963. 10)

이성수, 방송극과 용어문제.

장기범, 「아나」생활 열다섯 해 放文研究室班, 보도방송의 전달요령, 방송문화 1(1963. 12)

전영우, 방송어, 방송문화, 통권 8호(1968. 11)

이성수, 아나운서 노-트(1), 방송문화, 통권 13호(1969. 4)

이성수, 아나운서 노-트(2), 방송문화, 통권 14호(1969. 5)

이성수, 아나운서 노-트(3), 방송문화, 통권 15호(1969. 6)

이성수, 아나운서 노-트(4), 방송문화, 통권 16호(1969. 7)

이성수, 아나운서 노-트(5), 방송문화, 통권 17호(1969. 8)

이러한 논설로써 알 수 있는 1960년대의 방송언어는 다음과 같은 특징을 지닌다.

첫째, 음운의 특징부터 살펴보자.

이때의 방송 종사자의 발음에 대해서는 다음과 같이 이르고 있는 것을 볼 수 있다.(이성수, 1969)

> 또한 현재 방송에 종사하는 사람(아나운서, 성우, 탤런트, 연사 및 그 밖의 가수 등을 망라한)들 중에는 거의 전부가 발음을 제대로 못하는 사람들이 많다는 것을 지적하고 싶다.

이로 보아 알 수 있듯 1960년대 방송언어의 발음은 많은 문제성을 안고 있음을 알 수 있다. 이때의 특징적 경향 몇 가지를 제시해 보면 다음과 같다.

① [ㅐ]와 [ㅔ]가 제대로 구별되지 않는다.

大統領[데: 통령], 大學[데: 학], 改正[게: 정], 個性[게: 성], 내것[네것], 大邱[데: 구], 大田[데전], 貸與[데: 여], 大砲[데: 포], 賣買[메메], 媒介[메: 게], 排擊[베: 격], 빼 놓고[빼놓고], 齋洞[제동], 財政[제: 정], 財産[제: 산], 佩物[페물], 覇氣[페: 기], 敗者[페: 자], 敗北[페베], 解放[헤방]

② [ㅘ]의 [ㅏ]화

국민과[--가--] 정부, 경찰인과[--가--] 민간인, 기념식과[--가--] 공연, 外觀上[외간상], 文化人[문하인], 謝過[사가], 王冠票[왕간표], 靑瓦臺[청아대], 奪還[탈한], 童話[동하], 光化門[강하문]

③ 된소리화

방송 종사자들이 무정견(無定見)하게 까닭없이 된 발음을 남발하고 있는 것으로 지적되고 있다(이성수, 1969).

고추[꼬추], 세다[쎄다], 장아찌[짱아찌], 색시[쌕씨], 속인다[쏙인다], 違法[윗뻡], 관건[광껀], 效果[효꽈], 김밥[김빱], 생쌀[쌩쌀], 생트집[쌩트집], 件數[건수], 백척간두[백척깐두], 고사리[꼬사리], 거미줄[꺼미줄], 감는다[깜는다], 검다[껌다], 곶감[꼭깜], 수수[쑤수], 거꾸로[꺼구로], 구어서[꾸어서], 삶는다[쌈는다], 도시락[또시락], 교과서[꾯꽈서], 빛이 난다[삐치난다], 속았다[쏙았다], 바가지[빡앗치], 공짜[꽁짜], 줄었다[쭐었다], 부지깽이[뿌지깽이], 종이[쫑이], 자백이[짜백이], 조건[쪼건, 쪽껀], 내것[내껏], 네것[네껏], 쟈 것[쟤껏](이성수, 1969)

④ [ㅚ]의 [ㅞ]화

[ㅚ]를 거개가 [ㅞ]로 발음한 것으로 보인다(이성수, 1969).

⑤ [ㅢ]의 [ㅔ]화

조사로 쓰일 때 [의]가 [에]로 발음되었다.

⑥ 자음접변의 확장

자음의 잘못된 위치동화가 많이 나타난다(연구개음화·양순음화).

관가[광가], 근거[긍거], 논거[농거], 단가[당까], 문과[뭉꽈], 반가운[방가운], 본관[봉관], 선거[성거], 안개[앙개], 천국[청국], 재산가[재상가], 재판관[재팡간], 한강[항강], 노래 한곡[항곡], 단번에[담버네], 천번만번[첨번맘번], 맨밥[맴밥], 분명[붐명], 반말[밤말], 본보기[봄보기], 분부[붐부], 산물[삼물], 심한 분[심한 분], 인민[임민], 진미[짐미], 원만[웜만], 연분[염분], 인명[임명], 삼천만[삼첨만], 이천만[이첨만], 어언간[어엉간], 끝마추었다[끔마추었다], 만물박사[맘물박사], 민판서[밈판서], 난감[낭감], 잔말 말구[잠말-]

⑦ 음장(音長)의 혼란

눈(芽)과 눈:(雪), 발(足)과 발:(簾), 밤(夜)과 밤:(栗), 벌(原)과 벌:(蜂), 솔(松)과 솔:(刷毛), 굴(牡蠣)과 굴:(窟), 매(笞)와 매:(鷹), 間間이(간살마다)와 間 : 間이(가

곰가곰), 강간(强肝)과 강간(强:姦), 고성(高城)과 고성(高:城), 공자(公子)와 공자
(孔:子), 사기(砂器)와 사기(史:記), 방화(放火)와 방화(放:火), 공산(空山)과 공산
(共:産), 관용(官用)과 관용(慣:用), 공용(公用)과 공용(共:用), 사용(私用)과 사용
(使:用)

둘째, 어휘상의 특징에 대해 살펴보자.

정인승 씨는 방송어휘에 대해 다음과 같이 이르고 있는 것을 볼 수 있
다(정인승, 1963).

어떤 방송국이든지 아나운서 되는 분들은 대개 훌륭히 세련된 말을 사용하
지마는, 간혹 그렇지 않은 경우도 더러 있으며, 특히 연사되는 분들 중에는 사
투리는 물론이요, 일반 대중에게 어울리지 않는 한자말, 외국말, 일본식 용어와
말투를 함부로 쓰는 일을 흔히 본다.

이러한 어휘 사용은 전기와 별로 다를 바 없는 것이다. 이 시대에는 민
영방송의 각축으로, 훈련을 받지 않은 사람들이 대거 방송에 출연함으로
방송언어가 더욱 혼란스럽게 되었을 뿐이다. 이 가운데 일본어의 잔재와
한자어를 몇 개 제시해 보면 다음과 같다.

① 일본어의 잔재

네지마시(나사뽑이), 貸家(셋집), 貸切(전세), 매출(판매), 목하(지금), 반수(반소
매), 백묵(분필), 신입(신청), 수부(접수), 세대(가구), 소사(사환), 심인(사람찾기),
심득(유의), 인부(일군), 입체(선대), 우편국(우체국), 역할(소임), 이자(길미·별
미), 조회(대조), 잔고(남은 액수), 정미(정량), 조수(보조), 전야제(잔치), 지입(위
탁), 차인(남은 것), 취체(금령·단속), 촌법(치수), 초자(유리), 천연두(마마), 천기
(날씨), 취사장(부엌), 퇴치(격퇴), 편도(가는 길, 한번 길), 품절(절품), 화식(왜식),
호열자(코레라), 회람(통문), 행선지(향방), 하리(설사), 흑판(칠판), 일응(일단),

마아(저어), 에에또(저어)

② 어려운 한자어

방송용어심의회 제12차 회의('63.1.14)에서 순화하기로 통과된 일반용어 64개를 참고로 제시하여 한자어 사용 경향을 미루어 짐작하기로 한다.

가급적(될 수 있는대로, 되도록, 아무쪼록), 가능성(될 수, 할 수, 가능성), 假拂金(임시 치름 돈, 가불금), 架設(놓기, 매기), 假飾(거짓 꾸밈), 可用資源(쓸 수 있는 자원, 가용자원), 가정하다(가정하다, 치다), 家族手當(가족수당), 家主(집임자, 집주인), 可憎하다(얄밉다, 밉살스럽다), 가출(집나감), 可하다(좋다, 가하다), 加하다(더하다, 보태다, 가하다), 脚本(극본), 각색(극본 꾸미기(꾸밈)), 各位(여러분), 각종(여러 가지, 여러 종류), 角逐戰(각축전), 却下하다(퇴하다, 물리치다), 각항(각항, 각 사항), 간식(간식, 샛밥, 군음식, 주전부리), 干與하다(참견하다, 관계하다), 간주하다(보다, 여기다, 치다), 感度(감도), 鑑하여(비추어), 강구하다(강구), 개각(개각), 開封(봉떼기), 槪算(어림, 어림셈), 개인전(개인 전시회, 개인전), 改悛(회개, 개심), 개정(고침), 개찰(표 끊기, 표 찍기), 개최(열기), 巨步(큰 걸음), 거시적(크게 보는, 거시적), 件名(제목, 사건 이름, 안건 이름), 建設相(건설 모습), 乞人集團(거지떼, 거지패), 검토하다(검토하다, 따져보다), 게양(달기, 올리기), 게재(싣다, 실리다), 격세감(딴세상 느낌, 세대 바뀐 느낌, 세대 거른 느낌), 隔日(날거리, 하루 걸러, 격일), 격일 교대(날거리 번, 격일 번), 見積(어림셈, 견적)

셋째, 구문상의 특징에 대해 살펴보자.

구문면의 특징은 전기와 같이 문어체와 번역체의 문투를 벗어나지 못했다는 점이다. 그리고, 출연자를 너무 높이거나, "방자한 언사를 농"하여 경어 사용에 문제성이 많았다. 그러나, 이때에는 자유당 시절 '대통령 각하'니, '대통령각하께서'니 하던 '각하께서, 께옵서' 따위의 말투가 쓰이지 않게 되었다(이성수, 1965. 5).

이 밖의 특징으로는 장문의 복잡한 구문, 역피라미드형 문장을 들 수 있다.

> 서울대학교 데모 학생들은 중앙공업연구소 앞에 이르렀을 때 사진을 찍던 동대문 경찰서 정보계 민모 형사는 학생들에게 붙잡혀 집단으로 구타를 당하기도 했으며, 또한 서울 미술대학 구내에서 데모 현장을 찍던 조선일보의 민영식 기자는 기동경찰에게 집단으로 얻어맞기도 했습니다. (DBS, 1965)

이는 장문의 복잡한 구문의 예이며, 다음은 역피라미드형 문장의 예이다.

> 오늘 낮 12시 10분경 신설동에서 동료들과 함께 데모를 벌이던 고려대학교 철학과 2년 23살 김득길 군은 데모를 막기 위해서 동원된 헌병 찝차에 치어서 중태에 빠진 채 수도의과대학 부속병원에 입원했는데 이 시간 현재 의식을 찾지 못하고 혼수상태에 빠져 있습니다. (DBS, 1965)

1960년대의 방송언어가 극도로 혼란을 빚은 데 대해 1970년대의 방송언어는 다소 순화 정리되었다. 그것은 1976년 이후 국어순화운동이 범국민적 운동으로 전개되며 방송인들이 자각을 하고, 당국도 적극적으로 규제를 가하기 시작했기 때문이다.

방송언어에 대한 구체적인 순화 작업으로는 1972년 3월 문화방송이 '방송용어심의위원회'를 발족, 방송언어를 순화한 것을 비롯하여, 1974년 6월 방송윤리위원회가 '방송용어자문위원회'(1977년 '방송용어심의위원회'로 개칭)를 발족, 순화 작업을 편 것을 들 수 있다. 방송윤리위원회는 1974년 6월부터 1979년 10월에 걸쳐 1,667건의 방송용어 다듬기 사업을 전개하였다. 이때의 내역을 보면 다음과 같다.

- 어려운 말 풀어 말하기 ·······················745건
- 비속어·은어 ··································215건
- 발음 ···17건
- 어법 ···46건
- 외래어 ·······································103건
- 운동경기용어 ·································541건

이 밖의 방송윤리위원회는 두 번의 '방송용어 순화를 위한 공개좌담회'를 개최하였고, "방송용어집"을 발간하였으며, "방송윤리"지를 통해 방송용어 순화를 위해 꾸준히 노력하였다. 그리고, 방송사에 구체적으로 방송언어 순화에 대한 권고 결정을 하였다. 이제 그 대표적인 것을 제시해 보면 다음과 같다.

방송언어 순화를 위한 권고 결정

일부 공개방송 프로그램 및 D·J, 프로그램의 사회자와 출연자 사이의 대화에서 비어·속어 등 불건전한 언어나 외래어, 틀린 말 등이 무분별하게 사용되는가 하면 객담·사담·잡담·말장난 등 무익한 내용이 빈번하여 국민의 올바른 언어생활이나 정서 함양을 저해함은 물론 방송 품격 유지에도 문제점이 제기되고 있어 앞으로 이와 같은 방송 사례가 방송되는 일이 없도록 권고키로 함.(1978. 7. 6 결정)

또 '건전방송 강화를 위한 권고 결정'에는 방송용어 가운데 다음과 같은 것에 각별히 유의할 것을 권고하고 있다.

- 비속어 은어와 무분별한 외래어 및 사투리 사용
- 경조부박(輕佻浮薄)하고 불결한 소재 및 지나친 말장난(1979. 2. 15. 결정)

또한 1979년 3월에는 '방송에서의 사투리 정화에 관한 권고 결정'을 한 것을 볼 수 있다.

방송에서 사투리를 분별없이 남용함은 국민의 올바른 언어생활과 일체감을 해침은 물론 어린이 교육에도 나쁜 영향을 미칠 것이 우려되므로 앞으로 방송에서의 사투리 사용은 다음 내용에 따르도록 권고하기로 함.

ー다 음ー

가. 어린이 시간 및 어린이 대상 프로그램은 사투리를 원칙적으로 사용하지 아니한다.

나. 사투리는 방송 내용상 그것이 당위적이거나, 필연적인 경우에는 사용하도록 하며, 막연히 흥미삼아 쓰는 일이 없도록 한다.

다. 방송에서의 등장인물의 사투리 사용은 그 인물에 긍정적으로 묘사될 때이며, 이러한 경우에도 그 지역 주민에게 반감을 주는 일이 없도록 바르게 쓰도록 한다.(1979. 3. 2 결정)

그리고, 1978년에는 '운동경기 방송용어 순화에 관한 결정'도 한 것을 볼 수 있다.

운동경기 외국어 용어를 우리말로 순화시킴은 물론 국민의 올바른 언어생활을 계도할 목적으로 문교부(국어심의회, 국어순화운동협의회)의 심의를 거쳐 확정된 운동경기 우리말 방송용어를 다음과 같이 시행함.

ー다 음ー

가. 방송시행 : 1979년 1월 1일부터.

나. 경기용어 총수 : 야구, 축구, 농구, 배구, 권투 등 541개

다. 시행방법 : 운동경기 방송용어집에 의거 다음과 같이 시행함.

X 표는 바꿈말만 사용

○ 표는 바꿈말과 외래어 병용

→ 표는 되도록 바꿈말만 사용

※ 표는 외국어 사용(1978. 11. 2 결정)

이 밖에 광고 방송용어 순화를 위해서도 여러 가지 결정을 한 것을 볼 수 있다.

광고방송 정화를 위한 권고 결정

라. 광고문안에서 맞춤법, 띄어쓰기의 정확화와 언어습관에 유해로운 내용.

마. 과장 및 타상품을 배척하는 내용.(1979. 2. 6 결정)

광고 상업문의 우리말 사용 권고 결정

광고방송에서 상품명, 상표 등 고유명사를 제외하고는 점차 우리말을 사용하도록 권고함.(1979. 5. 13. 결정)

여성용품, 생리대 및 피임 용구의 심의기준 결정

○상업문 : 생리대 및 피임도구의 사용에 관한 직접 표현이나 암시적인 간접 표현(1976. 6. 17 결정)

여성용 내의 광고에 관한 심의기준 결정

가. 선정적이고 자극적인 동작, 표정 및 상업문(1976. 8. 19 결정)

광고노래(CM송) 삼의기준 결정

가. 가사

(2) 저속하고 품위없는 표현으로 비속감을 주는 표현

(4) 바른 언어생활을 해칠 우려가 있는 은어·속어·외래어 등을 사용하는 내용(77. 10. 27)

따라서, 1970년대는 방송윤리위원회에 의해 방송언어 순화운동이 두드
러지게 꾀해진 시기라 할 수 있다.

한편 KBS도 1973년 '방송용어심의위원회'를 구성했으며, 'KBS 표준방
송용어 사례집, 제1집 각계 인사의 의견'을 간행한 바 있고, 아나운서실에
서 '방송용어 순화집' 1~2(1977~1978)를 간행, 방송에 활용하도록 하였다.

이 밖에 방송언어에 대한 논의로는 앞에서 언급한 1977년의 4월과 10
월 두 번에 걸쳐 개최된 공개 간담회와, 1979년 11월 '방송말의 정화'란 주
제로 열린 제10회 방송윤리 세미나의 주제 논문이 있는데, 이들이 그 대
표적인 것이라 할 수 있다.

이응백, 방송에서의 언어생활의 새로운 방향, 방송윤리 제115호(1977. 4)
이경복, 방송말이 국어생활과 국민정신에 미치는 영향- 외국말이 남용되는
　　국어현실을 중심으로, 방송윤리 제115호(1977. 4)
전영우, 방송어의 현황과 문제점, 방송윤리 제115호(1977. 4)
이두후, 방송말이 청소년 정서에 미치는 영향, 방송윤리 제115호(1977. 10)
최정연, 방송용어의 현황과 문제점(1977. 10)
박갑수, 방송언어 순화의 효과적 방안(1977. 10)
이응백, 방송말과 국민의 언어생활(1977)
전영우, 방송말의 현황과 문제점(1979)
김열규, 방송말에서의 표준어와 사투리(1979)

이 밖의 논설로는 다음과 같은 것이 있다.

방륜조사연구실, 방송코미디물 성향분석, 방송윤리(1976. 1)
방륜, 심의결정 방송용어, 방송윤리(1977. 3)
한갑수, 방송용어 순화를 위한 나의 제언, 방송윤리(1977. 6)
박춘섭, 방송문·방송용어연구(1), 방송월보(1977. 2)

박춘섭, 上同(2), 방송월보(1977. 3)

박춘섭, 上同(3), 방송월보(1977. 4)

이경복, 국어 정화와 방송말, 방송윤리(1979. 8)

이응호, 방송과 언어, 방송월보(1979. 10)

박갑수, 방송언어 순화에 대한 나의 제언, 방송윤리(1980. 4)

양성수, 바른말 고운말을 마치면서, 방송월보(1980. 4)

그러나, 이러한 순화운동에도 불구하고 방송언어는 바람직하게 아직 순화되질 못하였다. 방륜(放倫)에서는 1976년 이래 매년 방송윤리 심의평 가서를 내고 있는데 1976년 이후의 평가서에서는 보도용어에 다음과 같 은 내용을 담고 있다.

방송에서 쓰이는 말이나 용어는 표준말이어야 하며 품위 있고 알아듣기 쉬 운 것이어야 한다.

최근에 들어 아나운서에 의한 뉴스 전달이 줄어들고 기자가 직접 취재 보도 하는 형태가 늘어남에 따라 취재기자의 사투리 사용이나 그릇된 말의 사용이 문제점으로 제기되고 있는 바 각별한 주의와, 언어에 대한 훈련이 필요하다 하 겠다.

또한 흔히 볼 수 있는 보도방송의 용어사용 문제점으로는 문어체나 한 자식 어려운 말의 사용을 들 수 있는데, 시각에 호소하는 활자매체와는 달리 방송 (라디오)은 청각에 호소하는 것이므로 구어체이어야 하며, 들어서 쉽게 이해할 수 있어야 한다.

따라서, 쉽고 바르고 정확한 문장과 용어의 사용이 바로 보도용어의 방향이 라 하겠다(방송윤리 심의평가서, 1976).

방송어는 동시에 여러 사람을 대상으로 하는 일반어일 뿐만 아니라, 음성언 어(입말)이고, 또 강한 시범성을 갖기 때문에 표준어이어야 하며, 품위있고 알 아듣기 쉽고 분명해야 하며, 바르고 곱고 자연스러워야 하는 것이다. 그러나 보 도용어의 경우를 보면 종래에 비교적 언어 훈련이 잘 된 아나운서가 주로 보도를 담당할 때에는 언어 관계의 문제점이 적은 편이었으나, 최근에 들어 '뉴스의 현장감'과 관련하여 취재기자에 의한 직접 보도가 점차 늘어감에 따라, 표준어에 대한 감각이 무너지고, 그릇된 발음이나 어법 사용 등이 적지 아니하여 방송언어의 순화에 문제점이 되고 있는 것이다.

더구나 방송언어는 청각에 호소하는 음성언어이기 때문에 어려운 한자어나 동음어가 많은 한자어는 가급적 쉽게 풀어 말하여야 함에도 이러한 원칙이 제대로 실천되지 못하고 있으며, 때로는 진행자나 취재기자의 보도에서 지방 사투리나 외래어 및 외국어가 불필요하게 사용되는 예도 없지 않은 실정이어서 보도관계자의 언어에 대한 책임성이 한층 요구되고 있다 하겠다(방송윤리 심의평가서, 1979).

이렇듯 1970년대에는 현장감과 관련하여, 훈련되지 않은 기자가 대거 방송에 참여함으로 방송언어가 커다란 문제점으로 제기되기도 하였다.

그러면 국·민영 병합 방송 시대의 방송언어의 특징은 어떠한가? 이 시기의 방송언어에 대한 논설과 구체적인 자료를 바탕으로 이들 특징을 살펴보면 다음과 같다.

첫째, 음운상의 특징을 살펴보자.

1960년대의 음운상의 특징으로 우리는 'ㅐ > ㅔ'의 혼란, 'ㅘ > ㅏ'화, 'ㅚ > ㅔ'화, [ㄴ > ㅇ/ㅁ]화 등 자음접변의 확장, 경음화, 음장(音長)의 혼란 등을 들었었다. 이러한 경향은 1970년대에 더욱 강화된다.

그러나, 이와는 다른 두드러진 특징도 보여 준다. 그것은 아나운서의 억양이 종전의 변사조(辯士調)에서 회화조로 바뀌었다는 것이다. 천홍범은 다음과 같이 지적하고 있다(천홍범, 1963).

한국방송 '아나운스' 형태는 삼단계로 나누어 볼 수 있다고 생각한다. 해방을 전후한 '아나운스' 형태와, 6·25를 전후한 '아나운스' 형태, 그리고 현금의 '아나운스' 형태, 이런 삼단계의 구분을 해 본다. 해방 전후, 6·25 전후의 '아나운스멘트'가 발설과 변사조의 '멋'이나, 전황(戰況)을 알리는 급박한 통신조의 굳은 스타일에 비해서 현금의 평화롭게 '얘기하는 스타일'은 한결 그것에 비해 청취자들과 밀접해졌고 친근감을 둘 수 있도록 발전되어 왔으나, 결코 그것은 완성된 것은 아니다.

이렇게 1960년대에 이미 '얘기하는 스타일'이 등장, 청취자와 친밀감을 갖게 된 것으로 되어 있으나, 본격적으로 과거의 변사조 및 통신조를 탈피하게 된 것은 1970년대인 것으로 추정된다. 이러한 어조의 변화는 방송 언어에 대해 시대적으로 다른 인상을 느끼게 한다. 이 밖에 음운상의 문제로서는 유성음 사이의 평음의 경음화를 들 수 있다.

금년도(今年度) → 금년또 / 내년도(來年度) → 내년또 / 창고(倉庫) → 창꼬 / 고지(高地) → 고찌 / 전격적(電擊的) → 전격쩍 / 교과(敎科) → 교꽈 / 참고 (參考) → 참꼬 / 도당(徒黨) → 도땅 / 진지(陣地 → 진찌 / 고가도로(高架道路) → 고까도로 / 불법(不法) → 불뻡 / 양담배(洋--) → 양땀배 / 등기(登記) → 등끼 / 전화 번호(電話番號) → 전화뻔호.

둘째, 어휘상의 특징을 살펴보자.

1970년대 어휘상의 특징은 1960년대와 대동소이하다. 다만 커다란 특징이 있다면 1970년대에도 그것이 실효를 거두지 못하고 예나 다름없었다는 것뿐이었다. 이러한 사정은 放倫의 "방송용어 순화 사업의 문제점" (방송윤리, 1979.10)에 잘 나타나 있다.

가. 한자식의 어려운 말에 대하여는 쉽게 풀어 말하도록 하기 위하여 이를 다듬어 각 방송사에 활용토록 권장하고 있으나 잘 활용되지 않고 있는 실정임.

나. 비어, 속어, 은어 등 불건전한 언어의 사용을 적극 억제하기 위해 방송심의를 강화하고 있으나, 방송극이나 코미디 등에서 극적 효과나 리얼리티를 높인다는 의도에서 비속어가 사용되는 예가 많은 실정임. 특히 반공수사극이나 범죄수사극에서 사용 빈도가 높은 편임.

다. 방송에서의 사투리 사용은 당위성이나 필연성이 있는 경우를 제외하고는 적극 억제토록 권고한 바 있으나, 방송극 등에서 흥미 본위로 막연하게 쓰거나, 정확성도 없이 몇 개의 특징만 갖고, 작의적(作意的)으로 사용하는 예가 많음.

라. 가수, 코미디언 등 인기 연예인이 주로 사회를 맡고 게스트로 출연하는 라디오의 공개방송 프로그램이나 D·J 프로그램에 비속한 언어나 외래어 및 틀린 말 등 품위 없는 말의 사용이 빈번한 편임.

마. 광고방송의 외국어 상품명 사용에 대하여는 관계기관(보사부, 시·도, 공업진흥청, 특허청)에 상품(또는 상표) 허가 과정에서 가급적 우리말로 표기하도록 행정적으로 유도하여 줄 것을 협조 요청한 바 있으나 잘 이행되지 않고 있음.

바. 본 위원회와 문교부의 심의를 거쳐 선정된 운동경기 우리말 방송용어(야구, 축구, 농구, 배구, 권투 등 541개)에 대하여는 각 방송사에 적극 사용토록 하고, 또 2차에 걸친 평가회를 개최한 바 있으나, 아직도 시행에 미흡한 요소가 많은 편임.

셋째, 구문상의 특징을 보자.

1970년대의 구문상의 특징은 1960년대와 대동소이하다. 다만 문어체와 번역체의 문투는 외신 등의 영향으로 더 두드러지게 되었다고 할 수 있다. 이 시기의 구문을 포함한 방송언어에 대한 지적을 보면 다음과 같다 (이덕호, 1979).

아나운서가 말해 내는 말의 문장 구조가 도시, 우리말인가, 거기에 쓰이고 있는 어휘들은 언제 저러한 의미로 쓰였으며, 저러한 어휘 결합을 가지고 있었던가 하는 생각들이 끊임없이 떠오른다. 발음에 이르러서는 더욱 이러한 인상이 짙다.

이제 이러한 방송 문장의 특징을 몇 개 제시해 보면 다음과 같다.

① 번역문체가 많다.

  민족회복 국민회의는 성명을 통해 최근 언론 기관의 기자 해임 사태는 경영주와 기자들을 이간시키려는 관권의 음성적인 개입에 원인이 있다고 주장했습니다. (CBS, 1975)

② 문어체의 문장도 많이 쓰인다.
난해한 한자어가 많이 들어 있는 문어체의 문장이 쓰인다.

  정부는 외국인 투자 업체에 대한 수출조건 위험 여부에 대한 조사에 착수해서 작년 하반기 생산 효과에 대한 수출조건을 이행하지 못한 투자업체는 면제된 조세를 추징하는 한편, 이행률이 낮을 때는 허가를 취소하는 등 강력한 조처를 취할 방침입니다. (DBS, 1975)

③ 장문의 복잡한 구문의 문장이 많이 쓰인다.

  그래서 때로는 비문을 이루기도 한다. 민주회복 국민회의는 기자들의 정당한 요구를 파면이라는 형식으로 봉쇄한다면 그러한 언론 기관에 대해서 구독 거부와 집필 거부, 광고 게재 거부, 취재의 편의를 제공하지 않을 것이며, 각 언론 기관은 동아·조선의 사태가 전면적인 언론 탄압의 일환임을 감안, 스스로 대처하고 권익을 지키는 공동으로 투쟁할 것을 호소했습니다. (CBS, 1975)

④ 주어 앞에 많은 수식어가 놓인 신문 문장형의 역피라미드형 문장이 많다.

> 사이공, 월남 전 지역에 걸쳐 지난 73년 1월에 파리·베트남 평화협상 이래 최대의 군사 공세를 벌이고 있는 월남 공산군은 어제 사이공 서북쪽 70km의 트리타목을 점령했으며, 중부 고원지대의 심장부인 탈라크성 성도 밴배트호시에서는 증원된 정부군과 공산군 사이에 사흘째 시가전이 계속되고 있다고 월남군 사령부가 발표했습니다. (CBS, 1975)

⑤ 대부분의 문장이 구어체로 바뀌었다.

문어체가 남아 쓰이기는 하나 대부분의 문장이 구어체로 바뀌었다.

> 동아의 낮 뉴스입니다. 국회는 오늘 11개 상임위원회를 일제히 열어 소관부처에 대한 현황 설명을 듣고 있습니다. (DBS, 1975)

6. 공영방송 시대의 언어

1980년에는 언론이 통폐합되고, 언론기본법이 공포되었다. 이로 인해 종래 공영방송과 상업방송으로 이원화되었던 방송은 공익 우선의 공영방송체제로 바뀌어 KBS와 MBC의 2대 네트워크로 전환되었다. 그리고, 언론기본법 및 동 시행령에 따라 방송위원회와 방송심의위원회 및 언론중재위원회가 설치되었다. 이로 말미암아 종래 문제가 되어 오던 상업방송의 언어 혼란의 문제는 일단 제도적으로 사라지게 되었다. 그리고, 종래 放倫이 담당해 오던 방송언어 순화와 이의 계도적인 작업은 방송심의위원회가 관장, 계속 수행함으로 방송언어의 문제는 점차 해결될 것으로 기대

된다. 방송심의위원회는 1982년 2월호 '방송심의'지에 "방송언어와 순화", 동 10월호에 "방송말, 무엇이 문제인가"란 특집을 내는 등 방송언어에 관심을 보였고, 방송위원회 또한 '방송연구'지에 방송언어에 대한 특집을 마련 방송언어에 관심을 기울이고 있다.

이제 이들 가운데 대표적인 논설을 들어 보면 다음과 같다.

서강화, 방송말씨의 재고(방송심의, 1981. 8)

정재도, 방송과 바른 우리말

김주환, 방송언어의 실태와 문제점

이진호, 청소년과 방송말(방송심의, 1982. 2)

송지영, 방송말 순화에 보다 많은 노력을(방송심의, 1982. 4)

정중헌, 스포츠 방송 현황과 개선 방향

박갑천, 방송언어의 품격(방송심의, 1982. 7)

이철수, 방송언어의 윤리

윤석연, 말하는 태도·억양·예의에 신중을

이두헌, 시청률 의식하여 비속어 남용하는 사례 없어야

이경복, 우리말의 소중함 깨달을 때 방송말의 문제 해결돼

신기상, 정확한 표준어, 정확한 사투리 사용을

박용규, 외래어 표기의 통일 바람직

신상현, 보도용어의 순화와 문제점

이철원, 경기용어의 우리말화(방송심의, 1982. 10)

이현복, 표준말·표준발음의 사용 의무화 해야(방송심의, 1983. 1)

김 용, 방송과 스포츠 용어(방송심의, 1983. 3)

이진형, 스포츠 중계방송, 밀도가 아쉽다(방송심의, 1983. 6)

김상준, 방송말 순화- 현실 진단

이응백, 방송말 순화- 실질적인 개선 방안(방송심의, 1983. 10)

신기상, 방송말에 할 말 있다(방송심의, 1984. 1)

한갑수, 말을 바로 쓰는 방송인(방송심의, 1984. 4)

논단(論斷), 방송에 있어서의 외국어 사용 문제(방송심의, 1986. 2)

이병혁, 언어오염이 코미디일 수 없다

이병근, 언어윤리를 파괴하지 않아야(방송심의, 1986. 3)

박갑수, 방송언어, 무엇을 어떻게 순화할 것인가(방송심의, 1986. 4)

남광우, 경기중계방송, 국민존중의 정신을

최기호, 올바른 방송언어① 어느 나라 광고인가(방송심의, 1986. 9)

최기호, 올바른 방송언어② 방송언어의 일본말 찌꺼기(방송심의, 1986. 10)

최기호, 올바른 방송언어③ 말본에 맞는 방송언어(방송심의, 1986. 11)

조풍연, 방송언어의 석금(昔今)- 국어는 문화 중의 문화재

박갑수, 방송언어의 문제점과 개선 방안(방송연구, 1982. 가을)

이현복, 방송언어의 순화와 표준화(방송연구, 1983. 겨울)

이현복, 청소년의 언어생활과 방송(방송연구, 1984. 여름)

박갑수, 방송언어의 바람직한 방향(방송연구, 1984. 겨울)

박갑수, 국민의 언어생활과 방송언어

이병혁, 방송언어의 언어사회학적 고찰

이응백, 방송에서의 올바른 경어

이은정, 방송언어의 발음

신상현, 외래어의 제문제

김열규, 방송매체와 지방어(방송연구, 1986. 여름)

이현복, 방송매체의 언어순화운동

토론회, 방송언어 순화방안(방송연구, 1986. 가을)

박갑수, 사례를 통해 본 방송언어의 문제점- 발음을 중심하여-(방송연구, 1986. 겨울)

박갑수, 방송언어의 문제점과 개선 방안연구, 방송 조사연구 보고서 제4집 방송위, 방송심의위(1983. 2)

전영우, 방송언어의 순화방안에 관한 연구, 상동 제10집, 방송위원회(1986. 10)

그리고 1980년대의 방송언어에 대해 특기할 것의 하나는 1982년 10월 'KBS 한국어 연구회'가 탄생된 것이다. 이 연구회는 논문집 및 자료집을

간행하고, 순화 강연을 꾀하는 등 방송언어의 문제를 본격적으로 연구하고, 국어 순화를 실천하고 있다. 이제 "연구논문집"의 논제를 살펴보면 다음과 같다.

이현복, 외국의 언어순화운동
박갑수, 국어순화의 현황과 전망
이응백, 방송을 통한 국어순화운동
전영우, 국어순화와 관련한 방송어 문제(제1집, 1982. 10)
박갑수, 한국 언론이 전개한 국어순화
서강화, 방송언어의 존재 양식(제2집, 1983. 4)
이현복, 한국어 표준발음의 현황과 음성교육의 필요성 -혼란의 원인과 대책
김　호, 국어순화 이제(二題)(제3집, 1983. 10)
이현복, 표준발음의 필요성과 보급을 위한 대책
박갑수, 우리말의 허상과 실상(제4집, 1983. 12)
이응백, 방송언어의 이상
강신항, 현대 한국인의 외국어 및 외래어 어휘 사용 양상과 그 문제점(제5집, 1984. 2)
이응백, 입문기의 문자 및 언어지도 문제
김주환, 텔레비전과 어린이(제6집, 1984. 5)
김민수, 국어순화와 방송언어
남광우, 방송언어와 어문교육
박갑수, 방송언어의 현상과 반성
이기문, 국어의 어원 연구에 대하여
김상준, 시청자와 방송언어(제7집, 1985. 1)
강신항, 통일문법 교과서의 주요 내용
이철수, 방송언어와 표준발음(제8집, 1985. 3)
KBS 한국어연구회, 방송 가요의 노래말 조사 연구
박갑수, 가사의 실상과 문제점
이현복, 방송가요의 노래말에 관한 음성학적 연구

김석민, 우리 가요의 회고(제9집, 1985. 5)

이응백, 금기어

박갑수, 방송의 금기어에 대하여(제10집, 1985. 12)

김석득, 창조력과 말의 순화

이용주, 국어생활 자질향상의 문제점

이주행, 방송어법의 문제점과 그 개선 방안에 관한 소고

최진근, 방송언어 실태의 분석적 연구

서재원, 복합어 및 파생어에 있어서 발음 문제(제11집, 1986. 1)

구인환, 순화되고 품위 있는 방송언어

조동표, 86아시아 경기대회와 스포츠 방송(제12집, 1986. 3)

이응백, 올바른 국어 발음

박갑수, 우리말의 오용과 순화(제13집, 1986. 4)

이상 1980년대 방송언어에 대한 논설을 살펴보았거니와, 이때의 방송언어는 구체적으로 어떠한가 살펴보기로 한다. 1980년대 방송언어는 우선 난해한 한자어 및 동음어의 사용이 감소되는 추세를 보인다. 그러나, 방언 및 비속어의 사용은 여전해 방송언어의 문제점으로 제기되고 있다.

그러면, 이들을 언어의 구조적인 면에 따라 살펴보기로 한다.

첫째, 음운면부터 살펴보자.

음운상의 특징은 1950년대 및 1960년대 이후의 특징이 계속 반영된다. 다만 이런 현상 가운데 'ㅐ~ㅔ' 'ㅓ~ㅡ'의 혼란, 'ㅓ'의 혼란, '음장의 혼란' 'ㅚ>ㅞ', 'ㅗ>ㅜ', 'ㅘ>ㅏ'화, 및 경음화, 자음접변의 확장 등이 강화된다. 이제 이들 특징을 제시해 보면 다음과 같다.

① 모음의 변동이 심하다.

단모음의 변동으로 ㅔ[e]의 ㅐ[ɛ]화, ㅐ[ɛ]의 ㅔ[e]화, ㅏ[a]의 ㅓ[ʌ]화,

ㅚ[ø]의 ㅜ[u]화, ㅓ[ʌə]의 ㅡ[ɯ]화, ㅚ[ø]의 ㅞ[we]화가 두드러진다.

중모음의 변동으로는 ㅕ[jʌ]의 ㅔ[e] 및 ㅐ[ɛ]화, ㅢ[ɯi]의 으[ɯ]화, ㅔ [e]의 ㅣ[i]화, ㅘ[wa]의 ㅏ[a]화, ㅟ[wi]의 이[i]화가 두드러지게 나타난다.

② 자음의 변동도 심하게 나타난다.

ㄱ, ㄷ, ㅂ, ㅅ 등의 어두 및 비어두에서의 경음화, 평음의 격음화, 경음 및 격음의 유성음화 등이 많이 나타난다.

③ 종성 자음의 연음 및 절음이 제대로 실현되지 않는다.

까닭은 → [까다근], 햇빛이 → [해삐시], 끝을 → [끄츨], 멋있는 → [머 신는], 읽는 → [일는], 값이 → [갑이]

④ 모음동화현상이 많이 빚어진다.

ㅣ모음의 역행 및 순행동화와, 전설모음화, 원순모음화 등의 현상이 많 이 일어나 오용이 빚어진다.

창피 → 챙피, 아비 → 애비, 아껴 → 애껴, 벗기고 → 베끼고, 되어야 → 되여야/ 거슬리는 → 거실리는, 까슬까슬한 → 까실까실한, 갖은 → 가 진/ 나쁘다는 → 나뿌다는, 앞으로 → 아푸로, 있으므로 → 있으무로, 헤 픈 → 헤푼, 배고픈 → 배고푼

⑤ 자음동화현상 및 그 거부현상이 많이 일어난다.

일반적으로 자음동화는 표준발음으로 인정되는 것이나, 이와는 달리 수의 변이의 확장된 자음동화가 많이 나타난다.

천국(天國) → 청국, 건강 → 겅강, 반공(反共) → 방공, 찢고 → 찍고 원목(原木) → 웜목, 안보(安保) → 암보, 꽃불 → 꼽불 자음동화의 거부현상도 꽤 나타난다.

운행 노선 → [로선], 연령 → [여녕], 논리적 → [론리적]

⑥ /ㄹ/, /ㄴ/ 첨가현상이 많이 나타난다.

심야(深夜) → [심냐], 참여(參與) → [참녀], 이백육십 여점 → [녀점]

벼르고 → [별르고], 모르고 → [몰르고], 사랑하려거든 → [사랑할려거든], 날아가는 → [날라가는]

⑦ /ㅎ/ 음의 약화 탈락현상을 보인다.

영향 → [영양], 과잉 보호 → [보오], 고향 소식 → [고양], 도입-한 → [도이-반], 시험삼아 → [시엄]

⑧ 음장(音長)의 혼란이 심하게 나타난다.

장음의 단음화, 단음의 장음화가 헤아릴 수 없이 많이 나타난다.

⑨ 어조의 혼란도 심히 나타난다.

휴지 및 말미연접이 제대로 드러나지 않는다.

둘째, 어휘면을 살펴보자.

어휘면은 앞에서 언급한 바와 같이, 방언 및 비속어가 많이 쓰인다는 것이 이 시대의 특징이다. 그리하여, 방송심의위원회에서는 다음과 같이 심의지침을 하달하는가 하면, 권고 결정을 한 것까지 볼 수 있다. 먼저 TV 방송개편·정화 세부심의 지침을 보면 다음과 같다.

(1) 연예·오락방송 정화

가. 드라마

(1) 현대극

○ 사투리 사용은 다음 경우 이외에는 그 사용을 억제한다.

○ 방송국의 주제 부각상 당위적이거나 필연적인 경우

나. 코미디·개그 프로

(1) 다음과 같은 저질 연기는 배제한다.

○ 이상한 말투, 무분별한 사투리 사용

○ 비속어 사용

(2) 방송용어 정화

가. 무분별한 사투리 사용을 금한다.

(1) 방송극(어린이방송 포함)의 경우 주제 부각상 당위적이거나 필연적인 극히 제한된 경우를 제외하고는 일절 사용을 억제한다.

("연기오락방송정화" 가 항 「드라마」 참조)

(2) 코미디의 경우 흥미 유발의 수단으로서 사투리의 사용을 금한다.

(3) 그 밖의 경우도 사용을 적극 억제한다.

나. 비어, 속어, 은어, 욕설, 치어(稚語)

단, 작품 전개상 그 사용이 필요불가결의 부득이한 경우일지라도 신중을 기한다.

다. 불경어(不敬語), 하대어(下待語) 등 경박한 대사, 거친 표현을 억제한다.

[예] △젊은 부부 또는 남녀간에 존대어를 쓰지 아니하는 말투

라. 외국어 남용, 외국인 어투의 발음은 억제한다.

마. 운동경기 우리말 방송용어상 기히 결정된 대로 1981년 1월 1일부터 전면 시행한다.(1980.1.10. 결정 참조)

(3) 광고방송 정화

다. 상업문 및 화면에 무분별한 외국어 사용을 억제한다.

라. 불건전 조어 상품명의 광고심의를 강화한다. (관계기관 협조) (1980. 8. 27 결정)

"어린이 대상 프로그램의 비교육적인 내용 억제에 관한 권고 결정"에는 사투리 및 비속어에 대해 다음과 같이 권고한 것을 볼 수 있다.

근간 일부 어린이 대상 드라마에서… 대사 내용 중 무분별한 사투리와 외국

인 흉내의 말투(중국 또는 일본 사람), 또는 비어를 남용하는 사례가 빈번한 바이는 어린이의… 바른 언어 습관에 해를 끼칠까 우려가 있는 것으로 각 방송사는 이와 같이 역기능 확산이 우려되는 비교육적인 소재는 각별히 여과하여 방송할 것을 권고키로 함.(1985.1. 결정)

또한 "코미디 프로그램의 질 향상을 위한 권고 결정"에는 다음과 같이 권고한 것을 볼 수 있다.

코미디 프로그램의 질 향상을 위한 「권고」결정

건전한 오락을 제공하고 보다 나은 프로그램 개발을 위한 각 방송사의 부단한 노력으로 각종 코미디 프로그램이 그 질과 내용이 향상되고 있음은 인정되어지나 근간의 일부 코미디 프로그램(예시 : KBS-1TV 유모어 극장, 즐거운 소극장, KBS-2TV 유모어 1번지, MBC-TV 일요일밤의 대행진, 청춘만세 등)에서는 아직도 역기능적인 확산의 우려가 있는 사례들이 방송됨으로써 공공방송의 품격을 실추시키고 있는 바, 이를 적시하면,

1. 노인, 스승, 부모 등을 희롱의 대상으로 희화화(戱畵化)함으로써 경로, 효친의식을 저상(沮傷)케 하는 내용.

2. 성현 등의 이름을 비속한 언어 풀이로 비유함으로써 존경받아야 할 인물을 왜곡되게 부각시키는 내용.

3. 가구 집기를 마구 부수거나 음식물을 뒤집어 씌우는 등 건전 생활 기풍을 저해하는 내용.

4. 상습적으로 혀짧은 소리의 언어를 구사하거나 저속한 바보 흉내의 반복 동작으로 모방의 동기를 주는 내용.

5. 코미디 프로의 진행자가 사회 고발을 빙자하여 불특정 다수의 시청자를 향해 무례한 언동을 일삼는 내용.

각 방송사는 위에 적시된 유형과 같이 특정 연예인의 행동 반경을 중심으로 한 저질적인 언어동작을 일삼거나, 경로 효친 의식을 저해하는 비윤리적인 소재 및 시청자에게 예의에 어긋나는 불손한 진행 태도 등의 사례가 없도록 각별히 여과 방송함으로써 코미디 프로그램의 질 향상에 기여해 줄 것을 「권고」키로 함.

이 밖의 어휘상의 특징은 낱말의 순화를 들 수 있다. 우선 난해한 한자어가 많이 순화되었다. 다음에 예시하는 말은 신문에서 대치되어 쓰이는 말이나(閔畿, 1982), 방송에도 거의 대치되고 있는 것으로 보인다.

지켜봐<注視>, 헛수고<無爲>, 날카롭게<銳意>, 눈부신<刮目>, 날뛰어<跳梁>, 앞질러<制先>, 고개들어<擡頭>, 꾀해<劃策>, 메운<補塡>, 뒤끝<餘波>, 드러나<露呈>, 바보짓<愚擧>, 으뜸<大宗>, 뉘우침<自愧>, 활개침<雄飛>, 마지막<掉尾>, 알짜<眞髓>, 물거품<泡沫>, 멍에<桎梏>, 판쳐<橫行, 縱橫, 無盡>, 알려<示達>, 절름발이<跛行>, 도려내<剔抉>, 본색<馬脚>, 높아져<提高>, 털어놔<披瀝>, 캐기<捕捉>, 케케묵은<陳腐>, 전혀<一切>, 흐리멍텅<昏迷>, 속셈<腹案>, 건성건성<走馬看山>, 보람<結晶>, 꿰뚫어<看破>, 첫출발<嚆矢>, 다시 밝혀<再闡明>, 단박<一躍>, 되풀이<再版>, 쐐기<制動>, 길잡이<道標>, 무뎌져<純化>, 엇갈려<相衝>, 더듬어<摸索>

서구 외래어도 많이 순화되었다. 그 한 예로 운동경기 우리말 용어만 하더라도 시행 권장 기간을 연장, 1981년도부터 전면 사용토록 하였으나, 그것이 무산되었음에도 많은 용어는 우리말로 순화 사용되고 있음을 보여 준다. 1986년 11월 29일 경기를 가진 대통령배 농구 실황 중계는 그 한 보기이다.

'지고 있는' 기아 산업의 반격, 기아 산업 정덕환입니다. 신종철 뿔 몰고 있는 신종철, 기아산업 정덕화 '대인방어' 펼치고 있는 삼성전자, '반칙이' 나왔습니다.

여기서 '리드당하고 있는/ 맨투맨/ 파울'과 같은 용어가 순화된 것을 볼 수 있다.

셋째, 구문면을 살펴보자.

구문상의 특징은 1970년대와 대동소이하다. 우리는 1970년대의 구문상의 특징으로 다음과 같은 것을 든 바 있다.

① 번역 문체가 많다.

- 남아져 있어서 (M.4/2)
- 열중하고 있는 모습이 보이고 있습니다. (M.8/15)
- 보아졌을 때 (M.9/1)
- 많은 기대 있으시기 바랍니다. (M.9/9)
- 양영자는 칭찬을 아무리 해도 부족한 우리 나라의 보배입니다. (M.9/26)

② 문어체의 문장이 많다.
③ 장문의 복잡한 구문이 많다.
④ 역피라미드형 문장이 많다.

이러한 특징이 1980년대 방송 문장에도 그대로 나타난다. 이 밖의 특징으로는 다음과 같은 것을 들 수 있다.

① 직접적 표현을 피하는 경향이 있다.
구체적 사실을 표현하는데, '같아요'나 '…이 되겠습니다'라 표현하는 것이 이러한 예이다.

- 발 담그고 있으니까 너무너무 좋은 것 같아요. (M.6/28)
- 놀이터가 없어지니까 애들이 줄어드는 것 같아요. (M.5/4)
- 최선을 다해야 될 것 같아요. (M.8/16)
- 드시는 방법이 되겠습니다. (M.7/18)
- 풍부한 포도 음식이 되겠습니다. (M.3/8)

'바라겠습니다'란 표현도 많이 쓰이고 있는데, 이것도 같은 유형으로 볼 수 있을 것이다.(→ 바랍니다.)

- 많은 신청 바라겠습니다. (M.9/8)
- 여러분 참고되시기 바라겠습니다. (M.9/14)
- 건강한 여름철 보내시기 바라겠습니다. (M.6/13)

② 이중 피동 및 장형 사동이 즐겨 쓰인다.

- 되어지고 있습니다.
- 보여지고 있습니다.
- 남아져 있어서
- 이렇게 보아집니다.
- 의견이 모아지고 있는 가운데

③ '하다' 따위 용언의 '시키다'형 사동화가 많이 나타난다.

- 귤류도 수입시켜야 한다고(수입해야)
- 교통 체증을 완화시키기 위해(완화하기)
- 불법으로 주차시키고 있읍니다.(주차하고)

④ 대우법에 대한 혼란이 많이 일고 있다. 대우법에 대한 인식이 부족할 뿐 아니라 방송에서의 경어 사용법을 잘 몰라 많은 혼란이 빚어지고 있다. 방송인의 지나친 경어 사용 및 두루 높임의 남용은 그 대표적인 문제점으로 지적되고 있다.

- 저의 어머님이 있잖아요.(저의 어머니가)

- 아빠께서 대화를 해 오세요.(그이가 대화를 해 와요.)
- 선생님, 시인의 사랑에 대해 설명해 주시죠.
- ○○아나운서가 소개해 주겠습니다.
- 초등학교 학생 한 분을 모셔 보겠습니다.
- 지금까지 시청해 주신 여러분에게 감사드립니다.

7. 결어

우리는 지금까지 한국방송 60년의 언어 변천을 살펴보았다.

일제하의 방송 시대는 우리말의 사용과 수호를 위해 노력한 시대라면, '국영방송 시대' 이후는 표준어 확립을 위해 일진일퇴한 시대이었다.

방송언어란 특수한 말이 아니요, 일상 사용되는 일반적 언어일 뿐이다. 이것이 색다른 특성이 있다면 국어라는 보편성에, 방송에서 사용된다는 특수성을 지닌다는 것뿐이다. 그러기에 방송언어에는 그 시대의 언어가 그대로 반영된다. 그리고, 여기에 방송에 주어지는 여건이 변인으로 작용한다.

우리의 방송언어는 60년대에 상업방송의 등장으로 말미암아 심한 혼란이 빚어졌고, 1970년대에 순화의 싹이 트나 했더니 '현장감'에 밀려 시들고 말았다. 그리고, 1980년대는 여기에 '생동감'이 가세돼 전문 방송인을 마이크에서 떼어 놓음으로 방송언어는 더욱 혼탁하게 되었다. 그러나, 근자에는 방송언어에 대한 바른 인식이 차츰 확립되어 방송이 제 궤도를 잡고 있는 것으로 보게 한다.

우리의 방송언어는 이러한 외적인 여건하에 갈지(之)자 걸음을 걸으면서 오늘에 이르렀다. 이러한 가운데 차츰 바람직한 방송언어의 면모를 갖추고 있다. 방송의 영향이 엄청난 것이며, 방송의 사회교육적인 기능이 방송의 중요한 기능의 하나이고 보면, 방송인이나 방송 출연자는 우리의 방송언어사를 되돌아보고 바람직한 언어를 구사함으로 좋은 방송을 하도록 해야 할 것이다.

참고문헌

[자료]
KBS 녹음 자료 "실록 방송 50년", KBS 아나운서실 1977년 녹음 자료

김윤경(1956), 방송과 국어 정화, 放送, 11월호
무명씨(1958), 우리말 바로 쓰기에 실례, 放送, 10월호
박갑수(1983), 방송언어의 문제점과 개선 방안 연구, 방송조사연구 보고서, 제4집, 방송
                    위원회·방송심의위원회
박갑수(1984), 국어의 표현과 순화론, 지학사
放倫(1977), 1976년도 방송윤리 심의평가서, 방송윤리위원회
放倫(1978), 1977년도 방송윤리 심의평가서, 방송윤리위원회
放倫(1979), 1978년도 방송윤리 심의평가서, 방송윤리위원회
放倫(1980), 1979년도 방송윤리 심의평가서, 방송윤리위원회
放倫(1979), 방송용어 순화사업의 문제점, 방송윤리(1979. 10)
元善(1958), 세밀한 용어 연구를, 放送, 3월호
李聖洙(1957), 푸로 예고에 친절한 맛을, 放送, 7월호
이성수(1963), 성우와 바른 말(상), 放送文化, 8월호
이성수(1963), 성우와 바른 말(하), 放送文化, 9월호
이혜구(1960), 방송 30년 종횡담, 放送, 2월호
이하윤(1969), 나의 방송 시절, 放送文化, 5월호
이희승(1956), 방송용어의 특이성, 放送, 11월호
鄭純逸(1957), 뉴스와 방송용어(상), 放送, 10월호
정순일(1957), 뉴스와 방송용어(중), 放送, 11월호
정순일(1957), 뉴스와 방송용어(하), 放送, 12월호
정인승(1963), 방송용어의 실제와 타개점, 放送, 3월호
趙原稷(1960), 1960년 뉴스 방송평, 放送, 12월호

조풍연(1982), 방송용어의 금석, 방송연구, 가을호

座談會(1957), 신문인이 본 방송, 放送, 3월호

한규동(1957), 외국어 발음 잘못을 고치자, 放送, 3월호

KBS 방송심의실(1981), 방송용어 금지 사례집, KBS 방송심의실

O 이 글은 KBS 한국어연구회에서 1987년 펴낸 '방송언어
변천사'(한국방송공사)에 수록된 것이다.

제4부
방송의 화법과
방송언어론

제1장 화법의 성격과 방송 화법의 특성

1. 서언

인간 생활의 원칙은 협동에 있으며, 이는 대체로 언어에 의해 이루어진다고 본다. 따라서 사람들은 말, 혹은 말하기에 많은 주의를 기울인다. 사회적으로 지도층에 있는 사람은 더욱 그러하다. 그래서 폐쇄사회에서 신언(愼言)을 중시하던 우리 조선들도 신언서판(身言書判)으로 사람을 평가하였다.

오늘날은 더구나 민주사회이어 개인의 의견이 존중되는 시대다. 사람들은 자기의 의견을 말하고, 자기 주장을 펴며, 자기 사상을 개진하여 꿈을 펼친다. 이뿐이 아니다. 세상에는 말하기를 중시하는 조건들이 널려 있다. 이들 가운데 몇 가지를 들어보면 다음과 같다.

① 말하기가 사회적으로 각 방면에서 문제 해결 방식으로 채택되고 있다.
② 전달의 수단으로서 문어(文語) 외에 말하기의 역할이 중시되게 되었다.
③ 라디오 TV의 발달이 구어(口語)의 중요성을 인식케 하고 이를 발달하게 하였다.

④ 광고, 서비스 영업 등에서 말하기의 중요성을 인식하게 하였다.

⑤ 의회 의원, 아나운서, 탤런트, 리포터, 개그맨 등 말하기가 좋은 상품이 되고 있다.

그래서 사람들은 말하기, 곧 화법(speech)에 관심을 가지게 되고, 이를 중시하게 되었다. 이는 더구나 오늘날 매스컴의 발달로 그 정도가 최고조에 달하게 되었다고 하여도 관언이 아니다.

여기에서는 이렇게 인생에 중요한 말하기, 곧 화법에 대해 살펴봄으로 보다 바람직한 말하기를 지향하게 하기로 한다. 그리고 무엇보다 현대인의 총아, 매스컴에서의 화법도 아울러 살펴보기로 한다. 매스컴 화법, 곧 라디오나 TV의 화법은 다 같은 광의의 화법에 속하나, 일반 화법과는 다른 특성을 지닌다. 따라서 방송 화법은 그 특성을 중심하여 고찰함으로 이의 바람직한 말하기를 모색하게 될 것이다.

"화법의 성격과 방송 화법의 특성"을 통해 화법의 이론과 방송 화법의 특성을 바로 파악하여 복잡다단한 현대사회를 잘 헤쳐 나가게 되길 바란다. 인간 생활의 원칙은 협동에 있고, 이는 말하기에 의해 이루어진다.

2. 화법의 의미와 성격

2.1. 화법의 의미와 목적

사람은 사회적인 동물이다. 협동을 하며 살아가는 동물이다. 그래서 사람들은 사상 감정을 상대방에게 전달하며 살아간다. 이러한 의사 전달을 흔히 커뮤니케이션이라 한다.

커뮤니케이션은 세 가지로 나누어 볼 수 있다.

① 개인적 커뮤니케이션(personal communication)

② 집단 커뮤니케이션(mass communication)

③ 수요자 커뮤니케이션(custom communication)

개인적 커뮤니케이션은 개인 대 개인(man to man)이 말로 전달(口頭傳達)하는 것으로, 커뮤니케이션의 기본을 이루는 것이다. 이에 대해 집단 커뮤니케이션(mass com)은 불특정 다수(不特定多數)의 대중에게 대량의 정보를 전달하는 것을 의미한다. 따라서 이는 개인 대 대중, 대중 대 대중, 사회 대 사회, 국가 대 국가와 같이 대상과 장면이 확장된다. 집단 커뮤니케이션은 개인적 커뮤니케이션보다 공공성·사회성·정치성·경제성·윤리성 등의 색채를 더 띠게 된다. 수요자 커뮤니케이션은 특정의 정보 수요자가 자기가 원하는 정보를 필요에 따라 매스컴에서 전달 받는 것이다. 이는 컴퓨터의 개발로 가능해진 커뮤니케이션이다. 이러한 것에는 검색(information retrieval), 데이터 뱅크, 홈페이지 등이 있다.

화법(話法)은 영어 Speech의 번역어로, 커뮤니케이션의 한 방법을 의미한다. 이는 화자(話者)가 자신의 사상과 감정을 청자(聽者)에게 음성언어나, 신체 동작 등에 의해 효과적으로 표현하는 방법을 가리킨다. 화법은 과거의 화술(話術)에 대치된 말이다. 종래의 화술은 문자 그대로 말하는 기술, 기법을 의미하는 말이었다. 따라서 이는 발화로서의 음성언어 일면에 한정된 것이라 할 수 있다. 음성언어는 말하기 외에 듣기가 큰 비중을 차지한다. 그리고 말하기와 듣기는 상호 연관관계를 갖는다. 말하기란 일방적인 것이 아니고, 쌍방의 의사소통 과정이기 때문이다. 따라서 말을 잘 하기 위해서는 필연적으로 말하기의 방법과 기술 외에 듣기의 방법과 기술을 익히지 않으면 안 된다. 이런 의미에서 화법은 말하기와 듣기의 방법을 아우른 개념이라 하겠다. 화법은 이렇듯 말을 잘 하는 방법일 뿐만 아니라, 다른 사람의 말을 잘 듣고 이에 잘 반응하는 방법을 일컫는 말이다.

언어의 사용은 독백(獨白)이나, 내밀한 일기 등을 제외할 때 사람과 사람 사이에서 꾀해진다. 그리고 이러한 관계를 예상하고 말을 하거나 글을 쓴다. 언어는 남을 비난 공격하거나, 싸움을 하고 논란을 벌이는 경우가 아닌 한 인간관계를 한층 원만하게 하기 위해서 사용된다. 예를 들면 다음과 같은 것이 언어를 사용하게 하는 일반적인 목적에 해당되는 것이다.

① 상대방과 친분 관계를 갖게 한다.
② 화자에게 좀 더 호의를 갖게 한다.
③ 서로를 이해하게 한다.
④ 서로 공감을 가지게 한다.
⑤ 화자의 의견이나 행동에 찬성해 준다.
⑥ 화자의 일이나 행동 등에 협조해 준다.
⑦ 화자가 바라는 기분이 되어 준다.
⑧ 화자가 말하는 대로 행동해 준다.

화법은 음성언어에 의한 표현 방법이다. 이러한 말하기의 일반적인 목적은 크게 나누어 볼 때 다음과 같은 것으로 볼 수 있다(平井昌夫, 1981).

① 무엇인가를 보고하거나, 설명하기 위하여
② 무엇인가를 납득하게 하거나, 설득하기 위하여
③ 화자의 의도에 따라 행동하게 하기 위하여
④ 무엇인가에 대해 감명을 주거나 인상을 주기 위하여
⑤ 무엇인가에 대해 지식을 주기 위하여
⑥ 무엇인가를 즐기게 하기 위하여

이러한 말하기의 일반적 목적은 언어의 기능면에서 볼 때 세 가지로 나타난다. 무엇인가를 알리려는 목적, 무엇인가에 대해 상대방을 설득하려는 목적, 상대방에게 감명을 주려는 목적이 그것이다. 이러한 목적에 어울리는 말하기의 유형으로는 설명(說明)하는 것, 설득(說得)하는 것, 이야기하는 것의 세 가지를 들 수 있다. 그러나 실제 말하기에서 이러한 것이 분명히 구분되어 실현되는 것은 아니다. 오히려 세 유형이 적당히 조합되어 쓰이면서, 이 세 가지 목적 가운데 어느 하나에 좀 더 어울리는 조합을 한다. 말을 잘 한다는 것은 이 조합(組合)이 잘 되었을 때의 말하기라 할 수 있다.

말하기는 목적의 차이로 말미암아 여러 가지 종류로 나뉜다. 예를 들면 발표, 보고, 연설, 강연, 강의, 강습, 설교, 훈시, 좌담 등이 그것이다. 이러한 말하기의 종류에 따라 청자의 종류나 화법, 주제 선택법, 실례 및 인용의 종류가 각각 달리 됨은 말할 것도 없다.

2.2. 화법의 방법

많은 사람 앞에서의 말하기란 대부분 알리려는 것과 설득하려는 두 가지 목적을 지닌다. 그러나 많은 사람을 대상으로 길게 말하는 경우는 감명도 자연스럽게 주게 된다. 따라서 많은 사람을 상대로 말하는 화자(話者)는 설명의 방법, 설득의 방법, 이야기 하기의 방법을 잘 알고, 이를 구사하지 않으면 안 된다. 특히 남을 가르치거나, 남에게 알리는 일을 하는 사람의 경우는 더욱 그러하다.

2.2.1. 설명(說明)

설명한다는 것은 상대방이 모르는 일이나, 알고 있어도 불충분하게 알고 있는 일에 대해 상대방이 알게 하는 것이다. 따라서 설명할 때에는 설명의 방법과 설명할 때 주의할 사항에 대해 잘 알아 두는 것이 필요하다. 설명의 방법으로는 지정(指定), 묘사적 설명, 서사적 설명, 예시, 비교와 대조, 분류와 구분, 정의(定義) 및 분석과 같은 여덟 가지 방법이 있다. 이러한 설명의 방법은 사안에 따라 적절히 선택하여야 한다. 다음에 구체적인 방법을 몇 가지 제시하기로 한다(平井昌夫, 1981).

(1) 정의 또는 분석을 활용하는 방법
① 사전식 정의를 따르는 방법
② 시간의 순서를 따르는 방법
③ 장소의 순서를 따르는 방법
④ 논리적 분석의 순서를 따르는 방법

(2) 비교를 활용하여 설명하는 방법
① 유사점을 활용하는 방법
② 차이점을 활용하는 방법

(3) 실례나 사실을 보이거나 지적하며 설명하는 방법

(4) 증명을 활용하여 설명하는 방법
① 사실을 제시하는 증명
② 여론을 바탕으로 한 증명
③ 권위 있는 기관이나 믿을 만한 출처에 의한 증명
④ 권위자의 말이나 권위자의 인용에 의한 증명
⑤ 논리적인 연역에 의한 증명

(5) 통계를 활용하여 설명하는 방법
① 숫자의 정확성을 제시하는 설명

② 숫자의 출처의 신뢰성을 제시하는 설명

(6) 시청각에 호소하여 설명하는 방법

(7) '반복'을 활용하여 설명하는 방법
① 요점의 반복
② 경구나 슬로간의 형식으로 바꾼 반복
③ 제안, 문제의 결론, 해결안, 새로운 문제 등의 형식에 의한 반복

설명할 때에 주의하여야 할 사항으로는 다음과 같은 것을 들 수 있다.

⑴ 주의 깊게 순서에 따라 언급하고, 한번에 하나의 사실을 이해하도록 한다.
⑵ 하나의 사실이 이해된 뒤에 다음 사실에 대해 설명한다.
⑶ 서술하려고 생각하는 것을 적당히 반복한다.
⑷ 듣는 상대가 이해할 수 있는 용어로 진술한다.
⑸ 듣는 상대가 잘 알고 있는 실례와 결부하여 진술한다.
⑹ 설명하려는 것과 이와 유사한 예를 비교하여 진술한다.
⑺ 듣는 사람들의 질문을 때때로 허락하여 이에 답한다.
⑻ 분명히 설명하고 구체적으로 이해시키기 위하여 일람표나, 그림, 사진 등의 시각자료, 녹음 및 레코드 등의 청각자료를 활용한다.
⑼ 분명히 설명하고 구체적으로 이해시키기 위하여 실연이나 동작화를 활용하여 설명한다.
⑽ 설명 전체를 분명히 하기 위하여 마지막에 주의 깊고, 정확한 결론이나 요약을 준비한다.

2.2.2. 설득(說得)

설득한다는 것은 상대방을 납득시켜 자기의 생각에 찬성하게 하거나, 특정한 행동을 하게 하는 것이다. 화자의 생각에 찬성해 주는 것을 상대방의 정신적 행동이라 한다면, 설득이란 상대방이 화자가 의도한 행동을 하도록 하는 것이라 할 수 있다. 상대방을 설득하기 위한 작업은 다음과 같이 요약할 수 있다.

(1) 화자가 희망하는 행동을 상대방에게 보증할 충분한 근거가 있다는 것을 제시한다.
(2) 그 행동은 청자의 판단에 의해서도 가치가 있고, 좋은 것이라는 것을 인정하도록 유도한다.
(3) 그 행동으로 청자를 몰아붙일 강력한 동기를 제공한다.
(4) 이러한 행동을 개시하려 결심함에 있어 청자가 이지(理智)의 면에서나 정의(情意)의 면에서 깊이 만족해 하도록 한다.

이러한 설득을 위한 작업을 하기 위해선 우선 화자가 설득력 있는 태도를 취하지 않으면 안 된다. 설득력 있는 태도란 화자가 말하려는 내용에 대해 확신 또는 자신을 가지고 있는 것으로 보이게 할 것, 말하려는 내용에 대해 충분한 지식 또는 정보를 가지고 있는 것으로 보이게 할 것, 설득의 화법이 적극적일 것, 화자의 태도가 시원시원하고 정력적일 것, 목소리나 표정, 눈매 등의 배려가 설득적일 것 등을 들 수 있다.

설득의 준비가 끝나면 설득의 단계를 밟아 상대방을 설득하여야 한다. 설득의 단계는 다섯 단계가 있다. 그것은 주의의 단계, 필요의 단계, 만족의 단계, 구체화의 단계, 행동화의 단계이다. 첫째, 주의의 단계는 청자의 주의를 끌어 화자의 말을 들어 보려는 기분이 되게 하는 것이다. 둘째, 필요의 단계는 청자가 안고 있는 특정한 필요성, 욕구를 분명히 하는 것이다. 셋째, 만족의 단계는 청자의 필요감을 만족시키기 위한 구체적 제안을 하는 것이다. 넷째, 구체화의 단계는 구체적 제안의 적용의 결과에 대해 청자가 스스로 구체적인 상상을 할 수 있도록 하는 것이다. 다섯째, 행동화의 단계는 청자가 구체적인 제안을 행동화하도록 하는 것이다. 이렇게 하여 설득의 화법은 그 소임을 다하게 된다.

설득의 방법으로는 어떤 것이 있는가? 설득의 방법은 여러 가지가 있다. 그 가운데 중요한 것으로는 다음과 같은 것을 들 수 있다. 설득의 실제에 있어 이들은 제 각각 쓰인다기보다 적당히 조합이 되어 쓰이게 된다 (平井昌夫, 1981).

(1) 이치로 상대방에 호소하는 방법
① 이유가 옳다는 증거 제시
   (a) 일반 원칙에서 연역해 냄
   (b) 하나 하나의 실례에서 귀납해 냄
   (c) 원인 결과에서 판단해 냄
② 이유를 지지하는 자료의 명시
③ 반대론에 근거가 없다는 것의 명시
   (a) 반대론이 가치가 없다는 것의 증명
   (b) 반대론이 주제와 관계가 없다는 것의 증명
   (c) 반대론이 잘못된 사실이나 정보에 근거하고 있다는 것의 명시
   (d) 반대론의 이유 또는 이론이 모순되고 있다는 것의 명시

(2) 상대방의 필요(요구)에 호소하는 방법
(3) 화자의 인격에 의해 호소하는 방법
(4) 같은 사실을 몇 번이고 반복함에 의해 호소하는 방법
(5) 광범한 정보를 진술하여 호소하는 방법
(6) 일반론보다 구체적인 실례를 제시하여 호소하는 방법

(7) 상대방의 마음을 온화하게 하는 재료를 사용하여 호소하는 방법

(8) 권위자의 말이나 저작을 인용하여 호소하는 방법

(9) 전체의 경향이나 여론의 방향을 내세워 호소하는 방법

(10) 상대방의 인정에 호소하는 방법

2.2.3. 이야기하기(narration)

이야기하기란 상대방에게 깊은 인상을 주거나, 강한 감명을 주거나 하여 상대방의 정서를 움직이려 하는 것이다. 이른바 예능적(藝能的) 효과를 노린 이야기 형식의 화법이다. 따라서 설명에 정서적 반응을 예상한 요소가 추가된 것이라 할 수 있다. 방송에서 내레이션이라 하는 것에 가까운 화법이다. 따라서 정서적인 반응을 노린 언어 기술을 어떻게 활용하느냐가 중요한 문제가 된다. 이를 이야기하기의 태도라 보고 총괄하면 다음과 같은 주의가 필요하다(平井昌夫, 1981).

(1) 이야기하려는 내용과 순서를 잘 알아 암기하고 있을 정도로 되어 있다. 마치 배우가 대사를 외워 자연스럽게 차례차례 말하듯 할 수 있게 하여 둔다.

(2) 세세한 사실을 전부 말하려 하지 않는다. 중요한 점이 부각될 정도의 짜임으로 말한다.

(3) 이야기하려는 의미에 좀 더 부합되고, 거기에다 청자의 정서를 움직일 수 있을 것 같은 말을 사용한다.

(4) 다소의 제스처나 신체언어를 사용하나, 너무 과장되지 않게, 자연스럽게 이야기한다.

(5) 이야기의 첫머리를 흥미있게 한다.

(6) 말소리를 한결같이 하지 아니하고, 내용에 따라서 고저, 강약, 완급

에 약간의 변화를 준다.

(7) 같은 말을 같은 가락으로 이야기하지 않도록 한다.

(8) 청자의 정서적 반응에 따라 말하는 방법을 조절한다.

(9) 휴지(休止)의 효과를 잘 활용한다.

(10) 유머나 기지를 솜씨 있게 삽입, 활용한다.

2.3. 화법의 유형과 절차

화법이란 음성언어에 의하여 의사소통 행위를 하는 것이다. 따라서 화법의 구성 요소는 화자, 청자, 전달 내용, 전달 형식이 된다. 화법은 이러한 요소에 따라 여러 가지 형식으로 꾀해지게 된다. 이러한 화법은 상황, 형식, 목적 등에 따라 몇 가지 유형으로 나누어 볼 수 있다.

상황에 따른 유형은 크게 화자와 청자의 수, 화자와 청자와의 관계에 따라 나누어 볼 수 있다. 화자와 청자의 수에 따른 화법의 유형으로는 ① 1대1의 말하기, ② 1대다(多)의 말하기, ③ 다대다(多對多)의 말하기가 있다. 1대1의 말하기란 화자와 청자가 각각 한 사람인 경우를 말한다. 이러한 말하기로는 대화, 대담, 상담, 면담 등을 들 수 있다. 1대다의 말하기는 한 화자가 여러 청자를 상대로 말하는 경우이다. 이러한 말하기로는 연설, 강의, 강연, 웅변, 유세 등이 있다. 다대다의 말하기란 화자와 청자가 다 여러 사람인 경우로, 이러한 말하기로는 토의, 토론, 회의 등이 있다.

화자와 청자의 관계에 따른 화법의 유형으로는 화자가 혼자 말하느냐, 서로 주고받느냐, 화자와 청자가 서로 얼굴을 직접 대하고 말하느냐, 그렇지 않으냐에 따라 두 가지로 나뉜다. 화자가 혼자서 말하는 것은 일방적(一方的) 말하기라 한다. 강연, 연설, 보고, 설명, 유세 같은 것이 이에 속한다. 방송의 말하기도 여기에 속한다. 말을 주고받는 쌍방(雙方) 말하기는 가장 보편적인 말하기로 대화, 문답, 토의·토론, 회의 등이 여기에 속한다. 화자와 청자가 서로 얼굴을 마주하고 하는 말하기는 대면(對面) 말하기라 한다. 이는 우리가 일상생활에서 흔히 행하고 있는 것이다. 이에 대해 얼굴을 마주하지 아니하고 하는 말하기는 비대면(非對面) 말하기라 한다. 이러한 비대면 말하기에는 방송, 녹음 자료 등이 있다.

형식에 따른 말하기는 자유로운 형식의 말하기와 일정한 형식의 말하기의 두 가지로 나뉜다. 자유로운 형식의 대표적인 말하기는 일상생활 중에 꾀해지는 대화(對話)다. 이에 대해 일정한 형식을 갖추고 규칙을 지켜 말하는 대표적인 말하기는 회의(會議)이다. 이 밖에 토의, 토론도 이에 속하는 말하기다. 자유로운 형식의 말하기가 가정생활을 중심으로 사용하는 자연스런 말하기라면, 일정한 형식의 말하기는 체계적 훈련과 실제적 경험을 바탕으로 형성되는 사회적인 말하기라 할 수 있다.

목적에 따른 말하기는 이미 앞에서 살펴본 바와 같이 새로운 정보를 전달하기 위한 설명 화법, 상대방의 생각이나 행동을 바꾸고자 하는 설득 화법, 상대방에게 감명을 주고자 하는 이야기하기 화법 등이 있다. 이 밖에 친교를 목적으로 하는 친교 화법을 따로 설정할 수 있다.

화법의 절차는 일반적인 커뮤니케이션의 과정과 같다.

커뮤니케이션이란 주어진 상황에서 화자가 전달하고자 하는 메시지를 매체를 통해 청자에게 전달함으로 화자가 의도한 반응을 이끌어 내는 과정이다. 이를 도시하면 다음과 같다.

야콥슨(Jacobson)은 언어에 의한 전달에서 불가결한 요소로서 송신자, 언표(言表), 수신자, 언표(言表)를 언급하는 상황, 전달을 가능하게 하는 물리적·심리적 고리로서의 접촉, 그리고 송신자와 수신자가 다 같이 지니는 기호체계의 여섯 가지를 들고 있다. 그리고 이 여섯 개의 요소 가운데 어느 요소에 기울어져 '조정'이 이루어지느냐에 따라 언표의 기능이 달라진다고 하였다. 그리고 아래와 같은 도식을 제시하였다.

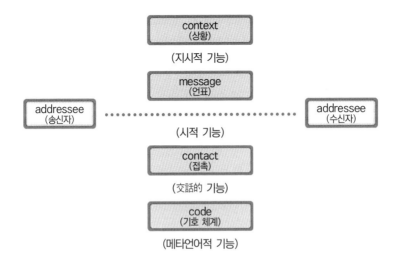

이로 볼 때 말하기에서는 이러한 언어의 기능에 주의를 기울이지 않으면 안 된다. 그리고 의사소통 과정에서의 송환 효과(feedback)가 직선적이 아닌, 연속적이고 순환적인 의사소통을 이룩한다는 것을 기억해야 한다.

화법의 절차는 그 유형에 따라 다소 차이가 있으나, 일반적 절차는 계획하기와 표현하기의 두 단계로 나눌 수 있다. 계획의 단계에서는 다음과 같은 물음에 철저한 준비를 하여 두어야 한다.

① 왜 말하는가?
② 무엇을 말할 것인가?

③ 누구에게 말하는가?
④ 어떤 상황에서 말하는가?
⑤ 어떻게 말할 것인가?

표현하기는 계획한 내용을 음성언어로 진술하는 것을 말한다. 음성언어는 문자언어와는 다른 특성을 지닌다. 따라서 음성언어의 특성을 잘 살려 표현하도록 하여야 한다. 음성면에서는 말소리의 길이나, 속도, 성량, 억양 등에 유의하여야 한다. 어휘의 면에서는 알기 쉽고 듣기 쉽고, 말하기 쉬운 단어를 골라 사용하는 것이 바람직하다. 구어(口語)는 문법적인 면에서 엄격하지 않으므로, 문법면에서는 이런 점에 주의를 기울이어야 한다. 그리고 언어적 맥락만이 아니고 상황에 어울리게 말하도록 하여야 한다. 이 때 신체언어도 효과적으로 활용하도록 한다.

3. 방송 화법의 성격과 특성

3.1. 방송 화법의 성격

방송에서 행해지는 말하기를 방송 화법이라 한다. 방송 화법은 화법이란 일반성과 방송에서 수행된다는 특수성을 지닌다. 이는 개인적 커뮤니케이션이 아닌, 매스 커뮤니케이션에 해당된다.

방송 화법은 방송 미디어를 통해, 방송언어로 이루어진다. '방송언어'라는 말은 넓은 뜻으로 쓰는 경우와, 좁은 뜻으로 쓰는 경우가 있다. 넓은 뜻으로 쓰는 경우에는 프로의 종류가 무엇이든, 출연자가 누구이든 관계없이, 시청자를 예상하고 방송을 통해서 송출되는 모든 언어를 가리킨다. 이에 대해 좁은 뜻으로 쓰는 방송언어는 아나운서 및 이에 준하는 출연자의 발언으로 한정된다. 그리고 좀 더 좁은 의미로 쓰이는 경우는 뉴스 방송 등에 한정된다. 방송 화법에서의 '방송언어'는 좁은 의미의 방송언어로, 아나운서 및 이에 준하는 출연자의 언어라 할 수 있다.

그러면 이러한 방송언어의 특성은 무엇인가? 이는 크게 볼 때 너덧 가지를 생각할 수 있다. 그것은 ① 구두어여야 한다, ② 표준어여야 한다, ③ 쉬운 말이어야 한다, ④ 순화된 말이어야 한다, ⑤ 정확한 말이어야 한다는 것이다. 이는 방송이 일방적(一方的)인 것이요, 일회성(一回性)의 것이며, 교육적(敎育的)인 것이기 때문에 필연적으로 요구되는 특성이라 하겠다. 따라서 방송 화법에는 이러한 말이 쓰여야 한다.

방송언어는 무엇보다 문어 아닌 구어라는 것이 가장 큰 특성이다. 일본 NHK 종합방송연구소의 '방송용어론'(1975)에 제시된 문자언어와 구두언어의 차이를 보면 다음과 같다.

문자언어	구두언어
① 문장이 비교적 길다.	문장이 비교적 짧다.
② 문장의 순서가 정상이다.	문장의 순서가 정상이 아닌 경우가 많다.
③ 같은 문장이나 말을 몇 번이고 반복하는 일이 적다.	같은 문장이나 말을 반복하는 일이 많다.
④ 말을 하다 마는 문장으로 완료하는 일이 적다.	말을 하다 마는 문장으로 완료하는 일이 많다.
⑤ 동사의 연용형으로 문장을 중지하는 일이 있다.	동사의 연용형으로 문장을 중지하는 일은 거의 없다.
⑥ 보충법이라 일러지는 것은 그리 쓰이지 않는다.	보충법을 쓰는 일이 많다.
⑦ 수식어가 비교적 많다.	수식어가 비교적 적다
⑧ 문장의 각 성분은 생략되는 일이 비교적 적다.	문장의 각 성분의 일부를 생략하는 일이 많다.
⑨ 지시하는 말이 비교적 적다.	지시하는 말이 비교적 많다.
⑩ 경어는 비교적 쓰지 않는다.	경어를 비교적 잘 쓴다.
⑪ 종조사(終助詞)를 그리 쓰지 않는다.	종조사를 즐겨 쓴다.
⑫ 감탄조사, 감탄사를 그리 쓰지 않는다.	감탄조사, 감탄사를 즐겨 쓴다.
⑬ 한자어가 비교적 많다.	한자어가 비교적 적다.
⑭ 문어적, 한문적, 번역적 요소가 많다.	문어적, 한문적, 번역적 요소가 적다.

그러면 일상의 말하기와 방송의 말하기는 어떻게 다른가? 방송의 말하기는 다음과 같은 댓 가지 특성을 지닌다.

① 특정한 말하기의 장면을 갖지 않는다.
② 일방적으로 전달한다.
③ 대상자가 불특정다수이다.
④ 청자는 이중성을 지닌다.
⑤ 공공방송으로서의 제약을 받는다.

첫째는 방송에서의 말하기는 청자를 마주 대하고 말을 하는 구체적 장면을 갖지 않는다는 말이다. 둘째는 일방적으로 전달을 할 뿐, 말을 주고받는 대화가 아니라는 것이다. 셋째는 청취자가 남녀노소, 지식의 정도 등 일정하지 않다는 것이다. 말을 바꾸면 청중이 일정하지 않고 균질적이지 아니하다. 넷째는 방송의 말하기는 연극이나 영화에서와 같이 구체적으로 말을 하고 있는 상대방이 아닌, 시청자라는 또 하나의 청자가 있다는 것이다. 다섯째는 공공성과 공익성을 지녀야 한다는 것이다.

우리의 '방송심의규정'(1994)에는 언어에 관한 규정이 세 조항 있다. 제18조의 '바른 언어생활', 제56조의 '잡담, 사담 등', 제59조의 '언어생활'의 규정이 그것이다. 이러한 규정은 공공방송의 언어적 제약에 해당된다. 이 규정을 참고로 보면 다음과 같다.

제18조(바른 언어생활) 방송은 바른 말을 사용하여 국민의 바른 언어생활에 이바지하여야 한다.
제56조(잡담, 사담 등) 방송은 공공의 질서와 선량한 풍속을 해칠 우려가 있는 잡담이나, 공중에게 유익하지 않은 사담을 하지 않도록 유의하여야 한다.
제59조(언어생활) ① 방송은 언어생활을 해치는 억양·어조 및 비속어·은어

·유행어·조어·반말 등을 사용하여서는 아니되며, 사투리나 외국어 또는 외래어를 사용할 때에는 국어순화의 차원에서 신중하여야 한다. ② 방송언어는 원칙적으로 표준어를 사용하고, 특히 고정진행자는 표준어를 사용하여야 하며, 사투리를 사용하는 인물의 고정 유형을 조성하여서는 아니 된다.

3.2. 방송 화법의 유형

방송에서는 여러 가지 화법이 행해진다. 이들은 일상 언어생활에서 꾀해지는 것들이다. 이러한 화법의 종류에 대해서는 이미 앞에서 언급한 바 있다.

그런데 방송 화법은 일반성과 함께 특수성을 지니므로, 방송 나름의 화법의 갈래가 있을 수 있다. '방송심의규정'에서는 방송의 영역을 보도방송, 교육·교양방송, 연예·오락방송, 음악방송, 어린이방송, 광고방송의 여섯 가지로 나누고 있다. 따라서 방송 화법은 이러한 영역에 따라 보도방송의 화법, 교육·교양방송의 화법, 연예·오락방송의 화법, 음악방송의 화법, 어린이방송의 화법, 광고방송의 화법 등으로 나누어 볼 수 있다. 이와는 달리 뉴스, 리포트, 실황중계, 인터뷰, 내레이션, 보도·사회·교양 프로의 진행자의 화법, 예능 프로의 진행자의 화법, 토크쇼의 진행자·디스크자키의 화법, 스포츠 경기의 화법, 토의·토론 등의 화법으로도 나눌 수도 있다. 이러한 화법의 갈래는 화법이 꾀해지는 형식과 내용에 따라 구체적으로 분류한 것이다.

방송 화법은 또한 앞에서 화법을 화자의 수에 따라 구분하듯, 갈래를 나눌 수도 있다. 그것은 강의식 화법과 원탁토의와 같은 소인수(少人數)의 화법과, 파넬식 화법 및 심포지엄과 같은 다인수(多人數)의 화법과, 포럼식 화법으로 나누는 것이 그것이다. 포럼식 화법은 패널식 화법과 비슷하나, 차이가 있다. 패널은 원칙적으로 청중은 소수가 질문만 하고 화법에는 참가하지 않는다. 이에 대해 포럼식 화법은 수인(보통 4~8인)이 단시간에 의견 및 해설을 개진한 뒤 발언자 상호, 또는 청중과 질의응답을 하고, 또 청중은 말하기에도 참여한다. 따라서 포럼은 인수에 따른 분류로는 다인수의 화법에 속한다. 포럼은 청중이 말하기에도 참여한다는 점이 패널과는 다르다.

3.3. 방송 화법의 특성

방송 화법은 사회적 화법이다. 사회적 화법(socialized speech)이란 자연적 화법(natural speech)의 대가 되는 것을 말한다. 자연적 화법은 이 세상에 태어나서 자연스럽게 말을 익혀 가족이나 친구 사이에 사용하는 담화어(談話語)를 말한다. 이는 불완전한 것으로, 말하기는 아직 전달의 유일한 수단이 되지 못하고, 전달의 한 방법에 지나지 않는다. 이에 대해 사회적 화법은 계통적 훈련과 실제적 경험을 바탕으로 정비된 말하기를 말한다. 사회적 화법의 언어는 정비된 것을 요구하므로 표준어의 성격을 띤다. 학교 교육에서 화법을 다룰 때에는, 물론 자연적 화법이 아닌, 이 정비된 언어에 의한 사회적 화법을 다루게 된다.

그렇다면 교육에 의해 형성되는 훌륭한 화법이란 어떠한 것인가? 이는 다음과 같은 대여섯 가지 성격을 지닌다.

① 사람을 끄는 음성과 표정 및 태도가 갖추어져 있다.
② 말을 이어가는 가락에 풍부한 변화를 보인다.
③ 마음에 드는 말과 정교한 표현이 이어져 나온다.

④ 평범한 사실이나, 당연한 진리를 교묘히 해석하고, 이에 살을 붙여 전달한다.

⑤ 청자의 반응을 민감하게 관찰하여 이에 따라 화제나 화재(話材)를 바꾼다.

⑥ 내용을 강조하거나, 청자를 깜짝 놀라게 하는 것이 능수능란하다.

그러면 본론인 방송 화법으로 들어가 아나운스(告知)의 문제부터 보기로 한다. 우리는 방송 하면 뉴스를 생각하고, 뉴스 하면 아나운서를 떠올린다. "아나운서(announcer)"란 "고지(告知)", 곧 "announce"를 하는 사람을 말한다.

"고지", 곧 "아나운스" 화법은 "설명 화법"과 같은 것이다. 그런데 이는 다음과 같은 특색을 지닌다(平井昌夫, 1985).

① 짧은 이야기여야 한다.

고지는 시간의 제약을 받으므로 길게 늘어지거나, 연이어진 것이어서는 곤란하다.

② 분명하지 않으면 안 된다.

애매모호한 것을 피한다. 더구나 5W1H가 분명하지 않을 때엔 곤란하다.

③ 정돈되어 있지 않으면 안 된다.

고지가 혼란스럽거나, 이가 빠져 그 내용을 알기 어려워서는 곤란하다.

④ 정확하지 않으면 안 된다.

요점을 정확히 전달할 수 있어야 한다.

⑤ 줄거리가 깔끔하지 않으면 안 된다.

조리 없이 종잡을 수 없는 고지가 되어서는 안 된다.

⑥ 분명한 발음과 힘찬 음성이어야 한다.

자신 있는 태도와 힘찬 어조로 분명히 말해야 한다.

이상의 특성을 지니는 아나운스, 곧 마이크를 잡는 화법에서 말하기를 좀 더 잘하기 위해서는 내용을 조립하는 과정에서 몇 가지 주의할 점이 있다. 훌륭한 말하기, 곧 바람직한 화법을 수행하기 위해서는 다음과 같은 점에 유의해야 한다.

① 문장(sentence)을 짧게 자른다.

문장이 길면 난해해지는가 하면 문법적으로 오용이 빚어지게 된다. 따라서 알기 쉽게 문장을 짧게 자른다.

② 문장 구성은 단순하게 한다.

일방적이고 일과성을 지니는 마이크로폰 화법에서 수식구가 많고 복잡한 문장을 듣고 이해한다는 것은 곤란하다. 더구나 한국어는 중요한 말이 뒤에 오는 도미문(掉尾文)의 성격을 지녀 내용을 제대로 이해하기 위해서는 끝까지 들어야 한다. 이러한 듣기는 시청자를 피로하게 만든다. 평이하고 간결한 문장 구성이 바람직하다.

③ 주어를 문장의 처음에 오게 한다.

처음에 듣는 말이 강한 인상을 준다. 주어는 사상(事象)의 주체의 역할을 한다. 이런 의미에서 주어를 앞에 놓아 고지의 내용을 쉽게 이해할 수 있도록 해야 한다.

④ 예고와 정리를 한다.

신문에 전문(lead)이 있듯, 방송에는 예고가 필요하다. 그렇게 함으로 시청자로 하여금 관심을 갖게 한다. 그리고 끝에 가서 정리를 한다. 방송은 신문과 달리 뉴스를 전부 훑어보고, 필요한 부분만을 골라 들을 수 없기 때문이다.

⑤ 중요한 말은 반복한다.

방송은 일과성(一過性)을 지니는 구어(口語)다. 따라서 중요한 말을 듣지 못하고 놓칠 수 있다. 따라서 중요한 말을 반복함으로 청자의 이해를 돕도록 한다.

⑥ 인용한 말은 그 전후에 인용한 말임을 밝힌다.

구어에서는 문어처럼 인용부를 붙일 수 없다. 따라서 인용문은 그것이 인용한 말이라는 것을 밝혀야 한다. 그래야 구체적 사실과 인용이 구별되어 제대로 이해할 수 있다.

마이크를 사용하는 말하기는 몇 가지 특성을 지닌다. 그것은 매스컴의 매체를 사용하게 됨으로, 이에 부수되는 몇 가지 조건을 충족시켜 주어야 한다.

첫째, 방송에서의 말하기(화법)는 청중이 보이지 않는 말하기다. 화법의 성패는 청중을 파악하는 것이다. 그런데 방송 화법에서는 청중의 수도 성격도 파악이 제대로 되지 않는다. 청중의 반응도 알 수 없다. 화자는 이러한 보이지 않는, 많은 다양한 청중을 의식하고, 이들에 대한 충분한 배려를 하며 말하기를 해야 한다. 더구나 청중의 반응은 냉혹하다. 화자는 보이지 않는 청중을 언제나 의식하고 방송을 해야 한다. 방송 화법은 말을 시작하는 처음에 시청자를 사로잡는 화법을 강구하도록 해야 한다.

둘째, 방송 화법은 폐쇄된(close up) 화법이다. 방송 화법은 마이크를 통해 시청자에게 전달된다. 회화의 경우와 달리 특히 라디오의 경우는 비언어행동(非言語行動)도 드러나지 않고, 맥락(context)도 드러나지 않는다. 화법만으로 효과를 극대화하지 않으면 안 된다. 따라서 말하기의 장단점을 정확히 알고 이를 적절히 운용하지 않으면 안 된다. TV는 라디오보다는 낫다. 그러나 구어 외에 얼굴 표정, 제스처 및 태도와 동작 등이 상대방의 시각에 비치나, 이들은 다 자연 상태의 화자를 비추는 것이 못 된다. 폐쇄된 상태의 화법이다. 따라서 언어만으로 모든 효과가 드러나도록 말을 선택하고, 말을 시작하는 법, 이야기의 줄거리 짜기, 말소리 내기 등을 강구하지 않으면 안 된다.

셋째, 시간에 속박받는 언어이다. 방송에서의 화법은 처음부터 끝까지 시간의 속박을 받는다. 방송 화법은 시간과의 전쟁이라 하여도 좋다. 방송 내용은 무슨 일이 있어도 작정된 시간 안에 마무리를 지어야 한다. 그래서 초조한 가운데 조바심을 하며 진행한다. 마무리 짓는 경우만 하더라도 다른 경우, 예를 들어 강연이나, 원탁토론과 같은 경우 예정 시간보다 좀 일찍 끝날 수도 있고, 연장될 수도 있다. 그런데 방송 화법은 그렇지 않다. 미진해도 칼같이 끝내야 한다. 따라서 방송 화법은 이 속박된 시간에 대비하여 그 시간 안에 말할 내용을 조립하고, 말을 마칠 수 있도록 사전에 준비와 계획을 세워 두어야 한다.

방송 화법은 이러한 특성을 지니므로, 이는 다음과 같은 사항에 유의하여 말하기를 하도록 하는 것이 필요하다.

첫째, 머릿속에 무엇을 어떤 순서로 어느 정도 길게 말할 것인가 미리 정리·메모한다.

둘째, 시간과 함께 사라지는 구어의 성격을 고려, 청자가 올바로 이해할 수 있게 한다.

셋째, 휴지(pause) 및 여분의 말 등을 덧붙여 말에 여유를 갖게 한다. 그렇게 함으로 딱딱한 고시(告示)에서 벗어날 수 있게 한다.

그러면 다음에는 라디오와 TV의 효과적인 말하기를 위한 대책을 살펴보기로 한다. 이의 종합적 대책으로는 다음과 같은 것을 생각할 수 있다 (平井昌夫, 1985).

① 서술하려는 내용은 가능한 한 적게 하도록 한다.
　시간적 제약을 위해 강연이나 연설과 같이 많은 생각, 많은 자료의 나열을 할 수 없으므로, 이를 위한 개요를 작성하여 대비하도록 한다.
② 추상적 논리나, 숫자는 가능한 한 언급하지 않는다.

구체적인 사실을 언급하고, 숫자는 개괄적으로 나타낸다.
③ 문어(文語)나 연설의 말하기와 달리 조립하는 것이 중요하다.
　　방송 화법에서의 이야기의 조립은 줄거리를 알기 쉽고, 산뜻하게 전개해
　　야 한다.
④ 라디오나 TV의 청자는 군중심리학의 대상이 아니다.
　　방송은 한 사람, 또는 몇 안 되는 사람이 조용히 듣는다. 따라서 착실히
　　듣는다. 그러므로 상대방을 선동하는 것이 아니라, 납득시키는 내용의 것
　　이 되어야 한다.
⑤ 끊임없이 청중의 주의를 끌 수 있는 내용을 담아낸다.
⑥ 화제나, 화재(話材)는 누가 들어도 좋은 것을 선택한다.
⑦ 말하기의 끝부분은 내용을 가감할 수 있게 남겨 둔다.
　　방송은 시간 제약으로 중요한 부분을 제대로 말할 수 없는 경우가 있는
　　가 하면 시간이 남는 경우가 있다. 따라서 이를 위해 끝부분은 가감할 수
　　있는 상태로 남겨 둔다.

끝으로 TV에서의 특수한 말하기에 대해 덧붙이기로 한다. 라디오 화법
은 음성에 주의하기만 하면 된다. 그러나 TV의 경우는 자세, 복장, 제스
처, 표정, 화장, 배경, 조명 등이 다 화법에 영향을 미친다. TV의 화자는
이러한 배경에 둘러싸여 청중 앞에 등장하는 것이다. 따라서 라디오에 비
해 세심한 주의를 기울이고, 이들 배경을 활용하여 종합적 화법을 구사하
도록 해야 한다. 이러한 TV 화법에 주의할 것으로는 다음과 같은 것을 들
수 있다.

① 원고를 읽는 것이어서는 안 된다.
② 표정·동작에 주의한다
③ 자세나 제스처에 주의한다.
④ 복장이나 두발에 주의한다.
⑤ 액세서리에 주의한다.

4. 결어

이 글은 본래 "방송 화법의 이론과 실제"(집문당, 2001)의 서두에 싣기 위해 쓰였던 글이다. 따라서 서설적 성격이 강했다. 그런데 이를 본서에 수록하기 위해 방송 화법 부분을 대폭 개고 및 증보하여 그 성격을 특성화하였다.

화법(話法)은 Speech의 번역어로, 종래 흔히 "화술(話術)"이라 하던 것이다. 이는 커뮤니케이션의 한 방법으로, 화자(話者)가 자신의 사상과 감정을 청자에게 음성언어로 전달하는 것이다. 인생은 협동에 의해 운영된다. 그리고 현대는 민주화 시대로 자기의 의견을 적극적으로 표현해야 하는 시대다. 말하기가 어느 시대보다 중시되게 되었다. 따라서 오늘을 살아가는 현대인은 이 말하기를 소홀히 할 수 없다. 그런 의미에서 우리는 화법의 이론과 실제를 바로 알고 효과적 커뮤니케이션을 하도록 하여야 한다. "Communication"은 접두사 "Co-"가 말해 주듯 일방적 전달만을 의미하지 않는다. 전달만이 아닌, 상호소통(相互疏通)하는 것이다. 그런 면에서 화법은 말하기만이 아닌, 듣기도 잘 해야 함을 명심해야 한다.

더구나 현대는 매스컴의 시대다. 따라서 일반적 화법만이 아니라, 라디오·TV 등 방송매체를 통한 화법에도 관심을 가지고 대처하도록 하여야 한다. 이는 물론 광의의 같은 화법이나 마이크를 사용하는 매스컴이라는 면에서 방송 화법은 이들만의 특성을 지닌다. 따라서 매스컴 화법의 특성을 잘 이해하고 이에 대처하도록 하여야 한다. 여기에서는 방송 화법의 특성에 대해 비교적 심도 있게 논의한 바 있다.

인생의 원칙은 협동에 있고 이는 언어에 의해 이루어진다고 하였다. 따라서 말하기, 곧 화법의 원리를 잘 익혀 세파(世波)란 거센 파도를 잘 헤쳐나가고, 인생을 잘 운영하도록 하여야 하겠다.

참고문헌

박갑수(1996), 한국방송언어론, 집문당

박갑수 외(1996), 고등학교 화법, 한샘출판사

박갑수 외(2001), 방송 화법의 이론과 실제, 집문당

박경현(1996), 리더의 화법, 대한문화사

전영우(1967), 화법원리, 교육출판사

KBS 아나운서실 한국어연구회 편(1989), 아나운서 방송교본 I, 한국방송공사

KBS 아나운서실 한국어연구회 편(1990), 아나운서 방송교본 II, 한국방송공사

NHK 總合放送文化硏究所 編(1955), 放送用語論, 日本放送出版協會

日本放送協會編(1961) NHK 新アナウンス讀本, 日本放送出版協會

平井昌夫(1965), 新版 話の事典, きようせい.

Henneke, B. G, E. S. Dumit(1959), The Announcer's Handbook, Holt, Rinehart and
    Winston

Hyde, S. W.(1979), Television and Radio Announcing, Houghton Mifflin Co.

Ross, S.(1987) Dynamic Speaking, Prentice-Hall

○ 이 글은 본래 박갑수 외편 '방송 화법의 이론과 실제'(집문당, 2001)에
 수록된 것이나, 본서에 수록하기 위해 2019년 방송 화법 부분을
 대폭 개고·증보한 신고라 할 수 있는 논문이다.

제2장 **한국의 방송과 금기어**

1. 금기어의 개념

금기(禁忌), 또는 금기어(禁忌語)라고 하면 우선 'Tabu/ Taboo'란 말을 머리에 떠올리게 된다. 'Taboo'란 폴리네시아어로 Cook 선장에 의해 영어에 들어왔고, 그 뒤 다른 유럽어에 퍼진 말로 알려진다. 이는 본래 넓은 의미를 지니고 있으나, 일반적으로 '금지(禁止)'되는 것을 의미한다.

Freud에 의하면 터부는 상반된 두 가지 의미를 갖는다. 하나는 '신성한, 받들려지는 것'을, 다른 하나는 '기분 나쁜, 위험한, 금지된, 불결한 것'을 뜻하는 것이 그것이다. 따라서 '터부', 곧 금기는 성성(聖性)의 관념과 부정기피(不淨忌避) 관념이라는 상반된 두 개념이 공포 개념과 결합하여 이루어지는 것으로 본다. 이러한 금기의 최초의 대상은 토템(totem) 동물이었을 것이며, 뒤에 특권이 있는 사람이나 사제(司祭)와 같은 사람 및 그의 소유물로 확장되어 나갔을 것으로 본다.

그리고 그 대상은 마침내 이와 관계되는 말에까지 확장되었으니 이것이 금기어(taboo word)이다. 금기어는 예외가 있기는 하나 대체로 버려지고 재명명(再命名)을 하게 된다. 이때 무해한 내용 표현, 곧 완곡법(euphemism)

이 이 자리를 메우게 된다.

언어의 이러한 금기를 S. Ullman은 배후에서 작용하는 심리적 동기에 따라서 세 가지로 나눈다. 곧 공포감, 섬세한 기분, 예의작법 및 양속(良俗)에 관한 것이 그것이다. 첫째, 공포감에 의한 금기란 초자연적인 존재에 대한 외경심(畏敬心)이 그 명칭의 사용을 꺼려 생기는 것이다. 둘째, 섬세한 기분에 기초한 금기란 불쾌한 것을 직접 가리키기를 꺼려 완곡하게 표현하는 것을 말한다. 질병, 심신의 결함, 범죄 행위에 관한 금기어가 이에 해당한다. 셋째, 양속에 기초한 금기란 미풍양속을 해치지 않으려는 금기로 성(性), 신체의 부분 이름이나 기능, 서언(誓言) 따위가 이에 해당한다.

이렇게 금기어란 언어 기호와 사물을 동일시(同一視)하여 그 말을 기피하거나, 그 언어 기호가 환기하는 감정 가치가 바람직하지 않아 재명명하는 것이다. 따라서 금기어란 말의 본래의 의미는 '꺼리어 싫어하는 말'이란 광의의 뜻을 지니는 말이 아니요, 특정한 상황에서 쓰이는 한정된 의미를 지니는 말이다.

방송에서의 금기어란 이러한 좁은 의미의 금기어가 아니다. 이는 방송 언어의 특성에서 벗어난 말을 '꺼리어 싫어함', 또는 '꺼리어 금함'이란 뜻의 말이다. 따라서 방송의 금기어란 단어만이 아니고, 구문(構文)을 포함한 광의의 말을 이른다고 하겠다. 말을 바꾸면 금기의 표현이 된다.

그러면 이러한 금기어가 방송 관계 규정에서는 구체적으로 어떻게 나타나고 있는가? 방송법에는 다음과 같은 규정이 보인다.

　　제4조(방송의 공적 책임)
　　　① 방송은 인간의 존엄과 가치 및 민주적 기본질서를 존중하여야 한다.
　　　② 방송은 공익사항에 관하여 취재·보도·평론 기타의 방법으로 민주적 여론 형성에 기여하여야 하며, 사회 각계 각층의 다양한 의견을 균형

있게 수렴함으로써 그 공적 임무를 수행한다.

③ 방송은 타인의 명예나, 권리, 또는 공중도덕이나 사회윤리를 침해하여서는 아니 된다.

제5조(방송의 공정성과 공공성)

① 방송에 의한 보도는 공정하고 객관적이어야 한다.

② 방송은 국민의 윤리적·정서적 감정을 존중하여야 하며, 사회정의 전파, 국민의 기본권 옹호 및 국제친선의 증진에 기여하여야 한다.

③ 방송은 특정한 정당·집단·이익·신념 또는 사상을 지지, 또는 옹호할 수 없다. 다만 종교의 선교를 목적으로 허가 받은 방송이 허가 받은 내용에 따라 방송하는 경우에는 그러하지 아니하다.

제4조 ③항은 금기의 내용을 구체적으로 제시한 것이며, 제5조는 방송 언어의 공정성 및 객관성을 규정한 것이다. 방송언어의 공정성과 객관성을 규정한 것은 방송언어의 불공정성(편파성) 및 주관성을 경계한 것으로, 이를 금기의 대상으로 본 것이다. 이러한 모법(母法)을 바탕으로 '방송심의에 관한 규정'에는 다음과 같이 규정하고 있는 것을 볼 수 있다.

제9조 방송은 국민의 바른 언어생활에 이바지하며 표준말과 고운 말을 사용하여 국어순화에 힘써야 한다.

제48조 방송은 바른 언어생활을 저해하는 은어·비속어 등을 사용하여서는 아니되며, 사투리나 외국어 또는 외래어를 사용할 때에는 신중을 기하여야 한다.

제9조를 전제로 하여 제48조에서 구체적으로 금기어를 제시하고 있다. '은어·비속어'를 사용하지 말 것이며, '사투리·외국어·외래어'는 그 사용에 신중을 기하라는 것이다. 이밖에 '방송심의에 관한 규정'에는 방송 내용과 관계되는 많은 금기의 규정이 있다. 이 중 몇 조항만을 참고로 보면

다음과 같다.

제10조 방송은 특정 정당이나 집단의 이익·신념·사상만을 지지 또는 옹호
하여서는 아니된다. 다만 종교의 선교를 목적으로 허가 받은 방송의
경우에는 예외로 한다.

제11조 방송은 폭력 및 성문제에 관한 내용과, 남녀·학력·신분 차별 등의
고정관념을 형성시킬 우려가 있는 내용에 관하여는 특히 신중을 기
하여야 한다.

제13조 방송은 국제친선과 이해의 증진에 기여하여야 하며 특히 종교·인종
·민족 등에 관하여 편견을 조장하지 아니하도록 하여야 한다.

이렇게 볼 때 방송에서의 금기어란 터부 본래의 의미의 금기어와 대중
전달매체로서 부적합해 금기하는 말을 아울러 이른다고 할 수 있다. 전자
가 표현 내용과 관련되는 것이라면, 후자는 보다 표현 형식과 관련되는
것이다. 말을 바꾸면 전자가 저속하거나 부도덕한 표현을 기피하는 것이
라면, 후자는 은어·속어·비어·방언·욕설·외래어·유행어 및 바르지 아
니한 말을 피하는 것을 의미한다. 그리고 이는 공익성을 존중하여 과장된
표현이나, 부당한 선전을 하지 않으며, 개인의 권익과 명예를 손상시키는
표현을 하지 않는 것을 의미한다.

KBS의 방송심의실에서 펴낸 '방송 금지 용어 사례집(放送禁止用語事例集)'
에는 다음과 같은 사례가 예시되어 있어 우리의 금기어에 대한 의미 규정
에 좋은 참고가 된다.

① 국민 언어생활을 저해하는 일체의 비속어 및 사회 불안을 자극하는 표현
② 지역 감정을 자극하거나 계층간에 위화감을 주는 용어 및 표현
③ 불구자를 멸시하거나 자극하는 표현
④ 음담패설 및 성(性)을 비유하는 표현

⑤ 학생 청소년 및 특수지역에 사용하는 은어 및 유행어
⑥ 기타 방송의 품위를 떨어뜨리는 표현
⑦ 방송이 금지되어야 할 외래어 및 외국어

이렇게 볼 때 방송에서의 금기어는 다음과 같이 규정할 수 있을 것이다.

① 부도덕한 말
② 개인 및 조직 등에 피해를 입힐 말
③ 비속어 등 심신을 자극하는 말
④ 방언 및 외래어
⑤ 이해하기 어려운 말
⑥ 정확하지 못한 말
⑦ 공익에서 벗어난 말

2. 금기어 사용의 실태

앞에서 금기어의 개념을 살펴보았다. 그러면 이러한 금기어가 어떻게 쓰이고 있는가, 앞에서 규정한 일곱 가지 금기어의 차례에 따라 살펴보기로 한다.

2.1. 부도덕한 말

도덕적으로 바람직하지 못한 표현을 삼가고 꺼린다. 이는 첫째 성과 관계되는 말을 피하고, 둘째 존장자에 대한 예에 어긋나는 표현을 삼가는

것을 말한다. 외설 및 모독적인 말은 미국 매스컴에서도 개인, 조직, 기업 등에 피해를 입힐 말과 함께 위험한 말로 보아 조심스럽게 피하고 있는 것이다.

그러면 먼저 성과 관계되는 금기어가 쓰인 예부터 보기로 한다.

- 막동이 그놈아 자라고추에다 짝붕알입니다. 내것 한번 보실라요? (89. 2. 15)
- 아껴서 뭐할 거야. 임자 좋고 자기 좋고, 있는 줄 알고 아주 달라는 것도 아니고, 딱 한번 슬쩍 (89. 3. 1)
- "왜 바뜨려, 잠도 자고, 아휴 지겨워. 수컷들은 그저 늙은 거나 젊은 거나 하나 같이..." (89. 2. 23)
- "아랫도리가 홀랑 벗겨져가지고... 젊은 애가 겁대갈통 모르고, 기집 팔자 몸뚱아리 하나가 밑천인데, 한참 성질 나네. 야! 이놈 저놈한테 손목 맡기고 커피 팔던 기집년 눈깔에는 싸구려만 보이지..." (89. 3. 2)

이들은 여과되지 않은 성의 표현을 하고 있는가 하면 성관계를 암시적으로 표현한 것이다. 이에 대해 예의에 벗어난 표현은 다음과 같은 것이 보인다.

- "이 가시나는 얼라 놓고 니는 놀고 자빠졌나, 가시나야!" (82. 12. 10)
- "나 성질 건드리지 말어. 아빠도 한 방이면 끝나." (82. 12. 16)
- "애, 이 망나니야"
  "왜 그러니? 이 낮도깨비야... 왜 따님 얼굴 보고 싶으니?"
  "아무데서나 웅뎅이 흔들고 다니지 말란 말이야, 응?"
  "야, 이 개새끼야!" (89. 6. 13)

첫째 보기는 아이들 앞에서 남편이 부인을 치고 밀치며 호통하는 말이며, 둘째 보기는 술에 취해 장난을 거는 아버지에게 잠에서 깨어나 졸린

눈으로 아들이 아버지에게 하는 말이다. 셋째는 각각 딸과 아들이 계모에게 하는 말이다. 도덕적으로 바람직하지 못한 언어 표현들이다.

2.2. 개인 및 조직 등에 피해를 입힐 말

앞에서 언급한 바와 같이 개인 및 조직, 기업 등에 피해를 입힐 말은 방송에서 금기해야 할 위험한 말이다. 그럼에도 이러한 표현은 무분별하게 많이 쓰이고 있다.

> 그제 밤 11시쯤 이리시 부송동 자침 마을 인삼밭 움막집에서 마스크를 쓴 20대 괴한이 방에서 잠들어 있는 충청남도 금산군 진산면 읍내리 54살 박모씨와 54살 김모씨의 부부를 흉기로 위협해 남편 박씨의 손발을 묶고 이불로 덮어 씌운 다음 부인 김씨를 강제로 폭행하고 현금 24,000원을 갈취해 달아났습니다. (88. 12. 3)

이는 욕을 본 부녀자의 주소를 밝혀 피해자의 명예를 훼손할 우려가 제기되는 표현인데, 보도 가운데는 이러한 것이 많다. 이는 독자에 대한 지나친 친절이 피해자의 명예를 훼손하게 된 사례이다. 이에 대해 다음 보도 내용은 사건에 직접 관계되지 않은 단체명(민정당)을 공개해 명예를 손상시킬 우려가 있는 것이다.

> 교통 요충지의 국유지가 무단 점용돼서 주택시설로 사용되는 바람에 주민들의 진정이 잇따르고 있습니다.
> 민정당 이모 국회의원 사촌형인 54살 이학만씨는 지난 6월부터 북구 명지동 1-352번지 국유지 30여 평을 무단 점용해 블록담을 쌓고 주택시설로 불법 사용하고 있습니다. (88. 12. 9)

이밖에 지역에 대한 피해를 줄 우려가 있는 기사도 보인다.

> 진행자: 고맙습니다. 사시는 데가 논산인데요. 대개 이제 지역 감정을 조장하
> 는 건 절대로 아닙니다. 그러나 충남 그러면 대체로 인제 분명한 칼
> 라가 없고, 그냥 뭐라고 그럴까요, 그 사회의식도 조금 떨어지고 그
> 런 분들이 산다고 그러면 화를 내시겠죠.
> 임명숙: 글쎄요. 그 사실 자체적인 어떤 분위기는 그런 것도 사실인데요, 또
> 여기도 내가 와서 살아보니까 어떤 사람이 살고 있다는 느낌은 있어
> 요. (89. 5. 3)

이밖에 배타적인 표현으로 상대방에게 피해를 입힐 우려가 있는 표현
도 많다. 이러한 표현은 특히 광고방송에 많다.

2.3. 비속어 등 심신을 자극하는 표현

이는 S. Ullman이 '섬세한 기분에 기초한 금기'라고 한 것에 해당할 표
현이다. 곧 언어 기호가 환기(喚起)하는 감정 가치가 바람직하지 않은 표
현이다. 이는 전기 '방송 금지 용어 사례집' 가운데 '① 국민 언어생활을
저해하는 일체의 비속어 및 사회불안을 자극하는 표현', '② 지역 감정을
자극하거나 계층간에 위화감을 주는 용어 및 표현' 및 '③ 불구자를 멸시
하거나 자극하는 표현'이 이에 해당한다. 이들 용례를 몇 개 보면 다음과
같다.

> "아직두냐? 이 웬수, 이 웬수야. 어떻게 넌 늙은 줄도 모르니? 넌 저 개만도
> 못하다고. 물어뜯을 인간이 말야! 제 여편네는 허기지게 만드는 병신이 또 딴
> 계집한테는 쓸 기운이 아직두냐? 뭐 하늘이 두 조각 나도 안 해? 이 철면피야,
> 아이구 다러워! 저걸 정말 꼬챙이로 꽂아 죽여, 포를 떠서 죽여? 아이고 더러워

아이구." (88. 9. 12)

이는 아내가 바람기 많은 남편에게 퍼붓는 악담이다. 이렇게 여과되지 않은 비속어가 많이 쓰이고 있다. 이에 대해 다음과 같은 사례는 은어와 비속어가 범벅이 된 대화다.

주: 다음 또 어떤 예가 있습니까?

이: 다음 또 '거짓말 한다' 있지 않습니까? 일종의 은어를 많이 사용하고 있어 우리의 언어가 완전히 피보고 있습니다. 예를 들면 '거짓말한다'를 '구라친다', '대포쏜다', '야부리깐다', 뭐 이런 식으로 하는데 이러면 안되죠. 그렇지 않습니까?

주: 그렇게 많습니까? 그것 '노가리' 푸는 것 아닙니까?

이: '노가리'라뇨. 지금 '야부리치는' 것 아니에요.

주: '썰' 아니예요?

이: 아니예요.

주: 그런데 그런 말을 쓰는 사람이 많다는 것을 들어 보니 정말 대가리가 빠개지는 것 같습니다. 우리말을 그렇게 나쁘게 쓰다니, 그게 말이 되는 소립니까?

이: 아주 품위 있습니다.

주: 아주 교양 있습니다. 그러면 이런 말을 쓰는 아이들이 중삐리가 많습니까, 고삐리가 많습니까, 대삐리가 많습니까 아니면 꼰대들이 많습니까?

이: 꼰대들도 많이 쓰고요, 군바리들까지도.

주: 군바리들까지도 우리말을 제대로 안 씁니까? 문제군요. 그렇다면 짭새들은?

이: 짭새들도 마찬가지지요. 바른 말 아름다운 우리말을 제대로 정확하게 정확하게 사용해야지요.

주: 우리말을 제대로 사용하지 않는 그러한 친구들은 정말 앞으로 피작살을 내고 말겠습니다.

이: 내가 용서치 않겠어요. 그런 애들은 내가 붙잡아서 죽통을 날리던지.

주: 제가 얘기를 하고 있는데 왜 나서고 그러십니까?

이: 나도 항의할 얘기는 해야죠.

주: 참, 이 친구 대가리 피도 안 마른 친구가.

이: 대가리 피라뇨. 주둥아리가 시궁창이구만, 왜 그래요?

주: 너 오늘 뒈지고 싶니?

이: 너 오늘 호박 깬다.

주: 호박 깨, 호박 깨? 이게 어디 세숫대야를 들이밀고 그래?

이: 야, 이놈 봐.

주: 아니 이놈이 어디 전기밥통을 밀어?

이: 이놈 얼굴 봐.

주: 우리말을 곱게 써야지, 너가 왜 허발라게 그러는 거야?

이: 이런 싸가지없는 자식.

주: 여러분 우리말을 곱게 써야겠습니다. 미주알 고주알을 마치겠습니다. (89. 10. 13)

이 대담의 주제는 우리말을 순화해 곱게 써야겠다는 것이나, 오히려 홍미위주로 흘러 지나치게 은어·비속어가 남용되고 있는 예라 하겠다.

2.4. 방언 및 외래어

방송은 한정된 지역이나 특수한 사회적 계층의 국부적 시청자를 상대로 하는 것이 아니다. 따라서 지역이나 계층에 구애하지 아니하고 누구에게나 쉽게 이해되는 보편적인 말을 써야 한다. 그리하여 방송에서는 방언 및 외래어를 사용할 때 신중을 기하도록 하고 있다.

방언은 국부적인 지역의 언어로 이해에 불편을 주며, 나아가 위화감까지 조성할 위험성을 지닌 말이다. 따라서 일반적인 사용을 금하고, 방송극 등 필요불가결한 경우에만 사용하도록 해야 한다. 그럼에도 방송 현실을 보면 연예 및 보도 방송에서 방언이 난무하고 있다. 심하게는 근자에 방언에 의한 진행이 늘어난 것 같다는 느낌까지 든다. 이제 몇 예를 들어 보면 다음과 같다.

- "이 가시나는 얼라 시켜 놓고 나는 놀고 자빠졌나, 가시나야." (89. 12. 10)
- "다음 이것은 뭘까?. 응?"
  "텐트(천막집)"
  "왜 외제 써, 뭐라카노, 뭐라카노?" (89. 5. 23)

외래어도 많이 쓰이고 있다. 이는 전문어로써 많이 쓰이며, 특히 스포츠 중계방송에서 두드러지게 나타난다. 사실 스포츠 경기 방송용어는 1978년의 심의를 거쳐 1981년부터 순화용어를 쓰기로 되어 있었다. 이것이 계획대로 추진되었더라면 좋았다. 그런데 그렇게 되지 못했다. 다음에 외래어 사용의 실례를 한두 개 보면 다음과 같다.

- "저 같은 경우엔 초이스가 없어요." (89. 6. 8)
- "백금 세팅의 에머랄드군요. 에머랄드 퀄리티드 올드세팅이군요." (89. 7. 5)

다음의 보기는 방언과 외래어가 거의 쓰인 경우이다.

학생: 선생님, 질문 있습니다.
선생: 어이 해 봐.
학생: 춘향이 엄마가 영어로 뭔지 아니껴?
선생: 야야, 그것도 모르나베.
학생: 아이그 선생님 그것도 모니껴. 춘향이 마더 니나노 캡틴큐.
선생: 어이 임마들 '가스' 모두 대가리 박아. 이것들 천지도 모르고 까불고 있어. 똥 오줌도 구별 못하나? 오늘 어디 배울 차례지?

학생: 아 예, 선생님 빵점 똥파리 차렵니다.

선생: 어 임마, 어제 어디서 본 것 같은데.

학생: 선생님, 저 어제 벚꽃 구경 안 갔는데요.

자식: 도둑이 제 발이 저린다고, 같이 있던 자식들 누구야.

학생: 사실은 별밤 고등학교 3학년 9반 배뱅이하고, 깜상하고, 살로만 하고, 꽁치하고 쫌새, 마지막으로 보문이랑 같이 갔습니다.

선생: 솔직히 말해. 또 있잖아.

학생: 예 맞아요. 또 있어요. 기생이도 같이 갔어요.

선생: 야야 그 얼굴에 해 보이 뭐하노.

학생: 이히 선생님, 그럴 수 있습니까? 이히.

선생: 야 임마, 잘 들어. 건전한 이성교제는 정말 좋은 것이지만 여학생으로서 자존심과 지조를 가지고 올바른 행동을 한다면 문제 될 것이 없다. 그런 의미에서 미래 소녀 포미를 모두 합창하겠습니다. 이쯔 니 산 네.

(89. 5. 1)

2.5. 이해하기 어려운 말

방송언어는 일과성(一過性)을 지니는 것이며, 일방적(一方的)인 것으로 주로 청각에 호소한다. 따라서 들어서 쉽게 이해할 수 있는 말로, 생각하게 하는 말이어서는 안 된다. 그러기 위해서는 분명한 발음, 적절한 속도로 말해야 하며, 낱말은 난해어, 동음어, 유음어(類音語), 약어·약칭(略稱)과 같이 이해하기 어려운 말을 써서는 안 된다.

근자에 '장애(요소)'를 '걸림돌'이라 하듯 풀어 말하기가 꽤 일반화하였으나, 신문 용어와 같은 문어체의 용어와 한자어로 된 낱말이 많이 쓰이고 있어 방송언어를 어렵게 하고 있는 흠이 없지 아니하다. '결빙현상(結氷現象), 뇌물수수(賂物授受), 도복현상(倒伏現象), 낙과현상(落果現象), 역매운동(力賣運動), 정체현상(停滯現象)'은 그 대표적인 보기이다. 이러한 난해한 어휘의 용례를 몇 개 들어 보면 다음과 같다.

- '通安' 늘어 경제 침체 심화 (89. 4. 28)
- 방제사업을 철저히 해 줄 것을 당부했습니다. (89. 5. 26)
- 노지숙박(露地宿泊) (89. 6. 17)
- 재테크를 찾는 사람이 부쩍 늘었습니다. (89. 6. 21)
- 장마가 하루 이틀 소강상태를 보이겠습니다. (89.6. 25)
- 부산 남항에 피항해 있습니다. (89. 7. 28)
- 한때 심한 정체현상을 빚었습니다 (89. 9. 17)
- 방사선 과다 피폭 (89. 9. 24)
- 반발 매수(買受) 무위 (89. 9. 26)

이러한 난해어 외에 의미의 측면에서 주의해야 할 동음어, 유음어, 약어 및 약칭의 예를 몇 개 들어 보면 다음과 같다.

- 동독 난민(亂民·難民) 수용소 (89. 9. 12)
- 광주(光州·廣州) 체육관 (89. 6. 26)
- 큰 논란을 벌였던(展·棄) 청문회 (89. 8. 26)
- 오욕(汚辱·五慾)의 역사로 얼룩졌습니다. (89. 9. 28)
- 조제품(粗製品·調製品) (89. 9. 26)
- 사장(社長·死藏)과 감사(監査·監事) (89. 10. 3)
- 국감(國監·國政監査) 전에 자료를 제출해 줄 것을 부탁했습니다. (89. 8. 29)

위의 약어·약칭의 경우는 본말(原語)을 쓰거나, 처음에 약어를 쓰고, 그 다음에 '즉 무엇무엇'이라고 본말을 씀으로 이해를 촉진하는 방법을 강구해야 한다.

2.6. 정확하지 못한 말

저널 원고는 무엇보다 정밀성(accuracy), 또는 정확성(correctness)을 주요하게 생각한다. Mott, G. F.의 "New Survey of Journalism"에서 저널리즘에서 정확성이 매우 중요한 요소라 보고 여섯 가지 관점에서 중요성을 언급하고 있다. 그의 정확성에 대한 견해는 정확한 표현, 어법에 맞는 표현, 위험하고 해로운 진술의 회피, 효과적인 표현으로 요약할 수 있다.

이러한 정확성은 우리 방송언어에 있어서 많은 문제점이 있는 것으로 나타난다. 그것은 사실과 부합하지 않는 표현, 바람직하지 못한 표현 등이 많이 눈에 띄기 때문이다. 이 가운데 개인이나 사회에 해를 끼치는 표현은 이미 앞에서 살펴본 바 있다.

사실과 부합하지 않는 표현은 편파적인, 공정하지 않은 보도와 오보(誤報)로 나누어 볼 수 있다.

종전에는 정권에 의한 언론탄압으로 인해 편향 보도가 문제가 되었다. 그러나 근자에는 민주화운동의 강화로 이 목소리가 편향보도라 하여 문제가 제기되기도 한다. 오보는 숫자나 일시(日時)에 많이 나타난다. 예는 생략하기로 한다.

어법적(語法的)으로 바르지 못한 표현은 발음 및 낱말의 형태, 구문 등에 나타난다. 이에 대한 논의는 '나. 방송언어의 오용 사례'에서 언급하였기에 줄이기로 한다.

이밖에 바람직하지 못한 표현이란 적절치 못한 표현, 습관적인 반복 표현, 동의적 표현, 실언(失言) 및 오독(誤讀) 따위가 있다. 이러한 용례의 대표적인 것 몇 개를 보면 다음과 같다.

• 팔을 걷어붙이고 나섰습니다. (89. 7. 11)

- 관계관들의 노고를 치하하고 (89. 8. 11)
- KBS와 함께 유익한 시간 되시기 바랍니다. (89. 7. 18)
- 천둥 번개도 치겠습니다. (89. 7. 22)
- 한여름 더위는 계속될 전망입니다. (89. 8. 7)
- 즐겁고 좋은 하루 되십시오. (89. 8. 10)
- 택지의 상한을 규제하는 법이 되겠습니다. (89. 9. 1)
- 8,000명의 어린이가 완성시킨 그림이 되겠습니다. (89. 9. 25)

2.7. 공익(公益)에서 벗어난 말

방송은 공공성을 지니는 것으로, 공정하고 객관적이어야 한다. 이는 방송법에 명시되어 있는 바와 같이 '특정한 정당·집단·이익·신념 또는 사상을 지지, 또는 옹호'할 수 없다. 따라서 공익에서 벗어난 사실은 금기 사항이 된다.

그러나 방송언어의 현실을 보면 이러한 금기가 왕왕 무너지고 있는 것을 볼 수 있다. 이러한 것의 대표적인 것이 특정한 상품이나 단체의 선전과 책임 소재가 분명하지 않은 말이다. 이들의 보기를 몇 개 들어보면 다음과 같다.

○ 진행자: 김용구 씨는 지금 어떤 일 하시는 분이세요?
　애청자: 저는 요, 이, 저 지압원을 하고 있는 사람인데... 참, 이런 말씀 드려도 되는지 모르겠네요.
　진행자: 네, 말씀을 아주 재미 있게 하시는데요.
　애청자: 고맙습니다. 오시지는 않아도 좋은데, 무슨 오전 중으로 말이죠. 제가 알고 있는대로 민간요법을 이렇게 좀 가르쳐 드릴 테니까 796-0000로 전화 문의를 하시면 신경통 계통의, 이렇게 좀 가정에서 간단히 치료할 수 있는 방법을 제가 좀 일러드릴 테니까 필하신

분은 전화를 혹 하셔도 좋습니다. 오후엔 바쁘니까 가급적이면 오
전에... (89. 11. 2)

○ "이 영화 언제 개봉해서 어느 극장에서 하는지 알려 주시죠."
"7월 15일날 명O극장에서 하는데요, 놓치면 아까운 영화입니다." (89. 7. 7)

○ 김: 우리가 사주팔자 사주팔자 하는데, 사주팔자에서 가장 중요한 것은 자
기가 어떤 날에 태어났냐가 중요합니다.

장: 아, 태어난 날이요?

김: 네 태어난 날이요. 그러니까 자기가 태어난 날이 뭐냐, 거기에 따라서
우리가 그날의 일진도 같이 중요합니다. 그러면 올해가 기사년 뱀해인
데, 우리가 그 연을 따지는데, 그것은 잘못된 거고, 자기가 어떤 날 태
어났냐에 따라서 모든 작용이 이루어집니다. (89. 6. 1)

맨끝의 사례는 역술인의 과학적 근거가 없는, 책임 소재가 분명치 않은
말의 용례이다.

3. 맺는 말

방송의 기능은 순기능(順機能)과 역기능(逆機能)의 두 가지로 나타난다.

방송의 금기어는 이 가운데 순기능이 아닌, 역기능으로 작용할 요소이
다. 따라서 이러한 금기어는 가능한 한 사용을 억제하여 방송에서 줄이도
록 하여야 한다.

첫째, 부도덕한 말의 사용을 금한다.

이는 방송에 '공중도덕이나 사회윤리를 침해해서는 아니 된다'고 규정
하고 있는 것이며, '방송심의에 관한 규정'에 '미풍양속을 해치는 내용, 부
도덕한 남녀관계 및 불건전한 내용'을 다루지 않도록 한 제33, 34, 35조의

규정과 관련된 것이다.

둘째, 개인 및 조직 등에 피해를 입히는 말을 피한다.

이는 언론이 지녀야 할 당연한 책임에 해당한 것이다. 그러기에 방송법에도 타인의 명예나 권리를 침해해서는 아니 된다고 명문화하고 있다. 이러한 금기어를 사용하였을 때에는 소송사건에까지 휘말릴 수 있으므로 각별히 주의하여야 한다. 그리 되지 않기 위해서는 출처를 분명히 밝히고, 피해를 입힐 것으로 우려되는 말은 완곡하게 표현한다.

셋째, 비속어 등 심신을 자극하는 말을 삼간다.

이는 이들 말이 끼치는 바람직하지 않은 감정 가치를 제거하고자 함이다. 저속하고 품위 없는 표현은 시청자에게 불쾌감을 줄 뿐 아니라, 방송의 품위를 떨어뜨리기 때문이다. 따라서 비속한 표현은 가능한 한 삼가도록 한다. 이와 아울러 폭력성을 지닌 말도 삼가야 한다.

넷째, 방언 및 외래어의 사용을 삼간다.

이는 정확한 정보 전달을 하고, 지역 및 계층간의 위화감을 불식하기 위해서다. 한 언어의식 조사에서 지역방언에 대해 '듣기 싫다'는 반응이 높은 비율로 나타나고 있음은 방송인들이 유의할 일이다. 그리고 외래어의 사용은 지식인의 각성이 무엇보다 요청된다. 그것은 이중언어(二重言語) 사용자에 의해 보급되기 때문이다. 그리고 여기 유의할 것은 전문 영역에 따라 외래어의 영역이 다를 수 있다는 것이다. 특정 영역의 외래어는 불특정 다수의 시청자에게 그것은 특수 영역의 전문어일 가능성이 충분하다는 것이다. 이런 의미에서 지식인의 각성이 더욱 요청된다.

다섯째, 이해하기 어려운 말의 사용을 삼간다.

난해한 말의 금기는 방송의 일과성(一過性)으로 말미암아 강조된다. 한번 듣고 쉽게 이해할 수 있는 말을 쓰도록 해야 한다. 생각해 보아야 이해가 되는 말은 삼간다. 그러기 위해서는 풀어서 말하고, 가급적 동음어나 유음어를 피해 다른 말로 바꾸어 표현하도록 한다. 약어는 원어를 쓴 뒤에 사용하도록 한다.

여섯째, 정확하지 않은 말을 피한다.

정확하지 않은 말을 금기하는 것은 정확하고 공정한 정보전달을 하기 어렵다. 언어 사용의 목적이 의사소통(意思疏通)에 있다면, 방송언어도 응당 원만한 의사소통이 될 수 있어야 한다. 그럼에도 사실에서 벗어난 표현을 하거나, 어법적으로 바르지 아니한 표현을 한다면 그것은 있을 수 없는 일이라 하겠다. 사실에 부합하고, 효과적인 의사소통이 이루어질 수 있도록 해야 한다.

일곱째, 공익에서 벗어난 말을 피한다.

이는 방송이 공정성을 지녀야 하기 때문이다. 방송이 공정성 내지 공익성에서 벗어나면 안 된다는 것은 방송법에도 명시되어 있는 바다. 공익성에서 벗어난 방송은 스폰서에 대한 과도한 친절로 특정 상품이나 업소를 선전한다는 인상이 짙은 것이 문제가 된다. 이는 공익성을 생각해 당연히 해서는 안 된다. 이밖에 근거가 명확하지 아니한 단정적인 표현을 피하여야 한다.

참고문헌

박갑수(1984), 국어의 표현과 순화론, 지학사
박갑수(1987), 방송언어론, 문화방송
박갑수(1985), 방송의 금기어에 대하여, 한국어연구논문, 제10집, KBS한국어연구회
신상현(1974), 방송보도론, 아이템플 한국문제은행
신상현(1986), 방송문장론, 전예원
오소백(1972), 매스컴 문장강화, 삼육출판사
Mott, G. F.(1958), New Survey of Journalism, Barnes & Noble Inc.
Smeyak, G. P. ed.(1977), Broadcast News Writing, Grid Inc.

Ullman, S.(1973), Semantics, Basil Blackwell

White Ted et al.(1984), Broadcast News Writing, Reporting and Product, Macmillan Publishing Co. Collier Macmillan Publishers

О 이 글은 KBS 한국어연구회 편(1989), 아나운서 방송교본(한국방송공사)에 수록된 것이다.

제3장 방송 문장의 교육

1. 서언

　한 평생을 조국 광복을 위해서 바치신 고 인촌 선생, 고이 잠드소서. 이제는 두 번 다시 뵈올 수 없는 선생의 온화한 모습이 그립기도 하려니와 다시 찾을 수 없는 선생의 구국애족 그 단심이 더욱더 그리운 것입니다. 선생이 생전에 닦아 놓은 사업은 길이 이 나라, 또 이 겨레에 그윽한 향기를 풍기려니와 좀 더 오래 사셔서 보다 더한 업적을 남겼더라면 그 얼마나 국가에 다행이며 민족의 복리이겠습니까? 그렇지만 선생은 그 정령이 그것뿐이었는지 이미 유명을 달리하셨으니 울고 슬퍼한들 무슨 소용이 있겠습니까? 고 인촌 김성수 선생의 영혼이시여, 고이 잠드소서. 이제는 다시 뵈올 수 없는 인촌 선생이 되어 선생이 생전에 바라시던 고려대학교 푸른 동산에 고이 잠드소서. 이제 우리도 선생이 남기신 뜻을 받들어 나라를 사랑하고 민족 만대의 번영을 위해 노력하겠습니다. 지금 고 인촌 선생의 영구를 모시는 행렬이 막 나가고 있는 도중입니다. 고 인촌 선생의 업적 위에 그것을 계승하고 우리 민족의 내일의 전망 속에는 오직 선생의 정의심과 공심을 받들어 일치 합심해서 난국에 처하는 생각을 더욱더 굳게 해야 할 것입니다.

이는 1955년 2월 18일 인촌(仁村) 김성수(金性洙) 선생 영결식 실황 중계의 한 대목이다. 실황 중계이기 때문에 그러하겠지만 아마도 이 글을 대하는 사람은 누구나 그 문장의 어색함에 놀랄 것이다.

방송은 불특정 다수를 향해 베풀어지는 것이다. 따라서 방송언어는 표준어, 구두어, 쉬운 말, 그리고 순화된 말이어야 한다. 이것은 방송이 일방적이며 일회한(一回限)의 것이기 때문에 어쩔 수 없이 요청되는 필수 요건이다. 그리고 방송 문장은 이러한 요건을 바탕에 깔고, 간결(concise), 정확(correct), 분명(clear) 해야 한다. 이러기 위해서는 그 문장이 우선 어법에 맞아야 하고, 쉽고 적절한 표현을 하여야 한다.

이러한 방송언어, 및 방송 문장의 요건을 생각할 때 앞에 인용한 중계방송의 문장은 바람직하지 못한 것이라 하겠다.

그러면 이러한 바람직하지 못한 방송 문장을 짓지 않자면 어떻게 해야 할 것인가? 그것은 방송 문장에 대한 교육을 해야 한다. 방송 문장 교육에 대해서는 두 가지를 생각할 수 있다. 그것은 첫째 어떻게 가르치느냐 하는 교육 방법의 문제이고, 둘째는 어떻게 짓느냐 하는 방송 문장 작법에 관한 문제이다. 따라서 여기서는 이들 두 가지에 대해 생각해 보기로 한다.

이러한 방송 문장 교육에 관한 종래의 연구는 많지 않다. 이제 그 대표적인 것을 보면 다음과 같다.

정순일, 뉴스와 방송용어(하), 방송, 1952. 2.
모월천, 방송문장 ABC, 방송(7권1호), 1963. 1.
서석단, 방송과 말씨(제2회), 방송문화(제17호), 1969. 8.
임춘섭, 방송문, 방송용어연구(1), 방송월보, 1977. 2.
임춘섭, 방송문, 방송용어연구(2), 방송월보, 1977. 3.
임춘섭, 방송문, 방송용어연구(3), 방송월보, 1977. 4.
임춘섭, 생활국어와 방송①, 방송월보, 1980. 1.

임춘섭, 생활국어와 방송 ②, 방송월보, 1980. 2.

임춘섭, 생활국어와 방송 ③, 방송월보, 1980. 3.

임춘섭, 생활국어와 방송 ④, 방송월보, 1980. 4.

임춘섭, 생활국어와 방송 ⑤, 방송월보, 1980. 5.

임춘섭, 생활국어와 방송 ⑥, 방송월보, 1980. 6.

임춘섭, 생활국어와 방송 ⑦, 방송월보, 1980. 7.

이혜복, 기사·리포트 작성연구 ①, 방송월보, 1980. 1.

이혜복, 상동 ②-방송 news와 전문, 방송월보, 1980. 2.

이혜복, 상동 ③-외신기사 Rewrite, 방송월보, 1980. 3.

이혜복, 상동 ④-방송에 있어서의 경칭, 방송월보, 1980. 4.

이혜복, 상동 ⑤-수식어구에 관해서, 방송월보, 1980. 5.

이혜복, 상동 ⑥-관용구의 사용에 관해서, 방송월보, 1980. 6.

이혜복, 상동 ⑦-방송 원고와 수자, 방송월보, 1980. 7.

이혜복, 상동 ⑧-사고등 긴급사태의 보도, 방송월보, 1980. 8.

이혜복, 상동 ⑨-날씨에 관한 보도, 방송월보, 1980. 9.

이혜복, 상동 ⑩-기사 작성과 기자의 주관, 방송월보, 1980. 10.

이혜복, 상동 ⑪-Interview 기사 작성에 관해서, 방송월보, 1980. 11.

이혜복, 상동 ⑫-공식발표와 기사 작성, 방송월보, 1980. 12.

신상현, 뉴스 문장-실무연구 (1), 신문과 방송의 차이를 중심으로, 방송월보, 1981. 3.

신상현, 상동 (2), 라디오 뉴스의 「제목」을 중심으로, 방송월보, 1981. 4.

신상현, 상동 (3), 외국의 리드를 중심으로, 방송월보, 1981. 5.

신상현, 상동 (4), 수자를 중심으로, 방송월보, 1981. 6.

신상현, 상동 (5), 말의 경제성을 중심으로(A), 방송월보, 1981. 7.

신상현, 상동 (6), 상동(B), 방송월보, 1981. 8.

신상현, 상동 (6), 상동(C), 방송월보, 1981. 9.

신상현, 상동 (7), 보도용어를 중심으로, 방송월보, 1981. 10.

신상현, 상동 (8), 스타일을 중심으로, 방송월보, 1981. 11.

신상현, 상동 (9), 상동, 방송월보, 1981. 12.

신상현, 상동 (10), 상동, 방송월보, 1982. 1.

박갑수, 방송문장론, KBS 연수과정 교재 1983.

신상현, 방송보도론, -「뉴스」를 쓰는 요령과 실제, 아이템풀, 한국문제운행, 1974

신상현, 방송문장론, 전예원, 1896

박갑수, 방송언어론, 한국문화방송, 근간

이상과 같이 방송 문장 교육에 관한 연구나 논설은 주로 문장 작법에 기울어져 있다.

2. 방송 문장 교육의 방법

우리의 방송사는 신입 사원을 채용할 때 완성된 사람을 뽑는 것 같은 인상이 짙다. 그것은 신입사원에게 약간의 연수 교육을 시키는 외에는 별다른 교육을 꾀하는 것을 볼 수 없기 때문이다.

방송인의 경우는 보다 정확한 정보를 전달하고, 정서를 환기하기 위해 끊임없이 우리말을 연구하고 화법을 연마해야 한다. 그런데 이런 수련이 꾀해지는 것 같지는 않다. 그러기에 바르지 못한 말, 바르지 못한 표현을 하는가 하면, 듣기에 불안하고 불건전한 표현도 많이 튀어 나온다. 이러한 바람직하지 않은 방송 현상을 개선하기 위해서는 적절한 교육의 강화가 요청된다. 이제 이러한 교육의 방법에 대해 몇 가지 논의를 살펴보기로 한다.

(1) 주기적 연수교육을 꾀한다

신입사원에 대한 방송인으로서의 오리엔테이션 교육과 함께 주기적인 연수교육을 꾀해야 한다. 교육은 지위 고하, 직무의 다망 여부에 관계없이 모든 방송인이 일정한 때 일정한 기간 받도록 해야 한다.

(2) 교육은 집단 교육과 개별 교육을 아울러 실시한다

흔히 교육이라면 일정한 장소에 많은 인원을 동원해 강의하는 것을 생각한다. 이러한 교육도 물론 필요하다. 이 때에는 특히 그것이 요식행위에 그치는 형식적인 것이 되지 않게 주의해야 한다. 집단 교육 못지 않게, 아니 이것보다 중요한 것이 개별 교육이다. 방송인 개인의 구체적인 방송 언어 및 방송 문장을 자료로 하여 교육과 지도를 해야 한다. 이렇게 되면 프로그램 학습 및 완전학습을 꾀할 수 있다. 특히 방송언어는 음성언어임을 고려하여 어학 실습실을 활용해야 함은 말할 것도 없다. 어학 실습실을 외국어를 위한 것으로만 생각하는 것은 큰 잘못이다.

(3) 작문 교육의 일환으로 실시한다

방송 문장 교육은 작문 교육의 일반성과 방송 문장 작법으로서의 특수성을 지닌다. 따라서 방송 문장 작법 교육은 우선 작문 교육의 원리를 따른다.

방송 문장 교육은 교육 목표 및 내용에 따라 ① 문장을 짓기 위한 지도, ② 언어에 관한 사항의 지도를 할 수 있다. 그리고, 작문 지도의 방법에 따라 ① 문장 표현 과정에 따른 지도와 ② 문장 형태에 따른 지도로 나눌 수 있다. 문장 표현 과정에 따른 지도로는 취재·구상·기술·추고의 지도를 할 수 있다. 그리고 문장 형태에 따른 지도는 특히 사생문(記事文)과 감상문을 구별 지도하는 것이 좋다. 방송 문장의 경우는 기술적인 사생문이 무엇보다 중요한 의미를 지니기 때문이다.

(4) 방송 문장의 특수성과 그 작법을 교육한다

방송언어는 표준어·구두어·쉬운 말·순화된 말이어야 한다고 하였다. 이러기 위해 방송 문장은 표준어에 의한 구어체의 문장, 간결한 문장, 째어진 문장, 구체적인 문장 등이 돼야 할 것이다. 방송 문장에 대한 교육을 할 때는 이러한 문장 특성과 함께 그 작법이 교육 되어야 한다.

이러한 방송 문장을 교육할 때는 신문 문장 및 외국의 방송 문장과 비교함으로 방송 문장의 실체 및 작법을 바로 아는 것이 필요하다.

(5) 방송 문장의 교육 자료가 개발되어야 한다

서양에는 방송 문장에 대한 많은 서적이 개발되어 있다. 그런데, 우리나라에는 앞에서 살펴본 바와 같이 이러한 참고 자료가 별로 개발되어 있지 못하다. 따라서 이러한 자료가 많이 개발되어 방송인이 이러한 자료를 통해 방송 문장에 대한 의문을 해결하고 그 작법을 연마할 수 있게 하여야 한다.

이러한 교육 자료에는 방송 문장 작법이나, 기사 작법 외에 언어에 관한 사항이 포함되어 있어야 한다. 곧 틀리기 쉬운 어법, 및 표준어, 혼동하기 쉬운 낱말, 잘못 쓰기 쉬운 표기법, 틀리기 쉬운 외래어 표기, 및 한자음 등이 그것이다.

3. 방송 문장 작법

일본 NHK 종합 방송문화 연구소에서 간행된 "방송용어론"에는 방송 문장에 대해 주의할 사항으로 다음과 같은 것을 제시하고 있다.

1) 문장 구성에 관한 분야

① 긴 센텐스를 피한다.

② 주어와 술어의 대응을 분명히 한다.

③ 긴 수식어를 피한다.

④ 어순에 주의한다.

⑤ 지시어의 사용법에 주의한다.

⑥ "으로, 에, 을, 은"을 생략하지 않는다.

⑦ 연용중지법(連用中止法)을 피한다.

2) 텔레비전 화면의 문자 표현에 관련된 사항

① 텔로프에서는 읽어 내는 효과를 중시한다.

② 텔로프와 아나운스와의 관계를 중시한다.

방송 문장을 지을 때 주의할 사항은 이에 그치지 않을 것이다. 그러나, 이러한 사실이 중요한 것에 틀림없다. 따라서 방송 문장을 지을 때는 이러한 사항에 유의하여 작성해야 하겠다.

방송 문장 작법은 여러 가지 측면에서 논의할 수 있을 것이다. 그것은 일반적인 것과 방송 문장 유형에 따른 것들의 분류가 그 하나이다. 여기서는 방송 문장 작성상의 유의점을 바탕으로 한 일반적인 작법을 중심으로 살펴보기로 한다.

(1) 문체는 회화체(conversational style)로 쓴다.(TedWhite, 1984)

방송 문장은 간결, 정확, 명료해야 한다. 그리고, 이러한 문장은 회화체로 이루어진다. 방송 문장은 신문 문장과는 달리 읽기 위한 것이 아니라 듣기 위한 것이다. 방송 문장은 우리 시청자가 그 글을 읽는 것이 아니라 방송인의 말을 듣는 것이다. 따라서 문어체 아닌 구어체, 회화체의 문장을 써야 한다. 이러한 방송 문장의 특징을 쉽게 알 수 있게 신문 기사와 비교 제시해 보면 다음과 같다.

전두환 대통령은 6일 "제10회 아시아 경기대회 폐막에 즈음한 담화"를 발표, "지난 보름 남짓동안 모두가 하나가 되어 사심없는 봉사와 헌신으로 오늘의 영광을 창조해 내신 국민 여러분에게 진심으로 감사한다"면서 성공적으로 아시아 경기대회를 마친 것을 축하했다. (조선일보 86. 10. 7)

전두환 대통령은 아시아 경기대회를 성공적으로 개최함으로써 아시아는 물론 세계사의 주역으로 힘차게 비약할 수 있는 우리 민족의 위대한 저력을 확인할 수 있었다고 말했습니다.
전두환 대통령은 오늘 아시아 경기대회 폐막에 즈음한 담화를 내고 아시아 경기대회의 성공적인 주체로, 우리가 세계사의 주역으로 힘차게 비약할 수 있는 저력을 확인했다고 말했습니다. (86. 10. 6 뉴스데스크)

최윤희 어제 은퇴식
격려금 4천만원
"아시아의 인어" 최윤희(연세대)가 마침내 물을 떠났다.
대한수영연맹은 6일 롯데호텔 크리스탈볼룸서 이번 아시아게임을 끝으로 은퇴 의사를 밝혔던 최윤희의 은퇴식과 함께 제10회 아시아경기대회 수영 대표선수 위로회를 열고 최의 앞날을 축복해줬다. 이날 은퇴식에는 김 집 선수단장을 비롯, 2백여명의 수영인들이 참석했다. 최윤희는 이날 "그 동안 주변에서 도와주신 모든 분들께 감사의 뜻을 표한다"면서 "수영을 그만둔다니 서운하면서도 섭섭하다. 앞으로 자연인 최윤희로 열심히 살아가겠다"고 다짐했다.
대한 수영연맹은 최윤희에게 격려금 4천만원을 지급했다. (조선일보 86. 10. 7)

최윤희 어제 은퇴식
13년 선수생활 마감
서울 아시안게임 수영2관왕 최윤희(19. 연세대1)의 선수 은퇴식이 6일 하오 김집 아시안게임 한국선수단장, 이명박 대한수영연맹회장 등 각계 인사 2백여명 참석한 가운데 롯데호텔에서 열렸다.

최윤희는 서울아시안게임 수영 여자 배영 1, 2백m서 금메달을 차지하는 영광과 함께 13년간의 선수 생활을 마감했다.

이날 최윤희는 고별사를 통해 "정들었던 물을 떠나 아쉬움이 앞섭니다. 그동안 도와주신 여러분들에게 감사를 드립니다"고 말했다.

서울 대회에 출전한 수영 국가대표 선수 위로회도 겸해 열린 이날 은퇴식에서 이명박회장은 최윤희에게 4천만원의 격려금과 함께 공로패를 수여했으며 나머지 입상자와 코칭스태프에게도 격려금을 전달, 이날 은퇴식에는 최윤희의 아버지 최봉삼(47. 사업)도 나왔으며 최씨 친구들은 행운의 열쇠를 최윤희에게 전달했다. (한국일보 86. 10. 7)

최윤희의 은퇴식이 오늘 롯데호텔에서 있었습니다.

아시아의 인어, 여자 배영 1인자 최윤희 선수가 15년간의 선수 생활을 끝내고 오늘 아쉬운 은퇴식을 가졌습니다. 뉴델리 아시안게임 3관왕, 이번 서울 아시안게임 2관왕 등 5개의 금메달을 조국의 영광에 돌리고 이젠 학업에 전념하기 위해서 눈물과 땀으로 뒤섞인 물을 떠났습니다. 최윤희는 여자 선수로는 전성기를 지난 19살의 나이인데도 불구하고 오직 자신과의 싸움에서 강한 정신력으로 승리해 아시안게임 두 종목 2연패를 달성함으로써 15년간의 선수 생활을 화려하게 마감했습니다. 현재 연세대학교 체육교육학과에 재학중인 최윤희는 대학 교수가 되기 위해서 오직 학업에만 전념하겠다고 자신의 미래를 밝혔습니다. (86. 10. 6 뉴스데스크)

(2) 문장은 간결하고 단순해야 한다.

방송 문장은 길고 복잡하지 아니하고 짧고 단순해야 한다. 그리고 거기 담긴 내용은 일문일개념이 되도록 해야 한다. 한 문장에 여러 가지 개념이나 사실을 담게 되면 자연 문장이 길고 복잡하게 되고 어렵게 된다.

문장의 길이는 R. Flesh의 가설에 의하면 17개 단어 이하가 되어야 가독성(可讀性)을 지닌다. 이제 문장의 길이와 가독성의 관계를 도표로 보이면 다음과 같다(Blankenship, 1968).

단어	이해도
8 (및 그 이하)	매우 쉬움
11	쉬움
14	꽤 쉬움
17	보통
21	꽤 어려움
25	어려움
29(및 그 이상)	매우 어려움

일본의 경우 문장의 길이는 신문 기사의 경우 86.1자, 논문 60.5자, 소설 44.5자로 나타난다. 우리나라의 경우는 신문 기사 62.3자, 논문 50.8자, 소설 31.2자로 나타난다(박갑수, 1977). 이에 대해 TV 뉴스는 74자로 일러진다. 일본의 경우 뉴스 문장은 대체로 45~50자가 적당한 것으로 보고 있다. 우리의 경우도 이러한 길이가 적당할 것으로 추단된다. 다음 예문은 평균 57.4자(57음절), 50자 내외의 문장 5문으로 된 뉴스 기사이다.

올해 우리 나라 자동차의 수출 목표는 10만대, 그 중 5만대는 카나다로 수출할 계획입니다.(37자)
그 최대 단골 손님인 카나다의 자동차 판매회사 사장들 175명이 부부동반으로, 오늘 울산의 현대 자동차 공장을 찾아왔습니다.(52자)
판매상들은 3시간동안 주물, 프레스, 도색 그리고 스텔라와 포니엑셀의 조립라인을 둘러보면서 한국 소형차의 특징을 유심히 체크했습니다.(57자)
카나다는 순수한 자체 생산 승용차는 없고, 미국, 독일과의 합작으로 매년 72만대의 승용차를 만드는데, 그래도 24만대 부족해서 수입에 의존하고 있습니다.(65자)
작년의 경우, 수입 승용차 1위는 혼다로서 53,000대, 2위는 도요다, 3위는 닛산 28,000대, 4위는 현대로 25,000대, 5위는 마쓰다, 6위는 폭스 바겐이었

습니다.(70자) (1986. 3. 13)

이런 정도의 길이면 가독성을 지닌다. 그러나, 대부분의 뉴스 문장은 이와 달리 긴 문장으로 되어 난해하게 되어 있다.

- 서울대 환경계획연구소가, 서울시의 의뢰를 받아서 조사한 "목동지구 택지 개발 사업에 대한 환경 영향 평가보고서"에 따르면, Apt지구의 개발과 함께 이 지역의 냉난방을 위해 열 병합 발전소가 건설되면은 대기오염이 악화되는 것은 물론이고, 생활 배수의 증가로, 안양천이 더욱 오염될 것으로 분석됐습니다. (1986. 3. 14)
- 특히 대구시는 도로의 공원화를 위해 54군데에 중앙분리대를 설치해 푸르게 가꾸었고, 전체 도로의 86%에 해당하는 278km에 5만 5천 그루의 가로수를 심었으며, 12군데에 광장을 마련하고, 자투리 땅 등 일반 공한지 351군데를 휴식녹지공간으로 만들어 도시공간에 45만 3천 그루의 꽃과 나무를 심어 시민들이 누구나 가까운 생활 공간 속애서 부드럽고 상쾌한 공기를 마시며 휴식을 즐길 수 있게 했습니다. (1986. 3. 14)
- 세계소비자 권리의 날은 고 케네디 대통령이 지난 62년 미의회에 보낸 소비자권익을 위한 특별 교시에 소비자 권리로 안전할 권리, 선택할 권리 등 4대권리를 주창한 날로서 국제소비자연맹은 여기에 보상받을 권리와 깨끗한 환경에 살 권리 등 3개 항목을 더해 소비자들의 권리가 모두 7대권리로 늘어났습니다. (1986. 3. 15)

이들 문장은 각각 121자, 178자, 126자로 된 장문이다. 이러한 문장은 가급적 피하는 것이 바람직하다.

문장의 구조는 단순한 평서문이 적절하다. 복문(complex sentence)은 귀로 들어 이해하기에 부담을 준다. 전달하기 위해서는 우선 이해되어야 한다. 단순성(simplicity), 간결성(brevity), 그리고 명료성(clarity)이 이해를 위한 열쇠가 된다.

다음의 예문을 보자.

- 위성으로 보는 오늘의 해외 뉴스입니다. (1986. 3. 15)
- 에티오피아에 이어서 수단에도 기아 사태가 몰아쳤습니다. (1986. 3. 15)
- 팀 스피리트 훈련 소식입니다. (1986. 3. 16)
- 두 기자를 계속 보도해 드립니다. (1986. 3. 15)
- 날씹니다. (1986. 3. 14)
- 카메라 출동입니다. (1986. 3. 15)

이러한 문장은 간결하고 단순한 문장이다. 그러나, 다음과 같은 문장은 그렇지 아니하다.

마네킹을 태우고 동체착륙시 불길을 지연시키는 특수연료의 효능을 알아보기 위한 이번 실험은 부정적으로 끝났지만, 필름을 분석한 결과, 충격후 비행기 내부가 불길에 휩싸이는 데 40초 가량이 걸렸기 때문에 이 같은 사고에도 몇 명은 살아날 수 있다는 가능성이 입증됐다고 연방항공국은 주장 했습니다.

이 문장은 123자의 장문으로 이루어지기도 하였지만, 복잡한 구조의 복문으로 구성돼 난해한 문장이기도 하다. 더구나, 이 문장은 외신의 번역이기에 본래 역삼각형의 문장이었을 것이 정삼각형의 글이 되어 이해를 어렵게 하고 있다. 따라서 역삼각형의 원리에 따라 문장을 개작하되, 우선 짧게 나누고, 단순한 구조의 문장으로 바꾸어 표현하는 것이 바람직하다. 이제 이 문장을 개고해 보면 다음과 같다.

연방항공국은 동체착륙시 불길에 휩싸여도 몇 명은 살아 남을 가능성이 입증됐다고 밝혔습니다. 마네킹을 태우고 동체착륙을 할 때 불길이 이는 것을 늦추는 특수 연료의 효능을 시험한 이 실험은 실패로 끝났습니다. 그런데, 이 때

장치한 필름을 분석한 결과 충격 후 비행기 내부가 불길에 휩싸이는 데는 40초 가량이 걸린 것이 확인돼 이 같은 사고에도 몇 명이 살아 남을 수 있음을 알게 된 것입니다.

(3) 문장 성분은 호응되어야 한다.

바람직한 문장은 언제나 성분간의 호응이 제대로 되어야 한다. 그렇지 않으면 그것은 비문(非文)이 된다. 방송 문장의 경우는 무엇보다 주술어(主述語)의 호응이 제대로 되어야 한다. 일상 언어에서는 흔히 주어가 생략된다. 그것은 사회적 또는 문맥적 장면에서 쉽게 파악될 수 있기 때문이다. 그러나, 방송의 경우는 그렇지 않다.

시청자가 불특정 다수인가 하면, 화제도 시청자가 잘 아는 것만이 아니기 때문이다. 따라서 무엇에 대해 말하는지 가능하면 빨리, 그리고 분명히 밝히는 것이 좋다. 이것이 파악되지 않으면 정보 전달이 제대로 되지 않을 뿐 아니라, 방송언어는 일방적이기에 확인하기조차 어렵기 때문이다. 앞에서 제시한 '목동 오염' 기사도 이러한 주어를 바로 제시하지 않으므로 정보의 내용을 파악하기 어렵게 하고 있는 문장이다.

> 서울대 환경 계획 연구소가 서울시의 의뢰를 받아서 조사한 "목동지구 택지개발 사업에 대한 환경 영향 평가 보고서"에 따르면, Apt 지구의 개발과 함께 이 지역의 냉난방을 위해 열 병합 발전소가 건설되면, 대기오염이 악화되는 것은 물론이고, 생활 배수의 증가로 안양천이 더욱 오염될 것으로 분석됐습니다.

이 문장은 대기오염의 악화, 안양천의 오염을 전하면서, 그 앞에 두 개의 부문장을 제시하고 있기 때문에 주제 파악을 어렵게 하고 있다. 이는 적어도 "보고가 나왔습니다"와 "분석됐습니다"로 양분해 주어를 빨리 제시하는 것이 바람직하다.

그리고, 다음 문장은 주술어의 호응이 제대로 되지 않는 것이다.

새마을 공장 활성화를 위한 새마을공장 협회 창립 세미나가 오늘 오전 10시 새마을 중앙 본부에서 개최했습니다.

이는 주어가 "세미나가"로 되어 있음에도 "개최했습니다"가 되어 주술 호응이 되지 않는 문장이다. 피동형인 "개최됐습니다"가 돼야 한다.

문장 성분의 호응은 이 밖에 객술(客述), 수식, 접속, 능피동(能被動)의 호응 등과 시제, 대우의 호응 등이 문제가 된다. "환율 인상 없다"는 내용의 다음 기사는 객술호응이 제대로 안 된다. "환율 인상율"이란 목적어가 생략된 것이다.

김장관은 달러에 대한 환율을 인위적으로 인상시켜 유럽통화에 대한 경쟁력을 높이자는 주장이 있으나, 이렇게 했을 때 받게 될 물가에 대한 영향과 외채 원리금 상환부담의 증가 등 부정적 측면도 함께 생각해야 하므로 고려할 수 없다고 말했습니다. (1986. 3. 14)

이에 대해 다음 기사는 수식의 호응이 제대로 되지 않는 것이다.

복잡한 도시생활에 시달리다가 지친 심신을 풀 수 있는 이런 도심지 속에 녹지 공간이 있다는 것은 여간 다행한 일이 아닐 수 없습니다. (1986. 3. 14)

이 문장 속의 "지친 심신을 풀 수 있는"은 그 내용으로 볼 때 그 수식 대상이 "도심지"가 아니라 "녹지 공간"이다. 따라서 "풀 수 있는" 다음에 "녹지 공간"을 놓아 이를 꾸미게 하고 "이런 도심지 속에"를 뒤로 돌려 이것이 "있다"를 한정하도록 해야 한다. 그래야 문장이 순해지고 이해하기 쉬워진다. 수식어는 가능한 한 피수식어 가까이 둠으로 혼란을 방지하도록 해야 한다. 다음 문장도 수식어가 잘못 쓰인 예이다.

> 일제차의 수입을 년간 17만대로 제한해 왔으나, 미국에서 수입 규제를 철폐할 전망입니다. (1986. 3. 13)

여기서 문제가 되는 것은 우선 주어가 생략됐고, "철폐할"이라고 하는 수식어가 잘못 쓰인 것이다. "~할 전망입니다"라는 표현은 방송에 많이 쓰이는 관용어이나 바른 말은 아니다. "(카나다는)……철폐할 것으로 전망됩니다"가 바른 표현이다. "전망"은 "앞날에 있어 전개될 형세"를 뜻하는 말이다.

다음 기사는 접속 관계에 문제가 있는 문장이다.

> 토지거래 신고를 받은 해당 시·도지사는 거래 내용이 온당치 않다고 판단될 경우 거래 중지나 가격조정을 권고할 수 있고, 신고 후 25일이 지나도록 별다른 조치가 없으면 그대로 계약을 체결하면 됩니다. (1986. 3. 15)

이 문장은 "권고할 수 있고"란 나열형 어미로 이어져 대등병렬이 되어야 할 문장이다. 그럼에도 이 접속법 어미 이후의 문장은 전혀 구조가 다른 것으로 되어 있다. 따라서 이 문장은 "권고할 수 있고"를 "있습니다"로 바꾸어 문장을 끝내고, 다음 문장은 새로 시작하는 것이 바람직하다. 이에 대해 다음 기사는 종속 병렬이 바람직하지 않은 것이다.

> 기자는 지금 목동신시가 개발지구에 나와 있습니다만, 현재 80%가 전답으로 돼 있는 이 지역에 대단위 Apt가 들어서고, 각종 부대시설이 지어지면은 대

기오염이 악화될 뿐 아니라, 안양천이 더욱 오염될 것으로 예측되고 있습니다.

이 문장은 부문장이 소위 방임형어미 "-다마는"으로 끝나 뒤에 이어질 주문장의 내용이 속에 차지 않음을 나타내야 하는 것이다. 그럼에도 현실은 그렇지 않다. 이 문장의 부문장은 그 내용으로 보아 "나와 있습니다"란 종결어미로 끝맺어야 바람직할 문장이다. 오늘날 방송언어에는 "-다"로 끝내야 할 말이 "-다마는"이란 접속어미로 많이 이어지고 있는데, 이것은 주의하여 남용하는 일이 없도록 하여야 한다.

이 밖에 능·피동의 호응이 잘못된 것은 앞에서도 살펴본 바 있다. 일상 언어가 근자에 외국어의 영향으로 피동형을 많이 쓰며, 방송에서도 많이 쓰고 있다. 그런데 이 피동이 이중으로 쓰이는가 하면, 잘못 쓰이는 사례가 많다. 방송 문장은 피동 구문보다 능동 구문을 즐겨 쓰는 것이고 보면 이 피동 구문에는 특히 신경을 써야 할 것이다. 시제 및 대우법의 호응에도 주의할 일이다.

(4) 필요 이상의 많은 표현을 피한다.

방송 문장은 진부한 문구나, 무의미한 어구를 쓰지 않으며, 지나친 수식을 하지 않는 담담한 문체(sparse writing style)가 되도록 해야 한다. 그리고 방송은 시간에 제약을 받으므로 필수적이고 중요한 것만을 표현하도록 해야 한다. 수식사인 형용사와 부사는 이들이 수식하는 단어를 명료하게 하는데 꼭 필요할 때만 쓰고, 그렇지 않을 경우엔 생략할 일이다. 그리고 긴 수식절은 피해야 한다.

긴 수식절은 방송인의 혀 막이가 될 뿐 아니라, 정보 전달의 장애가 되게 한다. 다음의 예문을 보기로 하자.

어제밤 11시쯤 경상북도 영일군 장기갑 등대 앞 5마일 해상에서 벙커유 1580톤을 싣고 포항항으로 들어오던 700톤급 천일호가 높은 파도로 반쯤 침몰하면서 싣고 있던 벙커유가 유출돼 이 일대 공동어장 5백여 헥타가 피해를 입었습니다. (86. 3. 15)

이 문장은 일문일단락의 장문이다. 이는 "어제밤 ~700톤급"까지가 주어 "천일호"의 관형어로 되어 있고, "천일호가~유출돼"는 부문장이 되어 있으며, "이 일대~500여"가 주문의 주어 "헥타가"의 관형어로 씌어 있다. 따라서 주어 "헥타가" 앞의 모든 성분은 수식사라 할 수 있다. 이렇게 긴 수식절을 가진 문장은 방송 문장으로서는 바람직한 것이 못 된다. 역삼각형의 원리에 따라 "경상북도 영일군의 공동어장 5백여 헥타가 벙커유의 유출로 해를 입었습니다"라 토픽을 내걸고, 나머지를 차례로 기술함이 바람직하다. 이러한 많은 사연을 머리에 안은 두대형(頭大型)의 문장은 오늘날 방송 문장에서 많이 쓰고 있는 것인데 지양해야 한다.

다음 기사도 필요 이상의 많은 것을 한 문장에 담은 것이다.

미국과 멕시코 국경지대에서 마약 밀매가 성행하자 두 나라의 관계 당국이 마약 생산지에 대한 합동 수색작전을 벌이고 있지만 관리들과 마약업자들이 결탁해서 뒷돈을 주고받는 바람에 제대로 성과를 거두고 있지 못합니다. (1986. 3. 15)

(5) 어순은 정치법(正置法)을 쓴다.

어순은 기본 문형을 바탕으로 한 정치법을 쓸 일이다. 도치법(倒置法)은 가능한 한 피한다. 수식절 등 부문장에서는 되도록 주술어를 가까이 두어 이해에 혼란이 일어나지 않도록 해야 한다. 그리고 수식사와 피수식사도 가까이 놓아 의미상 혼란이 빚어지지 않게 할 일이다. 수식사가 피수식사와 떨어져 있을 경우엔 그 내용을 아는 청취자라면 몰라도 그렇지 않을 경우는 난해한 문장, 또는 모호한 문장이 되어 정보 전달이 제대로 되지 않게 된다. 다음 예문은 도치되어 이해를 어렵게 하고 있는 문장이다.(사선 著者)

복잡한 도시생활에 시달리다가 지친 심신을 풀 수 있는 이런 // 도심지 속에 // 녹지공간이 있다는 것은 여간 다행한 일이 아닐 수 없습니다.

도치가 된 문장은 앞의 "도심 공간 조성" 기사에서도 한 예를 보았으나, 다음 예도 도치되어 난해성을 지니게 하고 있는 문장이다.

그런데 새로 마련된 농지 임대차 관계법에 따르면 땅을 빌어 쓰는 농민들이 안심하고 농사를 지을 수 있도록 // 모든 임대차 계약은 // 문서화하며 계약 기간은 3년 이상으로 하되 계약기간 중에는 지주의 일반적인 해약이나 전매를 금하고 있습니다. (1986. 8. 26)

이 문장은 "모든 임대차 계약은"을 "임대차 관계법에 따르면" 다음에 놓아 주제를 제시, 그에 대한 설명을 하도록 함이 자연스러운 표현이다. 이렇게 해야 문의를 보다 쉽게 파악할 수 있다.

(6) 조사 및 어미는 생략하지 않는다.

조사 및 어미를 생략하면 문장은 딱딱하고, 한문조가 되며, 경우에 따라서는 이해하기 어려운 글이 되게 한다. 이것은 신문 문장의 표제어를 보면 쉽게 알 수 있다. 방송 문장은 신문의 표제어와 같아서는 안 된다. 조사 및 어미를 바르고 적절하게 사용함으로 부드럽고 생생한 회화체의 문장이 되도록 해야 한다.

다음 문장은 조사를 생략하여 문어적이며, 그리하여 구어로서는 자연스럽지 못한 기사이다.

> 올해 우리 나라 자동차의 수출목표는 10만대, 그 중 5만대는 카나다로 수출할 계획입니다.

이 문장에서 "수출목표는 10만대"를 "수출목표는 10만대로"라고 조사 "-로"를 첨가해야 자연스러운 문장이 된다. 이에 대해 다음 문장은 어미 (어간 포함)가 생략돼 생경한 문장이다.

> 국무회의는 오늘 학도호국단 설치령 폐지령안을 의결, 앞으로 학생자치활동의 보다 건전한 신장을 위해 평시에는 각급 학교가 자율적으로 학생자치기구를 설치·운영토록 했습니다. (1986. 3. 14)

이 문장에 쓰인 "설치령 폐지안을 의결"은 "의결하여"로 바꾸어 순한 문장이 되도록 해야 한다.

(7) 시제는 현재형을 쓴다.

신문 기사는 대개 과거 시제로 쓰인다. 그러나, 방송 뉴스는 가능하면 현재 시제로 표현한다. 현재 시제는 뉴스의 경우 긴급성을 강조하기 때문에 기사에 생기를 불어넣어 주고 흥미를 갖게 하며, 시청자들에게 그들과의 관련성을 느끼게 한다.

> 서울 동대문구 면목동에 있는 서울 기독병원에 입원 중인 환자 130여명이 오늘 오전 병원 부식이 나쁘다는 이유를 들어 집단으로 식사를 거부하고 있습니다. (1986. 7. 22)

이는 현재 시제가 쓰인 기사이다. 이 기사는 그 내용으로 보아 과거로 쓰일 기사였다. 그런데 이를 현재진행형으로 써 긴박감을 드러내고 있는 것이다.

"오늘"이란 말을 쓰는 것을 삼간다. 그것은 현재 시제에 의해 나타내지기 때문이다. "오늘" 대신에 시간의 원근법을 쓰거나, 뉴스 기사에 시간을 밝히는 것이 좋다. 위의 기사에서 "오늘 오전"이라 한 것도 이러한 예이다. 뉴스 기사에 시간을 밝힌 것으로는 다음과 같은 것이 있다.

> 국회 헌법 개정 특별위원회는 오늘 10시 제5차 전체 회의를 열어 어제 각 당이 제안한 개헌안에 대한 질의와 답변을 벌입니다. (1986. 8. 26)

이 기사는 시간을 밝힌 예이다. 혹시는 방송 뉴스의 긴박성에 집착한 나머지 옛날 이야기를 현재 시제로 나타내려고도 한다. 이것은 바람직한 일이 아니다.

어떤 사건은 현재 시제보다 과거 시제가 보다 바람직한 것임은 물론이다. 기억해 두어야 할 것은 사건을 자연스럽지 않은 시제 속에 강제로 몰아 넣지 말라는 것이다. 만약 그 사건이 오래전 일이라면 현재 시제 대신 과거 시제를 사용할 일이다. 같은 사건에 시제를 섞어 쓰는 것은 방송 원고에서도 흠이 아니다. 그것은 사건을 자연스럽게 표현하려는 것이지 시간, 요소를 속이고자 하는 것이 아니기 때문이다.

(8) 피동형 아닌 능동형으로 쓴다.

능동과 피동은 기사의 내용에 따라 구별된다. 사건 사고를 다룰 때는 능동형이, 죄인이 잡혔을 때는 피동형이 쓰인다.

어제밤 11시 40분쯤 서울 구로구 구로1동 제일제당 영등포공장 앞길에서 32살 이영배씨가 운전하던 동양맥주 소속 서울 2-너-2114번 승용차가 중앙선을 넘으면서 마주 오던 동운운수 소속 33살 김범태씨의 택시를 들이받아 3중 충돌을 일으켜 4명이 중상을 입었습니다. (1986. 8. 26)

이것은 사고를 다룰 때 피동형으로 쓴 것이다.

국민학생을 유괴한 뒤 마취 주사를 놓아 실신시킨 다음 부모에게 금품을 요구하던 30대 유괴범이 경찰에 붙잡혔습니다. (1986. 8. 26)

이는 범인이 체포된 것을 피동형으로 쓴 것이다. 위의 기사는 죄인이 잡힌 것을 다룬 것으로 피동형 문장이다. 그러나, 일반적으로 그 행동을 강조할 사람이나 물건을 표현하는 것이, 그것을 받는 것을 표현하는 것보다 효과적이다. 피동형은 뉴스 기사의 속도를 낮추고, 뉴스의 자연스러운 흥분과 행동성을 감소하게 한다. 다음 피동형 기사와 이를 개작한 능동형 기사를 비교해 보면 이를 쉽게 알 수 있다.

- 토지거래 신고를 하지 않을 경우에는 6개월 이하의 징역이나 50만원 이하의 벌금형을 받게 됩니다. (1985. 3. 15)
- 토지거래 신고를 하지 않을 경우 사고 판 사람은 6개월 이하의 징역이나 50만원 이하의 벌금형을 받습니다.

(9) 축약을 사용한다.

방송 문장은 회화체이며, 회화체는 축약을 하려는 경향을 지닌다. 따라서, 방송 문장은 자연스럽고 회화적인 음성으로 표현하기 위해 축약을 사용한다. 방송 문장 양식은 정상적 회화에 근접되도록 하여야 하는데, 축약은 이의 한 방법이다. 서구어의 경우 대명사와 동사를 축약하는 것이 그 대표적인 예이다. 국어의 경우는 체언과 조사의 축약, 문어적 어미의 구어적 어미로의 축약과 같은 것이 그 예가 된다. 다음의 예문은 두 개의 어미가 문어 아닌 구어적 어미로 축약된 것을 보여준다.

중앙기상대는 오늘 오전 9시를 기해서(기하여서) 제주도 부근 바다와 남해 먼 바다에 태풍주의보를 발표했습니다. (하였습니다)

(10) 표기상 두어 가지 주의할 것이 있다.

첫째, 숫자와 통계표가 많으면 많을수록 그 기사는 복잡해진다. 주식 시세나 스포츠의 스코어 같은 것을 다루는 것이 아니라면, 세 자리나 네 자리 이상의 숫자나 통계는 사용하지 않는 것이 좋다. 정확한 수를 필요로 하지 않는 한 명료성을 위하여 숫자는 개괄수를 쓰거나, 사사오입한다. 그리고 표기를 할 때도 읽기 편하도록 단위 수를 나타내 준다.

작년까지 4천 3백여개 중소기업에서 온 2만명이 넘는 종업원이 이 연수원에서 교육을 받았고, 올해에도 8천명이 넘는 중소기업 종업원들을 연수시킬 계획입니다. (1985. 3. 15)

이는 개괄수에 단위수까지 써 준 기사의 보기이다. 이에 대해 다음 기사는 정확을 기해야 하기 때문에 소수점 이하까지 밝힌 보기이다.

이에 따라 오늘은 상한가 기록 종목이 18개나 나온 가운데 177개 종목이 오른 반면 하한가 1개를 합쳐서 75개 종목이 내렸고, 종합주가지수는 어제보다 무려 3. 21 포인트가 올라 257. 35를 기록했고, 오늘 하루 주식 거래량도 모두 262,000주에, 거래대금이 315억원이었습니다. (1986. 7. 22)

둘째, 주소 성명은 신문 문장과 달리 주소·연령·성명 순으로 쓴다. 한 예를 보면 다음과 같다.

> 서울 강서 경찰서는 오늘 강서구 둔촌동 366번지 파출부 51살 이강숙 여인을 사문서 위조 혐의로 구속했습니다. (1986. 7. 22)

이러한 방송 기사를 신문 기사로 바꿀 경우 다음과 같이 된다.

> 서울 강서 경찰서는 오늘 이강숙(51. 파출부, 강서구 둔촌동 366) 여인을 사문서 위조 혐의로 구속했다.

(11) "위험한 말"을 피한다.

문장 표현이라기보다 내용면으로 보아 "위험한 말"을 피한다는 것이다. "위험한 말"에는 두 가지가 있다. 그것은 개인이나 조직 기업 등에 대해 피해를 입힐 위험성이 있는 말과, 외설, 모독적인 말이다. 방송에서는 이러한 말을 가급적 피해야 한다. 이것은 명예 훼손 및 개인 생활의 침해가 되어 법정의 문제로 비화될 수 있기 때문이다. 이러한 예를 하나씩 보면 다음과 같다.

> …제비족이 밝은 데는 절대 없습니다. 어두운 데, 어두침침한 그것도 자발적으로 양기가 돋혔거나 이래 가지고 와서 몸이 건지러워서 왔는 여자야 약간만 건드리면 짝 붙어버린다… (1985. 9. 5)

> 개천 예술제(개천예술제)에서 연기상을 받았을 때 가장 기뻤습니다.
> 그건 뭐 개천 뚝에서 하는 건가요? (1983. 7. 11)

(12) 특정한 이익 집단이나 신념 또는 사상을 지지 또는 옹호하지 않는다.

방송에서 이러한 문제의 대표적인 것은 특정한 업소나, 상품을 선전하는 것이다. 이러한 것은 방송의 공공성에 반하는 것으로 바람직한 것이 아니다. 따라서 이러한 표현은 피해야 한다.

> 출연자(xx 감독): 예. 저희들이 내려오게 된 것은 뭐 잘 아시겠지만 요즘 한
> 국을 같이 순회하면서 여러 팬들하고 인사도 나눌겸 겸사겸사해서
> 저희들이 만든 영화하고 싸인회 같은 것을 갖기 위해서……
> 진행자: 어떤 영화인데요?
> 출연자: 저희가 요번에 오수비 양과 미스 "안"이라고 있죠, 그 유명했던 그…
> 그…
> 진행자: 아, 네 영화 제목만 말씀해 주세요.
> 출연자: "여자+여자"라는…
> 진행자: 여자, 여자 승부는 이미 끝났다 하신 것 아닙니까. 네? 하하하
> 출연자: 하하하
> 진행자: 개봉했습니까? 아직 안 했죠?
> 출연자: 네 지금 서울은 하고 있구요.
> 진행자: 아, 그래요? 부산은?
> 출연자: 여기도 이제 앞으로 할 겁니다.
> 진행자: 언제부터요?
> 출연자: 며칠 있다. 토요일부턴가요?
> 진행자: 아, 그럼 내일이잖아요.
> 출연자: 예, 그렇습니다. (1985. 12. 6)

이는 대담 중 상영을 앞둔 특정 영화의 선전이란 인상이 짙은 것이다.

다음과 같은 것은 스폰서에 대한 과도한 친절로 특정 상품을 선전한다는 인상이 짙게 풍기는 방송의 예이다.

> 남: 이상 도민 체전 캠페인은
> 여: 흥겨운 음악과 쇼가 펼쳐지는 극장식 스탠드빠 한강, 보광동 천일 약국

옆 한강 스탠드빠.

남: 시설을 새롭게 하여 신장 개업한 대성장 여관

여: 깨끗한 욕실과 TV·VTR을 완비해 친절한 서비스로 손님 여러분을 모시는 2호 광장, 연동 파출소 앞, 전화 72-9997번 대성장 여관 공동 제공입니다. (1986. 3. 14)

(13) 텔로프(telop)와 코멘트를 대응시킨다.

텔레비전 화면문자(텔로프) 표현은 음성(코멘트) 표현과 상호 작용이 일어나도록 한다. TV 뉴스의 경우 텔로프 표현은 뉴스의 음성 표현의 보조 수단에 머무르지 아니하고 이의 중점을 제시함에 의해 시청자의 이해를 돕고 흥미나 관심을 높여야 한다. TV 뉴스에서는 "5행, 1행 11자"가 한도라 보고 있다.

텔로프와 코멘트 표현은 일치하는 것이 바람직하다. 내용 텔로프는 흔히 문장체를 쓰나, 리드 텔로프는 그렇지 아니하다. 텔로프의 표현은 어디까지나 간략해야 한다. 필요한 요소로 텔로프에 내놓는 단어는 코멘트의 단어와 일치해야 하며, 제시되는 요소의 순서도 일치되는 것이 바람직하다. 코멘트 표현에 대응하는 텔로프의 대응형으로는 다음과 같은 것이 있다.

① 명사 표현의 형
② 조사 표현의 형
③ 생략 표현의 형
④ 동사 표현의 형
⑤ 요약 표현의 형

(14) 번역체의 문장을 피한다.

원문에 충실한 외신 기사는 신문 문장에는 어울릴는지 모르나 방송 문장으로는 바람직하지 않다. 번역투의 문장은 우리식 문장으로 개조돼야 한다. 게다가 통신 기사는 전문으로 들어오는 것이며, 이는 줄인 말이 많아서 쉽게 이해하기도 힘들다.

이러한 이유만이 아니고, 우리의 특수 현상의 하나로 우리말에는 우리말답지 않은 번역투의 문체가 급속도로 늘어나고 있다는 사실이다. 이러한 번역투의 문체는 알게 모르게 방송언어에 반영되어 우리말을 오염시키고 있다. 따라서, 이런 번역체의 문장은 가급적 순화, 우리말다운 우리말로 고쳐 표현할 일이다. 이제 한두 예를 보이면 다음과 같다.

일주일 동안 전남지방에서 환자 발생을 조사한 보사부 역학 조사반은 환자들이 어패류를 날것으로 먹은 외에도 모두 간염이나 간경변·알콜 중독 등 간질환이나 만성 소모성 질환을 가진 40대 이후 남자라는 특성을 나타내고 있음을 밝혀냈습니다. (1985. 7. 17)

화재로부터 위협을 받고 있습니다.
그는 나로 하여금 웃지 않을 수 없도록 했습니다.
아무리 강조해도 지나침이 없습니다.

(15) 중복 표현을 피한다.

일용어에서 같은 뜻의 말을 겹쳐 쓰는 경향이 있다. 그런데, 이것이 방송언어에도 그대로 많이 반영되고 있다. 그러나, 이는 간결과 정확을 위해 피해야 할 표현이다. 이제 그 한두 예를 보이면 다음과 같다.

나라의 국사/나누어 분복해 드시고/두명의 생존자가 살아 있다는 것을 확인했습니다/문전 앞에서/소위 말하면/집을 가출할 수 없어.

이상 방송 문장의 일반적 작법을 살펴보았다. 뉴스 문장, 리포트 문장, 인터뷰 문장, 실황 중계 문장은 각각 그 사람의 특징을 지니는 것이니 이들의 작성법도 바로 알아 두어야 한다.

4. 결어

방송 문장은 일반 문장과 다르며, 같은 저널리즘인 신문 문장과도 다르다. 방송 문장은 구어체의 문장으로, 간결하고 째어지고 분명하길 원하는 문장이다.

이러한 방송 문장의 교육은 어떻게 해야 하고, 그 문장은 어떻게 지어야 할 것인지 일반적인 작법을 살펴보았다. 따라서, 이러한 방송 문장 교육에 의해 보다 알기 쉽고 바람직한 방송이 꾀해졌으면 하는 바람이 간절하다. 다만 여기서는 방송 문장 각론에 대해서는 지면 관계로 언급을 하지 못하였으니 다른 자료를 활용, 방송인은 수련을 쌓아 주기 바란다.

참고문헌

박갑수(1983), 방송언어의 문제점과 개선방안 연구, 방송조사보고서 제4집, 방송위원회, 방송심의위원회
박갑수(1984), 국어의 표현과 순화론, 지학사
박갑수(1985), 방송문장, 한국 표준방송언어, 한국방송공사
박갑수(1985), 방송의 금기어에 대하여, 한국어 연구논문, 제10집, KBS 한국어연구회
박갑수(1987), 방송언어론, 문화방송
신상현(1986), 방송문장론, 전예원

NHK 총합방송문화연구소(1975), 방송용어론, 일본방송출판협회

Blankenship, J.(1968), A Sense of Style, Belmont; Dickenson Pub. Co.

Mott, George, Fox(ed)(1958), New Survey of Journalism, Barnes& Noble, Inc.

Smeyak, G. Paul(1977), Broadcast News Writing, Grid Inc.

Ted White etal(1984), Broadcast News Writing, Reporting and Production, Macmillan
　　　　　Pub. Co.

○ 이 글은 KBS 한국어연구회 편(1987), '방송언어 변천사'(한국방송사업단)에
수록된 것이다.

제4장 방송극 "대장금"의 언어와 표현

1. 서언

선풍적 인기를 끈 방송극에 "대장금(大長今)"과 "겨울 연가"가 있다. 이들은 이른바 한류의 바람을 크게 일으킨 대표적 방송극이다.

방송극 "대장금"은 사극이라 할 성격의 드라마다. "장금"은 조선왕조실록에 그 이름이 보이는 실재 인물로, 중종(中宗)의 총애를 받아 그의 주치의 역할을 한 여인이다. 그러나 그 이상의 기록은 보이지 않는다. 그의 생애는 알 수 없다. 드라마 "대장금"은 역사적 인물이긴 하나, 의녀(醫女)라는 사실 외의 생애는 모두 작가가 픽션으로 구성된 것이다.

"대장금"은 김영현의 작품으로 이는 7막, 54부로 구성된 대하드라마다. 내용은 주인공 서장금(徐長今)의 파란만장한 생애를 그린 것이다. 장금은 폐비 윤씨(尹氏) 폐위 사건 당시 궁중 암투에 휘말려 부모를 잃고, 수라간 궁녀로 입궐한다. 그리하여 수라간 나인에서 의녀로 탈바꿈하며 중종의 주치의인 어의(御醫)가 된다. 그런 고난과 민정호와의 사랑을 그린 드라마가 "대장금"이다. 이는 조중현 기획, 이병훈 연출, 이영애 주연으로, MBC TV에서 2003년 9월 15일부터 2004년 3월 23일까지 인기리에 방송된 바 있다.

"대장금"은 조선조 중종 때를 시대적 배경으로 한다. 중종의 생몰(生沒)은 1488-1544년이며, 그의 재위 기간은 1506-1544년이다. 따라서 "대장금"의 시대적 배경은 16세기 초가 된다. 그러나 극본 "대장금"의 언어와 표현은 당시의 그것을 구사하고 있는 것은 아니다. 당시의 화행(話行)이 아닌, 현대적인 언어와 표현법을 구사하게 하고 있다. 그렇다면 "대장금"의 언어와 표현의 특성은 어디에 있는가? 여기서는 표현론(表現論)의 입장에서 극본 "대장금"의 언어와 표현의 특성을 살펴보기로 한다.

작품의 표현 특성은 문장과 어휘의 면에서 고찰할 수 있다. 따라서 여기서는 우선 극본 "대장금"의 지문과 대화의 문장 특성을 살피게 될 것이다. 구체적으로는 문장의 길이와 구문상의 특성이 고찰될 것이고, 문체법과, 지문과 대화의 구성상 특성이 살펴질 것이다. 그리고 어휘는 주로 애용 어사(愛用語辭)를 중심으로 한 표현 특성이 고찰될 것이다.

드라마 "대장금"은 전국민의 사랑을 받은 작품이다. 이 작품의 언어와 표현 특성은 어떠한가를 살핌으로 보다 인기 드라마 "대장금"에 다가가 보기로 한다.

2. "대장금"의 문장 표현상의 특성

2.1. "대장금"의 표현 특성

역사적 사실을 작품화하자면 우선 언어 사용, 특히 대화면에서 세 가지 경우를 생각할 수 있다. 그 하나는 당시의 언어를 사용하는 것이고, 다른 하나는 현대어를 사용하는 것이며, 또 다른 하나는 다소간에 지난날의 역사적 사실이란 것을 상기시키기 위해 옛 말투를 원용하는 것이다. "대장금"의 경우는 이 가운데 주로 둘째 현대어를 사용하게 한 경우이다.

드라마(방송극 포함)는 지문과 대화로 이루어진 문학 장르이다. 이는 공연예술이란 특성을 지닌다. 드라마는 극장에 가서 연극을 보는 대신 희곡을 감상할 수도 있다. 이때 우리는 희곡의 지문과 대화를 통해 머릿속에 장면 장면을 떠올림으로 연극을 보는 것과 같이 감상하게 된다. 근자의 보도에 의하면 많은 사람이 이 희곡을 통해 연극의 주인공이 된 듯 즐기고 있다고 한다(동아일보, 2019. 11. 27). 이렇게 희곡을 읽을 때는 대화와 함께 지문이 중요한 역할을 한다. 그러나, 관객이 되어 연극을 감상할 때는 거의 지문을 의식하지 않는다. 이렇게 연극이나 방송극에서는 지문에 비해 대화가 보다 중요한 의미를 지닌다.

지문에 비해 대화가 중요하다고 하는 것은 드라마의 언어와 표현의 논의를 위해서는 대화의 문장 구성법, 그 가운데도 문장 종결법, 곧 문체법(文體法)이 중요하기 때문이다. 이는 우리말의 경우 서구어와 달리 존비법이 문체법과 함께 나타나기 때문이다. 따라서 우리는 희곡의 문체법을 통해 그 작품의 언어와 표현의 중요한 특성을 파악할 수 있다. 이는 물론 일상의 언어 현실도 마찬가지다. 따라서 여기서는 "대장금"의 문장 구성과 문장종결법, 곧 문체법을 살펴보기로 한다.

2.2. 문장의 길이와 구문(構文)

표현론(表現論)의 입장에서 문장은 우선 그 길이와 구성을 살펴볼 수 있다. 문장의 길이와 구조는 난이도와 관련되고 그 표현 효과와도 관련된다.

2.2.1. 문장의 길이

문장의 길이는 지문과 대화로 나누어 살펴볼 수 있다. 자료는 "대장금" 54부 가운데, 제5부에서부터 5부 간격으로 10부(제5, 10, 15, 20, 25, 30, 35, 40, 45, 50부)를, 그리고 이들 각부의 서두에서부터 12문을 추출하여, 총 120문을 조사하기로 한다.

이렇게 하여 얻어진 120개 지문(地文)의 총자수는 2,065자이어 지문의 평균은 17.20자가 된다. 이러한 지문의 평균 자수는 매우 짧은 것이다. 그것은 현대소설의 지문의 평균이 31.15자이고, 최근 신문 기사의 평균 문장의 길이가 49.67자이기 때문이다(박갑수, 2019). 이는 R. Flesch의 가설에 의하면 "매우 쉬움(very easy)"의 단계에 해당하는 길이다(박갑수, 1977). 따라서 "대장금"의 지문은 매우 쉬운 문장으로 이루어졌다고 하겠다. 이에 대해 대화문의 길이는 120개 대화문의 총자수가 1604자이어 이의 평균은 13.36자가 된다. 현대소설의 대화문은 평균이 11자로 나타난다(박갑수, 1979). 따라서 "대장금"의 대화문은 이보다 약간 긴 것이긴 하나, 같은 "매우 쉬움"의 단계를 보이는 길이다.

그러면 구체적으로 장단문의 양적 결과는 어떻게 나타나는가? 30자 이상을 장문으로 볼 때 이는 14문, 5자 이내를 단문으로 볼 때 이도 14문으로 나타난다. 그리고 이들의 분포를 보면 장문은 제10부에 1문, 제15부에 3문, 30부에 1문, 제35부에 4문, 제40부에 2문, 제45부에 3문으로 나타난다. 그리고 단문은 제5부에 5문, 제10부에 1문, 제20부에 1문, 제25부에 1문으로 나타난다. 이들의 구체적인 용례는 다음에 문장 구조를 살피는 자리에서 제시하게 될 것이다.

2.2.2. 문장의 구조

　문장의 구조는 전통 문법에 따라 홑문장(單文), 겹문장(複文)의 둘로 나누고, 겹문장은 문장 속 문장(包有文), 이어진 문장(重文·連合文)으로, 중문과 연합문의 결합은 혼문(混文)이라 구분하기로 한다. 이렇게 구분할 때 "대장금"의 지문의 장문 14문은 단문 5문, 포유문 6문, 혼문 3문으로 구분된다. 따라서 단문이 제일 이해하기 쉽고, 그 다음이 중문·연합문, 그 다음이 포유문, 그리고 혼문이 가장 난해한 문장이라 볼 때, "대장금"의 장문은 비교적 난해한 문장 포유문 가운데, 쉬운 단문이 섞여 있다고 할 수 있다. 이는 문장의 변화가 있는 것을 바람직한 것이라 봄으로 좋은 구성비를 보인다고 할 수 있다. 다음에 이들 장문의 예와 함께 문장 구조를 보이면 다음과 같다. 문장의 종류는 후미에 표시한다. (이하 "대장금"의 "부" 표시는 "#"로 한다.)

#10. 이때 정신이 깬 민상궁과 조방이 죄지은 사람마냥 고개를 숙이고 들어오는데(包有文)

#15. 조정 중신 3-4명이 있는 가운데 중종이 가운데 앉아 있고, 지밀상궁에게서 음식을 받고 있다.(包有文)/ 한쪽 일각에서 긴장하여 보고 있는 한상궁, 최상궁, 정상궁 그리고 대전별감, 막개가 보인다.(單文)/ 남은 고래 고기로 음식들이 차려져 있고, 모두들 시식을 하려는 듯 앉아 있다.(混文)

#30. 방 밖에 있는 관비들 장덕의 소릴 들었는지 불만스럽게 중어중얼거리더니..(單文)

#35. 허나 이미 금영의 손은 떨리고, 대추는 자꾸 종이 위에 있지 않고, 바닥으로 굴러 떨어지는데..(混文)/ 금영 온몸이 떨리는 듯 대추를 주워 올리다가는 '대체 어떻게 궁에?' 하는 표정으로 장금 쪽을 본다.(包有文)/ 장금 역시 정운백과 은비, 신비를 따라 들어오는 데 얼굴이 긴장되고 흥분된 표정이다.(包有文)/ 옆에는 물을 끓이는 화로도 있고, 장금.. 대

야를 들고 들어와서는 두레박으로 물을 대야에 담는다.(混文)

#40. 정호와 장금이 나가려 나오고 있는데, 이때 골목골목에서 하나씩 하나씩 나타나는 백성들(單文)/ 비교적 건장한 사내들이 몸이 약한 병자들을 부축하여 가고 있고, 그런 병자들의 무리에 끝자락에 서서 따라가는 정호와 장금(包有文)

#45. 판의금부사와 지의금, 금영, 최상궁과 최판술 모두 장금과 민정호에게 주목하고(單文)/ 최판술이 갇혀 있는데, 최판술이 갇혀 있는 건너편 옥사에는 최상궁과 금영이 갇혀 있다.(包有文)/ 정윤수는 조치복의 말은 신경도 쓰지 않고, 제목을 보고는 아는 것 혹은 본 것은 그냥 넘기고, 보지 못했던 책들을 계속 넘기며 뭔가를 찾고 있다.(單文)

다음에는 대화의 장문을 보기로 한다. 대화의 장문은 단문 5문, 포유문 5문, 불완전문 1문으로 구분된다. 여기 쓰인 단문은 외형상 주술호응을 한번 보이는 것이나, 복잡한 구조의 문장으로 되어 있다. 따라서 난이도로 볼 때 반드시 쉬운 문장은 아니다. 그리고 불완전문이란 주술호응이 제대로 되지 않는 문장을 말한다. 장문의 회화문은 다음과 같다.

#5. 장금: 그 언니가 최고상궁님 집안사람인데, 겨루기를 할 때마다 마마님들이 그 언니한테만 몰래 가르쳐 줘서 항상 1등을 한 대요.(包有文)/ 장금: 그 언니는 이런 '잣 끼우기' 같은 거 안 해 봐서, 아마 이걸로 겨루면 무조건 이길거래요.(連合文)

#10. 중종: 동치미의 깊은 맛도 좋으나 가끔 군내가 나서 싫었는데 이는 그런 깊은 맛은 없으나 얕으면서도 청량하고 톡 쏘는 것이 이런 날에는 아주 제격이구나!(包有文)/ 장금: 한상궁 마마님께서 음식에 쓰이는 물을 알아오라 하셔서 많은 물맛을 보았지 않습니까?(包有文)/ 장금: 그때 가끔 궁에 들어오는 소당리 매월당의 광천수가 동치미에는 제격이라는 말씀을 하신 것이 기억이 났습니다.(包有文)/ 장금: 더군다나 천우신조로 오는 길에 먹어 보았던 약수터의 물맛이 톡 쏘는 것이 마마님

께서 말씀하신 소당리의 광천수 맛과 비슷한 것이 아닌가 생각하였습니다.(包有文)

#15. 중종: 대사헌의 말대로 기존의 과거는 문장의 수려함이나 문벌에 치중되어 있었다.(單文)/ 중종: 하여 조정 현안의 대책(對策)으로 시험을 보는 현량과를 실시하는 것이 옳다고 생각하는데 경들의 뜻은 어떠한가?(單文)/ 중종: 수라간 최고상궁에게 재주를 겨루게 하라 하였더니 솜씨들이 더 는 것 같다.(單文)

#40. 장금: 사람에 의해서 그것도 같이 일하는 사람들에 의해 버려졌다는 것이 참을 수가 없습니다.(不完全文)

#45. 금영: 밖으로는 내수사에서 처결된 것으로 하고 장금이가 따로이 병을 알아본 것이 분명합니다.(單文)

다음에는 지문의 단문(短文)의 예를 보기로 한다. 이들은 단문이라 하였지만 모두 주술어를 갖춘 문장이 못 되고 단일어문(單一語文)이거나, 문절 수준의 것이다. 내용상으로는 대부분이 처소를 나타내는 말이다. 따라서 간결미를 안겨준다. 이들의 예를 보면 다음과 같다.

#5: 보는 금영/ 동산/ 처소/ 일터/ 동산

#10: 보는 보경(정호를 봄)

#20: 이상하다.(도자기병이 안보임)

#25: 그리고 연다.(금속으로 된 작은 궤를 엶.)

대화의 단문(短文)을 보면 이들은 대부분 응대하는 말이다. 이들이야 말로 대화의 간결성을 추구한 것이라 하겠다. 이들 예를 보면 다음과 같다.

#5: 금영: ...왜/ 금영: 그래서

#10: 중종: 안 그렇소.(오겸호에게)/ 오겸호: 예.. 전하../ 한상궁: 그랬지.

#15: 중종: 그래?/ 정상궁: 잘 하였다./ 한상궁: 거 봐라!

#20: 장금:... 소나무 (독백)/ 장금: 그러세요?/ 장금: 무엇으로요?/ 한상궁:
그래!/ 장금: 마마님!

#25: 장금: 마마님께서?/ 장금: 예.. 예 마마님!/ 한상궁: 이럴수가!/ 한상궁:
이럴수가!

#30: 민정호: 맞습니다./ 장금: 반드시../ 장금: 예?

#35: 장번내: 제조상궁은?/ 장번내: 할 수 없지./ 장번내: 뭐라고!

#45: 최판술: 그렇다면?/ 금영: 예./ 금영: 우선은요./ 오겸호: 뭐?

#50: 중전: 당치도 않다!/ 부관: 오셨습니다.

2.3. 문장종결법, 곧 문체법

우리말의 문장종결법은 존비법과 함께 표현된다. 그러하기 때문에 그
만큼 표현론에서 중요한 의미를 지닌다. 현대어의 우리 문체법은 다음과
같이 이루어진다.

문체법	격식체				비격식체	
	해라체	하게체	하오체	합쇼체	해체	해요체
평서문	-ㄴ/는다	-네	-(으)오	-ㅂ니다	-아/-어	-아/-어요
감탄문	-는구나	-는구면	-는구려	—	-군	-군요
의문문	-느냐	-는가	-오	-ㅂ니까	-아/-어	-아/-어요
명령문	-어라	-게	-오	-ㅂ시오	-아/-어	-아/-어요
청유문	-자	-세	[-ㅂ시다]	[-시지요]	-아/-어	-아/-어요

이는 중세, 곧 "대장금"의 시절의 문체법과는 상당히 차이가 나는 것이
다. "대장금" 시절, 곧 16세기의 문체법은 대체로 다음과 같았던 것으로
보인다(염광호, 1998).

문체법 \ 대우법	하대	평등	높임
평서법	-다, -라 -오, -마	-리, -지 -뇌, -시	-이다, (-이다), (-잉이다) -잉이다
감탄법	-라, -ㅅ다, -ㄴ녀 -ㄹ샤, -도다, -로다, -노라, -로라		
의문법	-아(야), -냐, -랴 -ㄴ다, -ㄹ다 -ᄯ녀	-니, -리 -고, -오, -가 -뇨, -료	-잇고, -잇가
명령법	-라, -나, -랴 -고라, -고려	-고, -게 -어서	-조, -소, -오 -쇼셔
청유법	-쟈, -져 -지	-새	-ㅂ세, -ㅁ세 -사이다, -새이다

"대장금"에는 16세기 언어와는 다른 문체법, 곧 현대의 문체법이 주로 쓰이고 있다. 다양한 계층의 인물이 등장하기 때문에 현대의 문체법 대부분이 쓰이고 있다고 하여 좋을 정도이다. 이들 문체법은 매우 진보적이라 할 것이 많이 쓰이고 있다. 다른 곳도 아닌, 어디보다 예의범절을 중시하는 궁중에서의 언어생활상이란 것을 고려할 때에는 이들 문체법은 고려할 여지가 있다. 바람직하지 않은 문장종결법도 쓰이고 있다. 그것은 첫째 화계(speech level)를 잘못 선택한 것이고, 다른 하나는 압존법을 무시한 것이며, 또 다른 하나는 통속성을 느끼게 하는 것이 있다는 것이다. 이러한 예를 몇 개 보면 다음과 같다.(#는 部를 표시함)

먼저 화계의 선택에 문제가 있는 것부터 보기로 한다.

#1. 종사관: 이제 와사 몸단장을 하고 문밖 출입을 했다는 이유로 사사를 한다는 건 부당한 처사가 아닐까요? (좌승지에게)

#15. 중종: 하여 조정 현안의 대책(對策)으로 시험을 보는 현량과를 실시하는 것이 옳다고 생각하는데 경들의 뜻은 어떠한가?

#27. 민정호: 그러니 불러 줘. 내금위 영감을 불러 다오.

#27. 오겸호: 전하께서 은혜를 베푸시었으나 그를 따르는 자들이 자꾸 이 같
　　　 은 일을 벌이고 있습니다.
　　　 중종: 자복을 했단 말이오?
　　　 오겸호: 사사를 하셔야 합니다.
#49. 중종: 도승지는 듣거라!
#53. 중종: 들라 하라.(장번내시에게 중전을)

　#1의 종사관의 말은 그 아래에서 좌승지에게 "송구하옵니다."라 하고
있듯, "부당한 처사가 아니옵니까?"라고 합쇼체를 써야 할 자리에 화계를
잘못 잡은 것이다. 중종의 "어떠한가?"(#15)도 조정대신에게 묻는 말이고
보면 "어떠하오?"라 "하오"체를 쓰는 것이 바람직할 것이다. 민정호의 말
(#27)은 같은 대화에서 화계를 달리하고 있다. 오겸호의 말(#27)은 처음의
"내용이옵니다."처럼 중종에게 하는 말이니 객체존대의 표현을 하거나,
완곡한 표현을 하여야 한다. 정삼품의 주치의관 대장금도 "믿어주시옵소
서."라 하고 있는 것을 보여 준다. #49에서 중종은 "도승지는 듣거라!"라
고 "해"체를 쓰고 있는데, 아무리 임금이라 하더라도 도승지에게 "해"체
를 쓴다는 것은 생각할 수 없다. 장번내시에게 한 중종의 말은(#53) 중전
을 드시라고 하라는 것이니 "들라"와 같이 "하라"체가 아닌 "드시라"라고
경어 표현을 해야 한다.
　다음으로 압존법의 문제를 보기로 한다. 우리말에는 문장의 주체가 화
자보다는 높지만 청자보다는 낮아 그 주체를 높이지 못하는 어법이 있다.
이를 어긴 표현이 보인다.

#21. 장금: 다치신 채 아무것도 드시지 못한 어머니가 너무 걱정스러워서 산
　　　 딸기를 따.. 혹 편찮으신 어머니가 드시지 못할까 씹어서 어머니의 입에
　　　 넣어 드렸습니다.

중종: ..

모두: ..

장금: 어머니께서는 그런 저의 마지막 음식을 드시고 미소로 화답하시고 떠나셨습니다.

한상궁: ..

장금: 전하께서는 만백성의 어버이십니다. 비록 미천한 것을 먹고도 미소로 화답해 주셨던 제 어머니처럼 만백성을 굽어살펴 주시옵소서.

#24. 장금: 어머니께서 토우가 일 때면.. 늘 이렇게 하셨습니다. .. 역병이 도는 거라 하셨습니다. (한상궁에게)

#25. 장금: 어머니셨습니다. (한상궁에게)

장금: 예 마마님! 어머니십니다. (상동)

장금: 예 마마님! 어머니십니다. (상동)

장금: 그래서 살아나셨군요.. 그래서 아버지를 만나셨구요. (한상궁에게)

#21의 용례는 장금이 중종과 대비, 중전이 있는 자리에서 말하는 것이므로 자기 어머니를 높이는 표현을 할 수 없다. "제 어머니"도 "제 어미"라고 해야 한다. #24, #25는 모두 장금이 한상궁 앞에서 자기 어머니를 높인 것으로, 마땅히 압존법을 써야 할 자리인데 잘못 경어법을 쓰고 있는 것이다. 압존법이 아닌 오용의 예도 보인다. 이는 현대어에서 자주 목격되는 경어법의 오용 사례이다.

#25. 창이: 한상궁 마마님께서 주자현으로 오래! (오라셔)

금영: 무슨 일로?

창이: 몰라, 얼른 오래. (오라셔)

문장종결법이 통속성을 드러내는 것도 보인다. 이는 격식체에 대한 비격식체이기 때문에 통속성을 드러내는가 하면, 지나친 구어적 표현을 함

으로 통속성을 드러내고 있기도 한 것이다. 이들 예를 몇 개 보면 다음과
같다.

> #1. 별감: 생각 마세요 (나인에게) (> 생각 마시오.)
>
> #1. 기미상궁: 뭣들 하는 게야. (> 뭣들 하는 게냐·것이냐)
>
> #1. 남자: 탁배기 한 사발씩 줘. (주모에게) (> 주게).
>
> #21. 민상궁: 우리가 애시 당초 속이나 있냐? (창이에게) (> 있느냐?)
>
>> * 민상궁: 너는 아직까지도 연생이 괴롭히니? (영로에게) (> 괴롭히느
>> 냐?)
>>
>> * 대체 이를 어찌하면 좋나.. 갈팡질팡하고 있는데.. (> 좋으냐?)
>
> #22. 민상궁: 어쩌면 좋니? (> 좋으냐?)
>
> #22. 민상궁: 장금아! 나 좀 봐 주라! (> 다오)
>
> #25. 영로: 염장지르려고 왔어? (> 왔느냐?)
>
>> 창이: 하여튼 말하는거 하구는, 우린 그래도 니네 보고 싶어서.
>>
>> 연생: 니네 괜찮아? (> 괜찮으냐?)
>
> #25. 민상궁: .. 니가 한번 보라구. (> 네가 한번 보아라)
>
> #27. 민정호: 내금위 영감을 불러다오. 그러니 불러 줘! (하인에게) (> 주게!)
>
> #34. 장덕: 뭘 그리 빤히 봐? (장금에게) (> 보느냐?)
>
> #40. 사내2: 죽지 않다니? .. 의원도 약도 없는 이곳에서 무슨 수로 산단 말
> 이야? (장금에게) (> 산단 말이오?)
>
> #53. 우의정: 어차피 자네가 취할 수 있는 여인이 아니야! (> 아닐세.)

2.4. 지문과 대화의 연결 특성

희곡은 지문과 대화로 이루어진다. 이들은 각각 독립적으로 이루어지
는 것이 원칙이라 하겠다. 그러나 경우에 따라서는 이들의 연결성을 고려
하여 연결어미를 활용하여 연합된 형식으로 표현하기도 한다. 구체적인
예를 들어 보면 김태용의 "만추"란 대본에서는 거의 모든 지문과 대화가

분리 독립적 구성을 하고 있다. 대부분의 지문은 평서형 종결어미 내지 체언으로 끝을 맺고 있다. 전체 작품 가운데 지문이 연결어미나 부사형 어미로 되어 대화와 연결된 것은 몇 장면에 불과하다. 이에 대해 노희경의 "굿바이 솔로"는 대부분의 지문이 관형사형 어미로 되어 있고, 여기에 연결어미, 부사형 어미가 다소 쓰여 다음의 대화와 이어지게 하고 있다. 그런가 하면 손야효의 시나리오 "바다 건너 사랑"의 번역본의 지문은 거의 전부가 평서형 어미로 끝나고 있다. 그래서 지문과 대화가 독립되어 있다.

　김영헌의 "대장금"은 이들과 다른 면을 보인다. "대장금"의 경우는 많은 지문이 평서형으로 끝나고 있으나, 체언 종결, 연결어미, 부사형 어미로 끝나는 것도 상당수 있다. 따라서 지문과 대화가 문장 구조상 분리 아닌, 연결되어 있는 것이 상대적으로 많다는 표현 특성을 지닌다. 다음에 이들 용례를 두어 개씩 보기로 하되, 간략한 예를 들기로 한다.

○ 대화-지문이 연속된 용례

#1. 스님: 어서 들어오시오.
　　　　하면 천수 방으로 들어간다.
#54. 민정호: 아무리 찾아도 보이질 않습니다.
　　　　　하는데, 이때 장금이 뒤에서 고개를 쏙 내미는 소헌

○ 지문-대화가 연속된 용례

#1. 폐비에게 다가가는데
　　　폐비: 물렀거라! 네 이놈 물러서지 못할까? (사약을 가지고 온 갑사들에게)
#25. 장금은 눈물이 글썽한 채 서서는
　　　장금: 정말입니까? (한상궁에게)

이러한 연합적 구성은 이에 그치지 않는다. "지문-대화-지문", 혹은 "대화-지문-대화"가 통합된 형식의 것까지 보인다.

○ 지문-대화-지문이 연속된 용례

#1. 아직도 한나인이 돌아오지 않자 바깥을 한번 보며

　　박나인: 늦네!

　　하는데, 바깥에서 소리가 나는 듯하다.

#54. 이때 대신들 우르르 나오는데..

　　영의정: (장금을 보더니) 내 자네를 결단코 용서치 않을 것이야!

　　하더니 가고, 장금은 잠시 서 있다가 들어간다.

○ 대화-지문-대화가 연속된 용례

#45. 행인1: (덕구처 보다가는) 헛 미친 여편넨가?

　　하고 가는데,

　　덕구처: 저 인간이..

#53. 중전: 어명이라? 듣거라!

　　하면 장번내시 들어오고..

　　중전: 무엇이냐?

3. "대장금"의 어휘상의 표현 특성

드라마 "대장금"에는 문장 표현상의 특성과 함께 어휘상의 표현 특성도 여러 가지로 드러낸다. 이의 대표적인 것으로는 여러 애용 어사(愛用語辭)가 많이 쓰인다는 것이다. 애용 어사는 작가가 의도적으로 즐겨 쓰는 경우가 있는가 하면, 자신도 모르는 사이에 유로되는 것이 있다. 전자의 예로는 우선 강조하기 위해 어떤 말을 반복 사용하는 것이 있다. 예를 들면 에필로그 제54부에서 중종(中宗)이 "전하거라"라는 말을 다섯 번씩이나 반복 사용한 것이 그것이다.

> 그리고 의녀 대장금에게 전하거라! 유약한 군주인 내게 하시라! 하실 수 있다! 힘을 주어 고맙다 전하거라! 그나마 민생과 국방이라도 돌본 군주로 남는다면 대장금의 공이라 전하거라! 병약한 나를 강건케 해 주어 고맙다고 전하거라! 연모하는 사람을 보낸 나를 원망치 않고, 슬픔을 보이지 않으려 애쓴 것에도 고맙다 전하거라!

이밖에 "허나·허면, 니·니네" 같은 것도 이러한 의도적 애용의 예이다. 비의도적 애용의 예에는 "-냐, -거라, 얘기, 한켠, -ㄴ채" 같은 것이 있다. 이 밖의 특성으로는 난해어에 대한 배려와, 오용의 예가 많이 보인다. 다음에 이들에 대해 항목을 달리하며 구체적으로 논의하기로 한다.

3.1. 의도적 애용 어사(語辭) 활용

3.1.1. "니, 니네"의 애용

연극은 본래가 구어에 의해 표현되는 것이다. 따라서 극본의 대사는 주로 구어로 이루어져 있다. 그런데 방송극 "대장금"은 앞에서 언급한 바와 같이 사극이라 할 것이나, 현대의 극단적인 구어체가 쓰이고 있다. 이러한 것의 대표적인 예로는 대명사 "니, 니네"의 사용과, 이밖에 종결어미 "-구, -누, -구나"의 사용, "어떻게 하다"의 준말 "어떡하다" 등 준말의 사용을 들 수 있다.

2인칭 대명사의 "니, 니네"의 사용은 현대의 젊은이들이 주로 사용하는 말이다. 기성세대는 이 말을 별로 사용하지 않는다. 더구나 지난날에는 이 말이 쓰였다고 생각할 수도 없다. 그런데 이 "니, 니네들"이 남용되고 있다. 물론 등장인물 가운데 비교적 젊은 층이라 할 나인들이 주로 사용하고 있다.(#8. 연생: 니가 웬 일이야? -영로에게) 그러나 이는 젊은 층에만 국한되어 쓰이고 있지 않다. 상궁들 심하게는 임금인 중종까지 쓰고 있다. 이는 구어의 표현 특성을 살리려 한 것이라 하겠으나 그 정도가 좀 심하다 하겠다. 따라서 이는 표현을 속화하고 품위를 떨어뜨리고 있다 할 것이다. 바람직하지 않은 이들 용례를 몇 개 보면 다음과 같다.

> #22. 정상궁: 니 맘 다 안다. (한상궁에게)
> #24. 최상궁: 그럼 니가 가지고 있다는 것 자체가 훔쳐 낸 것이란 답이 아니냐?
> #25. 민상궁: 니가 한번 보라구. (장금에게)
> #25. 덕구처: 우리는 니가 하도 사연덩어리라 (장금에게)
> #53. 민상궁: 니 얘기 듣고 나니까 뭔가 심상치 않은.. (장금의 말)
> #53. 중종: 니가 나의 유일한 안식처이기에 그건 어쩔 수 없다. (장금에게)

이들 '니'는 '에' 정도로 표현함이 바람직하였다 하겠다.

이 밖에 구어적 표현을 위해 종결어미 "-구, -누, -구나, -데두" 등도 쓰인 것을 볼 수 있다. 이들은 "-고, -노, -고나, -데도"에 비해 좀 더 구어적 표현이다. 그런데 이러한 표현이 신분 고하를 불문하고 도처에서 사용되고 있다. 몇 개의 용례를 보면 다음과 같다.

> #21. 민상궁: 어디 다친 데는 없구? (장금에게)
> #14. 금영: 음식에 관한 비서나 다른 책은 없구? (영로에게)
> #1. 천수: 어디로 가려구요.
> #31. 장금: 그리구요? 그리구요? (한상궁에게)
> #25. 한상궁: 너는 음식을 잘 하는구나! (장금에게)

#21. 정상궁: 어찌 두고 떠나누.
#45. 장번내시: 처방을 내릴 수 있겠냐는데두? (장금에게)

준말을 사용함으로 구어체를 드러내는 것으로는 "어떡케"를 비롯해 "근데, 그렇네, 좋니" 등 많은 용례가 보인다. 이들의 예를 몇 개 보면 다음과 같다.

#21. 최판술: 대감 어떡하든 뒤집어야 합니다. (> 어떻게 하든)
#21. 이걸 어짜하면 좋나.. (> 좋으냐?)
#22. 민상궁: 난리를 치는데 어떡해. (> 어떻게 해)
#27. 한상궁: 근데 장금아.. (> 그런데)
#21. 오겸호: 수라간을 장악하지 못하는 것도 그렇네만.. (> 그러하네만)
#24. 박부겸: 그렇네. (> 그러하네)
#21. 제조상: 어쩌자는 것이야. (> 어찌하자는 것이야?)
#22. 민상궁: 어쩌면 좋니? (> 어찌하면 좋으니/ 좋으냐?)
#24. 장금: 정리한 장붑니다 (> 장부입니다.)
#54. 중전: 어디서 그런 말도 되지 않는 소리를 하는 게냐? (> 것이냐?)

3.1.2. "허나, 허면" 등의 애용

"허나, 허니, 허면, 헌데"는 놀랍게도 사전에 표제어로 올라 있지 않다. 아마도 방언으로 처리한 것 같다. 그러나 이는 "그러나, 그러니, 그러면, 그런데"의 예스런 표현임에 틀림없다. "대장금"에는 "허나, 허면"이 무수히 쓰이고 있다. 그것도 남녀노소, 신분의 고하와 관계없이 쓰고 있다. 이는 "대장금"이 사극이므로 예스런 맛을 드러내기 위해 의도적으로 쓴 것이라 하겠다. 그러나 이것만이 이유의 전부는 아닌 것 같다. 왜냐하면 이들의 용례가 대화만이 아닌 지문에도 쓰이고 있기 때문이다. 이로 보면 이들 접속어는 의도적인 표현만이 아니라 비의도적인 유로에 의해서도 쓰인 것이라 보아야 하겠다. 우선 비의도적인 표현이라 할 지문의 용례부터 두어 개 들기로 한다.

#21. (헌데 다들 말 없이).
#53. 허나, 장금은 개의치 않고 당당하게 들어와 책을 꺼내 본다.

의도적인 표현이라 할 용례는 다음과 같은 것이 보인다.

#22. 대비: 허나 실은..
#22. 최상궁: 그렇겠지요. 허나..
#22. 동궁전: 허니 물러나시오
#24. 중종: 허니 궁에 물건을 대는 상단을 늘리도록 하라!
#15. 중종: 허면, 지금 올리는 음식은 누가 하는 것이냐?
#21. 장금: 허면 재료가 없어진 것도 계획된 일이었을까요?
#21. 제조상궁: 허면 어쩌자는 게야.
#21. 한상궁: 헌데?
#22 장번내시: 헌데.. 어찌 소주방을 책임지고 있는 내게 일언반구 없어?

이밖에 많이 쓰이고 있는 "번(番), 발기, 발고"도 지난날의 시대상을 반영하기 위한 의도적 표현이라 할 것이다. 그렇지 않다면 오히려 "당번, 건기(件記), 고발(告發)"이라 했을 것이기 때문이다. 두어 개씩만 용례를 보기로 한다.

#10. 장금: 내가 오늘 아침 번(番)을 서 준다니까.
#24. 내금위: 번이 아닌 날만 부린다면 나는 모르는 일이네
#10. 장금이 달빛에.. 자신의 서첩에다 오늘 한 음식 발기를 쓰고 있다..
#25. 제조상: 수라간은 식의와 상의하여 발기를 꾸렸느냐?
#25. 한상궁: .. 분명 내 의금부에 발고하여 관비로라도 그렇게라도 살기를

바랐거늘..

#25. 지상궁: .. 자네가 뭐라고 발고를 한다 해도 그 자리에 있던 누구도 자네의 말에 동조하지 않을 걸세.

3.2. 비의도적 애용 어사의 노출

3.2.1. "-거라"의 애용

우리말에는 불규칙 활용을 하는 용언이 여럿 있다. 이 가운데 "거라" 불규칙활용이 있는데, 이는 명령형이 "거라"로 나타나는 것으로, "가다"와 이의 합성어에만 나타나는 것이다. 그런데 방송극 "대장금"에는 이것이 모든 동사에 나타나다시피 일반화하고 있다. 이는 비의도적 애용어사라 할 수 있는 것이나, 바람직한 것은 못 된다. 예외가 있다면 "오다"의 경우는 거의 "거라" 불규칙활용이 나타나지 않는 것으로 보인다. 이는 소위 "너라" 불규칙활용을 하는 동사이다. 이들 규범문법에서 오용으로 보아야 할 "거라"의 용례를 보면 다음과 같은 것이 보인다.

#1. 폐비: 물렀거라
#1. 원자(元子): 나를 못 봤다 하거라
#5. 최상궁: .. 그리고 금영이는 사흘간 집엘 다녀오거라..
#12. 중종: 말해 보거라.
#21. 중전: 잘 치루어 주거라.
#21. 정상궁: 모두 듣거라.
#22. 한상궁: 업히거라.
#22. 지밀상궁: 수라상을 받거라
#24. 최상궁: 어여삐 여기거라..
#25. 민정호: 일을 보거라.
#26. 최판술: 알아 내거라

#26. 최상궁: 말하거라.

#27. 오겸호: 시작하거라.

#33. 이현옥: 내가 안 오거든 너희들끼리 자습을 하거라.

#49. 중종: 도승지는 듣거라

#54. 중전: 닥치거라. (장금에게)

#54. 중종: 함께 명나라로 떠나거라.

#54. 중종: 또한 미안하다 전하거라.

3.2.2. "-냐?" 어미의 애용

"-냐"는 의문 종결어미로, "이다"나, 받침 없는 형용사의 어간, 또는 어미 "-으시, -었/-았, -겠" 뒤에 붙어 "해라" 할 자리에 쓰이는 말이다. 이는 동사에는 쓰이지 않는다. 동사에는 오히려 "갔느냐?, 보았느냐?"와 같이 "-느냐?"가 쓰인다. 그런데 "대장금"에는 이 "-냐?" 종결어미가 적잖이 동사에 쓰이고 있다. 이는 의도적으로 쓴 것이라기보다 작자가 의식하지 못하는 사이에 자연히 유로된 것이라 하겠다. 이들의 용례로는 다음과 같은 것이 보인다.

#1. 망똘: 너 여자를 쳐다보기는 하냐?

#9. 덕구: 아무리 그래도.. 그래도 되겠냐?

#16. 덕구: 너 하지 말라는 거 하는 재미가 얼마나 쏠쏠한지 아냐?

#16. 민상궁: 혹시 그거 아냐?

#21. 민상궁: 우리가 애시당초 속이나 있냐?

#30. 민상궁: 그게 하루 아침에 고쳐지냐?

#36. 장덕: 민정호 나으리 뵈었냐?

#44. 장덕: 왔냐?

#50. 우의정: 어디에 있냔 말이야?

#50. 민정호: 사람 살리는 일인데 왜 안 되냐고...

#54. 아낙1: .. 벌침을 어디 무릎에 놓냐며 노발대발 하셨죠?

3.2.3. "얘기"의 애용

"대장금"에는 많은 "얘기"란 말이 쓰이고 있다. 사전에 의하면 이는 "이야기 ①, ②, ③, ④의 준말"이라고 되어 있다. 그러면 "이야기" ①, ②, ③, ④는 어떤 뜻의 말인가? 사전의 풀이를 보면 다음과 같이 되어 있다.

> 이야기①: 어떤 사물이나 사실, 현상에 대하여 일정한 증거를 가지고 하는
>   말이나 글
> 이야기②: 자신이 경험한 지난 일이나 마음 속에 있는 생각을 남에게 일러
>   주는 말
> 이야기③: 어떤 사실에 관하여, 또는 있지 않은 말을 사실처럼 꾸며 재미있
>   게 하는 말
> 이야기④: 소문이나 평판

그런데 "대장금"의 "얘기"란 이러한 뜻으로 쓰인 것이 아니다. 오히려 일상사회에서 흔히 쓰이는 "말, 대화"란 의미로 쓰고 있다. 따라서 이도 구어에서 "얘기"가 "말, 대화"의 뜻으로 일반적으로 사용되고 있는 것이 그대로 반영되고 있는 것이다. 이러한 용법은 작자의 비의도적 표현 특성을 드러내는 것이라 하겠다. 이는 대화와 지문에 두루 무수히 나타난다.

> #1. 박나인: 니 얘긴 안 했어
> #10. 금영: 그냥 염두에 두라는 얘기야.
> #10. 박나인: 이 모든 사실을 누구에게 얘기해서도 안 된다.
> #11. 제조상: 어쩌자구 내게 빨리 얘기하질 않은 것이냐?
> #21. 종사관:.. 공격을 하기에 방어했다고 얘기한 것 같네.
> #22. 정상궁: 이것저것 얘기를 해 주마.
> #22. 덕구: 마마님께서 위독하다는 얘길 듣고
> #22. 정상궁: 허심탄회하게 얘기를 하여 서로 자극을 주고

#23. 민정호: 모두가 그럴 것이란 얘깁니다.

#26. 장금과 덕구가 얘기를 하고 있다.

#26. 덕구가 민정호에게 얘기를 하고 있는데..

#27. 박부겸과 최판술이 얘기하고 있다.

#53. 민상궁: 니 얘기 듣고 나니까 뭔가 심상치 않은 일을

#53. 연생과 민상궁이 얘기를 하고 있다.

#54. 연생에게 얘기하지 말라는 눈짓을 하는데..

#54. 행복한 모습으로 얘기하며 가고 있다. (장금과 소헌)

3.2.4. "한켠"의 애용

명사 또는 부사로 쓰이는, "한편, 한쪽"과 같은 뜻으로 쓰이는 말에 "한켠"이 있다. 그러나 이 말은 사전에 표제어로 실려 있지 않다. 그 대신 "켠"을 "편"의 잘못이라 풀이하고 있다. 따라서 "한켠"이란 명사는 비표준어로 잘못 쓰는 말이라 하겠다. 그런데 "대장금"에는 이 "한켠"이란 말이 많이 쓰이고 있다. 이는 비표준어가 애용되고 있는 것이라 하겠다. 이의 용례는 특히 주로 지문에 많이 쓰이고 있다. 그 용례는 다음과 같은 것이 보인다.

#1. 그 한켠에 앉아 있는 박나인

#1. 주막 한켠에 가 앉아 쉴 뿐이다.

#10. 한켠에 숨어 있는 연생

#22. 한켠에서 보면

#22. 한켠에 울며 앉아 있는 연생

#24. 장금이 한켠에서 감관과 장부를 맞추어 보고 있는데..

#25. 북적이고 있는데 한켠의 내의정과 식의..

#25. 한켠에 지키고 있던 필두.. 보는데

#26. 돕고 있는 장금, 나인과 민상궁 등은 한켠에 서서는..

#40. 다른 한켠에 있던 부부와 아이들

#53. 또 한켠에 자신이 조제해 놓은

#53. 한켠에서 바라보는 장금..

#54. 신비는 안올을 멈추고 한켠에 앉으며

#54. 한켠에 선 연생과 장금의 시선이 교차하고..

#54. 다른 한켠의 박명헌과 민정호의 시선이 교차하고..

#54. 한켠에서 이를 보는 장금.

3.2.5. "-ㄴ 채"의 애용

우리말에는 명사 "채"가 "-은 / -는 채", 혹은 "-은 / -는 채로"로의 형태로 결합되어 이미 있는 상태 그대로 있다는 뜻을 나타내는 데 쓰인다. "옷을 입은 채로 물에 뛰어들었다"거나, "사내는 아무것도 모르는 채 여인의 유혹에 빠져 들었다."와 같이 쓰이는 것이 그것이다. 그런데 이 "-은 / -는 채", 혹은 "-은 / -는 채로"란 구조의 표현이 "대장금"에는 문자 그대로 애용되고 있다. 얼마나 많이 쓰이고 있는가를 보면 다음과 같이 짤막한 지문(地文)에 무려 "-ㄴ 채"가 3개 쓰였을 정도다.

> 눈은 동그랗게 뜬 채 가장 가까이 있던 천수를 노려보고 있다. 천수 소름이 돋고.. 신씨 울부짖으며 폐비의 눈을 감겨 준다. 사위는 적막한 채 신씨의 울부짖음만이 있을 뿐이다. 온통 땀에 흠뻑 젖은 채 넋을 잃고 멍하니 서 있는 천수. 천천히 고개를 들어 하늘을 보면, 하늘은 유난히도 파랗다.(#1)

이는 의도적으로 썼다기보다 작자가 의식도 하지 못하는 사이에 유로된 것이라 하겠다. 이러한 "-ㄴ 채"와 "-ㄴ 채로"의 용례는 다음과 같은 것이 보인다.

○ "ㄴ 채"의 예

#1 .. (폐비) 윤씨의 생가가 보이는 다리에 접어든 채 잠시 서서는 생가를 바

라보고 있다.

#1. (눈을 감은 채)

#1. (.. 문은 열어 놓은 채)

#1. 그러나 한나인.. 다가가지 못한 채 서로 슬픈 눈으로 쳐다본다.

#1. 박나인을 들쳐 업은 채 들어오는 천수.

#11. 정상궁.. 생각에 잠긴 채 불길함을 떨칠 수가 없는데

#11. 한상궁은 혼자 덩그러니 쓰러진 채 있는 장금을 업는다.

#11. 어둠 속에 금영 또한 상념에 잠긴 채 앉아 있고..

#21. 자는 영로와 달리 잠을 이루지 못한 채 눈을 뜨고 있는 장금과 연생.

#21. 역시 잠을 이루지 못한 채 있는 금영의 모습.

#24. 서로 떨어진 거리를 유지한 채 멈춰 서는 장금과 한상궁.

#25. 장금은 눈물이 글썽한 채 서서는

#26. 오겸호: 몰라서 전하를 그리로 모시고 가고 모른 채 유황을 먹은 오리를 올렸다?

#31. .. 왼손은 뒤로 짚은 채.. 오른 손의 두 손가락만 세운 채 ... 혈자리를 짚는다.

#43. 장금 아직도 공포에 떠는 채 입을 꽉 다물고,

#43. 장금의 눈은 벌개진 채 사약병을 바라보는 데서..

#53. (무슨 뜻인지 알 수가 없는 채)

#53. 더욱 고뇌가 깊어지는 채 쏘는 민정호.

#53. 민정호 감격에 겨운 채 들어와 삼작노리개를 꺼내고는 붓을 잡는다.

○ "ㄴ 채로"의 예

#1. 천수의 몸에 안긴 채로 다시 혼미한 상태로 들어가는 박나인.

#11. 장금 이제 많이 회복된 채로 수라간 복을 입고 있다.

#53. (누워 힘든 채로)

#54. 중종 어떤 답도 하지 못한 채로 장금을 바라보고..

#54. 장금: 새끼를 가진 채로 큰 동물에게 물려 배가 갈라져 있었습니다.

이러한 "-ㄴ 채"의 용례 가운데는 많이 쓰다 보니 오용이라 할 것도 보인다.

#1. 궁녀복을 벗은 채 평상복을 입고 있다. (벗고)
#1. 사위는 적막한 채 신씨의 울부짖음만이 있을 뿐이다. (적막한데)
#10. 금영은 쉬 잠들지 못한 채.. 앉아 생각을 한다. (못하고)
#21. 어찌 할 줄 모른 채 보는데.. (모르는 채)
#24. 한상궁 역시 꼼짝도 못한 채 입술이 바르르 떨리는데 (못하고)
#25. 최상궁: (두려움에 힘이 빠진채) (빠져서)
#27. 덕구처 울상을 지은 채 달려온다. (짓고)
#30. 중종이 의복을 벗은 채 있는데 지밀 상궁이 주안상을 들고 들어온다. (벗고)
#41. 다른 의녀들도 의아한 채 가는데, (의아해 하는 채/ 의아해하며)
#43. 장금, 말도 한 마디 못한 채 그들을 공포스럽게 바라보고만 있다 (못하고).
#47. 가는 영로. 장금의 의외의 당당함에 당황스러운 채 가는데.. (당황해하며)

3.3. 기타 어휘상의 특성

3.3.1. 자막·해설의 활용

방송언어의 특성 가운데 하나로는 말이 쉬워야 한다는 것을 든다. 그것은 일과성(一過性)을 지니기 때문이다. 그래서 난해어는 풀어쓰거나, 풀이말을 앞세워 난해어를 사용하기도 한다. 이러한 배려가 극본 "대장금"에도 보인다. 그것은 시청자를 위해 자막(字幕)을 통해 난해어에 대한 풀이를 하거나, 극본을 읽는 독자를 위해 이에 대한 해설을 가하고 있는 것이 그것이다.

먼저 난해어에 대해 자막 처리한 것을 몇 개 보면 다음과 같은 것이 보인다.

#1. 비증(자막: 脾症, 위장병)

#13. 잣집(자막: 잣 소스)

#21. 골동반(자막: 비빔밥)

#24. 낭관(자막: 하급 관원)

#25. 한부(자막: 외출증)

#25. 온궁(자막: 온천행궁, 지금의 임금의 특별별장)

#26. 법제(자막: 법제(法製), 독 성분을 제거하는 일)

#26. 금단(金丹)(자막: 금단, 먹으면 장생불사(長生不死)의 영약(靈藥))

#35. 반산(자막: 反産: 유산)

#35. 수고(자막: 水庫, 왕족만 쓰는 물 창고. 한강의 제일 좋은 물을 받아 씀)

#45. 정윤수: 호혹병이다.(자막: 狐惑病, 베체트병과 유사한 질환, 재발성 구강 및 외음부 궤양, 피부병변과 혈관계, 호흡기, 안질환, 소화기, 중추신경계의 증상을 보이는 전신다발성 만성질환으로 지중해 연안 국가와 한국, 중국, 일본에서 자주 발병된다.)

#53. 노설(자막: 장염)

#53. 매화(자막: 임금의 대변)

#54. 자간(자막: 임신중독증)

이와 달리 해설·설명한 것을 보면 다음과 같은 것이 있다.

#1. 남자 허드레 일꾼인 바지(巴只)

#15. 각각의 항아리에 오젓, 육젓, 추젓, 자하젓, 곤쟁이젓(새우젓의 종류들)

#25. 제조상: 상한증이라면 고뿔 아닙니까?

#53. 화철요법(침을 불에 달구어 찌르는 요법)

#54. 격염구법(隔鹽灸法, 왕소금을 배꼽에 채우고 그 위에 생강편을 놓고 그 위에 쑥을 올려 불을 붙이는 뜸의 방법)

3.3.2. 어휘(형태·의미)상의 오용

"대장금"에는 대하 드라마인 만치 오용이라 하여야 할 용례도 많이 보인다. 이는 크게 보아 어휘와 문장의 오용이란 둘로 나누어 볼 수 있다. 어휘의 오용은 형태와 의미의 면에서 잘못 쓰인 것이 있고, 문장의 면에서는 문법적 형태의 오용과 문장 구성상의 오용이 있다. 이들 용례의 일부를 보면 다음과 같은 것이 있다.

#1. 인상을 찡그린다 (> 쓴다).
#1. 서성거리며 안절부절 어쩔 줄을 모르는 한나인 (> 안절부절못하며)
#2. 박나인: 일어나 종아리를 걷거라. (> 바지를 걷어라)
#10. 장금.. 가는데.. 설레인다. (> 설렌다)
#10. 둘이 티격태격거리는데 (> 티격태격하는데)
#10. 불안하여 머뭇대는데 (> 머뭇거리는데)
#21. 최상궁(의기양양인데) (> 의기양양한데)
#21. 나인2: 그래도 장금이란 애가 한번이라도 이긴 것도 대단해. (> 한번)
#21. 중종: 살도 너무나 부드럽구나. (> 참으로)
#21. 포도대: 바쁜 와중에 내려 주었다는데 (> 가운데)
#21. 눈물이 그렁하다. (> 글썽하다·글썽글썽하다)
#22. 연생만이 안타까운데 (> 안타까워 하는데)
#22. 한상궁의 모습 보여지고 (> 보이고)
#22. 보면 무들만 즐비하고 (> 그득하고)
#22. (그리고 또 가만 있는) (> 가만히)
#24. 동궁전: 아마 마마님께도 불씨가 날아들 것 같습니다. (> 불똥)
#24. 장금.. 걱정스러운 얼굴로 고민스러운데(고민되는데)
#25. 내의정: 낫지도 더해지지도 않은 채로 너무 오래 가고 있으시네. (> 더하지도)
#26. 지병도 가지고 있지 않으시오! (> "가지고" 생략)
#26. 한상궁: 힘 들지 않느냐? (> 않으냐?)

#27. 민상궁: 야! 너 혼나면 어쩔려구.. (> 어쩌려구).

#27. 그렇네. (> 그러하네·그러네)

#30. 장금은 여전히 뭔가를 빼곡이 적고 있는데.. (> 빼곡히)

#35. 분위기가 차거워지고...장금은 무슨 분위기인지 모르겠다. (> 어떤)

#36. 급기야 중전은 고통을 호소하며 울컥하며 먹은 약을 토해 내는데) (> 울컥)

#40. (장금) 어질한 듯 휘청하고, (> 어지러운).

#40. (사내1) 절구를 찧는 방망이를 집어 든다. (> 절구 공이를)

#40. 정호, 그런 장금을 보고 안쓰러운데 (> 안쓰러워하는데)

#45. 꾸벅꾸벅 졸리나 안 졸려고 (> 조나)

#47. 가마.. 결국 영로와 맞닿자 (> 마주하자)

#48. 중종 다 읽고 나서는 조용히 장개를 덮는데.. (> 장계를)

#48. 양잠을 치는 기구들과 동그란 양잠만이 가득한 곳이다. (> 누에를)

#48. 이미 최상궁의 눈은 광기 어린데.. (> 광기가 어리는데)

#48. 덕구: .. 그럼 섭하지. (> 섭섭하지)

#53. 장금 우연찮은 기회로 (> 우연한)

#53. 가슴이 미어진다. (> 메어진다)

#53. 목이 메이고 (> 메고)

#52. 장금: 종아리를 걷거라! (> 바지를 걷어라)

#54. 소헌: 그래도 저는 다리가 하나도 안 아픕니다. (> 조금도)

3.3.3. 문법·문장상의 오용

#10. 장금: .. 많은 물맛을 보았지 않습니끼? (> 보지 않았습니까)

#10. 엿새가 되 가고 있습니다. (> 돼·되어)

#10. 최상궁: (사색이 되선) (> 돼선·되어선)

#15. 벌들이 일제히 나오더니 쇠고기를 달려들어 쏘는데 (> 쇠고기에)

#15. 장금 ... 뭔가 퍼뜩 떠오른 듯하고는 '마마님"을 부르며 뛰어 나간다. (> 떠오른 듯)

#21. 대비 중전 모습 보여지고 (> 보이고)

#21. 오늘의 주음식이라 할 수 있는 (것을 올리는) 차례가 되자

#21. 민상궁: 내일 아침까지 다 될라나 모르겠네. (> 되려나)

#21. 한상궁의 치수를 재고 (> 옷의 칫수를)

#21 중종: 어마마마께 맛을 한번 뵈 드리고 싶었다. (> 뵈어·봬)

#21. 제조상궁 흐뭇하고 (> 흐뭇해 하고)

#22. 민상궁: 어쩌면 좋니? (> 좋으니)

#22. 결국 들것은 실려 나가고. (> 들려)

#22. 덕구처가 앉다시피 하여 있고 (> 하고)

#22. 한상궁 다시 대야에 (수건을) 빨아 닦아 주고 있다.

#22. 지밀상: 그렇네 (> 그러하네)

#24. 정번내:.. 나으리 덕분에 전하의 시름이 하나 덜게 됐습니다. (> 시름을)

#24. 금영: 그것은 장금이 때문이 되는 것이겠지요. (> 때문에 그리)

#24. 문득 생각난 얼굴로 (> 생각난 듯한)

#25. 지밀: 물 온도가 적당해지거든 (가지고) 오너라.

#25. 준비과정이 보여지고 (> 보이고)

#25. 상궁이 몸을 씻겨 준다.(씻어 드린다) (중종을)

#25. 뜨끔하는 금영. (> 뜨끔해 하는)

#25. 만족하시면서 (> 만족해 하시면서)

#26. 박부겸도 당황스러운데 (> 당황해 하며)

#37. 대비: 너는 이리로 승차가 되 오고.. (>돼·되어)

#45. 열이가 불려져 와 있다. (> 불려)

#45. 중전과 최상궁, 장번내시 점점 불안해지며 보는 가운데 (> 불안해 하며)

#48. 금영: 다음 생에 만나지면 그 말만은 빼고 해 주십시오. (> 만나면)

#53. 그리고는 다시 그냥 돌다리도 없는 내를 건너는데 건너와 보니 피를 흘리며 쓰러져 있는 토끼 한 마리를 본다. (> 마리가 보인다)

#54. 아무 소리 없이 때렸긴 하지만 (>때리긴 하였지만)

#54. 중종: 병자였지 않느냐? (> 않으냐?)

4. 결어

표현론의 입장에서 드라마 "대장금"의 언어와 표현 특성을 살펴보았다. "대장금"은 몇 가지 표현 특성을 지니는 것을 볼 수 있다. 무엇보다 이의 표현 특성은 현대어, 그것도 진보적 현대어를 구사하고 있다는 것이다. 이는 시청자를 유인하는 특성을 지니며, 한편 통속성을 지니게 한다 할 것이다. 다음에 앞에서 논의한 "대장금"의 언어와 표현의 특성을 들어 결론을 삼기로 한다.

첫째, 지문의 길이는 17.20자, 대화문은 13.36자로 나타난다.

현대소설의 지문의 길이는 31.15자이고, 최근의 신문 문장의 길이는 49.67자이다. 따라서 "대장금"의 지문은 문장의 길이가 매우 짧다 하겠다. 대화문은 현대소설의 평균이 11자이어 이보다는 길다. 그러나 대장금의 지문이나 대화문의 문장 길이는 모두 "매우 쉬움"의 단계에 해당한다.

둘째, 구문은 포유문이 상대적으로 많이 쓰이고 있다.

문장은 장문이 많지 않아 난해한 구조의 문장은 아니다. 구문 형식으로 볼 때는 포유문이 상대적으로 많은 편이나, 문장 형식의 구조 및 길이에 변화가 있어 조화를 이루고 있다 하겠다.

셋째, 문체법은 현대의 다양한 형식이 사용되고 있다.

문체법은 다양한 형식이 두루 사용되고 있다. 우리말의 문체법은 종결형에 경어법이 함께 나타나게 되어 있다. 그런데 "대장금"에는 이러한 결합에 다소 문제성을 드러낸다. 압존법과 경어법에 문제가 있는 것이 그것이고, 또 첨단적 구어체를 써 통속성을 드러내기도 한다는 것이 그것이다.

넷째, 지문과 대화가 한 문장으로 연결된 것이 많다.

지문과 대화는 분리되는 것이 원칙이라 하겠으나, "대장금"에는 대화에 지문이, 혹은 지문에 대화가 이어진 구문이 많다. 심하게는 "대화-지문-대화", 혹은 "지문-대화-지문"의 구조로 연결된 문장 구조도 많이 보인다.

다섯째, 여러 가지 애용 어사(愛用語辭)가 많이 쓰이고 있다.

애용어사 사용은 의도적인 것과 비의도적인 것이 보인다. 의도적 사용은 구어(口語)를 드러내기 위해 "니, 니네" 따위 대명사를 쓰는 것과 준말을 사용하는 것을 볼 수 있다. 그리고 이와는 달리 역사적 사실이란 것을 드러내기 위해 고어투(古語套)로 "허니, 허면" 등을 애용하는 것을 볼 수 있다. "번, 발기, 발고" 따위도 고어투를 드러내기 위한 것이라 하겠다.

애용 어사의 비의도적 사용은 작자가 의식하지 못하는 가운데 유로되는 것으로 문자 그대로 문체 특성을 드러내는 것이다. 이러한 것으로는 "-거라, -냐, 얘기, 한켠, -ㄴ 채" 따위가 애용되는 것을 보여 준다.

여섯째, 자막(字幕), 해설 등을 활용하고 있다.

방송은 일과성을 지니는 것이다. 어려운 말은 한번 듣고 이해할 수 없다. 역사적 사실이나 사물은 더구나 그러하다. 그리하여 시청자를 위해 난도(難度)를 줄이려 자막을 활용하여 해설·설명하거나, 드라마 독자를 위해 극본에서 풀이를 하는 배려를 하고 있다.

일곱째, 어휘 및 문장상의 오용이라 할 것이 많이 보인다.

대하 드라마이니 그 많은 어휘와 표현 가운데 오용이 없을 수 없을 것이다. 그런데 단순한 오기·오용이라 하기에는 문제가 되는 것이 상당수 보인다. 이들은 어휘의 의미와 형태 및 문법·문장상 오용이라 할 수 있는 것으로, 방송의 교육성, 시범성을 고려할 때 문제점으로 지적되어야 할 것이다.

참고문헌

고영근 외(2008), 우리말 문법론, 집문당
김영현(2004), 대장금, 커뮤니케이션북스
김태용(2011), 만추, 북로그컴퍼니
노희경(2011), 굿바이솔로, 북로그컴퍼니
박갑수(1977), 문체론의 이론과 실제, 세운문화사
박갑수(1979), 사라진 말, 살아 남는 말, 서래헌
박갑수(1996), 한국 방송언어론, 집문당
박갑수(1998), 현대문학의 문체와 표현, 집문당
박갑수(1998), 신문·광고의 문체와 표현, 집문당
박갑수(2019), 최근 신문기사의 표현 양상, 미발표, 본서 수록
손야호(2015), 바다 건너 사랑, 맵씨터
염광호(1998), 종결어미의 통시적 연구, 박이정

O 이 글은 본서에 수록하기 위해 2019년 9월에 집필한 것이다.
미발표 논문임.

찾아보기

ㅊ

저자 박갑수(朴甲洙), 아호 남천(南川)

서울대 명예교수, 연변대 과기학원 겸직교수

일본 天理大學, 筑波大學, 중국 洛陽外國語大學 초빙교수 역임

국어심의 위원, 방송심의 위원, 방송언어심의 위원장, 법제처 정책자문 위원

(재)한국어 세계화재단 이사, 한국어능력시험 자문위원장

(재)재외동포교육진흥재단 상임대표, (사)한국문화국제교류운동본부 이사장 역임

국어교육학회·이중언어학회·한국언어문화교육학회·한국문화 국제교류운동본부 고문

저서: 『문체론의 이론과 실제』, 『현대문학의 문체와 표현』, 『고전문학의 문체와 표현』, 『일반국어
　　 의 문체와 표현』, 『신문·광고의 문체와 표현』, 『한국 방송언어론』, 『국어교육과 한국어교육
　　 의 성찰』, 『한국어교육의 원리와 방법』, 『한국어교육과 언어문화 교육』, 『재외동포 교육과
　　 한국어교육』, 『언어·문화, 그리고 한국어교육』, 『통일대비 국어교육과 한국어교육』, 『한국
　　 인과 한국어의 발상과 표현』, 『국어순화와 법률 문장의 순화』, 『우리말 우리 문화』(상·하),
　　 『재미있는 속담과 인생』, 『교양인을 위한 언어·문학·문화, 그리고 교육 이야기』, 『재미있
　　 는 곁말 기행』(상·하) 외 다수.

신문·방송의 언어와 표현론

초판 1쇄 인쇄 2020년 2월 21일
초판 1쇄 발행 2020년 2월 28일

지은이 박갑수
펴낸이 이대현
편 집 권분옥
디자인 안혜진

펴낸곳 도서출판 역락
주 소 서울시 서초구 동광로 46길 6-6 문창빌딩 2층
전 화 02-3409-2058(영업부), 2060(편집부) | 팩시밀리 02-3409-2059
이메일 youkrack@hanmail.net
역락홈페이지 http://www.youkrackbooks.com
등 록 제303-2002-000014호(등록일 1999년 4월 19일)

ISBN 979-11-6244-483-2 93710

* 책값은 표지에 있습니다.
* 파본은 구입처에서 교환해 드립니다.
* 이 도서의 국립중앙도서관 출판예정도서목록(CIP)은 서지정보유통지원시스템 홈페이지(http://seoji.nl.go.kr)
　와 국가자료종합목록 구축시스템(http://kolis-net.nl.go.kr)에서 이용하실 수 있습니다.
　(CIP제어번호 : CIP2020008716)